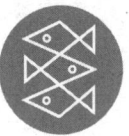

Tag für Tag haben wir mit den unterschiedlichsten Menschen zu tun, und jeder von ihnen reagiert auf seine Weise. Gary Goldschneider zeigt in Hunderten von Szenarien, wie Sie mit dem Wissen der Astrologie die Menschen anhand ihres Sternzeichens besser verstehen und richtig auf sie eingehen können. Von »Beruf«, über »Liebe« bis »Freunde & Familie« werden fast alle erdenklichen Lebenssituationen für jedes Sternzeichen abgedeckt. Sie erfahren, wie man einen Löwe-Chef um eine Gehaltserhöhung bittet, wie man mit einem Skorpion Schluss macht, einen Steinbock bei der ersten Verabredung beeindruckt oder den Urlaub mit einem Fische-Elternteil übersteht.

Dieses schön gestaltete Buch enthält viele praktische Hinweise, wie Sie die Astrologie für sich nutzen können und sternzeichengerecht kommunizieren.

Gary Goldschneider wurde in Philadelphia, USA, geboren. Er studierte Medizin und Literatur und beschäftigt sich seit 40 Jahren mit Astrologie. Goldschneider ist Autor mehrerer Bestseller zum Thema Astrologie.

Weitere Informationen, auch zu E-Book-Ausgaben, finden Sie bei www.fischerverlage.de

GARY GOLDSCHNEIDER

Wie du dir die Astrologie jeden Tag zunutze machst

Was uns die Sterne über unsere Mitmenschen verraten

Aus dem Amerikanischen
von Katy Albrecht

FISCHER Taschenbuch

Ich widme dieses Buch meinen sieben Kindern,
Andrew, Aron, Isak, Sara, Anton, Ariana und Isadora,
die mir meine ersten Lehrstunden in
angewandter Psychologie erteilt haben.

Erschienen bei FISCHER Taschenbuch
Frankfurt am Main, Dezember 2014

Die amerikanische Originalausgabe erschien 2009 unter dem Titel
»Everyday Astrology« bei Quirk Books, Philadelphia
© 2009 by Gary Goldschneider
All rights reserved. First published in English by Quirk Books,
Philadelphia, Pennsylvania.

Für die deutschsprachige Ausgabe:
Erschienen im Krüger Verlag, einem Unternehmen
der S. Fischer Verlag GmbH, Frankfurt am Main
© S. Fischer Verlag GmbH, Frankfurt am Main 2010
© S. Fischer Verlag GmbH, Frankfurt am Main 2014

Satz: Pinkuin Satz und Datentechnik, Berlin
Druck und Bindung: Kösel, Altusried-Krugzell
Printed in Germany
ISBN 978-3-596-18804-8

WIDDER
21. März – 20. April

STIER
21. April – 21. Mai

ZWILLINGE
22. Mai – 21. Juni

KREBS
22. Juni – 22. Juli

LÖWE
23. Juli – 23. August

JUNGFRAU
24. August –
22. September

WAAGE
23. September –
22. Oktober

SKORPION
23. Oktober –
21. November

SCHÜTZE
22. November –
21. Dezember

STEINBOCK
22. Dezember –
20. Januar

WASSERMANN
21. Januar –
19. Februar

FISCHE
20. Februar –
20. März

Inhalt

STEINBOCK

(22. Dezember – 20. Januar)

Beruf

Der Steinbock-Chef	275
Der Steinbock-Angestellte	277
Der Steinbock-Kollege	278
Der Steinbock-Kunde	280
Der Steinbock-Geschäftspartner	281
Der Steinbock-Konkurrent	283

Liebe

Rendezvous mit dem Steinbock	286
Beziehung mit dem Steinbock	288
Ehe mit dem Steinbock	289
Affäre mit dem Steinbock	291
Der Steinbock-Ex	292

Freunde & Familie

Der Steinbock-Freund	295
Der Steinbock-Mitbewohner	297
Der Steinbock-Elternteil	298
Das Steinbock-Geschwister	300
Das Steinbock-Kind	302

WASSERMANN

(21. Januar – 19. Februar)

Beruf

Der Wassermann-Chef	305
Der Wassermann-Angestellte	307
Der Wassermann-Kollege	308
Der Wassermann-Kunde	310
Der Wassermann-Geschäftspartner	312
Der Wassermann-Konkurrent	314

Liebe

Rendezvous mit dem Wassermann	316
Beziehung mit dem Wassermann	317
Ehe mit dem Wassermann	319
Affäre mit dem Wassermann	321
Der Wassermann-Ex	323

Freunde & Familie

Der Wassermann-Freund	325
Der Wassermann-Mitbewohner	326
Der Wassermann-Elternteil	328
Das Wassermann-Geschwister	330
Das Wassermann-Kind	331

FISCHE

(20. Februar – 20. März)

Beruf

Der Fische-Chef	335
Der Fische-Angestellte	336
Der Fische-Kollege	338
Der Fische-Kunde	340
Der Fische-Geschäftspartner	341
Der Fische-Konkurrent	343

Liebe

Rendezvous mit dem Fisch	345
Beziehung mit dem Fisch	346
Ehe mit dem Fisch	348
Affäre mit dem Fisch	350
Der Fische-Ex	351

Freunde & Familie

Der Fische-Freund	353
Der Fische-Mitbewohner	354
Der Fische-Elternteil	356
Das Fische-Geschwister	357
Das Fische-Kind	359

Unabhängig vom jeweiligen grammatikalischen Geschlecht sind mit den Sternzeichen grundsätzlich immer Männer *und* Frauen gemeint. (Anm. d. Red.)

Widder

GEBURTSDATUM 21. MÄRZ – 20. APRIL

Der Widder ist das erste Zeichen im Tierkreis, er steht für das kardinale Feuer und symbolisiert die reine, höchst intuitive Energie dieses Zeichens. Da der Widder vom Mars regiert wird, reagiert er oft heftig oder aggressiv und besteht darauf, seinen Willen durchzusetzen und zu gewinnen. Obwohl der Widder häufig offen und geradezu kindlich wirkt, kann es schwierig sein, emotional zu ihm durchzudringen, und es fällt ihm selbst schwer, seine komplizierte Gefühlswelt in Worte zu fassen. Er kann es nicht leiden, analysiert zu werden, und vertritt den Standpunkt: »Ich zeige mich, wie ich bin«.

Beruf

DER WIDDER-CHEF

Ein Widder-Chef ist der geborene Anführer, deshalb wird es kaum je Zweifel daran geben, wohin er mit seinem Team will. In seiner deutlichen, klaren und anspruchsvollen Art erwartet dieser Heißsporn alles, was ein Mitarbeiter an Engagement und Energie aufbringen kann, und noch ein bisschen mehr. Da er sich in seiner Führungsrolle überaus wohlfühlt, drängt er darauf, Entscheidungen zu treffen und die Umsetzungen zu sehen. Als echter Individualist respektiert er selbstverständlich die Individualität anderer. Er ist erstaunlich offen und erwartet auch von seinen Mitarbeitern eigenständiges Handeln, sobald sie ihre Aufgaben verstanden haben.

Den Widder-Chef um eine Gehaltserhöhung bitten

Ihr Chef hat Ihre Absichten vermutlich schon erahnt. Höchstwahrscheinlich kommt er Ihnen (falls Sie es verdienen) zuvor und bietet von sich aus eine Gehaltserhöhung an. Das bedeutet andererseits aber auch, dass Sie vermutlich abgewiesen werden, wenn Sie nach einer Gehaltserhöhung erst fragen müssen. Der Widder-Chef ist gerne großzügig, aber nur, wenn er es für gerechtfertigt hält. Er ist tief beeindruckt, wenn Sie einen gewaltigen Auftrag an Land gezogen haben, der das gesamte Team beflügelt. Weniger beeindruckt ist er von gleichförmiger oder schwerfälliger Arbeitsweise. Dabei übersieht er womöglich manchmal einen loyalen Mitarbeiter, der ihm still und leise dient.

Dem Widder-Chef schlechte Nachrichten überbringen

Setzen Sie lieber einen Helm auf. Dieser Chef neigt dazu, nach anfänglicher unheilvoller Stille aus der Haut zu fahren (Brüllen und das Werfen von kleineren Gegenständen sind nicht ausgeschlossen). Eine zunehmend dunkelrote Gesichtsfarbe kann ein weiteres Warnsignal sein. Solche vulkanartigen Ausbrüche dauern mitunter einige Minuten lang an, legen sich aber wie Sommergewitter auch rasch wieder. Alternativ könnten Sie Ihrem Chef den beunruhigenden Bericht schriftlich hineinreichen und dann schnell verschwinden.

STÄRKEN

inspirierend
dynamisch
wegbereitend

SCHWÄCHEN

unaufmerksam
gestresst
unachtsam

AUFTRETEN

konfrontativ
gebieterisch
unverblümt

Geschäftsreisen und Veranstaltungen
für den Widder-Chef planen

Der Widder-Chef ist sehr angetan, wenn Sie die Dinge so regeln, wie er es selbst tun würde, und alles andere als begeistert, wenn Sie das nicht tun. Wenn Sie erfolgreich sein wollen, ist es daher wichtig, seine besonderen Wünsche und Vorlieben zu kennen. Da das Organisieren gemeinhin nicht seine Stärke ist, verlässt er sich vielleicht völlig darauf, dass Sie alles perfekt hinbekommen. Denken Sie daran, dass er große Gesten liebt und keine Kosten und Mühen scheut, um zu glänzen. Da der Widder-Chef genau im Blick hat, wer seine Vorlieben kennt, betrachtet er denjenigen mit Wohlwollen, der mehr tut als unbedingt notwendig. Informieren Sie Restaurants, Hotels und Reisebüros deshalb vorab über die Vorlieben Ihres Chefs.

Entscheidungen und der Widder-Chef

Der Widder-Chef trifft alle wichtigen Entscheidungen selbstverständlich selbst und normalerweise, ohne Sie nach Ihrer Meinung zu fragen. Andererseits will er, dass Sie für sich selbst ebenso entscheidungsfreudig sind. Aber aufgepasst, wenn er das Ergebnis Ihrer Entscheidungen sieht! Da der Widder ständig damit beschäftigt ist, Entscheidungen zu treffen und Befehle zu erteilen, toleriert er weder Ungehorsam noch Missverständnisse. Und er ändert selten seine Meinung. Wenn es also Schwierigkeiten oder Misserfolge gibt, wird er wahrscheinlich Ihnen die Schuld geben, weil Sie angeblich schwach oder zu nachgiebig waren. Im Zweifel ist es besser, das Konzept des Chefs umzusetzen und ihn bei drohendem Ungemach sanft an seine ursprünglichen Anweisungen zu erinnern.

Den Widder-Chef beeindrucken oder motivieren

Zunächst müssen Sie die Aufmerksamkeit Ihres Chefs erregen. Dies erreichen Sie nicht durch regelmäßige kleine Memos, sondern mittels eines knackigen, ausgeklügelten Plans, der die Panzerung des Widders mit Leichtigkeit durchbricht. Sie sollten ihn unterbreiten, wenn Sie zu zweit sind, denn es wäre nicht ratsam, den Widder vor dem ganzen Team in Verlegenheit zu bringen. Versuchen Sie auch nicht, sich einzuschmeicheln oder irgendwelche indirekten, subtilen Taktiken anzuwenden. Das macht ihn nur noch ungeduldiger. Lassen Sie ihn eine Weile in Ruhe, wenn Sie Ihren Blitz geschleudert haben. Wenn er so weit ist, kommt er auf Sie zu.

Dem Widder-Chef etwas vorschlagen oder präsentieren

Machen Sie es kurz und bündig, und bringen Sie Ihr Anliegen oder Ihre Ergebnisse gleich zu Anfang vor. Stellen Sie eine Liste der fünf wichtigsten Punkte zusammen (nicht mehr!). Scheuen Sie sich auch nicht, die Probleme Ihres Plans anzusprechen, und reden Sie die entstehenden Kosten und Mühen nicht klein. Ein Widder-Chef liebt Herausforderungen, und oft weckt gerade das Undenkbare oder gar Unmögliche seinen Kampfgeist. Achten Sie deshalb darauf, dass ausreichend Raum für sein persönliches Engagement bleibt, damit Ihr Vorschlag

Erfolg hat. Da ein Widder-Chef schnell irritiert ist, tragen Sie am besten gedeckte Farben und unauffällige Kleidung.

DER WIDDER-ANGESTELLTE

Trotz ihres unabhängigen Charakters sind Widder-Angestellte gut im Einhalten von Regeln und Entgegennehmen von Anweisungen. Fehler ihres Vorgesetzten bemerken sie allerdings sofort, ebenso wie Mängel und Lücken in dessen Plänen. Normalerweise bewahren sie über solche Dinge Stillschweigen. Wenn sie aber provoziert oder fälschlicherweise beschuldigt werden, einen Fehler gemacht zu haben, tischen sie die komplette Liste unfairer Behandlungen und falscher Forderungen auf, die ihnen widerfahren sind. Rechnen Sie auch damit, dass Widder-Angestellte Veränderungsvorschläge machen, allerdings nur, wenn sie glauben, beim Chef oder dem Team Gehör dafür zu finden.

Das Einstellungsgespräch mit dem Widder-Bewerber

Als Bewerber sucht der Widder nach klar umrissenen, eindeutigen Aufgaben, die keine übermäßigen Ansprüche an seine Kreativität stellen. Das Gespräch mit dem Widder wird am ehesten Erfolg haben, wenn es geradlinig geführt wird. Falsche Versprechungen vergisst er nicht. Verwechseln Sie die pragmatische Haltung des Widders nicht mit fehlendem Engagement, denn der Widder ist mehr als bereit und in der Lage, seine unerschöpfliche Energie einzubringen. Eine freundliche und angenehme Umgebung hilft ihm, das Beste aus sich herauszuholen.

Dem Widder-Angestellten schlechte Nachrichten
überbringen oder kündigen

Das kann eine harte Nuss werden, denn wenn der Widder glaubt, gute Arbeit geleistet zu haben, ist es sehr schwer, ihm seine Fehler vor Augen zu führen. Für viele Widder sind Misserfolge das Schlimmste im Leben. Außerdem fehlt ihnen oft die nötige Objektivität, sich und ihre Arbeit richtig einzuschätzen. Häufig sehen sie nur das, was sie sehen möchten. Bereiten Sie den Widder-Angestellten deshalb langsam, wenn möglich über Wochen, auf schlechte Nachrichten vor, damit er Zeit hat, sich darauf einzustellen und die Warnsignale zu erkennen. Vermeiden Sie unter allen Umständen, ihn mit einer Maßnahme zu überfallen, da er eventuell ebenso plötzlich und stürmisch reagiert, was für alle Beteiligten äußerst unangenehm werden kann.

Geschäftsreisen und Veranstaltungen
mit dem Widder-Angestellten

Er kann zwar sehr gut aus dem Koffer leben, aber in gewohnter, sicherer Umgebung macht der Widder seine Arbeit am besten. Auch wenn er grundsätzlich ein dynamischer Mensch ist, fällt es ihm manchmal schwer, sich an neue oder ständig wechselnde Situationen zu gewöhnen. Sehr lange Geschäftsreisen bringen den Widder aus dem Tritt und reduzieren seine Leistungsfähigkeit. Wenn

STÄRKEN

fleißig
tatkräftig
hilfsbereit

SCHWÄCHEN

rebellisch
empfindlich
nachtragend

AUFTRETEN

ehrlich
loyal
direkt

es um Unterhaltung geht, können Widder großartig organisieren: Sie planen Geschäftsessen und Feste, Restaurantbesuche für Kollegen, Kunden und Chefs. Sie haben ein gutes Gespür dafür, was anderen gefällt, und sind daher am besten geeignet, Geschenke zu besorgen.

Dem Widder-Angestellten Aufgaben zuteilen

Solange die Aufgabe klar umrissen ist, gibt es normalerweise keine Probleme. Der Widder weiß sehr genau, was er mag und was nicht. Ermutigen Sie ihn deshalb, von vornherein deutlich zu sagen, ob er glaubt, eine ihm zugewiesene Aufgabe problemlos ausführen zu können. Wenn man ihn drängt, eine ungeliebte Aufgabe zu übernehmen, muss man als Vorgesetzter sicher sein, dass er sie gerne erledigt, wenn er erst einmal angefangen hat, und ihm die Chance geben, sie ohne Angst vor Repressalien auch wieder ablehnen zu können.

Den Widder-Angestellten beeindrucken oder motivieren

Geld kann für den Widder eine große Motivation sein, und er glaubt daran, dass Sie Worten Taten folgen lassen. Da er über schier unerschöpfliche Energie verfügt, macht es ihm nichts aus, länger zu arbeiten, um ein bisschen mehr zu verdienen. Achten Sie jedoch darauf, dass er sich nicht überbeansprucht und zusammenbricht, weil er sich selbst und seine Kräfte vielleicht falsch eingeschätzt hat.

Den Widder-Angestellten führen oder kritisieren

Der Widder-Angestellte reagiert sehr empfindlich auf Kritik. Er kann aber damit umgehen, wenn Sie sich die Zeit nehmen, ihm genau zu erklären, was Sie meinen. Eine flapsige, unbedachte Äußerung kann ihn jedoch tief treffen. Da ihm das dicke Fell fehlt, an dem Kritik abprallt, macht ihm tagtägliche Nörgelei an seiner Arbeit sehr zu schaffen. Wenn man ihn zum Lachen oder zumindest zum Schmunzeln bringen kann, sei es über seine eigenen Unzulänglichkeiten oder irgendetwas Lächerliches in einer angespannten Situation, hat man schon viel erreicht. Im Allgemeinen ist der Widder-Angestellte leicht zu führen und anzuleiten, solange man ehrlich zu ihm ist, keine Vorwände erfindet und keine unhaltbaren Versprechungen macht.

DER WIDDER-KOLLEGE

Widder-Kollegen tragen grundsätzlich ihren Teil der Verantwortung und haben eine positive Einstellung zu ihrem Beruf. Für laufende Projekte wichtig zu sein, ja sogar in deren Mittelpunkt zu stehen und für die ganze Abteilung wertvoll zu sein, ist dem Widder ein großes Bedürfnis. Dem sollte entsprochen werden, weil er leicht zu entmutigen ist. (Dies kann zu Unzufriedenheit oder sogar Depressionen führen.) Nicht jeder Widder jedoch will der Star im Team sein und vor allen anderen glänzen, normalerweise reicht es ihm, wenn seine Rolle wertgeschätzt wird.

Den Widder-Kollegen um Rat fragen

Meistens fühlt sich der Widder geehrt, wenn er um Rat gebeten wird, und er hilft, so gut er kann. Da er sehr direkt ist und ziemlich dezidierte Meinungen hat, sollte man seinen Rat anhören, aber nicht unbedingt in allem befolgen. Sie sollten darauf gefasst sein, dass der Widder nachhakt, denn er will wissen, ob sein Rat auch befolgt wird. Wenn Sie das nicht wollen, sollten Sie ihn lieber gar nicht erst fragen. Ein Widder nimmt Ihre Anliegen ziemlich ernst, mal eben Ratschläge aus dem Ärmel zu schütteln ist nicht sein Stil.

Den Widder-Kollegen um Hilfe bitten

Der Widder-Kollege lässt sich gern um Hilfe bitten und tut grundsätzlich alles, um Ihnen beizustehen, egal wie aufwändig die Arbeit ist. Denken Sie daran, dass der Widder Herausforderungen liebt und das Gefühl braucht, wichtig und geschätzt zu sein. Einen starken Widder als Helfer an seiner Seite zu haben, kann ein großer Vorteil sein. Bitten Sie ihn nicht allzu oft, und geben Sie ihm nicht das Gefühl, ausgenutzt zu werden. Heben Sie sich seine Hilfe lieber für echte Notfälle auf.

Geschäftsreisen und Veranstaltungen mit dem Widder-Kollegen

Da er Individualist ist und sehr genaue Vorstellungen hat, sollte man dem Widder nicht die gesamte Planungsverantwortung für Reisen oder Feste übertragen. Solange seine Aufgabe klar umrissen ist, funktioniert er in der Gruppe gut. Der Widder-Kollege hat gerne Spaß, besonders dann, wenn er feststellt, dass er an einer Aufgabe unerwartet Gefallen findet. Lachen und Witze sind wichtig, damit er bei Laune bleibt und sein Energiefluss nicht gehemmt wird. Er mag bunte Dekorationen und findet Gefallen daran, Arrangements nach dem individuellen Geschmack von Kollegen oder Vorgesetzten zusammenzustellen.

Die Zusammenarbeit mit dem Widder-Kollegen

Der Widder hat starke Vorlieben und Abneigungen, vor allem, wenn es um Menschen geht. Er gibt jedem gern eine Chance, aber wenn er das Gefühl hat, hängengelassen oder übertölpelt zu werden, kein zweites Mal. Erwarten Sie nicht, dass er mit Leuten, die er nicht mag, besonders gut zusammenarbeitet. Grundsätzlich ist er natürlich in der Lage dazu, aber er wird sich für die betreffende Person nicht erwärmen und auch nicht besonders hilfsbereit sein. Erwarten Sie auch nicht, dass er den ersten Schritt zu einer Versöhnung macht. Am besten lassen Sie ihn in einem Team arbeiten, in dem er sich wohlfühlt.

Den Widder-Kollegen beeindrucken oder motivieren

Den Widder beeindrucken Sie am ehesten mit Ehrlichkeit und Geradlinigkeit. Für ihn ist es wichtig, dass Sie mit ihm auf Augenhöhe stehen und ihn nicht übers Ohr hauen wollen. Schnell argwöhnt er manipulatives, hinterhältiges Verhalten, selbst wenn Sie ihm eigentlich nur helfen wollen. Die Herausforderung ist seine größte Motivation, weswegen er auch vor scheinbar unmöglichen Aufgaben nicht Halt macht. Deshalb müssen Sie ihn und das Team vor seiner Selbstüberschät-

STÄRKEN

engagiert
mitwirkend
tatkräftig

SCHWÄCHEN

mutlos
selbstkritisch
niedergeschlagen

AUFTRETEN

positiv
freundlich
hilfsbereit

zung schützen und eher realistische als außergewöhnliche Methoden anstreben, vor allem bei der täglichen Arbeit. Teilen Sie dem Widder kleinere, machbare Aufgaben zu, und bauen Sie sein Selbstbewusstsein Stück für Stück auf.

Den Widder-Kollegen überzeugen oder kritisieren

Der Widder ist schwer zu überzeugen, vor allem, wenn Ihre Meinung seiner vollkommen widerspricht. Wenn Sie ihm mit Betörungen und Schmeicheleien kommen, reagiert er misstrauisch; werden Sie aggressiv, quittiert er dies mit steifer Zurückhaltung. Die beste Art, ihn zu überzeugen, ist, ihm an einem Beispiel zu zeigen, wie eine bestimmte Methode funktioniert. Dabei sollten Sie so pragmatisch und emotionslos wie möglich argumentieren. Da er auf Kritik empfindlich reagiert, sollten Sie diese möglichst kurz und schmerzlos halten. Im Gegenzug müssen Sie ihm aber zuhören, wenn er gegen Ihre Sichtweise Einwände erhebt oder zu seiner Verteidigung eine Erklärung abgeben möchte.

DER WIDDER-KUNDE

STÄRKEN

selbstsicher
eindeutig
offen

SCHWÄCHEN

fordernd
nachtragend
ungeduldig

AUFTRETEN

ergebnisorientiert
hitzig
schwierig

Solange Sie ihm genau zuhören und ihm geben, was er will, ist es nicht schwierig, den Widder-Kunden zufriedenzustellen. Das Problem besteht oft darin, dass er glaubt, seine Wünsche deutlich gemacht zu haben, während einige wichtige Fakten aber tatsächlich auf der Strecke geblieben sind. Mit anderen Worten: Der Widder-Kunde nimmt an, dass Sie ihn genau verstanden haben, weil er glaubt, seine Ausführungen seien so klar und eindeutig, dass man sie gar nicht missverstehen kann. Stellen Sie sich seine Überraschung vor, wenn Sie um weitere Erklärungen bitten! Er denkt, Sie seien langsam oder ein wenig unterbelichtet. Nutzen Sie Ihre Intuition, und versuchen Sie ihn gleich auf Anhieb richtig zu verstehen.

Den Widder-Kunden beeindrucken

Der Widder erwartet, dass Sie aufmerksam, intelligent und einzig auf das fixiert sind, was er zu sagen hat. Komplikationen, Probleme oder Ungewissheiten irritieren ihn und machen ihn sehr ungeduldig. Sobald Sie aber bewiesen haben, dass Sie ihn verstehen und seine Wünsche gern erfüllen, dürfen Sie ihn mit Ihrem Wissen über sein Lieblingsthema beeindrucken – das Sie hoffentlich gründlich recherchiert haben. Machen Sie sich nichts draus, wenn Sie es versäumt haben, er erklärt es Ihnen wahrscheinlich ohnehin, vor allem, wenn Sie danach fragen oder erraten, wofür er sich interessiert.

Dem Widder-Kunden etwas verkaufen

Vergessen Sie es. Der Widder-Kunde will nichts verkauft bekommen. Er hat entweder alles schon einmal gehört, oder er misstraut Ihren Motiven und bürstet Sie im Verkaufsgespräch einfach ab. Er ist der Kunde, und der ist König. Sie sind unwichtig. Kompromisse kennt er nicht. Falls Sie ihn von den Vorzügen Ihres neuen Produkts oder Ihrer Dienstleistung überzeugen wollen, sollten Sie damit erst beginnen, nachdem Sie seinen Wünschen zugestimmt haben. Und: Tun Sie das dezent, verlockend und eher scherzhaft, denn so können Sie seine Aufmerksamkeit wecken.

Der Widder-Kunde und Ihr Äußeres

Denken Sie daran, dass der Widder der Wichtigere von Ihnen beiden ist, und versuchen Sie daher nicht, ihn mit toller Kleidung oder einer auffälligen Frisur zu übertrumpfen. Ihr Äußeres sollte dezent und selbstbewusst wirken. In jedem Fall wird der Widder hocherfreut sein, wenn Sie das Treffen mit ihm für so wichtig halten, dass Sie sich um Ihren bestmöglichen Auftritt bemüht haben. Achten Sie deshalb auf ordentliches, professionelles Aussehen. Vor allem sollten Sie keine leeren Worthülsen verwenden oder versuchen, allzu amüsant zu wirken. Ein geplanter Witz oder ein kleiner Scherz verpufft vermutlich oder bringt Ihnen allenfalls ein Anstandsschmunzeln ein. In der Gunst des Widders wird Sie das um Lichtjahre zurückwerfen.

Das Interesse des Widder-Kunden wachhalten

Den Widder-Kunden beeindruckt man nur mit Ergebnissen. Das heißt nicht, dass Sie Versprechungen machen müssen, sondern dass Sie vielmehr auf bisherige Erfolge verweisen sollten, vor allem, wenn Sie bereits für einen seiner Rivalen erfolgreich gearbeitet haben. Allein die Erwähnung seines schärfsten Konkurrenten provoziert eine Reaktion und weckt sein Interesse. Machen Sie deutlich, warum Sie lieber für ihn arbeiten, das wird ihm sehr schmeicheln. Wenn er einmal weiß, dass Sie bereits für andere im gleichen Sektor gearbeitet haben, wird er alles versuchen, um Ihnen zu gefallen.

Dem Widder-Kunden schlechte Nachrichten überbringen

Sind Sie lebensmüde? Der Widder-Kunde will keine schlechten Nachrichten. Er bezahlt Sie, damit Sie ihm gute Nachrichten bringen! Also bringen Sie sie ihm. Falls Ihnen die guten Nachrichten ausgehen, sollten Sie die schlechten hübsch verpacken und betonen, dass es noch viel schlimmer hätte kommen können. Erzählen Sie nicht, dass Sie Ihr Bestes getan haben oder dass es einfach Pech war, das kommt gar nicht gut an. Halten Sie lieber Plan B bereit, mit dem Sie das ganze Projekt doch noch retten und seine Wünsche erfüllen können. Erklären Sie ihm, dass Sie den Auftrag mit ein bisschen mehr Zeit erledigen können, und kommen Sie ihm bei den Kosten etwas entgegen.

Den Widder-Kunden unterhalten

Recherchieren Sie, wie, wo, was und wann der Widder-Kunde am liebsten isst, und konzentrieren Sie sich dann auf die Details. Sekretärinnen und Büroklatsch sind dafür die besten Quellen. Bestimmt sind sein Musikgeschmack und seine bevorzugten Clubs weithin bekannt. Im Allgemeinen liebt der Widder Essen und Trinken, Sie könnten also Probleme haben, seinen Alkoholkonsum im Zaum zu halten. Keine Sorge, wenn er sich ohnehin gut amüsiert, wird er Ihnen zustimmen. Achten Sie auch darauf, dass er möglichst schnell und unkompliziert von einem Ort zum anderen gelangt.

DER WIDDER-GESCHÄFTSPARTNER

Der Widder-Geschäftspartner kann erstaunliche Energien aufbringen. Allerdings kann sein hektisches und verbohrtes Arbeiten zum Problem werden, wenn er sich verrennt, denn das kostet viel Zeit und Geld. Planen Sie daher alles gründlich und diskutieren Sie, *bevor* Sie sich an die Ausführung machen. Zusätzlich sollten Sie darauf achten, wie er vorankommt. Er mag es allerdings nicht, wenn er wöchentliche Berichte für Sie oder das Team abfassen soll, deshalb müssen Sie hier diskreter vorgehen. Prinzipiell arbeitet der Widder gern unabhängig.

Einen Widder zum Geschäftspartner machen

Die Rolle des Widders sollte von Anfang an klar definiert sein, denn er neigt dazu, in jedem Topf zu rühren. Sie sollten auch sein Motiv für eine Partnerschaft mit Ihnen prüfen: Weshalb braucht oder will ein so unabhängiger Mensch einen Partner, und warum Sie? Legen Sie Sicherheitsklauseln für beide Seiten schriftlich fest, die Wünsche beider Partner können von einem einzigen Anwalt im Vertrag berücksichtigt werden. Potenzielle zukünftige Probleme im Detail zu thematisieren, macht den Widder zwar ungeduldig, ist aber notwendig für den Fall, dass etwas schiefgeht.

Aufgabenverteilung mit dem Widder-Geschäftspartner

Der Widder glaubt zuweilen, er beherrsche Multitasking in geradezu herkulischem Ausmaß, doch tatsächlich funktioniert Ihre Partnerschaft im Alltag am besten, wenn die Aufgaben begrenzt und klar verteilt sind. Man kann die Aufgabenteilung projektbezogen festlegen, doch die wahren Stärken des Widders (ob in Marketing, PR-Arbeit, Vertrieb, Forschung oder Entwicklung) zeigen sich schnell. Man muss den Widder gelegentlich mit der Tatsache konfrontieren, dass das, was er am liebsten macht, nicht unbedingt das ist, was er am besten kann, oder was für das Geschäft tatsächlich benötigt wird. Er hält sehr starrköpfig an seinen Lieblingsarbeiten fest, selbst wenn die Ergebnisse dagegen sprechen.

Geschäftsreisen und Veranstaltungen mit dem Widder-Geschäftspartner

Der Widder findet normalerweise Gefallen am Reisen und an Veranstaltungen mit geschäftlichem Hintergrund, aber er ist nicht unbedingt dafür geeignet, diese auch zu organisieren. Sie oder Ihr Assistent sollten seine Pläne im Auge behalten, da der Widder vergesslich sein kann und manchmal wichtige Details übersieht. Er ist aber unterwegs wie vor Ort ein gutes Aushängeschild der Partnerschaft, denn er ist positiv, offen und ehrgeizig. Achten Sie jedoch darauf, dass er im Kontakt mit Kunden seine eigenen Interessen hinter die des Unternehmens stellt. In seiner Ichbezogenheit opfert er sonst das Wohl des Geschäfts seinem persönlichen Vergnügen.

Den Widder-Geschäftspartner lenken und führen

Grundsätzlich ist ein Widder nicht leicht zu handhaben. In den meisten Fällen müssen Sie sich auf seine Intuition und seine persönliche Einschätzung verlassen. Anweisungen entgegenzunehmen gehört ebenfalls nicht zu seinen Stärken, da er immer der Ansicht ist, er wisse es besser, vor allem in Krisensituationen. Da seine Intuition aber gut ausgebildet ist und er eine gute Antenne für Betrügereien und Hochstapler hat, profitiert Ihr Unternehmen auch häufig von seinen Fähigkeiten. Machen Sie deutlich, was Sie möchten, und überlassen Sie ihm dann die Ausführung.

Auf lange Sicht mit dem Widder-Geschäftspartner auskommen

Der Widder ist ausgesprochen loyal, und wenn er sich einer Sache einmal verschrieben hat, bleibt er dabei. Dennoch wird es sicher zu länger andauernden Problemen kommen, die das Verhältnis zwischen Ihnen belasten können. Alle persönlichen Belange sollten Sie deshalb so weit wie möglich aus der Geschäftsbeziehung heraushalten. Der Widder reagiert auf bestimmte Themen sehr empfindlich und neigt zu Ausbrüchen, wenn diese angesprochen werden. Denken Sie daran, dass Objektivität seine Stärke ist, und dass es besser ist, wenn er sich emotional nicht allzu stark engagiert. Selbst wenn er schroff ist, sollten Sie möglichst taktvoll, geduldig und bestimmt bleiben.

Die Trennung vom Widder-Geschäftspartner

Sofern alles für beide Seiten gleichermaßen vorteilhaft und pragmatisch abläuft, kann die Geschäftspartnerschaft mit dem Widder auch nach jahrelanger enger Zusammenarbeit reibungslos aufgelöst werden. Da der Widder ehrlich ist, wird er dabei nicht mehr verlangen, als ihm seiner Meinung nach zusteht. Dass er Sie nicht ausnutzen will, hat weniger mit Ihnen persönlich zu tun als vielmehr mit seinem angeborenen Sinn für Gerechtigkeit. Sie können sich jederzeit auf ethische Verhaltensstandards berufen, denn die wird er kaum verletzen wollen. Er wird über die Trennung sehr enttäuscht sein, aber seine Unabhängigkeit wird ihn dazu motivieren, sich neuen Aufgaben zuzuwenden.

DER WIDDER-KONKURRENT

Wenn er direkt angegriffen wird, kann der Widder-Konkurrent recht wild und einschüchternd sein. Zumindest wird er damit drohen, seinen Gegner mit unglaublicher Kraft, Einsatz von Kapital und gezielten Dauerkampagnen zu überwältigen. Begegnungen mit so einem Gegner können einer Schlacht gleichen, und der Kampf um Groß- und Endkunden, der dabei entsteht, ist wie ein Krieg. Wer den Widder besiegen möchte, muss nicht nur seine Taktik kennen, sondern auch das Terrain und die aktuelle Marktsituation. Den Widder einfach zu ignorieren, weiter seinen Geschäften nachzugehen und zu hoffen, dass er scheitert oder irgendwann verschwindet, funktioniert normalerweise nicht.

STÄRKEN

hartnäckig
kampflustig
überwältigend

SCHWÄCHEN

übertrieben selbst-
bewusst
verblendet
unvernünftig

AUFTRETEN

dynamisch
hart im Nehmen
herausfordernd

Gegen den Widder-Konkurrenten antreten

Wie beim Boxen ist die beste Strategie gegen den Widder der Gegenschlag. Ihm den ersten Schritt zu überlassen ist nicht schwer, doch die Geduld und Selbstdisziplin aufzubringen, sich zurückzuhalten, nach Schwächen zu suchen und sich erst dann in den Kampf zu stürzen, kann hart sein. Es ist aber notwendig, um am Ende zu siegen. Der Widder sorgt nämlich für sein eigenes K.o., wenn er sich selbst völlig verausgabt und Fehler macht, von denen Sie dann profitieren. Sie können sogar versuchen, ihn mit Sticheleien und Herausforderungen in den Wahnsinn zu treiben.

Den Widder-Konkurrenten ausspielen

Der Plan des Widders ist im Allgemeinen einfach, denn er fährt eingleisig. Legen Sie sich einen langfristig angelegten Plan zurecht, bei dem der Erstangriff seine Kraft langsam entfaltet, während Sie gleichzeitig ein engmaschiges Netz weben, das kleine Hindernisse und Probleme enthält, die ihn zunächst in Schach halten und schließlich zermürben. Gestalten Sie Ihren Plan flexibel und richten Sie ihn stets gegen seinen neuesten Vorstoß. Sie sollten in der Lage sein, sowohl mit anderen Konkurrenten auf diesem Gebiet zu koalieren als auch nachzugeben und Kompromisse einzugehen. Wenn Sie Ihrem Gegner nämlich kein festes Ziel bieten, verliert dieser das Bedürfnis anzugreifen.

Den Widder-Konkurrenten persönlich beeindrucken

Ihr Widder-Konkurrent weigert sich zweifellos, sich von Ihnen beeindrucken zu lassen. Seien Sie ganz Sie selbst, und versuchen Sie es erst gar nicht. Wenn Sie das Bedürfnis des Widders ignorieren, Sie damit zu beeindrucken wie unbeeindruckt er ist, stehen *Sie* am Ende besser da. Am besten halten Sie Augenkontakt, wenn Sie herausgefordert werden, und beantworten Sie die provokanten Bemerkungen des Widders subtil und etwas ironisch. Andeutungen und Sarkasmus können ihn zur Weißglut treiben, ein Lächeln oder Lachen als Antwort gießt noch Öl ins Feuer. Sprechen Sie deshalb langsam und deutlich, und machen Sie bedeutungsschwere Pausen.

Den Widder-Konkurrenten über- oder unterbieten

Machen Sie sich nicht die aggressive Methode des Widders zu eigen, sondern streben Sie ruhig und effizient Ihr eigenes Ziel an, wobei Sie sich mehr um die Details kümmern sollten als um die große Geste. Wenn der Widder Marktführer ist, sollten Sie versuchen, ihm seine Dominanz stückchenweise streitig zu machen, ihn immer weiter unter- oder überbieten und die Zeit für sich arbeiten lassen. Falls aber Sie die Vormachtstellung auf dem Markt haben und der Widder Sie herausfordert, müssen Sie sich ein dickes Fell zulegen, an dem alle Geschosse abprallen. Verlieren Sie das Selbstbewusstsein nicht, aber achten Sie auf echte Gefährdungen und parieren Sie diese sofort und ohne großes Aufheben.

PR-Krieg gegen den Widder-Konkurrenten

Wenn der Widder PR zum Überraschungsangriff nutzt, sollten Sie konservativ und klug vorgehen. Stellen Sie die Glaubwürdigkeit Ihres Unternehmens heraus, und verweisen Sie dabei auf die Denkfehler Ihres Gegners. Machen Sie sich über seine simplifizierende Werbung lustig und führen Sie ihn mit seiner Naivität vor. Wenn Sie ihn provozieren, indem Sie mit der Überlegenheit Ihres Produktes oder Ihrer Dienstleistung werben, verleitet ihn das zu verzweifelten, kostspieligen Maßnahmen, die ihn finanziell schwächen könnten.

Der Widder-Konkurrent und die persönliche Beziehung

Dies ist die Achillesferse des Widders. Da er in der Verteidigung normalerweise nicht besonders stark ist, kann er mit persönlichen Fragen, die im Geschäft auftauchen, nicht gut umgehen. Es ist gar nicht unbedingt nötig, ihn damit zu reizen oder zu verletzen. Wenn Sie im Gespräch verständnisvoll, freundlich, anständig und pragmatisch vorgehen, ernten Sie Respekt, der in Zukunft vielleicht zu gemeinsamen Unternehmungen führt. Nichts nimmt einer Widder-Attacke den Wind mehr aus den Segeln als Ihre Zustimmung und der Hinweis, dass es besser ist, wenn Sie gemeinsam auf dasselbe Ziel hinarbeiten.

WIDDER
21. März – 20. April

Liebe

RENDEZVOUS MIT DEM WIDDER

Machen Sie sich darauf gefasst, fasziniert, geblendet und einfach umgehauen zu werden! Ob durch seine Energie oder sein Selbstbewusstsein, der Widder lässt keine Zweifel über seine Wünsche, Vorlieben oder das weitere Vorgehen aufkommen. Da Uneindeutigkeit nicht seine Sache ist, übernimmt er einfach die Führung. Falls Sie sich entschließen, ihm da zuvorzukommen, wird er Ihnen dies zwar zugestehen, doch beim leisesten Anzeichen von Halbherzigkeit oder Unsicherheit übernimmt er lieber das Kommando, statt zuzusehen, wie Sie sich abstrampeln. Sobald der Widder aber einmal angefangen hat, Entscheidungen für Sie beide zu treffen, ist er kaum noch zu stoppen.

Wie man einen Widder kennenlernt und anlockt

Es ist nicht schwer, die Aufmerksamkeit eines attraktiven Widders zu erregen. Sobald er bemerkt, dass Sie an ihm interessiert sind, ignoriert er Sie vermutlich, egal ob die Anziehung gegenseitig ist oder nicht. Deshalb wissen Sie nie genau, ob der Widder tatsächlich Interesse an Ihnen hat. Falls Sie ihn direkt ansprechen, kann es passieren, dass er sich entweder abwendet oder Ihnen eine scharfe Bemerkung entgegenschleudert. Wenn Sie sich davon nicht abschrecken lassen, nimmt er Ihre Einladung zu einem Gespräch oder einem Getränk wahrscheinlich an. Da er stets nach Aufmerksamkeit dürstet, sollten Sie ein paar Stunden nach dem ersten Treffen oder spätestens nach ein oder zwei Tagen anrufen oder eine Mail schicken oder vielleicht auch beides.

Unternehmungen bei der Verabredung mit dem Widder

Er liebt Rampenlicht, Action, Filme und jede Art von Unterhaltung. Schon allein deshalb wird Ihr erster Abend unvergesslich bleiben, jedenfalls solange Sie sich seinem Geschmack und seinen Vorlieben beugen. Der Widder wird schmollen, wenn Sie ihm nicht genug Aufmerksamkeit schenken, und gähnen, wenn Sie langweilig sind. Er erwartet eine Menge von Ihnen. Da er Individualist ist und starke Führungsqualitäten besitzt, müssen Sie sich aber vielleicht einfach nur an diesen Wirbelwind hängen und sich gut festhalten, um mit seiner Energie mithalten zu können. Es könnte sein, dass Sie den Eindruck gewinnen, er sei weniger an Ihnen interessiert als daran, Ihretwegen eine Show abzuziehen.

Was den Widder anmacht und was ihn abschreckt

Menschen, die ihm die Laune vermiesen, ihn beruhigen wollen oder besitzergreifend werden, sind dem Widder zuwider. Auch Zeichen von Zuneigung, wie etwa eine anfängliche Berührung, den Arm um ihn legen oder sich bei ihm einhängen, sind nicht zu empfehlen. Bleiben Sie so reserviert wie möglich und zeigen Sie Ihre Gefühle nicht, egal ob positiv oder negativ. Der Widder reagiert auf verfrühte Gefühlsbezeugungen oft gereizt. Finden Sie heraus, wofür er sich interessiert, und lenken Sie das Gespräch immer wieder in diese Richtung. Denken Sie daran, dass er nur insofern daran interessiert ist, Ihre Bedürfnisse und Wünsche zu erfüllen, als dies seinen Erfolg bei Ihnen zeigt.

Beim Widder den ersten Schritt machen

Der Widder macht gern den ersten Schritt. Das kann ganz schnell gehen, vielleicht sogar noch bevor Sie beide es richtig verstanden haben – und es kann auch genauso schnell wieder vorbei sein. Selbst wenn das Rendezvous bis spät in die Nacht dauert, ist es unwahrscheinlich, dass sich einer von Ihnen noch an sehr viel erinnern wird. Dem Widder geht es darum, sich von einem Erlebnis mitreißen zu lassen, nicht etwa von Ihrer Anwesenheit, Ihrer Persönlichkeit oder – Gott behüte – von Problemen. Der Widder will das, was er will, dann, wann er es will. Erwarten Sie keine Beweise von Zuneigung oder Einfühlungsvermögen, die werden Sie nicht bekommen.

Den Widder beeindrucken

Wenn Sie die erste Verabredung mit dem Widder überleben, ist allein das schon beeindruckend. Versuchen Sie nicht, Ihre Talente oder guten Eigenschaften vorzuführen, denn der Widder ist nur dadurch wirklich zu beeindrucken, dass Sie seiner Leuchtkraft standhalten können und seine Wünsche und Gelüste verstehen. Als Besserwisser erwartet der Widder gar nicht, dass ihm irgendjemand zustimmt, aber er versucht unaufhörlich, Sie davon zu überzeugen, wie sehr er im Recht ist. Gehen Sie Diskussionen nicht aus dem Weg, denn der Widder liebt Auseinandersetzungen jeder Art, vom messerscharfen Schlagabtausch bis zur dreckigen Schlammschlacht. Erweisen Sie sich als würdiger Gegner.

Den Widder nach der Verabredung wieder loswerden

Im Allgemeinen steckt unter dem Mantel des selbstbewussten Draufgängers ein kleines Kind, das kaum etwas so sehr hasst und fürchtet wie Ablehnung. Wenn Sie nicht weiter vom Widder belästigt werden wollen oder vermeiden möchten, dass er auf Ihre Abweisung jähzornig reagiert, müssen Sie klüger vorgehen. Deuten Sie an, dass Sie ihn fallenlassen werden (wie Sie das sonst auch immer tun). Daraufhin wird der Widder zweifellos den Spieß umdrehen und derjenige sein, der als Erster Schluss macht. Gewinnen und Verlieren ist für den Widder ein wichtiges Thema. Das Verlieren allerdings liegt ihm gar nicht.

STÄRKEN

unabhängig
ehrlich
energisch

SCHWÄCHEN

unreflektiert
fordernd
rücksichtslos

AUFTRETEN

zielstrebig
konzentriert
dynamisch

In einer Liebesbeziehung kann man sich auf die Ehrlichkeit des Widders genauso verlassen wie auf sein Bemühen, sich stark einzubringen. Mitunter ist sein Taten-drang aber so groß, dass Sie seine ständigen Anforderungen an Ihre Energie nicht erfüllen können. Obwohl er sich selbst als extrem unabhängig empfindet (und vermutlich will, dass Sie es auch sind), möchte er täglich Kontakt mit Ihnen haben, sei es virtuell, telefonisch oder körperlich. Er wird nicht gern als bedürftig bezeichnet, aber obwohl er der Ansicht ist, vollkommen unabhängig zu sein, ist er in Wirklichkeit sehr von Ihnen abhängig, denn er braucht jemanden, der ihm zuhört, seinen Rat ernst nimmt und seine Befehle befolgt.

Mit dem Widder diskutieren

Oft bedeutet Diskutieren mit dem Widder, dass Sie still zuhören müssen. Eigent-lich interessiert er sich aber gar nicht fürs Diskutieren, sondern fürs Handeln. Bald schon haben Sie den Eindruck, dass Sie nur diskutieren, damit Ihr fehler-haftes Verhalten korrigiert wird. Deshalb müssen Sie sich auf das Schlimmste gefasst machen, wenn er sagt: »Wir müssen uns mal unterhalten.« Ermahnun-gen, Vorwürfe, Schuldzuweisungen, Moralpredigten – alles ist möglich. Wenn er aber in der richtigen Stimmung ist, kann der Widder auch mit Worten glänzen und brillieren sowie äußerst witzig und charmant sein. Der Widder liebt Witze, Anekdoten und Wortspiele – aber bitte fassen Sie sich kurz.

Mit dem Widder streiten

Vermeiden Sie zu Ihrem eigenen Wohl Streit mit dem Widder, wo es geht. Der Widder ist das kardinale Feuerzeichen und hat ein ungestümes Naturell. Häufi-ges Streiten kann dazu führen, dass der Widder beim Telefonieren abrupt auf-legt, sich kurz mal ausloggt oder aus dem Zimmer stürmt. Im Normalfall erreicht man mit einem Streit gar nichts, er gibt dem Widder lediglich die Gelegenheit, seiner Verstimmung Luft zu machen und seinen Unmut über Ihr Verhalten zu äußern. Da der Widder in einer Beziehung sonst sehr viel für sich behält, kann das aber für sich auch schon ein positives Ergebnis sein.

Mit dem Widder reisen

Mit einem Widder zu verreisen kann sehr aufregend sein, jedenfalls solange Sie nicht versuchen ihn einzuengen. Er hält sich für außerordentlich fit und erwartet von Ihnen das Gleiche. Sie sollten niemals versuchen, ihn zu bremsen, indem Sie von körperlichen Problemen berichten oder darüber klagen. Er wird wenig Mitleid für Sie aufbringen, sondern Sie bitten, so rasch wie möglich wieder ein-satzbereit zu sein. In jedem Fall ist es auf die Dauer anstrengend, mit seiner unerschöpflichen Energie mitzuhalten.

Sex mit dem Widder

Der Widder hält nicht viel von aufgeschobener Befriedigung, normalerweise drängt er darauf, sofort zu bekommen, was er will. Wenn das nicht geht, wird er sehr unglücklich, still und niedergeschlagen. Er ist zwar ein hervorragender Selbstdarsteller, aber was er wirklich für Sie empfindet, werden Sie wohl nie erfahren. Versuchen Sie auch gar nicht, ihn danach zu fragen, er ist nämlich der Ansicht, dass Sie längst wissen sollten, wie toll es – oder er – war. In der Öffentlichkeit zeigt er sich zwar eigensinnig und impulsiv, doch privat kann der Widder sehr zärtlich und durchaus süß sein. Er wartet allerdings nicht immer gern, bis seine Umgebung privat und bequem ist, bevor er seiner Leidenschaft freien Lauf lässt.

Der Widder und Zärtlichkeit

Der Widder ist im Allgemeinen kein Kuscheltyp. Erwarten Sie keine Zärtlichkeiten in der Öffentlichkeit, da gibt er sich eher kühl. Privat kann er aber außerordentlich zärtlich sein und gibt ebenso gern wie er nimmt. In stillen Stunden zeigt sich eine ganz neue Seite des Widders, wenn es Ihnen gelingt, ihn so lange festzuhalten. Was der Widder tatsächlich braucht und sich unbewusst sogar am meisten wünscht, ist ein Mensch, bei dem er sich so geborgen und aufgehoben fühlt, dass er vollständig aus der Deckung kommen kann.

Der Widder und Humor

Der Widder ist gerne albern und liebt Spaß, aber aufgrund seines ernsthaften und kontrollierten Auftretens fällt ihm das oft schwer. Wenn er sich mal gehen lässt, freut er sich an Wort- und Brettspielen, erzählt Witze und spielt wie das Kind, das er im Grunde ist. Wenn es Anzeichen gibt, dass er zum Spielen bereit ist, können Sie ihn vorsichtig weiter ermutigen, bis das Stadium der Ausgelassenheit erreicht ist. Lassen Sie es aber nicht ausufern, denn sein Feuer kann außer Kontrolle geraten und zerstörerisch wirken. Achtung, der Widder neigt dazu, anderen Streiche zu spielen!

EHE MIT DEM WIDDER

Der Widder verlangt in der Ehe vor allem Ehrlichkeit. Wenn er im Laufe vieler Ehejahre vielleicht ein- oder zweimal fremdgeht, erwartet er selbstverständlich, dass Sie ihm verzeihen – falls Sie überhaupt dahinterkommen. Im Alltag tut er alles, was von ihm erwartet wird, aber das Berufsleben hat stets Vorrang vor der Familie. Als Partner sind Sie derjenige, der zu Hause die Stellung hält und dafür zu sorgen hat, dass alles gut läuft. Der Widder ist nicht gerade gewissenhaft, was das Putzen angeht, deshalb wird dieser Part wohl Ihnen zufallen.

Hochzeit und Flitterwochen mit dem Widder

Selbst wenn er große Zeremonien und öffentliches Zurschaustellen von Gefühlen normalerweise nicht mag, bei seiner Hochzeit wird er alles geben. Der Widder neigt dazu, über seine Verhältnisse zu leben, insofern sind Sie nach den enormen Ausgaben für Hochzeit und Flitterwochen möglicherweise knapp bei Kasse. Im Schlafzimmer können Sie seine volle Aufmerksamkeit erwarten, möglicherweise

STÄRKEN

ehrlich
fleißig
verantwortungsbewusst

___

SCHWÄCHEN

doppelzüngig
täuschend
selbstsüchtig

___

AUFTRETEN

bestimmt
mutig
kühn

fühlen Sie sich nach den Flitterwochen erst mal erschöpft und wünschen sich einen richtigen Urlaub. Wahrscheinlich fällt Ihnen die Aufgabe zu, Ihre vier Wände auf Vordermann zu bringen, während sich der Widder auf die Jagd nach Geld macht.

Haushalt und Ehealltag mit dem Widder

Der extravagante Widder ist im Allgemeinen viel zu sehr mit sich selbst, seinen Ideen und seiner Karriere beschäftigt, um sich an prosaischen Hausarbeiten regelmäßig zu beteiligen. Es ist eine gute Idee, die Verantwortungsbereiche gleich von Anfang an festzulegen und zu strukturieren. Andernfalls wird er möglicherweise nachlässig bis schlampig oder erwartet, dass Sie alles erledigen. Im Allgemeinen arbeitet er seine Aufgaben verlässlich ab, solange sie klar definiert sind und Sie ein wachsames Auge darauf haben. Lob und Belohnung sind sehr wichtig, um ihn bei Laune zu halten.

Der Widder und Geld

Dass er das Geld aus dem Fenster wirft, ist ein großes Widder-Problem und damit auch das seines Partners. Nicht genug damit, dass er achtlos alles ausgibt, was er hat. Er reizt auch seinen Dispo vollständig aus und bezahlt mit Geld, das er nicht hat. Oft geht er sogar so weit, sich schier unrettbar zu verschulden. Wieder einmal sind Sie als sein Partner gefragt, zur Rettung zu eilen. Irgendwie mogelt sich der Widder finanziell aber immer durch und verhindert die Katastrophe meist buchstäblich in letzter Sekunde. Eigenartigerweise scheint ihm diese Bedenkenlosigkeit sogar Glück zu bringen und von Vorteil zu sein.

Der Widder und Treue

Bei Ihnen wird Untreue nicht toleriert, bei ihm schon. Das wäre Messen mit zweierlei Maß, wäre da nicht die Tatsache, dass der Widder grundsätzlich treu ist und höchst selten fremdgeht. Außerdem dauern seine außerehelichen Aktivitäten meist nicht sehr lange an, und so intensiv sie sein mögen, er investiert keine tiefen Gefühle. Wenn Sie können, sollten Sie seine Flirts und Neigungen nicht beachten, denn sie bedeuten nicht viel und stellen keine Gefahr für Ihre Ehe dar. Vieles spielt sich allein in seiner Phantasiewelt ab, und in so einer Situation fällt es dem Widder schwer, zwischen Realität und Phantasie zu unterscheiden.

Der Widder und Kinder

Der Widder kann als Elternteil großartig sein, aber er erledigt nicht gern die Drecksarbeit. Als guter Berater, Lehrer und Ratgeber verwendet er gerne viel Energie auf seine Kinder und hilft ihnen beim Sport, beim Lernen oder beim Schließen von Freundschaften. Das größte Problem ist, dass er meist nicht da ist, weil er mit seiner Karriere und anderen Verpflichtungen derart beschäftigt ist, so dass Sie sich doch um das Wesentliche kümmern müssen. Der Widder ist da, wenn ein Notfall eintritt, aber er kümmert sich nicht um alltägliche Probleme.

Scheidung vom Widder

Da der Widder nur ungern Misserfolge eingesteht, gibt es bei Eheproblemen nur zwei Möglichkeiten: Entweder Sie bleiben um jeden Preis zusammen, oder Sie geben zu, dass alles Ihre Schuld war. Vorsicht wenn der Widder einen neuen Anfang verspricht und schwört, nie wieder denselben Fehler zu machen. Das mag gut gemeint sein, aber die Selbsteinschätzung des Widders ist von der Realität weit entfernt. Wenn eine Scheidung unvermeidbar ist, sollten Sie möglichst kühl alle rechtlichen und finanziellen Fragen schriftlich abarbeiten und den Widder dazu bringen, dem ohne Schuldzuweisung oder Wutanfall zuzustimmen.

AFFÄRE MIT DEM WIDDER

Der Widder gibt in seiner feurigen und intensiven Art alles für die Liebe. Zuweilen aber fragen Sie sich, ob all diese Energie wirklich auf Sie gerichtet ist oder nur auf ein Idealbild der Liebe, das zu perfekt ist, um wahr zu sein. Trotz seiner Intensität zeigt der Widder seine Liebe häufig ausgesprochen unkörperlich. Manchmal kommt er einem wie ein Priester in den heiligen Hallen der Liebe vor, der seine eigene Liebe wie eine Religion verehrt. Auf ein Podest gehoben zu werden, stellt das Objekt dieser Liebe vor große Herausforderungen, denn es ist kaum möglich, seinen Erwartungen zu entsprechen, trotz seines großen Bedürfnisses, an Sie zu glauben.

Mit dem Widder anbandeln

Wahrscheinlich ist es der Widder, der Sie aussucht, weil er in seiner gegenwärtigen Beziehung unglücklich ist. Sie müssen also gar nichts tun. Sie treffen sich vermutlich auf einer Party oder durch Zufall irgendwo in der Öffentlichkeit. Der Gesichtsausdruck und das Auftreten des Widders zeigen Ihnen unmittelbar, worauf er aus ist und warum. Überlegen Sie, ob Sie sich darauf einlassen, denn wahrscheinlich legt er dieselben idealistischen Maßstäbe an wie bei seiner früheren oder aktuellen Beziehung. Genießen Sie die Anfangsphase der Affäre, wo Sie keine Fehler machen können und seine Leidenschaft auf vollen Touren läuft.

Wohin mit dem Widder-Liebhaber?

Sie landen vermutlich bei Ihnen Zuhause, denn oft ist er bereits verheiratet oder lebt mit jemandem zusammen. Ihre Wohnung kann für ihn zum Heiligtum werden, das er regelmäßig aufsucht und ihm zur zweiten Heimat wird. Dadurch können Sie zwar bestimmte Dinge kontrollieren, sind anderen aber ausgeliefert, vor allem der Tatsache, dass Sie in der zweiten Reihe stehen. Wenn der Widder allerdings anfängt, über Nacht zu bleiben, müssen Sie sich fragen, ob Sie diese Affäre fortführen wollen. Überlegen Sie gut, bevor Sie diese Entscheidung treffen oder sie zu lange hinauszögern.

STÄRKEN

bestimmt
feurig
intensiv

SCHWÄCHEN

unrealistisch
übermäßig anspruchsvoll
blind

AUFTRETEN

engagiert
idealistisch
positiv

Sex in der Affäre mit dem Widder

Der Widder konzentriert sich ganz auf Sie und gibt sexuell alles. Das Problem ist nur, dass in der Fülle dieser Leidenschaft Wut oder Ärger auf seine frühere oder derzeitige Beziehung stecken könnte, was bedeutet, dass Sie für den Widder nicht mehr als ein Ersatz sind. Sie dagegen möchten um Ihrer selbst willen geliebt und nicht mit jemand anderem verglichen werden. Oft ist seine Leidenschaft für Sie umso größer, je stärker sein Ärger ist, was die Sache noch verschlimmern kann, selbst wenn große körperliche Freuden damit einhergehen. Möglicherweise muss dies angesprochen werden. Allerdings könnte der Widder dann merklich abkühlen.

Die Affäre mit dem Widder aufrechterhalten

Das dürfte im Normalfall kein Problem sein, denn der Widder geht in seiner Liebe zu Ihnen vollkommen auf. Wenn Sie die Affäre so lange wie möglich weiterführen wollen, sollten Sie sich bemühen, Diskussionen über seine Motive, Absichten und andere Affären zu vermeiden. Der Widder kommt früher oder später auf dieses Thema, und Sie sollten verständnisvoll zuhören. Machen Sie ihm bei aller Liebe und Zuneigung klar, dass Sie Ihr Selbstwertgefühl und Ihre Selbstachtung nicht auf dem Altar des Widder-Egos opfern, aber seien Sie taktvoll.

Den Widder-Liebhaber unterhalten

Der Widder geht gerne aus und amüsiert sich. Er freut sich darauf, in Clubs, ins Kino und auf Partys zu gehen. Probleme entstehen, wenn Sie einen seiner Freunde, Kollegen oder Verwandten treffen, der von Ihnen nichts weiß. Sie müssen damit rechnen, dass Sie bei einer flüchtigen Begegnung lügen, die Wahrheit ein wenig zurechtbiegen und dem Widder das Reden überlassen müssen. Bei einem ruhigen Essen zu zweit oder einem Drink nach der Arbeit fühlt sich der Widder meist ebenso wohl, und Sie haben mehr Privatsphäre als in Gesellschaft. Behalten Sie seinen Alkoholkonsum im Auge, denn der kann leicht außer Kontrolle geraten, vor allem, wenn er sich gerade amüsiert.

Die Affäre mit dem Widder beenden

Eine Trennung kann für den Widder sehr schwer sein, wenn er die Affäre noch idealistisch betrachtet. Es ist für ihn unfassbar, abgelehnt zu werden, und er denkt sich Tausende von Gründen aus, die Beziehung weiterzuführen. Es gelingt ihm kaum, nicht weiterhin SMS oder Mails zu schicken, anzurufen oder bei Ihnen vorbeizuschauen. Wenn Ihre Entscheidung aber feststeht, müssen Sie standhaft bleiben und sich unerbittlich weigern, ihn zu treffen. Treiben Sie die Trennung durch verständnisvolle, aber bestimmte Gespräche langsam voran, statt ihm einen einzigen abrupten Schock zu versetzen. So vermeiden Sie, dass die Unannehmlichkeiten, aber auch seine Wut und sein Schmerz ins Unermessliche wachsen.

DER WIDDER-EX

Die Wut und die Feindseligkeit des Widders verschwinden meist nicht unmittelbar nach der Trennung. Da er garantiert Ihnen alle Schuld in die Schuhe schiebt, tritt er weiterhin aggressiv auf und weigert sich, Ihren Wünschen und Bedürfnissen in vernünftigem Maß zu entsprechen. Sein gesamtes Verhalten gründet sich allein auf das, wozu er sich aufgrund Ihrer Fehler berechtigt fühlt. Auf seiner Suche nach Vergeltung kann es vorkommen, dass er noch Jahre später darauf besteht, Sie für Ihre Fehler verantwortlich zu machen. Sollten Sie Ihrerseits kein Fehlverhalten eingestehen, ist es unwahrscheinlich, dass er Ihnen vergibt oder seine Schuldzuweisungen einstellt.

Freundschaft mit dem Widder-Ex

Der erste Schritt hin zu einer Freundschaft besteht darin, dass Sie zugeben, Fehler gemacht zu haben und um Vergebung bitten. Erst wenn Ihr Ex die Entschuldigung (wenn auch widerwillig) angenommen hat, können Sie weiter vorstoßen. Erwarten Sie aber nicht, dass er mitzieht. Mag sein, dass er Ihnen später ganz von allein eine Entschuldigung anbietet – allerdings zu seinen Bedingungen. Mit dem Widder kann man schnell wieder Freundschaft schließen, und meist hält sie auch. Wenn er das Gefühl hat, frei entscheiden zu können, kann der Widder sehr großherzig sein. Hinzu kommt, dass auf ihn Verlass ist: In Notfällen ist er immer für Sie da.

Der Widder-Ex und Versöhnung

Es hängt sehr viel davon ab, wer von Ihnen die Versöhnung will. Wenn es Ihr Ex ist, liegt die Entscheidung darüber ganz bei Ihnen. Wenn aber Sie derjenige sind, der mehr daran interessiert ist, wird es schwieriger. Man muss um den Widder werben, als wolle man ihn heiraten oder sich zum allerersten Mal mit ihm verabreden. Erwarten Sie zu diesem Thema aber keine langen, ausführlichen Gespräche. Und bedenken Sie, dass der Widder ein Mensch der Tat ist und dass eine Tat manchmal Folge einer Momententscheidung ist, der eine lange Phase voranging, in der er dem Thema entweder komplett aus dem Weg gegangen ist oder ewig darüber gebrütet hat.

Mit dem Widder-Ex über alte Probleme sprechen

Beim Widder werden Diskussionen gerne zu Monologen mit erstaunlich wenigen Worten. Der Widder bringt vermutlich nicht die Geduld auf, mehr als ein paar Minuten mit Ihnen über das Thema zu sprechen, und seine ständigen Unterbrechungen bringen jedes echte Gespräch zwischen Ihnen zum Erlahmen. Es ist unwahrscheinlich, dass er objektiv und ohne die üblichen Schuldzuweisungen und Wutausbrüche über die Vergangenheit urteilen kann. Entschärfen Sie emotionale Themen, und lassen Sie sich vom Wideer auf keinen Fall provozieren. Manchmal ist es hilfreich, sich an einem ruhigen, aber öffentlichen Ort zu treffen, wo der Widder sich eher zurückhalten wird.

STÄRKEN

stark
entschlossen
beharrlich

SCHWÄCHEN

unversöhnlich
beschuldigend
wütend

AUFTRETEN

streitsüchtig
angriffslustig
fordernd

Dem Widder-Ex seine Zuneigung zeigen

Dem Widder ist Ihre Zuneigung suspekt, deshalb sollten Sie sachlicher sein. Nach etwa zwei Jahren kann aus einer gelegentlichen Berührung am Arm eine kurze Umarmung werden. Obwohl der Widder oft Zuneigung verspürt, fällt es ihm schwer, sie zu zeigen oder anzunehmen. Er zieht die Extreme vor, wo er entweder jeden körperlichen Kontakt vermeidet oder sich ohne Vorbehalt hineinstürzt. Warten Sie auf kleine, normalerweise sehr dezente Zeichen der Zuneigung seinerseits und erwidern Sie sie entsprechend.

Die gegenwärtige Beziehung zum Widder-Ex definieren

Solche Festlegungen können immer nur Momentaufnahmen sein und werden meist improvisiert, da sich der Widder nicht darum reißt, schriftliche oder mündliche Vereinbarungen zu treffen. Sie müssen deshalb mit seinen Wünschen ganz besonders feinfühlig umgehen und sollten ihn nicht darauf hinweisen, dass Sie eigentlich etwas anderes ausgemacht hatten. Man sollte den Widder niemals drängen, seine Gefühle zu äußern oder ein Urteil abzugeben, wozu er meist entweder unwillig oder unfähig ist – oder beides. Geben Sie der neuen Beziehung Zeit, sich zu entwickeln.

Gemeinsames Sorgerecht mit dem Widder-Ex

Manchmal betrachtet der Widder Ihr gemeinsames Kind als lebenden Beweis Ihrer Fehler und betont, dass alle Probleme, die Ihr Kind hat, auf Ihre Nachlässigkeit zurückgehen. Es kann schwierig sein, ihn dazu zu bringen, sich auf die Gegenwart zu konzentrieren, da er sehr an der Vergangenheit hängt. Irgendwann sollte man ihn aber sanft ermuntern, darüber nachzudenken, was für das Kind oder die Kinder das Beste ist, statt immer nur die Schäden am eigenen Ego zu begutachten. Bestehen Sie darauf, dass er gerichtliche Entscheidungen beachtet, und halten Sie sich selbst an Vereinbarungen. Erwarten Sie aber kein großes Verständnis für emotionale Probleme.

Freunde & Familie

WIDDER
21. März – 20. April

DER WIDDER-FREUND

Der Widder bleibt über Jahre hinweg ein treuer, verlässlicher Freund, auch wenn Sie sich nicht oft sehen. Sofern er sich zwei- oder dreimal im Jahr meldet, können Sie davon ausgehen, dass er Sie zu seinen Freunden zählt und Sie einen festen Platz in seinem Herzen haben. Normalerweise ist der Zeitplan des Widders so voll, dass er ohnehin kaum Zeit für seine Freunde hat. Als bester oder ältester Freund eines Widders sind Sie vermutlich auch bei Familienfesten dabei und werden quasi als Familienmitglied betrachtet. Wenn Sie gemeinsame Freunde haben, hilft das zusätzlich, sich gegenseitig über Neuigkeiten und Klatsch auf dem Laufenden zu halten.

Einen Widder-Freund um Hilfe bitten

Das erste Problem besteht darin, den Widder überhaupt zu erreichen, weil er sich meist mit Lichtgeschwindigkeit bewegt. Wenn Sie ihm aber eine Nachricht hinterlassen haben, können Sie sicher sein, dass er sich innerhalb der nächsten Woche bei Ihnen meldet. Bis dahin wird sich Ihr Problem allerdings vermutlich erledigt haben. Sobald ihm klar ist, dass Sie ihn wirklich brauchen, hilft der Widder, soweit sein Zeitplan es zulässt. Er macht aber eher einen brauchbaren Vorschlag oder erteilt Ratschläge, als dass er sich persönlich blicken lässt. Bitten Sie ihn nur ab und an um Hilfe statt in regelmäßigen Abständen.

Mit dem Widder-Freund kommunizieren und in Kontakt bleiben

Kommunikation als solche und das Aufrechterhalten von Kontakten gehören nicht zu den Stärken des Widders. Da Sie deshalb nur unregelmäßig voneinander hören, sollten Sie ihm eine SMS oder Mail schicken, statt darauf zu warten, in den seltenen Genuss eines Telefonats oder gar eines persönlichen Gesprächs zu kommen. So halten Sie ihn auf dem Laufenden und bieten ihm die Möglichkeit, kurz von unterwegs zu antworten. Warten Sie aber nicht darauf, dass es passiert. Der atemlose Lebensstil des Widders funkt nämlich die Botschaft: Fang mich, wenn du kannst!

STÄRKEN

treu
fürsorglich
sorgfältig

SCHWÄCHEN

zerstreut
geschwätzig
unkonzentriert

AUFTRETEN

geschäftig
mitteilsam
nahestehend

Vom Widder-Freund Geld borgen

Das ist schwierig, denn normalerweise ist bei ihm selbst schon Ebbe. Die Kreditkarte bis zum Maximum auszureizen und den Dispo voll auszuschöpfen, ist typisch für den Widder, weshalb für Freunde kaum noch etwas da ist. Trotzdem hilft er, wenn er kann, und dann auch sehr großzügig. Er hat kein sehr ernsthaftes Verhältnis zum Geld, denn er ist Idealist, der meist Wichtigeres zu tun hat, als sich um Dinge wie Rendite zu kümmern. Seine unbekümmerte Haltung sagt: »Wenn ich Geld habe, gebe ich es auch weg. Und wenn ich es zurückkriege, war es eben ein Darlehen.«

Den Widder-Freund um Rat fragen

Der Widder ist immer bereit, Rat zu erteilen, egal ob Sie ihn darum bitten oder nicht. Er bietet Ihnen an, bei der Lösung Ihres Problems eine tragende Rolle zu spielen, als Ihr Stellvertreter oder hinter den Kulissen, denn das gibt ihm das Gefühl, wichtig zu sein und gebraucht zu werden. Möglicherweise werden Sie es irgendwann bereuen, ihn überhaupt gefragt zu haben. Es könnte nämlich sein, dass der dominante Widder die Verantwortung für Ihr Problem übernimmt (und damit impliziert, dass Sie selbst damit überfordert sind). Seien Sie also vorsichtig, wenn Sie um Rat fragen, und tun Sie es eher beiläufig.

Einen Widder-Freund besuchen

Der Widder ist nicht leicht zu Hause anzutreffen, denn meistens ist er entweder unterwegs, oder er will seine Ruhe, wenn er mal zu Hause ist. Lieber trifft er Sie zwischen zwei Terminen, vielleicht zum Mittag oder abends in der Kneipe. Mehr als eine Stunde gibt sein Terminkalender für gewöhnlich nicht her, in der gemeinsamen Zeit schenkt er Ihnen dafür aber seine ungeteilte Aufmerksamkeit. Erinnern Sie ihn daran, sein Handy auszuschalten, sonst müssen Sie ständig mit Unterbrechungen rechnen. Entweder zahlt der Widder die Rechnung auf dem Weg nach draußen, oder er stürmt davon und lässt Sie damit sitzen.

Feste und Freizeit mit dem Widder-Freund

Der Widder feiert gerne Geburtstag, besonders seinen eigenen. Es mag Sie langweilen, jedes Jahr zur selben Party mit denselben Leuten zu gehen und dieselben Gespräche zu führen, aber dem Widder gefällt genau das am allerbesten. Sein Geschenk sollten Sie sorgfältig aussuchen, denn er ist im Schenken wahrscheinlich selbst sehr gut und erwartet das Gleiche von Ihnen. Wenn er für Freunde und Verwandte eine Party gibt, wird sie meist aufwendig. Er steckt so viel Energie hinein, dass man sich seiner Einladung kaum entziehen kann, und wenn Sie nicht kommen können, sollten Sie sich eine gute Entschuldigung überlegen. Denken Sie an Ihre letzte Ausrede und daran, dass die Oma nur einmal sterben kann!

DER WIDDER-MITBEWOHNER

Es fällt dem Widder oft schwer, mit seinen Hausgenossen auszukommen – und andersherum. Da er für profane Aufgaben nicht geschaffen ist, stolpert dieser Idealist über seine herumliegenden Sachen, wenn er Wichtigeres im Kopf hat. Abgesehen davon müssen alle seine interessanten Gedanken, Ideen und Gefühle zur Kenntnis nehmen und besprechen, ignoriert werden dürfen sie nie. Der Widder hat eine sehr niedrige Frustrationsschwelle. Wenn er verletzt ist, wird er zunächst bedrohlich ruhig und bekommt entweder einen Wutausbruch oder versinkt in Niedergeschlagenheit. Meist genügt ein Blick in sein Gesicht, um zu wissen, wie es um ihn steht. Sehen Sie zu, dass er glücklich ist.

Mit dem Widder-Mitbewohner finanzielle Verantwortung teilen

Der Widder erfüllt seine finanziellen Pflichten, wenn sie genau festgelegt sind (nicht nur die Höhe des Betrags, sondern auch wann und wie). Es ist typisch für den Widder, wichtige Dinge auszublenden, so dass Sie ihn gegen Ende des Monats vermutlich trotzdem diskret an die Mietzahlung erinnern müssen. Vermeiden Sie es grundsätzlich, mit dem Widder über Geld, vor allem über seins, zu diskutieren. Es kann nicht schaden, einen Notfallplan in der Tasche zu haben, für den Fall, dass er seinen Anteil an Miete, Lebensmitteln oder Nebenkosten nicht bezahlen kann.

Der Widder-Mitbewohner und das Putzen

Obwohl der Widder die nötige Energie hat, fehlt ihm oft die Motivation oder die Lust zum Putzen. Hier hilft nur eine strukturierte, emotionslose Herangehensweise: Stellen Sie einen detaillierten Putzplan auf, dann weiß er genau, was von ihm erwartet wird. Streit entsteht dann, wenn der Widder diesen Plan ignoriert und beteuert, dass er die Arbeit nachholt. Schlimmer wird es, wenn er sich einfach für ein paar Tage aus dem Staub macht. Es hilft aber, wenn man ihm kleine Belohnungen in Aussicht stellt und ihn nach getaner Arbeit lobt.

Der Widder-Mitbewohner und Besuch

Wenn es gemeinsame Freunde sind, kann es für alle vergnüglich sein, wenn es jedoch ausschließlich Ihre Freunde sind und der Widder diese anstrengend oder lästig findet, ist Vorsicht geboten! Seine Sicherung brennt schnell durch, und wenn seine Ehrlichkeit mit seinem Mangel an Selbstbeherrschung zusammenfällt, ist Konflikt vorprogrammiert. Später wird er vermutlich alles abstreiten oder behaupten, Ihre Freunde hätten angefangen. Freunde, die mit dem Widder nicht kompatibel sind, sollten Sie nur dann einladen, wenn Sie genau wissen, dass dieser nicht im Haus sein wird.

Der Widder-Mitbewohner und Partys

Wenn die Party auf eigenem Terrain stattfindet, kann man mit dem Widder viel Spaß haben. Er ist mit seiner Zeit und seinem Geld sehr großzügig und trägt zum allgemeinen Amüsement und dem Wohl der Gäste viel bei. (Eine solche Party

STÄRKEN

interessant
idealistisch
anspruchsvoll

SCHWÄCHEN

unachtsam
gereizt
niedergeschlagen

AUFTRETEN

engagiert
zielorientiert
dynamisch

kann auch als Anreiz zum Putzen dienen – wenigstens als Vorbereitung.) Wenn Sie den Widder zu einer Party mitnehmen, dürfen Sie nicht erwarten, dass er sich dort still verhält. Der Widder stürzt sich gleich ins Geschehen und teilt die Gäste in zwei Lager, eines, dem die Widder-Show gefällt, und ein anderes, dem sie nicht gefällt. Wie auch immer, er wird sich stets zum Zentrum der Aufmerksamkeit machen.

Der Widder-Mitbewohner und die Privatsphäre

Der Widder kann ein erstaunlich privater Mensch sein und braucht sein eigenes Zimmer, um sich zurückzuziehen. Verletzen Sie diese Privatsphäre nicht, sondern klopfen Sie immer erst an und kommen Sie nicht ohne Grund herein. Wenn er wütend oder niedergeschlagen ist, lässt man ihn am besten alleine, andernfalls riskiert man eine hitzige, sehr unangenehme Auseinandersetzung. Stellen Sie klar, dass er Ihre Privatsphäre ebenso respektieren soll, denn da kann der Widder sehr zwanglos sein, vor allem wenn es darum geht, sich in Ihrer Abwesenheit ein paar Dinge auszuborgen. Solange jeder sein eigenes Zimmer hat, funktioniert es gut, aber wenn einer von Ihnen oder ein anderer Mitbewohner im Wohnzimmer auf dem Sofa schläft, können Probleme auftreten.

Mit dem Widder-Mitbewohner Probleme besprechen

Ihre Probleme können Sie jederzeit mit dem Widder besprechen, seine allerdings nicht. Er kann nicht einfach über seine Gefühle reden oder seinen Ärger in Worte fassen. Andererseits kann der Widder sehr bereitwillig zuhören und macht stets hilfreiche Vorschläge. Seine Vorliebe, unverlangt Ratschläge zu erteilen, ist allerdings ebenso groß, so dass er überall seinen Senf dazugibt. Sollte das Problem mit seiner Missachtung von Haushaltspflichten oder der Mietzahlung zu tun haben, sollten Sie sich darauf gefasst machen, dass es unangenehm wird. Warten Sie bei solchen Themen stets auf einen günstigen Moment.

DER WIDDER-ELTERNTEIL

Der Widder engagiert sich sehr für seine Kinder, manchmal zu sehr. Egal wie weit er selbst davon entfernt ist, versucht er doch stets, seine Kinder auf den rechten Weg zu bringen. Er hat strenge ethische Maßstäbe und erlaubt keine Verstöße gegen das, was er als richtig erachtet. In seiner Erziehung findet man Zuckerbrot und Peitsche wunderbar vereint. Meist stimmt er mit den Normen der Gesellschaft überein, doch er will, dass seine Kinder starke Persönlichkeiten werden und individuelle Verhaltensweisen entwickeln. Er muss jedoch lernen, sich auch zurückzuziehen und seinen Kindern zugestehen, Fehler zu machen und eigene Entscheidungen zu treffen.

Der Erziehungsstil von Widder-Elternteilen

Der Widder ist der Meinung, dass Regeln wichtig sind und dass sie den Kindern im späteren Leben nützen werden. Er glaubt daran, dass Disziplin den Charakter formt und Ordnung ins Chaos bringt. Körperliche Strafen liegen ihm für gewöhnlich nicht, aber manchmal sind seine Zornesausbrüche vulkanartig. Sie legen sich normalerweise rasch. Sehr viel häufiger weist er seine Kindern in strikte Schranken und erteilt ihnen Hausarrest, wenn Grenzen überschritten werden. Trotzdem hat er ein erstaunlich weiches Herz und vergibt Fehler immer, vor allem unabsichtliche. Die Kinder sollten sich aber hüten, seine Autorität in Frage zu stellen.

Widder-Elternteile und Zuneigung

Der Widder ist seinen Kindern gegenüber meist sehr liebevoll. Sein oft strenges Auftreten täuscht über ein weiches Herz hinweg. Er liebt Vergnügungen mit seinen Kindern und denkt sich viele Aktivitäten aus, die allen Spaß machen. Wenn man ihn beim Spielen mit seinen Kindern beobachtet, fragt man sich, wer da eigentlich das Kind ist. Es kommt oft vor, dass der Widder seine Kinder so sehr wie Geschwister behandelt, dass er mit ihnen im Sandkasten spielt. Wenn die Kinder aber bocken oder sich seinen Wünschen und Ansichten widersetzen, wird die Zuneigung sofort entzogen.

Widder-Elternteile und Geld

Der Widder gibt seinen Kindern meist ein wöchentliches Taschengeld, achtet aber darauf, wie es ausgegeben wird. Wenn ein Kind Geld für etwas Besonderes benötigt, sollte es seine Eltern direkt ansprechen, dann wird die Ausgabe mit großer Wahrscheinlichkeit genehmigt. Meist fordert der Widder das Geld nicht wieder zurück, vor allem dann nicht, wenn es für etwas ausgegeben wurde, was der Entwicklung des Kindes dienlich ist. Wenn der Widder einer Barauslage zugestimmt hat, steht er auch dazu, doch das Kind sollte klar vereinbaren, wann und wie das Geld ausgezahlt wird.

Widder-Elternteile und Krisen

Der Widder gerät schnell in Rage. Sobald die Alarmglocken läuten, ist er auf den Beinen. Unglücklicherweise geht das nicht immer gut, denn in seinem Drang zu handeln läuft er zuweilen in die falsche Richtung. Er ist jedoch auch in der Lage, die Bremse zu ziehen, auf einer Briefmarke zu wenden und umzukehren. Grundsätzlich ist sein Instinkt so gut ausgeprägt und sein Engagement so groß, dass er ein echter Lebensretter sein kann. In der Rolle des Helden geht er förmlich auf und würde die Erfahrung einer Katastrophe sogar genießen. Alarmieren Sie ihn bitte nicht unnötig.

Festtage und Familientreffen mit Widder-Elternteilen

Der Widder ist Traditionalist durch und durch und genießt deshalb Familientreffen und jährliche Familienurlaube. Als Naturliebhaber mag er Picknicks, Grillpartys und Campingurlaube ganz besonders. Denken Sie daran, dass der Widder ein großes Kind ist. Achten Sie deshalb darauf, ihn überall mit einzubeziehen, und glauben Sie nicht, dass man sich nicht mehr für Kinderspiele interessiert, sobald man erwachsen ist. Verlassen Sie sich darauf, dass er die notwendige Aus-

STÄRKEN

ermutigend
engagiert
offen

SCHWÄCHEN

herrschend
moralisierend
wertend

AUFTRETEN

dynamisch
strafend
lobend

WIDDER

rüstung kauft oder Reisekosten und Hotelübernachtungen mit herzlicher Großzügigkeit bezahlt. Der Widder gibt sein Geld gerne für alles aus, was er mag.
Über die Rechnungen macht er sich erst später Gedanken.

Für alte Widder-Elternteile sorgen

Der alte Widder kann schwierig sein, denn er ist nicht immer glücklich damit,
wenn ihm geholfen wird, vor allem wenn er (vielleicht fälschlicherweise) glaubt,
er könne alles alleine bewältigen. Der Widder kämpft erbittert um seine Unabhängigkeit, aber wenn er irgendwann kleinlaut Hilfe annimmt, werden Sie
eine neue Seite an ihm kennenlernen. Oft ist es sein Schicksal, sich in einen
kindlichen Zustand zurückzuentwickeln. Zögern Sie deshalb nicht, geduldig die
Führung zu übernehmen, Eltern zu spielen, alles sorgfältig auszuarbeiten, Ungewissheiten zu beseitigen und Strukturen zu schaffen.

DAS WIDDER-GESCHWISTER

STÄRKEN

verantwortungsbewusst
stark
besorgt

SCHWÄCHEN

barsch
eigensinnig
tyrannisch

AUFTRETEN

wegweisend
führend
diszipliniert

Der Widder möchte unter den Geschwistern die Führung übernehmen, vor
allem, wenn er der Älteste ist. Ein jüngeres Widder-Kind erwartet vielleicht
eher, beschützt zu werden, und kuschelt sich in der Geborgenheit der Familie
förmlich ein. In zerrütteten oder instabilen Familien kann ein kleiner Widder ein
Bollwerk und in chaotischen Verhältnissen auch eine Stütze sein, wenn er sogar
Eltern ersetzt und hilft, jüngere Geschwister aufzuziehen. Ein älteres Widder-
Kind kann diktatorisch sein und sich als Generalissimo aufspielen, dessen Anweisungen ohne Widerrede Folge zu leisten ist. Diese Tyrannei kann jüngeren
Geschwistern Sicherheit geben, da die strenge Disziplin des Widders den ande-
ren Stabilität vermittelt.

Rivalität und Nähe zum Widder-Geschwister

Vom Standpunkt des Widders aus ist Rivalität kein Problem, weil er ganz einfach
der Chef ist. Obwohl er für seine Geschwister Zuneigung empfindet und für sie
sorgt, wenn die Eltern nicht da sind, versteht er andererseits keinen Spaß, wenn
seine Autorität in Frage gestellt wird. Geschwistern, die versuchen, diese Autorität zu untergraben, oder sie bei einem jüngeren Widder-Kind zu unterdrücken,
stehen harte Zeiten bevor. Der kleine Widder mag den anderen von Zeit zu
Zeit Zuneigung zeigen und sich ihnen nahe fühlen, doch im Grunde lässt seine
strenge Haltung nie lange nach.

Das Widder-Geschwister und alte Probleme

Dem Widder fällt weder das Vergessen noch das Vergeben leicht. Jede Kränkung,
jede kleine Grausamkeit und andere Streitigkeiten schwingen ebenso bis ins Erwachsenenalter mit wie dominante Verhaltensmuster gegenüber Geschwistern.
Sein Bedürfnis, die Rollen und Themen der Kindheit bis ins Erwachsenenleben
weiterzuführen, verhindert allzu oft ein normales Geschwisterverhältnis. Es
mangelt ihm nicht an Willen, diese Themen fallenzulassen, sondern er ist gar

FREUNDE & FAMILIE

nicht dazu in der Lage. Hier sind Geduld und Verständnis gefragt, damit die Zeit Wunden heilen kann und Akzeptanz und Vergebung mit sich bringt.

Mit einem entfremdeten Widder-Geschwister umgehen

Einen entfremdeten Widder wieder in die Familie zu integrieren kann enorm schwierig sein. Wenn er einmal einen Schnitt gemacht hat, weil er sich entweder vernachlässigt oder missverstanden fühlt, oder weil er einfach das Interesse an den anderen verloren hat, geht er allen Versuchen der Geschwister, Kontakt aufzunehmen, konsequent aus dem Weg. Normalerweise ist die beste Methode die, durch denjenigen Kontakt zu suchen, der ihm früher am nächsten gestanden hat. Die anderen sollten derweil Abstand halten, denn jeglicher Versuch ihrerseits würde alles noch schwieriger machen. Eine weitere Möglichkeit zur Versöhnung ergibt sich vielleicht durch den Lebenspartner oder gemeinsame Freunde.

Geldangelegenheiten und das Widder-Geschwister

Der Widder ist mit dem, was er hat, eigentlich immer großzügig. Wenn es jedoch um Testamente und Erbschaften geht, stellt er sich auf die Hinterbeine und rührt sich nicht vom Fleck. Im Regelfall geht es dabei gar nicht um Geld oder Besitztümer als solche, sondern um das, was sie für ihn symbolisieren – Liebe, Zuneigung oder Fürsorge des verstorbenen Elternteils. Bei einem Testament nicht oder nur unzureichend bedacht zu werden, ist für den Widder eine grausame Zurückweisung und Beweis dafür, dass er dem Familiemitglied vollkommen gleichgültig gewesen ist.

Familienfeste und Jubiläen mit dem Widder-Geschwister

Normalerweise kann man sich darauf verlassen, dass der Widder einen großen Beitrag zu solchen Ereignissen leistet. Er tut das jedoch oft lieber finanziell, weil sein straffer Terminplan keine Zeit für Vorbereitungen lässt. Mit ein bisschen Glück kommt er sogar zum Fest, doch darauf kann man sich nicht verlassen. Falls er erscheint, kann er auch genauso schnell und erwartet wieder verschwinden. Seine Geschwister sollten heikle Themen umschiffen, da seine Reizbarkeit den Widder leicht entflammbar macht, wenn man ihn ärgert oder vernachlässigt. Er geht einfach zu leicht an die Decke, deshalb sollte man bei solchen Gelegenheiten alles versuchen, um dies zu vermeiden.

Urlaub mit dem Widder-Geschwister

Wenn dem Widder nicht die Reiseleitung übertragen oder seine Autorität angezweifelt wird, ist es schwer, angenehme Ferien mit ihm zu verbringen. Die Ursache ist oft, dass der Widder kein Interesse daran hat, sich um praktische Dinge zu kümmern. Sobald aber eines der anderen Geschwister versucht in die Bresche zu springen, um eine Katastrophe zu verhindern, versteht der Widder dies oft als Kritik an seiner Art, die Dinge zu regeln, und als Zweifel an seiner Autorität. Hat der Urlaub aber erfolgreich begonnen, kann der Widder zu den meisten Urlaubsunternehmungen viel positive Energie, Dynamik und Pioniergeist beisteuern.

STÄRKEN

verspielt
natürlich
fröhlich

SCHWÄCHEN

angespannt
kritisierend
traurig

AUFTRETEN

offen
lustig
energiegeladen

DAS WIDDER-KIND

Das Tierkreiszeichen des Widders symbolisiert das Kind, das noch am Beginn des Lebenskreislaufs steht. Deshalb fühlt sich der Widder sehr wohl, solange er klein ist. In gewissem Sinne beansprucht er in dieser Lebensphase mehr als Menschen, die in einem anderen Zeichen geboren wurden. Es ist deshalb besonders traurig, wenn ein Widder eine unglückliche Kindheit hatte. Widder-Kinder brauchen im Grunde nur einen sicheren Rahmen, in dem sie sich frei entfalten können, ohne Zensur oder Strafen. Der schlimmste Fehler, den Eltern machen können, ist es, dem Widder-Kind zu große Verantwortung aufzubürden. Das gilt auch noch für große und erwachsene Widder. Wenn man dem kleinen Widder gestattet, auf natürliche Weise zu spielen, zu lernen und zu wachsen, genießt er seine Kindheit mehr als die meisten anderen.

Persönlichkeitsentwicklung beim Widder-Kind

Versuchen Sie nicht, den Widder zu formen, sondern lassen Sie ihn sich entfalten. Ständige Missbilligung hemmt sein Wachstum, denn es untergräbt sein Selbstbewusstsein. Der kleine Widder spielt gerne (manchmal auch übermäßig viel), aber seine Energie zu bremsen, ist auch keine Lösung. Führen Sie ihn sanft dahin, Dinge auch aus Sicht anderer zu sehen. Dann erkennt er, dass nicht alles, was ihm gefällt, auch seine Spielkameraden erfreut. Man weiß oft nicht, wohin man seine überschüssige Energie lenken soll, aber konkrete Aufgaben können diese Energie kanalisieren und der Entwicklung des Kindes förderlich sein.

Hobbys, Interessen und Berufspläne des Widder-Kindes

Der kleine Widder ist eher ein Macher als ein Denker. Selbst wenn er gern liest, setzt er seine Ideen doch lieber in die Tat um, als lange darüber nachzudenken. Wenn er davon überzeugt ist, dass man ein Loch nur tief genug graben muss, um auf der anderen Seite der Erde wieder herauszukommen, können Sie ihn vermutlich schon bald bei Grabungen im Garten beobachten. Der Widder liebt seine Hobbys und alle möglichen Spiele, oft auch selbst ausgedachte. Was immer er entdeckt, es wird augenblicklich sein Eigentum. Er hat ein reges Innenleben, und seine imaginäre Welt ist häufig mit Phantasiefiguren bevölkert. In einem Beruf, wo er das Spielen und das stete Erneuern vereinen kann, wird er am erfolgreichsten sein.

Erziehung des Widder-Kindes

Der kleine Widder braucht Disziplin, das gibt ihm die nötige Struktur, um seine enormen Energien zu lenken. Ihre Regeln müssen ihm allerdings einleuchten und dürfen nicht als sinnlose Kritik und Prinzipienreiterei erscheinen. Durch Negativität wird sein Feuer nämlich erstickt oder auf ein schwaches Glimmen reduziert. Der kleine Widder braucht einen Mittelweg zwischen seinem chaotischen Verhalten und zu stark einschränkenden Grenzen. Wenn Sie Nachgiebigkeit und entschiedene Führung klug und einfühlsam verbinden, finden Sie den richtigen Weg für den Umgang mit Ihrem Widder-Kind.

Das Widder-Kind und Zuneigung

Der kleine Widder sehnt sich extrem nach Zuneigung, aber als Erwachsenem fällt es ihm oft schwer, seine Gefühle zu zeigen. Obwohl Umarmungen manchmal ganz willkommen sind, sind es eher ein Lächeln, ein liebes Wort oder eine liebevolle Geste, die sein Herz wärmen. Für ihn drückt sich Zuneigung eher zwanglos als Freundlichkeit aus. Großen Gesten von Erwachsenen misstraut er, denn er spürt instinktiv, ob Gefühle echt oder aufgesetzt sind. Der kleine Widder sucht Zuneigung in den Augen und der Stimme eines Menschen, und er lässt sich nur schwer täuschen.

Das Widder-Kind und seine Beziehung zu Geschwistern

Da der Widder eine dominante Rolle unter den Geschwistern spielt, kann es vorkommen, dass Sie ihn zu oft tadeln. Dies sollten Sie, vor allem vor den Geschwistern, vermeiden. Am besten nehmen Sie ihn beiseite und erklären Sie ihm ruhig, dass sein Verhalten nicht akzeptabel war. Wenn der Widder der Älteste ist und eifersüchtig auf die Geburt eines Geschwisterchens reagiert, sollte seine Neigung, das jüngere Kind zu missachten oder ihm wehzutun, ins Positive gewandelt werden, so dass er vorsichtig mit ihm spielt und es beschützt. Wenn Eltern geduldig sind und sich auf die Bedürfnisse beider Kinder einstellen, funktioniert dies meist gut.

Das erwachsene Widder-Kind

Wenn der Widder das Gefühl hat, um seine wahre Kindheit betrogen worden zu sein, ist es für die Eltern sehr schwierig, sein Wohlwollen und Vertrauen zu gewinnen. Solch ein Widder ist oft übermäßig ernsthaft und sehr darum bemüht, sein eigentlich kindliches Naturell zu unterdrücken oder gar zu verleugnen. Den Eltern gelingt es mit gemeinsamen Aktivitäten, die allen Spaß machen, wieder feste Bande zu knüpfen. Ein Versuch, alles zu analysieren und auszudiskutieren, wird eher scheitern. Der Widder wird den elterlichen Vorschlag einer Psychotherapie vermutlich ablehnen, aber vielleicht darauf zurückkommen, wenn er von zu Hause ausgezogen ist.

Stier

GEBURTSDATUM 21. APRIL–21. MAI

Der Stier steht im Tierkreis für die Unveränderlichkeit der Erde. Bei denen, die in seinem Zeichen geboren wurden, zeigt sich das an ihrer Sturheit und Sinnlichkeit. Da der Stier unter dem Einfluss der Venus steht, geht er in schönen Dingen und deren körperlichen Ausdrucksformen, von Sport über Mode und Design, vollkommen auf. Wenn er sich einmal in Bewegung gesetzt hat, kann er sehr aktiv sein, aber im Grunde liebt der Stier den Müßiggang. Er neigt zum Trödeln und macht es sich gerne dort gemütlich, wo er gerade ist.

Beruf

STIER

21. April – 21. Mai

DER STIER-CHEF

Der Stier-Chef wird oft als herrschsüchtig bezeichnet. Tatsächlich fühlt sich der Stier-Chef in seiner Rolle wohl, aber er bleibt lieber im Hintergrund und lässt alles von alleine laufen. Das würde voraussetzen, dass seine Mitarbeiter gut gebrieft sind und wissen, was der Stier von ihnen erwartet. Dem ist allerdings nicht immer so, obwohl sich der Stier-Chef normalerweise viel Mühe gibt zu erklären, wie er sich die Arbeit seiner Mitarbeiter vorstellt. Er macht so wenige Vorschriften wie möglich, doch diese sind in Stein gemeißelt, jedenfalls seiner Meinung nach.

Den Stier-Chef um eine Gehaltserhöhung bitten

Nehmen Sie sich mindestens eine Woche vor dem Termin Zeit, Ihr Anliegen schriftlich zu formulieren und Ihre bisherigen Erfolge herauszuarbeiten. Überlassen Sie Ihrem Chef ein Exemplar davon. Es ist wichtig, dass Sie bei Ihrem Gespräch nicht in Hektik geraten oder Druck ausüben. Lassen Sie die Tatsachen für sich sprechen, aber drücken Sie Ihre Forderung unmissverständlich aus. Sie sollten übrigens nie mit einer Kündigung drohen, wenn Sie dies nicht wahrmachen wollen. Der Stier nimmt Sie nie wieder ernst, wenn Sie nicht tun, was Sie angekündigt haben.

Dem Stier-Chef schlechte Nachrichten überbringen

Es ist ratsam, die Bombe mit nettem Vorgeplänkel abzufedern. Schaffen Sie dafür eine angenehme, ruhige Atmosphäre. Sprudeln Sie die Neuigkeiten nicht nach einem betretenen Schweigen heraus, sondern arbeiten Sie langsam darauf hin, indem Sie Hintergründe für den Misserfolg aufzeigen. Es imponiert dem Stier, wenn Sie selbst Verantwortung übernehmen. Unter keinen Umständen sollten Sie versuchen, die Schuld auf den Abteilungsleiter, die Firma oder einen Kollegen zu schieben. Versuchen Sie, sich schon vorher auf Fragen zu Schadensbegrenzung und neuen Richtungen vorzubereiten, die Ihr Chef sicher stellen wird.

STÄRKEN

ausgeglichen
aufmerksam
sorgfältig

SCHWÄCHEN

herrisch
unflexibel
unsensibel

AUFTRETEN

besorgt
instruktiv
eindeutig

Geschäftsreisen und Veranstaltungen für den Stier-Chef planen

Als echter Genussmensch schätzt der Stier Komfort und Vergnügen. Achten Sie deshalb besonders auf Details, um sicherzustellen, dass er sich gut amüsiert, wenn er ausgeht oder irgendwo übernachten muss. Die zusätzlichen Vergünstigungen, die der Job mit sich bringt, also Essen, Trinken, Unterhaltung und Reisen erster Klasse, sind ihm fast genauso wichtig wie ein gutes Gehalt. Verschwenden Sie das Geld der Firma aber nicht, denn der Stier weiß genau, was wie viel kostet. Günstige Angebote, die nicht zu Lasten der Qualität gehen, werden immer gerne angenommen, und Sie punkten für die clevere Recherche.

Entscheidungen und der Stier-Chef

Der Stier-Chef beurteilt Ihre Entscheidungen besonders aufmerksam und kritisch, da es kaum etwas gibt, was ihm mehr Aufschluss über Ihren Charakter und Ihre Fähigkeiten bietet. Wenn es um die Wurst geht, weiß er, ob er sich auf Ihr Urteilsvermögen verlassen kann. Treffen Sie deshalb keine impulsiven oder vorschnellen Entscheidungen, sondern nehmen Sie sich Zeit, alles gut zu überdenken und Ihren Plan dann umzusetzen. Der Stier-Chef führt mitunter sogar (ohne Ihr Wissen) eine Testsituation herbei, um zu prüfen, ob Sie für einen verantwortungsvolleren Posten geeignet sind.

Den Stier-Chef beeindrucken oder motivieren

Der Stier beeindruckt man am ehesten durch harte Arbeit, Verlässlichkeit und Engagement. Brillante Einfälle oder schnelle Erfolge haben für ihn nicht so viel Gewicht wie eine Abteilung, die gut und ruhig läuft. Vermeiden Sie es, als Unruhestifter oder gar als Macher bekannt zu werden. Am besten sind Sie der Friedensstifter oder Diplomat, der ruhige, tüchtige und leistungsstarke Angestellte. Der Stier ist extrem pragmatisch und will mittelfristig solide Erfolge sehen. Das motiviert ihn am ehesten, Ihnen eine Gehaltserhöhung oder eine Beförderung zu gewähren.

Dem Stier-Chef etwas vorschlagen oder präsentieren

Gehen Sie in bewährter Weise vor. Stellen Sie bei Sitzungen mit mehreren Personen für jeden Anwesenden ausreichend Material bereit. Ihr Vortrag sollte einfach sein, auf die neuesten Hightech-Spielereien können Sie verzichten. Zeichnungen und statische Computerdarstellungen sind ebenso effektiv und lenken nicht zu sehr ab. Das Wichtigste sind Ihre gesprochenen und geschriebenen Texte, nicht die Art der Präsentation. Lassen Sie den Inhalt für sich sprechen, denn Ihre Fakten, Ideen und Ihre praktische Argumentation beeindrucken den Stier viel mehr. Vermeiden Sie Idealismus und unrealistische Vorhersagen.

DER STIER-ANGESTELLTE

Der Stier-Angestellte ist definitiv job-orientiert, hat allerdings seine eigene Methode, Dinge zu erledigen, und die ist im Allgemeinen recht entspannt. Da ihm sein eigenes Wohlbefinden wichtig ist, arbeitet er langsam, aber stetig. Und da der Stier niemals heute besorgt, was er genauso gut auf morgen verschieben kann, fällt es ihm oft schwer, Fristen einzuhalten. Er ist ein schrecklicher Zauderer, der aufschiebt, was ihm gerade keinen Spaß macht. Seine Vorgesetzten und Kollegen erreichen mit Überreden und sanftem Anschubsen mehr als mit barschen Anordnungen.

Das Einstellungsgespräch mit dem Stier-Bewerber

Dem Stier liegt im Allgemeinen viel an der Sicherheit, die ihm ein Job bietet. Obwohl er ein angemessenes Gehalt erwartet, ist er mehr an Zusatzleistungen, Beteiligungen und Boni interessiert. Der Stier will wissen, worauf er sich einlässt, bevor er unterschreibt. Erklären Sie ihm die Philosophie und die Ziele Ihres Unternehmens gründlich, und lenken Sie sein Augenmerk auf die Rolle, die er in dieser Organisation spielen soll. Der Stier will von Anfang an wissen, was ihn erwartet, böse Überraschungen sind für ihn ein rotes Tuch.

Dem Stier-Angestellten schlechte Nachrichten überbringen oder kündigen

Mit Unverblümtheit kann der Stier gut umgehen, es ist deshalb am besten, ihm gleich reinen Wein einzuschenken. Der Stier kneift in der Regel nicht, er wird Ihnen deshalb auch nicht den Gefallen tun, selbst zu kündigen. Eher neigt er dazu, bis zum bitteren Ende zu bleiben, und Sie werden ihm den Gnadenschuss schon selbst verpassen müssen, wenn Sie sich von ihm trennen wollen. Machen Sie ihm die Gründe für Ihre Entscheidung deutlich, auch wenn der Stier sich wahrscheinlich stur weigern wird, die Vorwürfe und Anschuldigungen, die gegen ihn vorgebracht werden, zu akzeptieren.

Geschäftsreisen und Veranstaltungen mit dem Stier-Angestellten

Als echter Genussmensch erfreut sich der Stier an allen körperlichen Wohltaten. Wahrscheinlich müssen Sie ihm ein Limit setzen, damit er nicht zu viel ausgibt, denn seine Schwäche für Essen und angenehme Unterkünfte können Ihr Budget ziemlich strapazieren. Ebenso ungern, wie er ein Zimmer mit jemandem teilt, schränkt er sich beim Essen ein. Was er hat, gehört ihm, und er will es allein genießen. Zwar ist er durchaus in der Lage zu teilen, doch er tut es nicht gern. Theater, Tanz oder Konferenzen erlebt er aber gern in Begleitung.

Dem Stier-Angestellten Aufgaben zuteilen

Sofern die Aufgabe klar definiert ist und er glaubt, sie bewältigen zu können, erledigt der Stier sie gründlich, wenn nicht sogar erstklassig. Falls er Ihre unzureichende Präsentation aber nicht verstanden hat oder von Anfang an ernsthafte Bedenken hatte, die Sie ignoriert haben, sollten Sie sich auf das Schlimmste

engagiert
job-orientiert
sorgfältig

zaudernd
extrem entspannt
hedonistisch

verlässlich
selbstbewusst
unaufdringlich

STIER

gefasst machen. Instruieren Sie den Stier-Angestellten von Anfang an richtig, dann gibt es keine bösen Überraschungen. Denken Sie daran, dass er ein pragmatischer Mensch ist, und erwarten Sie deshalb auch keine brillanten oder phantasievollen Ergebnisse.

Den Stier-Angestellten beeindrucken oder motivieren

Der Stier spricht auf Belohnungen gut an, damit kann man ihn motivieren. Manchmal braucht er aber auch die Sporen, allerdings nicht zu fest. Beeindrucken können Sie den Stier am besten mit Allgemeinwissen, aber auch Ihrer genauen Kenntnis der Sachverhalte. Ihren Charme und Ihre Überzeugungskraft wird der Stier wohl bemerken, ihnen aber nicht unbedingt erliegen. Obwohl ihm das, was Sie zu sagen haben, wichtiger ist als wie Sie es sagen, reagiert der Stier auch auf eine sanfte Stimme und eine warme, freundliche Vorgehensweise.

Den Stier-Angestellten führen oder kritisieren

Der Stier kann mit offener, konstruktiver Kritik gut umgehen. Grundsätzlich zieht er eine ehrliche Bewertung seiner Arbeit (vor allem, wenn er davon profitieren kann, auch, wenn sie schlecht ausfällt) falschen Komplimenten und Schmeicheleien vor. Der Stier will die bestmöglichen Ergebnisse erzielen, und wenn Ihre Kritik dazu beiträgt, umso besser. Man kann ihn alleine arbeiten lassen, aber hin und wieder möchte er von Ihnen Input oder Zustimmung, um sicherzugehen, dass er in die richtige Richtung unterwegs ist. Schauen Sie ihm einfach hin und wieder über die Schulter.

DER STIER-KOLLEGE

Ein Stier-Kollege kann die Stütze und das Arbeitstier einer ganzen Abteilung sein. Dieser überaus verlässliche Kollege sollte weder ausgenutzt noch über Gebühr beansprucht werden, denn selbst er hat seine Grenzen. Auf den Stier-Kollegen ist grundsätzlich Verlass, es sei denn, etwas geht ihm komplett gegen den Strich. Dann gibt es für ihn nur zwei Alternativen: Entweder er macht Dienst nach Vorschrift, oder er kündigt bzw. bittet um eine Versetzung.

Den Stier-Kollegen um Rat fragen

Wenn Sie erregt und sauer sind, kann ein Stier-Berater Sie innerhalb von wenigen Minuten wieder beruhigen. Aufgrund seiner Lebensweisheit scheut er weder Zeit noch Mühe, Ihnen in schweren Zeiten beizustehen. Zwar erteilt er auch gern ungebeten Ratschläge, aber oft funktioniert es besser, wenn man ihn fragt. Manchmal benötigt er Bedenkzeit für eine praktikable Lösung Ihrer Probleme. Nur wenn Ihr Problem eine Konfrontation unbedingt notwendig macht, wird er Sie dazu drängen, ansonsten wird er raten, sich nicht einzumischen, sondern abzuwarten, bis sich alles von selbst erledigt.

STÄRKEN

engagiert
fleißig
verlässlich

SCHWÄCHEN

ablehnend
stur
aufsässig

AUFTRETEN

gezielt
hilfsbereit
sicher

BERUF

Den Stier-Kollegen um Hilfe bitten

Der Stier-Kollege möchte lieber gar nicht direkt an Hilfsmaßnahmen oder Protesten beteiligt sein, um nicht als Unruhestifter zu gelten. (Wenn er aber rot sieht oder das Gefühl hat, Sie würden schlecht behandelt, eilt er zu Ihrer Verteidigung.) Er reagiert besonders empfindlich, wenn jemand, der erheblich jünger oder älter ist als er, schlecht behandelt wird, und ist schnell zur Stelle. Der Stier hilft auch finanziell, wenn es möglich ist, doch meist nur in geringem Maße, denn in diesem Punkt ist er sehr konservativ. In Notfällen teilt er sogar sein Heim, sein Auto oder Kleidung, ohne zu verlangen, dass man ihm dies vergütet.

Geschäftsreisen und Veranstaltungen mit dem Stier-Kollegen

Eigentlich ist der Stier lieber zu Hause. Trotzdem macht er gern ein- oder zweimal im Jahr eine Fernreise. Er ist sehr gut im Planen von Reisen für sich und andere. Andere zu unterhalten ist keine Spezialität des Stiers, aber bei Betriebsfesten und Jubiläen übernimmt er gern die Führung. In solchen Situationen können Sie seine Dominanz etwas eindämmen, indem Sie ihm eine bestimmte Aufgabe zuweisen, bei der er auch bleiben soll. Wenn man jedoch jemanden braucht, der in letzter Minute einspringt, kann man sich auf den Stier verlassen.

Die Zusammenarbeit mit dem Stier-Kollegen

Der Stier arbeitet gut mit anderen zusammen, solange alles glatt läuft. Wenn Probleme auftauchen, macht er seinem Unmut laut Luft und besteht oft darauf, die Hauptverantwortung auf seine Schultern zu nehmen. Die Probleme können dadurch entstehen, dass andere ihn als dominant, herrschsüchtig oder stur empfinden. Eine Fachkraft dieses Sternzeichens ist sehr anspruchsvoll und hasst schludrige Arbeit und offensichtliche Inkompetenz. Andere, die nicht verstehen, dass gerade etwas schiefläuft, nehmen es dem Stier möglicherweise übel, wenn er sich bemüht, es wieder geradezubiegen.

Den Stier-Kollegen beeindrucken oder motivieren

Den Stier motiviert man mit Belohnungen, auch wenn er das kaum je verlangen wird. Seine innere Motivation ist sein Bedürfnis, eine Arbeit so gut zu machen, dass alle davon profitieren. Seine persönliche Belohnung ist die Zufriedenheit darüber, aber wenn Sie ihm Bonuszahlungen, Zusatzurlaub oder eine Gehaltserhöhung in Aussicht stellen, ist er bereit, noch härter zu arbeiten. Auch die Dankbarkeit anderer beeindruckt ihn, selbst wenn er sie nicht notwendig findet. Da ihm Prestige imponiert, motiviert ihn ein persönlicher Dank von höchster Stelle besonders.

Den Stier-Kollegen überzeugen oder kritisieren

Da er bekanntermaßen stur ist, kann es sehr schwierig sein, den Stier von etwas zu überzeugen oder abzubringen. Kritik ist für ihn meist kein Problem, und manchmal ist er dafür sogar dankbar, zumindest solange sie sich als hilfreich erweist und richtig vorgebracht wird. Sprechen Sie ihn möglichst in Ruhe und alleine an, denn er möchte nicht vorgeführt werden. In friedlicher, neutraler Umgebung diskutiert er gern alles und hört zu. Wenn er Sie allerdings einmal angehört hat, möchte er es nicht noch ein zweites oder drittes Mal tun.

DER STIER-KUNDE

STÄRKEN

unbekümmert
stark
wissend

SCHWÄCHEN

starr
grantig
ideenarm

AUFTRETEN

festgelegt
konzentriert
anspruchsvoll

Obwohl scheinbar unbekümmert, macht der Stier seine Wünsche und Forderungen unmissverständlich klar. Das Thema zu wechseln, während er redet, Alternativen vorzuschlagen oder seine Aufmerksamkeit auf anderes zu lenken, sind keine guten Ideen. Bei der Planung eines Programms, das seinen Bedürfnissen entspricht, sollten Sie nicht abschweifen und sich auf seine Wünsche und Ziele konzentrieren. Da der Stier Fülle und Vielfalt liebt, freut er sich über Extras, die Sie an ein Produkt oder eine Dienstleistung heften. Noch mehr freut er sich, wenn auch seine eigenen Kunden positiv auf solche Extras reagieren.

Den Stier-Kunden beeindrucken
Der Stier ist grundsätzlich nur von Menschen beeindruckt, die sich auf das Wesentliche konzentrieren. Einen derart kritischen, soliden Kunden, der keinerlei Geduld für oberflächliches Geschwätz aufbringt, kann man nur schwer um den Finger wickeln. Er reagiert sehr kritisch, wenn Sie etwas wiederholen, was er gesagt hat, oder er merkt, dass Sie ihm nicht richtig zuhören. Er wird Sie an diese Verfehlungen erinnern und sie beanstanden, vielleicht sogar schon bei Ihrem ersten Treffen. Überlassen Sie ihm den Großteil des Gesprächs, aber antworten Sie intelligent und prägnant, wenn Sie gefragt werden.

Dem Stier-Kunden etwas verkaufen
Häufig lehnt sich der Stier in Ihrem ersten Gespräch gemütlich zurück und bedeutet Ihnen mit Blicken: »Los, überzeug mich!« Jetzt müssen Sie in der Lage sein, Ihr gesamtes schweres Geschütz aufzufahren: Daten, Fakten, Tabellen, Diagramme und andere visuelle Medien, denn Ihr Kunde ist stark visuell orientiert. Wenn Sie diesen Test bestanden haben, sind Sie schon fast am Ziel. Oft, aber nicht immer, können Sie den Erfolg oder Misserfolg Ihres Verkaufsgesprächs an seinem Gesichtsausdruck ablesen. Mancher Kunde bemüht sich auch, seine Reaktion so lange zu verbergen, bis er Ihre Präsentation noch einmal in Ruhe durchdacht hat.

Der Stier-Kunde und Ihr Äußeres
Sie sollten gut aussehen. Scheuen Sie sich nicht, elegante Schnitte, satte Farben und schöne Stoffe zu tragen, denn gutes Aussehen ist dem Stier ein Beweis für die Qualität Ihres Unternehmens. Denken Sie daran, dass für den Stier die gesamte materielle Seite Ihres Unternehmens, auch alles geschriebene, visuelle und auditive Material, Qualität verströmen muss. Umgekehrt wird jeder Fehler, den Sie persönlich machen, als Zeichen für die schludrige Qualität Ihrer Produkte oder Dienstleistungen gewertet. Bevor Sie also den Stier zum ersten Mal treffen,

sollten Sie sich auf seine höchst anspruchvolle Untersuchung sehr gut vorbereitet haben.

Das Interesse des Stier-Kunden wachhalten

Auch ein ernsthafter Mensch möchte gern unterhalten werden. Der Stier stellt zwar hohe Ansprüche, aber sofern Sie alle notwendigen Fakten aus dem Handgelenk schütteln können und auch sonst tadellos vorbereitet sind, dürfen Sie ab und an Ihren Charme spielen lassen. Bezaubern Sie ihn mit einer kurzen Berührung oder mit Humor, am besten in Form eines kleinen Scherzes (kein krachlederner Witz!). Wenn Sie irgendwann das Gefühl haben, dass er das Interesse verliert, sollten Sie eine Erfrischung oder Pause anbieten, das Thema wechseln oder ganz einfach fragen, was er wissen möchte. Langes, unangenehmes Schweigen sollten Sie vermeiden.

Dem Stier-Kunden schlechte Nachrichten überbringen

Wenn die schlechte Nachricht gut präsentiert wird, überrascht der Stier Sie damit, dass er sie recht nüchtern aufnimmt. Das heißt noch lange nicht, dass er sie akzeptiert. Aber ehe er es Ihnen direkt sagt, geht der Stier damit zu Ihrem Chef oder zum Aufsichtsrat. Versuchen Sie nicht, die schlechte Nachricht zu verschleiern, sondern behandeln Sie das Thema nüchtern, aber mit persönlicher Betroffenheit. Dann kann man Ihnen zumindest nicht vorwerfen, Tatsachen falsch dargestellt oder gelogen zu haben. Wenn Sie sich besonders schlecht oder verantwortlich fühlen, sollten Sie dies kurz und bündig mitteilen.

Den Stier-Kunden unterhalten

Da er unter Venus-Einfluss steht, liebt der Stier Schönheit, Genuss, Unterhaltung, Essen, Trinken und eine angenehme Umgebung. Wenn Sie ihn also zum Essen einladen, werden Sie feststellen, dass ihm das Ambiente, der Service und die Präsentation des Essens ebenso wichtig sind wie das Essen selbst. Er erwartet ein Toprestaurant und bestellt teure Dinge, denn er hat einen exklusiven Geschmack. Wenn er sich gut amüsiert, können Sie aufatmen, denn dann sind Sie einen großen Schritt vorwärtsgekommen. Achten Sie darauf, dass das Gespräch amüsant bleibt, und umgehen Sie geschäftliche Themen, um ihm den Vortritt zu lassen.

DER STIER-GESCHÄFTSPARTNER

Meist glaubt der Stier mehr vom Geschäft zu verstehen als Sie. Eigensinnig und etwas herrschsüchtig, wie er ist, will er gar nicht so sehr führen als lieber die endgültigen Entscheidungen treffen, das interessiert diesen soliden und engagierten Menschen am meisten. Vielleicht wischt er Ihre Einwände einfach beiseite oder beachtet sie gar nicht erst, was zu Spannungen führen kann. Irgendwann kommt der Punkt, wo Sie ihn verstehen oder ihm sogar zustimmen, selbst wenn Sie überzeugt waren, dass er völlig falsch liegt. Bei unangenehmeren Aspekten

Ihres Geschäfts ist er ein guter Puffer, der Ihnen, der Firma und allen, die für Sie arbeiten, Sicherheit bietet.

Einen Stier zum Geschäftspartner machen

Am besten legen Sie ihm die Pläne für die Partnerschaft zum Kommentieren und Korrigieren vor, statt ihm die Ausarbeitung des Ganzen zu überlassen. Meist kann man so ganz einfach einen guten Kompromiss erzielen. Lassen Sie den Stier keinen ersten Entwurf für Sie anfertigen, und arbeiten Sie nicht nebeneinander an dem Vertrag, weil es ihn frustriert, wenn sein Input zwar gefragt, aber nicht gut genug ist – oder gar ignoriert wird. Achten Sie darauf, seine Rolle sehr detailliert im Entwurf zu beschreiben und einen großen Teil der täglichen Routinearbeit in seine Verantwortlichkeit zu stellen.

Aufgabenverteilung mit dem Stier-Geschäftspartner

Glauben Sie nicht, dass man einem so zähen und pragmatischen Menschen ausschließlich praktische Aufgaben zuweisen sollte. Der Stier ist auch ein Ideen-Mensch, der von Produktion, Marketing, Vertrieb und vor allem PR durchaus etwas versteht. Er kann bei Finanzauslagen recht sorglos sein, weil er das Geld gern mit beiden Händen ausgibt, wenn er glaubt, es sei nötig. Andererseits versucht er meist, das günstigste Angebot zu finden. Legen Sie fest, dass Sie jeder größeren Finanzauslage zustimmen müssen. Aufgrund seiner starken physischen Präsenz kann der Stier Ihr Unternehmen beeindruckend vertreten.

Geschäftsreisen und Veranstaltungen mit dem Stier-Geschäftspartner

Der Stier kann turmhohe Rechnungen verursachen, wenn er sich um Reisen und Unterhaltung kümmert, denn er hat einen unleugbaren Hang zur Verschwendung, der auf seiner Vorliebe für Luxus und Bequemlichkeit gründet. Wenn es aber um Betriebsfeiern, Reisen oder die Unterhaltung anderer geht, kann man sich darauf verlassen, dass er sie sparsam, aber dennoch zur Zufriedenheit aller organisiert. Man kann den Stier vor seinem eigenen Schwachpunkt schützen, wenn man ihm von vornherein ein strikt begrenztes Budget zu Verfügung stellt.

Den Stier-Geschäftspartner lenken und führen

Auch wenn der Stier in den meisten Situationen der Chef sein will, sollte man an seine praktische Seite appellieren und seine Fähigkeit anerkennen, für alles die beste Lösung zu finden. Sobald er Ihrer Grundidee zustimmt, können Sie ihm die Umsetzung überlassen, sofern das logistisch möglich ist. Bei ernsthaften Auseinandersetzungen ist er in der Verteidigung passiv wie ein Stein und im Angriff ungeheuer kraftvoll aggressiv. Vermeiden Sie deshalb Frontalzusammenstöße. Wenn Sie seinen Gefühlen gegenüber Sensibilität beweisen und ihm Vertrauen schenken, wird er für Ihre Vorschläge meist offen sein. Erteilen Sie ihm möglichst keine Befehle.

Auf lange Sicht mit dem Stier-Geschäftspartner auskommen

Der Stier ist in seinen Geschäftsbeziehungen meist loyal und engagiert, da er langmütig ist und lange durchhält. Das heißt allerdings noch nicht, dass man einfach mit ihm auskommt, denn er staut Ärger manchmal eine gewisse Zeit auf, bis er unverblümt und heftig sagt, was er wirklich denkt. Es hilft daher, sich regelmäßig mit ihm zusammenzusetzen, damit er seine Beschwerden äußert, statt Unmut mit sich herumzutragen. Wenn er sieht, dass Sie akzeptieren, was er sagt, und entsprechend handeln, wird die Zusammenarbeit mit ihm einfacher.

Die Trennung vom Stier-Geschäftspartner

Der Stier ist sehr besitzergreifend und sieht das Unternehmen größtenteils als sein eigenes an. Deshalb fällt es ihm besonders schwer, wenn er es aufgeben muss, zumal er überzeugt ist, dass hauptsächlich er es aufgebaut, entwickelt und geleitet hat. Am besten einigen Sie sich auf einen gemeinsamen Schiedsmann, der beide Seiten rechtlich vertritt. Der Stier ist jedoch so stur, dass er sich manchmal auch einen eigenen Anwalt nimmt oder seine Interessen selbst vertritt. Machen Sie sich darauf gefasst, ausführlich über Finanzen, Immobilienbesitz, Verantwortungsbereiche, Versicherungen und sogar einzelne Gegenstände zu diskutieren. Oft möchte der Stier Sie auch herauskaufen und das Unternehmen allein weiterführen.

DER STIER-KONKURRENT

Den hartnäckigen und entschlossenen Stier-Konkurrenten kann man nicht einfach aus dem Weg räumen, vor allem, wenn er über viel Erfahrung verfügt. Er wird allen Versuchen, ihn von seinem Posten zu vertreiben, widerstehen, besonders dann, wenn er die Nummer eins war. Und er wird all seine Energie gegen Ihr Produkt einsetzen. Sie halten ihn vielleicht für etwas schwerfällig und denken, Sie könnten ihn austricksen, doch meist ist er zu schlau und argwöhnisch, Ihnen in die Falle zu gehen. Der günstigste Fall wäre, dass Ihre Firmen sich beide fest etablieren und friedlich koexistieren, ohne einander zu schaden.

Gegen den Stier-Konkurrenten antreten

Versuchen Sie einen Marktanteil zu erobern, den Sie allein beackern, und greifen Sie den Stier dabei nicht frontal an, sondern nehmen Sie eine andere Route. Wenn er glaubt, dass Sie keine Gefahr für sein Kerngeschäft darstellen, lässt seine Wachsamkeit vielleicht etwas nach und er lässt Sie gewähren. Überzeugen Sie ihn davon, dass auf dem Markt Platz für zwei hervorragende Produkte ist. Wenn Sie friedliche Verhandlungen suchen, den Istzustand (zumindest für den Moment) akzeptieren und sich für Kompromisse offen zeigen, mildert das seine heftige Abwehrhaltung. Vor allem sollten Sie ihm mit Respekt begegnen und sich nie über ihn lustig machen.

STÄRKEN

hartnäckig
entschlossen
widerstehend

SCHWÄCHEN

übermäßig konservativ
einfallslos
festgelegt

AUFTRETEN

stolz
autoritär
unnachgiebig

STIER

49

Den Stier-Konkurrenten ausspielen

Wenn es auf einen knallharten Konkurrenzkampf hinausläuft, müssen Sie sich anstrengen, um den Stier auszuspielen. In der Verteidigung ist er hervorragend, und es ist extrem schwierig, ihn so sehr zu provozieren, dass ein Loch in seiner Abwehr sichtbar wird. Finden Sie mit sauberen Mitteln heraus, was er vorhat und wie oder ob er Sie angreifen will. Recherchieren Sie vorsichtig, damit er keinen Wind davon kriegt. Sobald Sie sich seiner Pläne sicher sind, können Sie einen Schlachtplan entwickeln, der mit einem Überraschungsangriff auf seinen Schwachpunkt zielt.

Den Stier-Konkurrenten persönlich beeindrucken

Bleiben Sie kühl, ruhig und gefasst. Sie können den Stier am ehesten damit beeindrucken, dass Sie sich gut informiert haben und alle notwendigen Fakten aus dem Ärmel schütteln können. Kleiden und verhalten Sie sich so, dass er Sie ernst nimmt, also eher ein bisschen konservativer. Zeigen Sie ihm, dass Sie ihn als würdigen Konkurrenten respektieren, aber auch, dass man sich nicht nur feindlich, sondern auch anerkennend gegenüberstehen kann. Obwohl der Stier langatmig sein kann und das Gespräch dominiert, sollten Sie nicht versuchen, seinen Redefluss zu stoppen, sondern seine Position mit kleinen, gut platzierten Bemerkungen untergraben.

Den Stier-Konkurrenten über- oder unterbieten

Wenn Sie beide um denselben Kunden kämpfen oder versuchen, ein ähnliches Produkt zu verkaufen, müssen Sie aggressiv vorgehen. D. h. nicht nur muss Ihr Produkt gut aussehen, Sie müssen auch dafür sorgen, dass seins schlecht aussieht. Wahrscheinlich ist es gar nicht nötig, irgendwelche Fehler zu erfinden oder bestehende aufzubauschen, denn vermutlich gibt es bei ihm bereits branchenweit bekannte Missstände. Zielen Sie gnadenlos auf diese Schwachpunkte. Verweisen Sie dann darauf, wie erfolgreich Ihre Firma gerade auf diesem Gebiet ist, und bieten Sie sowohl dem Endkunden wie auch dem Fachhandel zusätzliche Leistungen an.

PR-Krieg gegen den Stier-Konkurrenten

Wahrscheinlich soll der PR-Auftritt des Stiers schick und modern sein, aber möglicherweise ist er ein klein wenig überholt. Versuchen Sie eine Glamour-Kampagne auf die Beine zu stellen, die Ihre Konkurrenten förmlich umhaut. Ihr Erfolg wird sich nicht nur in Verkaufszahlen und den Einbußen der anderen niederschlagen, sondern auch als Stille im feindlichen Lager – ein größeres Kompliment kann der Stier-Konkurrent nicht machen. Versuchen Sie das Interesse der Medien zu wecken, damit Sie zur Nachricht werden und nicht nur bezahlte Werbung betreiben. Lassen Sie Ihren Charme spielen, um in Printmedien sowie im Fernsehen präsent zu sein, und geben Sie Interviews.

Der Stier-Konkurrent und die persönliche Beziehung

Wenn Sie dem Stier eins zu eins gegenüberstehen, sollten Sie möglichst nicht persönlich werden, sondern nur auf geschäftlicher Ebene mit ihm verkehren. Vielleicht lässt er sich im Laufe der Gespräche herbei, freundschaftlicher und informeller zu werden. Dann können Sie entscheiden, ob Sie das wollen oder nicht, in jedem Fall sitzen Sie am Ruder. Falls Sie sich beide an dieselbe Zielgruppe wenden oder vor denselben Kunden sprechen, sollten Sie es so einrichten, dass Sie nach dem Stier sprechen. Achten Sie genau auf seine Herangehensweise und verweisen Sie in Ihrer Präsentation auf seine möglichen Fehler. Ihr Ton sollte dabei aber stets freundlich bleiben.

Liebe

STIER

21. April – 21. Mai

STÄRKEN

selbstsicher
umsichtig
gutaussehend

SCHWÄCHEN

zaudernd
nicht reagierend
unaufdringlich

AUFTRETEN

ausgeglichen
voller Selbstvertrauen
körperbetont

RENDEZVOUS MIT DEM STIER

Der Stier geht bei der ersten Verabredung langsam vor, er will Sie erst sehen und in Ruhe entscheiden, ob er Sie noch einmal treffen möchte und wie die Beziehung aussehen könnte. Er hat ein gutes Gefühl dafür, was zusammenpasst und was nicht, aber es ist nicht sehr wahrscheinlich, dass er gleich bei der ersten Verabredung eindeutig wird. Normalerweise ist er vorsichtig und behält seine Eindrücke und Empfindungen für sich. Der Stier sieht meist gut aus und wirkt durch seine äußere Erscheinung genauso beeindruckend wie durch seine Sprechweise, die oft verführerisch und wohl moduliert ist.

Wie man einen Stier kennenlernt und anlockt

Da er freundlich ist, ist der Stier Ihren ersten Annäherungen gegenüber zunächst aufgeschlossen. Sie dürfen ihn aber nicht drängen, denn dieser geduldige Mensch braucht Zeit, um sich zu entscheiden. Schlagen Sie beispielsweise einen Spaziergang vor. Wenn Sie ihm buchstäblich in die Arme laufen oder sich zufällig irgendwo treffen, hören Sie am besten erst mal zu, was der Stier zu sagen hat. Damit geben Sie ihm auch die Gelegenheit, Sie sich genau anzusehen. Und wenn Sie mit Ihrer Schweigsamkeit seine Neugier wecken, umso besser.

Unternehmungen bei der Verabredung mit dem Stier

Da der Stier unter Venus-Einfluss steht, mag er alles Schöne und Sinnliche. Wenn Sie einen Treffpunkt vorschlagen, sollten Sie immer daran denken, dass Qualität für ihn sehr wichtig ist, egal ob Café, Kneipe, Restaurant, Kino oder Theater. Mit dem naturliebenden Stier in schöner Umgebung einen Spaziergang zu machen, ist immer eine gute Idee, vorausgesetzt, das Wetter ist gut. In Regen oder Kälte herumzulaufen, ist definitiv nicht seine Sache. Der Stier hat es bei der ersten Verabredung gerne warm, bequem und sicher.

Was den Stier anmacht und was ihn abschreckt

Eine große Klappe beeindruckt den Stier gar nicht und schreckt ihn sogar ab. Bescheidenheit und Selbstvertrauen dagegen imponieren ihm. Am liebsten möchte er an Ihnen etwas Faszinierendes entdecken, was ihn dazu verführt, Sie näher kennenlernen zu wollen. Versuchen Sie niemals, ihn zu drängen. Wenn Sie sich seinem Rhythmus angleichen, wird der nächste Schritt umso leichter. Sein Gesichtsausdruck und seine Körpersprache verraten Ihnen, woran Sie sind.

Beim Stier den ersten Schritt machen

Ganz typisch für die erste Verabredung mit dem Stier: Sie machen eine beiläufige Bewegung, um ihn zu umarmen, ihn zu berühren oder seine Hand zu nehmen, und ernten dafür einen scharfen Blick, der sagt: »Lass das!« und dann etwas besänftigender anfügt: »Ich sage schon, wann.« Denken Sie immer daran, dass der Stier unter Venus-Einfluss steht und deshalb die Liebe als sein Territorium ansieht. Gebietsverletzungen jedweder Art mag er gar nicht. Lassen Sie ihm die Wahl, und gehen Sie so oft wie möglich auf ihn ein. Zeigen Sie ihm ohne Worte, dass Sie auf derselben Wellenlänge sind.

Den Stier beeindrucken

Den Stier beeindruckt man bei der ersten Verabredung nicht mit aggressivem Auftreten, sprachlicher Gewandtheit oder gutem Aussehen, sondern durch eine interessante Persönlichkeit und die Fähigkeit, ihn und seine Wünsche zu verstehen. Schaffen Sie deshalb eine ungezwungene Atmosphäre, wo er sich aussuchen kann, wie er reagiert, und sich alles natürlich entwickeln kann. Versuchen Sie, die Dinge sanft in eine positive (also Ihre) Richtung zu lenken. Beeindrucken Sie ihn lieber mit Ausdauer und Zustimmung als durch aufgesetztes Verhalten. Zeigen Sie ihm, dass Sie seine Kleidung, Frisur und allgemein sein Äußeres mögen, wenn er Zeit darauf verwendet hat.

Den Stier nach der Verabredung wieder loswerden

Im Allgemeinen ist es der Stier, der die Abfuhr erteilt, und das kann ziemlich schnell und brutal passieren. Den Stier selbst wird man nicht so schnell wieder los, da er, wenn er Sie mag, sehr hartnäckig sein kann. Sein Stolz und sein festes Selbstbild dulden klare Ablehnung nicht, deshalb sollten Sie, wenn Sie ihn loswerden wollen, offen sagen, dass Sie definitiv kein Interesse an ihm haben oder dass es mit Ihnen beiden einfach nicht funktioniert. Solange Sie eindeutige Botschaften senden, ist es eigentlich kein Problem, ihn wieder loszuwerden. Für schwierige Fälle müssen Sie sich Zeit nehmen.

BEZIEHUNG MIT DEM STIER

Der Stier ist in Liebesdingen sehr besitzergreifend. Er sieht Sie als sein Eigentum an, wie seine Wohnung, sein Auto, seine Kleidung – und hält das für ein großes Kompliment. Probleme entstehen natürlich dann, wenn Sie damit nicht einverstanden sind, sondern darauf bestehen, ein eigenständiger Mensch zu sein und Freiraum für sich und Ihre Entscheidungen beanspruchen. Mag sein, dass er Ihnen sogar scheinbar zustimmt, weil das seinen Glauben an seine eigene Fairness

liebevoll
fürsorglich
engagiert

besitzergreifend
kontrollierend
manipulierend

geradeheraus
freimütig
hilfsbereit

bestätigt und beweist, wie sehr er Sie liebt. Tatsächlich aber hat er gar nicht vor, Sie mit irgendetwas zu teilen oder Sie aufzugeben.

Mit dem Stier diskutieren

Der Stier kann ein geduldiger Zuhörer sein, aber er ist ziemlich eigensinnig und voreingenommen. Im Allgemeinen sind seine Werte nicht moralisierend, sondern sie spiegeln seinen pragmatischen Charakter, beziehen sich also mehr darauf, ob etwas funktioniert, als darauf, ob es richtig oder falsch ist. Er kann in der Diskussion mit Ihnen also recht objektiv sein, er hört offen zu und fällt keine moralischen Urteile. Hören Sie auf seinen Rat, denn er hat ein gutes Urteilsvermögen, hüten Sie sich aber vor seinem Hang zum Dogmatismus und seinen fixen Ideen.

Mit dem Stier streiten

Der Stier hält stur an seiner einmal gebildeten Meinung zu den meisten Themen fest. Ein Streit mit ihm ist deshalb meist kontraproduktiv, denn je mehr Sie versuchen, ihn anzugreifen oder zu überzeugen, desto mehr sträubt er sich. Da der Stier oft kühl, ruhig und gefasst ist und große Geduld hat, erträgt er auch die eine oder andere Beschimpfung. Wenn das Maß aber voll ist, explodiert er. Am besten vermeiden Sie es, mit ihm zu streiten.

Mit dem Stier reisen

Der Stier ist zwar ein guter Reisegenosse und genießt solche Unternehmungen auch, aber oft ist er lieber zu Hause. Die zwei Probleme beim Reisen mit einem Stier sind seine Vorliebe für Luxus und sein Hang, die Hälfte seiner Habe mitzuschleppen. Schlimmer noch: Er kauft gerne ein, und seine Taschen, Rucksäcke und Koffer sind auf der Rückreise meist kaum zu tragen. Selbstverständlich verringert sich das Gewicht Ihres Geldbeutels mit der Gewichtszunahme seines Gepäcks, denn es gibt im ganzen Tierkreis kaum ein Zeichen, das so gerne Mitbringsel kauft und überhaupt so gerne Geld ausgibt wie dieses.

Sex mit dem Stier

Der Stier ist hier sehr sachlich und freimütig. Er hat kein Problem, darüber zu sprechen oder die Initiative zu ergreifen. Meist geht es ihm darum, ein rein körperliches Bedürfnis zu stillen, so, wie man eben etwas isst oder trinkt. Deswegen sind Sie mit seinem Mangel an Rätselhaftigkeit oder Feingefühl nicht ganz zufrieden. Der Akt selbst kann auch seltsam unpersönlich ausfallen, so dass Sie sich vielleicht fragen, ob er weiß, wer Sie sind, und ob ihn das überhaupt interessiert.

Der Stier und Zärtlichkeit

Der Stier kann sehr zärtlich sein. Vergessen Sie dabei aber nicht, dass für ihn Zuneigung Zuneigung ist, so wie Liebe Liebe ist und Sex einfach nur Sex und keines einen Ersatz für etwas anderes darstellt. Er zeigt seine Zuneigung mitunter sehr körperlich, was Umarmen, Streicheln und liebevolle Blicke einschließt, aber nicht nur das: Irgendwie schafft er es immer, damit sein Eigentumsrecht zu demonstrieren, was Ihnen, vor allem in Gegenwart von engen Freunden, recht unangenehm sein kann. Das Schlimmste aber, was Sie tun können, ist, seine Zuneigung zurückzuweisen. Sie sollten stattdessen lächeln und es über sich ergehen lassen.

Der Stier und Humor

Der Stier nimmt die Dinge wortwörtlich, und deshalb entlocken ihm die meisten Witze, Kalauer und Wortspiele nur ein müdes Lächeln. Witze auf seine Kosten mag er gar nicht, nur ab und zu, wenn er sich nicht zu sehr angegriffen fühlt, kann er mitlachen. Die Komiker, die er mag, sind in der Regel ausgezeichnete Schauspieler, die ihre Rolle mit einer solchen Präzision spielen, dass sie ihm Bewunderung, Vergnügen und schließlich auch Lachen entlocken. Er amüsiert sich gern und zieht oft die leichte Muse in Form von Filmen, Theaterstücken oder dem neuesten Unterhaltungsroman vor. Halten Sie ihn so gut wie möglich bei Laune, damit es keine Probleme gibt.

EHE MIT DEM STIER

Als Ehepartner kann der Stier sehr treu, verlässlich und fürsorglich sein. In der Regel übernimmt er in Haushalts- und Familienfragen eine dominante Rolle. Er möchte alle relevanten Entscheidungen fällen oder zumindest bei der Umsetzung maßgeblich beteiligt sein. Obwohl er bei solchen Fragen manchmal wochen- oder sogar jahrelang zaudert, ist er nicht mehr aufzuhalten, wenn er sich einmal entschieden hat. Da er häusliche Freuden schätzt, wird der Stier ein gemütliches und sicheres Heim haben wollen, wo sich Kinder, Freunde und Verwandte gleichermaßen wohlfühlen.

Hochzeit und Flitterwochen mit dem Stier

Obwohl er praktisch veranlagt ist und gerne Sonderangebote sucht, scheut der Stier keine Kosten für eine eindrucksvolle und luxuriöse Hochzeit. Auch die Flitterwochen wird er an einem besonders schönen Ort verbringen wollen, entweder in der Natur oder im Luxus – oder beides gleichzeitig. Eine schöne Umgebung entspannt ihn, so dass er dort seine Flitterwochen am besten genießen kann. Als Frischverheirateter hat der Stier keinerlei Interesse an verdrießlichen Szenen, Sorgen oder anderen Formen von Negativität, die ihn davon abhalten könnten, die schönste Zeit seines Lebens zu genießen.

Haushalt und Ehealltag mit dem Stier

Der frisch verheiratete Stier weiß ziemlich genau, wie Ihr gemeinsames Zuhause aussehen soll. Er mag es bequem und schön mit harmonischen Farben, stilvollen Stoffen, freundlichen Formen, auffallenden Anordnungen und ein paar Highlights. Wenn alles einmal steht, möchte der Stier eigentlich keine Veränderungen mehr und leistet deshalb Widerstand, wenn Sie dies wollen. Darüber hinaus ist er

STÄRKEN

verlässlich
beständig
fürsorglich

SCHWÄCHEN

zaudernd
dominant
vergnügungssüchtig

AUFTRETEN

ruhig
stark
herzlich

davon überzeugt, dass sein Geschmack tadellos ist und Ihre Einwände nur Ihren Mangel an Geschmack beweisen. Überlassen Sie lieber ihm die Einrichtung.

Der Stier und Geld

Der Stier gehört vielleicht nicht zu den aufregendsten Menschen, mit denen man verheiratet sein kann, aber zu den teureren. Sein Geschmack ist recht verschwenderisch, und er kann sich vor allem bei Sonderangeboten oder im Schlussverkauf einfach nicht beherrschen. Diskussionen über Geld und darüber, wie es ausgegeben werden soll, können zum ewigen Thema werden. Wenn möglich, sollte er sein eigenes Geld haben oder ein strikt begrenztes Budget bekommen. Wenn er seine eigenen finanziellen Entscheidungen treffen kann, vermeiden Sie Streitereien.

Der Stier und Treue

Da er sich beim Sex grundsätzlich über die Moral hinwegsetzt, sieht der Stier nichts Falsches darin, mit anderen Menschen Intimitäten auszutauschen, jedenfalls solange er eine solche Affäre einfach abschütteln kann und die Ehe nicht gefährdet. Wenn er aber wirklich glücklich verheiratet ist, betrügt der Stier seinen Ehepartner eigentlich nie. Er wird aber von körperlicher Schönheit angezogen wie die Motte vom Licht, so dass er, wenn er auch nur ein kleines bisschen unglücklich oder unzufrieden ist, der Versuchung, einen Nachmittag oder eine Nacht in den Armen eines Liebhabers zu verbringen, kaum widerstehen kann.

Der Stier und Kinder

Generell sind Stiere wunderbare Eltern. Der Stier ist sehr fürsorglich und zieht große Befriedigung daraus, für andere zu sorgen. Außerdem lehnt er jede Form von Gewalt gegen Kinder und kleine Tiere ab, so dass sein Haus von beidem wimmelt. Der Stier betrachtet die Freunde und Haustiere seiner Kinder als vollwertige Familienmitglieder, die deshalb viel Zeit bei ihm verbringen. Ein Einzelkind von Stiereltern wird sich von all der Aufmerksamkeit erdrückt fühlen, ein Geschwisterchen ist deshalb in jedem Fall ein Muss.

Scheidung vom Stier

Machen Sie sich darauf gefasst, komplett ausgezogen zu werden. Der Stier trennt sich nämlich nicht leicht von Geld oder Besitztümern. Wahren Trost darüber, Sie verloren zu haben, findet er mitunter darin, Geld, das Haus und den Hauptanteil der Möbel zu bekommen. Da er diesbezüglich weder schüchtern noch hinterlistig ist, macht der Stier seine Ansprüche durch einen Anwalt unmissverständlich klar. Er sinnt gar nicht auf Rache, sondern will lediglich für die Jahre seines selbstlosen Einsatzes entschädigt werden. (So jedenfalls betrachtet er es.) Er spricht sich gern eindeutig und sachlich mit Ihnen über alles aus und ist dabei so fair wie möglich.

AFFÄRE MIT DEM STIER

Seien Sie nicht überrascht, wenn der Stier Sie nach dem ersten vergnüglichen Treffen bittet, zu Ihrem Partner zurückzukehren. Der Stier spricht oft sehr sachlich über seine Bedürfnisse und sagt auch deutlich, wenn seine Gefühle nicht so weit reichen, dass er mit Ihnen zusammenleben, zusammen sein oder auch nur eine Nacht verbringen will – sobald der Hauptgrund für Ihr Treffen erledigt ist. Wenn Sie ihm allerdings wirklich unter die Haut gehen, will er Sie halten, und vielleicht ergibt sich daraus dann eine längere Beziehung. Wie in anderen Dingen auch, lässt der Stier das Sich-Verlieben langsam angehen, wird dann aber besitzergreifend.

Mit dem Stier anbandeln

Wahrscheinlich werden Sie dem Stier von einem gemeinsamen Freund vorgestellt. In der Tat ist Freundschaft oft der Aufhänger für eine solche Affäre, viel eher als wilde, animalische Leidenschaft oder körperliche Anziehung. Sie können sich bei ihm wohlfühlen und mit ihm über alles reden, über sich und natürlich auch Ihr Liebesleben. Sobald er wittert, dass Letzteres nicht befriedigend oder nicht vorhanden ist, betrachtet er sich als geeigneten Kandidaten zur Rettung Ihrer Libido. Denken Sie daran, dass der Stier ein Fürsorger ist und instinktiv auf jeden reagiert, der verletzt oder ungerecht behandelt worden ist.

Wohin mit dem Stier-Liebhaber?

Der Stier fühlt sich in seinem Zuhause am wohlsten. Sogar, wenn er mit jemandem zusammenwohnt, richtet er es so ein, dass er zeitweise allein ist. Ein Teil seines verführerischen Charmes besteht darin, dass er Ihnen seine geschmackvolle oder wertvolle Einrichtung zeigen will und Ihnen vielleicht auch gleich einen kleinen Vortrag dazu liefert. Er ist nicht der Typ, der es gleich auf dem Fußboden oder gar im Stehen an der Wand macht, nein, sein Bett ist sehr bequem und für die Liebe bestens geeignet. Machen Sie sich auf eine angenehme Erfahrung gefasst.

Sex in der Affäre mit dem Stier

Der Stier ist ein sinnlicher Mensch, kein leidenschaftlicher. Er gehört nicht zu denen, die ihren Gefühlen unvermittelt und heftig freien Lauf lassen, sondern er genießt die körperliche Liebe, indem er alle Sinne ausschöpft: Berühren, Riechen, Schmecken, Sehen, Hören. Er erwartet übrigens auch von Ihnen, mit jedem dieser Sinne befriedigt zu werden, und zwar über einen längeren Zeitraum. Als echter Genussmensch liebt der Stier alles an Lust und fleischlichen Empfindungen, was der Sex zu bieten hat. Und das völlig frei und unaufgeregt. Sie zu befriedigen befriedigt ihn, aber er erwartet von Ihnen genauso viel.

Die Affäre mit dem Stier aufrechterhalten

Das ist normalerweise unnötig und weitgehend unmöglich, da der Stier in der Regel derjenige ist, der das Festhalten besorgt – sofern er daran interessiert ist. Er

sinnlich
ausdrucksstark
ehrlich

unsensibel
unsympathisch
sehr besitzergreifend

freimütig
eindeutig
unverblümt

STIER

neigt dazu, sich im Laufe der Zeit eher mehr als weniger für Sie zu interessieren, wenn er das Gefühl hat, dass es passt. Der Stier kann vom Objekt seiner Liebe einfach nicht genug bekommen, und wie ein Füllhorn gehen ihm die Freuden für Sie nicht aus. Er verfügt über erstaunliche Fähigkeiten zu geben, und es ist ihm dabei egal, ob Sie genauso viel investieren oder nicht, Hauptsache, er bekommt, was er will.

Den Stier unterhalten

Der Stier liebt das Essen mehr als alle anderen Freizeitbeschäftigungen. Deshalb sind Essengehen und großartige Menüs für ihn mehr als nur ein Zeitvertreib. Selbst wenn er diese Erfahrung gerne mit Ihnen teilt, wird ziemlich schnell klar, dass er seinem Appetit in vollen Zügen nachgibt, ob Sie dabei sind oder nicht. Wenn sie dabei sind, ist das nett, aber nicht notwendig. Hoffentlich fällt es Ihnen nicht schwer, seinen Genuss indirekt mitzugenießen. Wenn auch Sie Ihr Essen genießen (und womöglich sogar bezahlen) – umso besser.

Die Affäre mit dem Stier beenden

Der Stier lässt Sie schon wissen, wenn es vorbei ist. Aber er kann auch lange ausharren und dabei viel ertragen. Vermutlich kann der Stier mehr aushalten als irgendein anderes Tierkreiszeichen, jedenfalls solange er das will. Denken Sie daran, dass der Stier ein unveränderliches Zeichen ist. Genauso wie er sein Zuhause nur ungern verlässt, ist es schwierig für ihn, Sie zu verlassen, weil er dann wieder losziehen und jemand Neues suchen muss. Der Stier richtet sich in seiner Beziehung gemütlich ein und gibt sie nicht so leicht auf.

DER STIER-EX

Als Ex lädt der Stier vermutlich alle Verantwortlichkeiten auf Sie ab, vor allem, wenn Sie Kinder haben. Selbst wenn er es selbst finanziell und emotional gerade nicht leicht hat, kann man sich aber auf ihn verlassen. Wenn er eine Zahlung nicht rechtzeitig begleichen kann, kündigt er Ihnen das vorher an. Wenn die Trennung oder Scheidung vom Stier ausgeht, können Sie allerdings nicht mehr von ihm erwarten, als Ihnen rechtlich zusteht.

Freundschaft mit dem Stier-Ex

Es ist durchaus ratsam, nach der Trennung mit dem Stier Freundschaft zu schließen, aber hüten Sie sich vor seinem Drang, die Familie auch nach der Trennung noch kontrollieren zu wollen. Denken Sie daran, dass der Stier in der Regel nicht nur fürsorglich, sondern auch besitzergreifend ist, und nach einer Trennung fällt es ihm nicht immer leicht, eingespielte Verhaltensweisen aufzugeben. Meist ist er derjenige, der die Bedingungen für die Freundschaft festlegt, und es ist an Ihnen, sich zu überlegen, inwieweit Sie mitgehen können. Der Stier möchte die Dinge am liebsten immer harmonisch regeln.

Der Stier-Ex und Versöhnung

Auch wenn Sie es für möglich halten wieder zusammenzukommen, sieht der Stier dies nur selten so. Wenn die Tür zugeschlagen ist, bleibt sie für ihn geschlossen. Es ist jedoch möglich, eine neue Beziehung mit ihm einzugehen, die in gewisser Hinsicht sogar erfüllter sein kann als die ursprüngliche. Die Felsen, an denen Ihre Beziehung zerschellt ist, werden irgendwann keine Hindernisse mehr sein, so dass sich die stürmischen Wogen glätten. Es ist besser, eine neue Beziehung anzustreben, statt in die alte zurückzukehren, wo das, was einmal fehlgeschlagen ist, wieder schiefgehen kann.

Mit dem Stier-Ex über alte Probleme sprechen

Es ist zwar möglich, mit dem Stier über alte Probleme zu sprechen, aber das bringt nicht viel. Der Stier weiß nämlich sehr genau, warum die Beziehung in die Brüche gegangen ist, und er erwartet dazu keine neuen Informationen von Ihnen. Abgesehen davon hat er kaum Interesse daran, alte Geschichten zu analysieren und zu sezieren. Er neigt jedoch zur Sentimentalität, deshalb hat er vermutlich nichts dagegen, ab und an gemeinsam alte Fotos und Videos anzusehen und in Erinnerungen zu schwelgen. Hüten Sie sich aber davor, weiterzugehen.

Dem Stier-Ex seine Zuneigung zeigen

Zärtlichkeit und Sinnlichkeit sind dem Stier so natürlich, dass es schwer ist, dies aus jeglicher Art von Beziehung mit ihm herauszuhalten. Er ist jedoch verletzt, wenn ihm Zuneigung entzogen wird, und sofern er Sie nicht von Grund auf hasst, freut er sich deshalb über ein gelegentliches freundliches oder einfühlsames Wort. Nach ungefähr zwei Jahren will er kaum noch mehr als das. Die Zuneigung, die er Ihnen dann zeigt und zugesteht, ist eine ganz andere als zuvor: sachlicher und stilisierter, weniger herzlich und gefühlsbetont.

Die gegenwärtige Beziehung zum Stier-Ex definieren

Ohne dass Sie lange darüber diskutieren, wissen Sie sehr genau, was der Stier über Ihre gegenwärtige Beziehung denkt. Seine Stimmlage und sein Verhalten geben Ihnen unmissverständlich Aufschluss über seine Gefühle. Sie sollten niemals sagen oder auch nur andeuten, er wisse nicht genau, was er will oder hege unbewusst romantische Gefühle für Sie, die er nicht zeigen möchte. Der Stier weiß über sich selbst, was er weiß, und was er nicht weiß, interessiert ihn nicht. Leugnen und Streit sind die logische Folge, wenn Sie versuchen, ihm etwas einzureden.

Gemeinsames Sorgerecht mit dem Stier-Ex

Wenn er Sie für nicht verantwortungsbewusst genug oder der Kindererziehung für unfähig hält, lässt der Stier seine Kinder gar nicht in Ihrer Obhut, sondern beansprucht das alleinige Sorgerecht und die gesamte Kontrolle für sich. Er ist jedoch vernünftig und fair genug, um zu wissen, dass Kinder beide Eltern brau-

STÄRKEN

verantwortungsbewusst
moralisch
verlässlich

SCHWÄCHEN

beherrschend
besitzergreifend
verschlossen

AUFTRETEN

freimütig
sinnlich
ehrlich

STIER

chen und wollen. Er wird deshalb damit einverstanden sein, dass die Kinder an Wochenenden und in den Ferien gelegentlich zu Ihnen kommen. Falls Ihnen das Sorgerecht zugesprochen wird, müssen Sie damit rechnen, dass der Stier die Kinder oft sehen will. Gestehen Sie ihm dieses Privileg zu, wann immer es möglich ist.

Freunde & Familie

STIER
21. April – 21. Mai

DER STIER-FREUND

Der Stier scheut keinerlei Mühe, Ihnen beizustehen, wenn Sie in Not sind. Er ist ein treuer und ergebener Freund, der immer gern hilft, soweit er dazu in der Lage ist. Aufgrund seiner fixen Ideen gibt er manchmal aber falsche Ratschläge, die er natürlich für richtig hält und von denen er meint, dass sie fraglos befolgt werden sollten. Er scheint zu glauben, dass man alles ganz klar in gut und schlecht einteilen könne, doch er sieht oft nur, was er sehen will. Man kann viel Spaß mit ihm haben, denn er genießt Freizeitbeschäftigungen, Shopping und Tagesausflüge. Er möchte aber sicher sein, dass Sie seine Großzügigkeit nicht ausnutzen.

Einen Stier-Freund um Hilfe bitten

Es ist aus zwei Gründen sinnvoll, den Stier nur dann um Hilfe zu bitten, wenn es wirklich notwendig ist: Erstens möchten Sie sich wahrscheinlich weder vorschreiben lassen, was Sie zu tun haben, noch möchten Sie mit Ratschlägen oder Hilfsangeboten überschüttet werden, denen Sie gar nicht Folge leisten wollen. Der Stier neigt nämlich dazu, Ablehnungen seines Hilfsangebots persönlich zu nehmen. Zweitens nimmt er Sie, wenn Sie zu oft »Hilfe« rufen, irgendwann nicht mehr ernst. Einen Stier um Hilfe zu bitten, ist auf lange Sicht den Ärger nicht wert.

Mit dem Stier-Freund kommunizieren und in Kontakt bleiben

Der Stier ist ein Gewohnheitstier und liebt Routine. Mit täglichen E-Mails, SMS oder Telefonaten kann man gut Kontakt halten. Früh am Morgen und spät am Abend sind die günstigsten Zeiten für die Kontaktpflege. Man hat schon von Stieren gehört, die ihr Handy neben dem Bett liegen lassen, um auch mitten in der Nacht erreichbar zu sein – für den Fall, dass Sie ihn brauchen oder vielleicht etwas zu besprechen haben. Nutzen Sie das nicht aus, sondern versuchen Sie, ihn zu einer zivilen Zeit anzurufen und ihn dann auch nicht zu lange zu beanspruchen.

STÄRKEN

großzügig
hilfsbereit
überzeugend

SCHWÄCHEN

überheblich
beherrschend
allmächtig

AUFTRETEN

befehlend
von sich überzeugt
freigiebig

Vom Stier-Freund Geld borgen

Geldangelegenheiten sind dem Stier sehr wichtig und sollten nicht auf die leichte Schulter genommen werden. Geld bedeutet ihm Sicherheit, deshalb macht ihm ein großes Darlehen oder eins, das nicht in absehbarer Zeit zurückgezahlt werden kann, Angst. Auch wenn der Stier es Ihnen nicht abschlagen wird, sollten Sie sich das Geld besser von jemand anderem leihen. Wenn es aber nur um ein paar Euro geht, die er in den nächsten Tagen zurückbekommt, ist das für den Stier normalerweise überhaupt kein Problem.

Den Stier-Freund um Rat fragen

Der Stier gibt gerne Ratschläge, auch ungefragt. Aufgrund seines rechthaberischen und eigensinnigen Charakters hat er ja zu jedem Thema eine Meinung. Er erwartet aber nicht nur, dass Sie zuhören, sondern auch, dass Sie seine Ansicht teilen und seinen Rat ohne Zögern umsetzen. In jedweder Situation liegt für ihn die Wahrheit so offensichtlich auf der Hand, dass er vollkommen erstaunt ist, wenn jemand die Dinge anders sieht. Er selbst bekommt auch gern Ratschläge, befolgt sie aber nicht unbedingt. Der Stier bewegt sich nämlich nur langsam und ist schwer zu leiten, meist reicht es ihm, selbst Ratschläge zu erteilen.

Einen Stier-Freund besuchen

Der Stier schätzt gelegentliche Besuche, mag es aber gar nicht, wenn man sein Haus als Stammlokal oder als Auffanglager benutzt. Er braucht seine Privatsphäre, um Arbeit zu erledigen und sich zurückzuziehen. Kündigen Sie Ihre Besuche an und schauen Sie nicht einfach so vorbei. Er scheut nicht davor zurück, auf Ihre Frage, ob Sie ungelegen kommen, mit »Ja« zu antworten. Wenn Sie das kapiert haben, wird eine solche Situation nicht noch mal vorkommen. Der Stier seinerseits ist bei Verabredungen meist pünktlich oder verspätet sich um maximal 15 Minuten, was für ihn dasselbe ist.

Feste und Freizeit mit dem Stier-Freund

Der Stier feiert gerne, sofern andere da sind, die bei den Vorbereitungen mithelfen. Wenn er sich um alles allein kümmert, um Einladungen, Einkauf, Kochen und sonstige Vorbereitungen, wird er hinterher wahrscheinlich erschöpft und etwas sauer sein. Deshalb sollte man ihn nur dann um Hilfe bei Vorbereitungen bitten, wenn klar ist, dass sich mehrere die Arbeit teilen. Selbst wenn er zugestimmt hat, sollten Sie ihn im Auge behalten, denn er weiß immer alles besser und neigt dazu, die Führung an sich zu reißen, ehe die anderen irgendetwas merken.

DER STIER-MITBEWOHNER

Da der Stier in Bezug auf seine Räumlichkeiten und Möbel sehr besitzergreifend ist, teilt er sie nicht gern mit Mitbewohnern. Im Grunde ist der Stier dafür gemacht, alleine oder mit einem Partner zu wohnen. Eine Wohnung mit Menschen zu teilen, deren Leben sich beruflich oder privat von seinem komplett unterscheidet, ist für ihn schwierig. Es ist sicherlich das Beste, wenn sich am Anfang alle zusammensetzen und ein paar allgemeine Regeln zum täglichen Miteinander festlegen. Der Stier kann hervorragend putzen, aber zuweilen verteilt er seine Kleidung unbesorgt überall. Im Regelfall zieht er seine Sache stur durch.

Mit dem Stier-Mitbewohner finanzielle Verantwortung teilen

Im Allgemeinen ist der Stier finanziell verlässlich, allerdings gibt es zwei Ausnahmen: Erstens kann es sein, dass er am Ende des Monats kaum das Geld für die Miete zusammenbekommt, und zweitens ist er ohnehin ziemlich oft in den roten Zahlen. Im Grunde ist der Stier seinem Bedürfnis, Geld auszugeben (und dem Risiko sich zu verschulden), schutzlos ausgeliefert. Er hat großes Gottvertrauen, dass Geld einfach vom Himmel fällt, was auch oft genug passiert. Es macht ihm aber auch nichts aus, dafür notfalls hart zu arbeiten, ab und an ist er dafür aber auch ziemlich gestresst.

Der Stier-Mitbewohner und das Putzen

Wenn er motiviert ist, ist der Stier sehr ordentlich. Allerdings ist er auch ein langsamer Vertreter, der Unordnung (vor allem seine eigene) genauso lange aushalten kann wie die meisten anderen. Was ihn wirklich nervt, ist *Ihr* Chaos, das er wahrscheinlich ungeduldig beseitigt, bevor er sich seinem eigenen widmet oder Ihnen dieses Terrain überlässt. Da sich der Stier Putzplänen normalerweise fügt, ist es ratsam, den Plan gut sichtbar aufzuhängen. Sie müssen damit rechnen, dass er seine Pflichten aufschiebt, denn er neigt dazu, alles eine Weile schleifen zu lassen und dann alles auf einmal zu erledigen. Durch Putzen verschlechtert sich oft seine Laune!

Der Stier-Mitbewohner und Besuch

Der Stier geht extrem schnell an die Decke, wenn er sieht, dass andere Leute seine Sachen benutzen. Wenn regelmäßig unbekannte Gesichter auftauchen, wird er kribblig; noch kribbliger aber wird er, wenn es ständig dieselben sind. Kurz: Der Stier gibt sein Bestes, um mit *Ihnen* auszukommen, aber nicht auch noch mit allen Ihren Freunden. Sie müssen damit rechnen, dass er sich Ihren Gästen gegenüber geradezu unhöflich verhält, damit diese sich unwohl fühlen und möglichst bald gehen. Am besten einigen Sie sich darauf, dass Ihre Gäste so lange willkommen sind wie die des Stiers und darauf, dass Höflichkeit das Leben für alle angenehmer macht.

Der Stier-Mitbewohner und Partys

Wenn die Party seine Idee war, können Sie davon ausgehen, dass er den Einkauf, das Kochen und das Aufräumen komplett oder zumindest zum großen Teil erledigt. Wenn die Party Ihre Idee war, kommt der Stier vielleicht dazu, vielleicht auch nicht. Dem Stier fällt es manchmal schwer, Freunde mit jemandem zu teilen. Wenn Sie also Planung und Einladungen übernehmen, verabschiedet er sich vielleicht für den Abend oder spielt in seinem Zimmer krank. Allerdings hat

gewissenhaft
fleißig
verantwortungsbewusst

schwierig
besitzergreifend
nachlässig

hartnäckig
anspruchsvoll
unverblümt

STIER

der Stier eine Schwäche für Essen und Aufmerksamkeit, man kann ihn also mit Leckereien und unterhaltsamen Gesprächen aus seinem Mauseloch locken.

Der Stier-Mitbewohner und die Privatsphäre

Der Stier ist zwar umgänglich, aber von Zeit zu Zeit zieht er sich komplett zurück und weigert sich, irgendwen zu sehen, sogar Sie. Ein Stier, der keine Rückzugsmöglichkeit hat, kann der unglücklichste Mensch auf Erden sein. Andererseits kommt er manchmal einfach zu Ihnen gerannt und verlangt Ihre Aufmerksamkeit, wenn ihm etwas nicht aus dem Kopf geht oder er plötzlich etwas braucht. Er kann an diesen zweierlei Maßstäben nichts Falsches erkennen und findet, dass Sie über kurz oder lang von seinen besorgten (wenn auch taktlosen) Überfällen nur profitieren können.

Mit dem Stier-Mitbewohner Probleme besprechen

Der Stier ist immer dafür zu haben, Probleme zu besprechen, vor allem Ihre. Außerdem hat er keine Scheu, Ihnen ungebeten Ratschläge zu erteilen – über das Leben im Allgemeinen und Ihre Probleme im Besonderen. Versuchen Sie nicht, sich zu revanchieren, das hat er nicht so gern. Wenn Sie aber merken, dass Ihr Mitbewohner Ärger oder Probleme loswerden will, aber nicht genau weiß, wie, sollten Sie Bereitschaft signalisieren, ihm zuzuhören. Er wird Ihnen niemals dafür danken, Ihre Hilfestellung aber zu schätzen wissen.

DER STIER-ELTERNTEIL

Als Versorger ist der Stier in seinem Element. Was er *einem* Kind zu geben bereit ist, reicht auch für drei oder vier, und er mag große Familien. Allerdings fällt ihm das bedingungslose Geben schwer, was mit seinen Wertvorstellungen zusammenhängt. Wenn seine Bedingungen nicht erfüllt werden, kann es durchaus vorkommen, dass der Stier ein Versprechen nicht erfüllt oder etwas wieder wegnimmt. Es ist deshalb nicht verwunderlich, dass Kinder von Stieren misstrauisch werden, wenn die Eltern in Geberlaune sind.

Der Erziehungsstil von Stier-Elternteilen

Normalerweise wendet der Stier keine körperlichen Strafen an, es sei denn, er sieht rot und verliert die Beherrschung. In der Regel zieht er es vor, Privilegien zu schmälern oder ganz zu streichen. Meist reicht die Androhung von Strafe völlig aus. Der Stier weiß aber, dass wiederholte Drohungen verpuffen und nur dann ausgesprochen werden sollten, wenn sie auch wahr gemacht werden. In den meisten Fällen genügen ein Blick und eine entsprechende Geste, damit die Botschaft ankommt. Wenn der Stier plötzlich schweigsam wird, lässt man ihn am besten in Ruhe.

STÄRKEN

freigiebig
fürsorglich
engagiert

SCHWÄCHEN

selbstherrlich
drohend
unzuverlässig

AUFTRETEN

liebevoll
beschützend
kontrollierend

Stier-Elternteile und Zuneigung

Der Stier kuschelt gern mit seinen Kindern. Er ist vom Anblick, Geruch und Gefühl seiner Babys (vor allem der Haut und des Köpfchens) förmlich berauscht. Es ist typisch für ihn, ein beunruhigtes Baby nachts mit ins eigene Bett zu nehmen oder es wenigstens herumzutragen und dabei sein Lieblingslied zu summen. Der Stier wird oft dafür kritisiert, dass er sich von seinem Nachwuchs beherrschen lässt, dabei sollte man aber bedenken, dass er selbst viel Schlaf braucht und sein Baby daher schnell wieder zum Schlafen bringen will. Auch wenn das Kind größer wird, ist der Stier immer für eine Umarmung und ein freundliches Wort gut, meist auch einfach so.

Stier-Elternteile und Geld

Es ist dem Stier wichtig, seinem Kind den richtigen Umgang mit Geld beizubringen. Normalerweise hält er es dazu an zu sparen, entweder in einem Sparschwein oder auf einem eigenen Konto. Oft spielt auch der Stier die Bank, führt genau Buch und zahlt aus, wenn nötig. Der Stier wird auch Ratschläge dazu geben, wie das Geld ausgegeben werden sollte. Da er Geld immer als Chance für Investitionen sieht, regt er seine Kinder an, es statt für Süßigkeiten für etwas auszugeben, das sich auszahlt (wenn schon nicht finanziell, dann wenigstens pädagogisch).

Stier-Elternteile und Krisen

Zwar ist der Stier in Krisenzeiten immer für seine Kinder da, aber diese sollten lernen sie zu meistern, ohne die Familie mit einzubeziehen. Der Stier neigt nämlich zur Überreaktion und dazu, Situationen an sich zu reißen und seine Kinder entweder überzubehüten oder sie zu beschuldigen. Auch wegen möglicher Strafen sollten Kinder von Stieren lernen, gewisse Dinge für sich zu behalten. Häufig ist es der Stier selbst, der durch sein Verhalten Krisen heraufbeschwört. Könnte er sich zurückhalten statt zu provozieren, würde es meistens gar nicht dazu kommen.

Festtage und Familientreffen mit Stier-Elternteilen

Bei Festtagen und Familientreffen ist der Stier bestens vorbereitet. Zum Leidwesen seiner Kinder beinhaltet das strenge Verhaltensregeln und genaue Aufgabenzuteilung. Sich da herauszuwinden ist unmöglich, denn der Stier hält jede Entschuldigung, auch bei tatsächlicher Krankheit, für Simulieren oder Rebellion. Besser, man gehorcht ihm, denn der Ärger ist die Mühe nicht wert. Still an seine Gefühle zu appellieren funktioniert manchmal, wenn der Stier sieht, dass ein Wunsch oder die Abneigung des Kindes zu groß ist.

Für alte Stier-Elternteile sorgen

Der Stier zieht es zwar vor, für sich selbst zu sorgen, doch wenn die Kinder insistieren, nimmt er ihre Hilfsangebote im Allgemeinen dankbar an. Ganz pragmatisch betrachtet er das als Revanche für seine eigene elterliche Fürsorge. Der Stier hat aber seinen Stolz, und Sie sollten sich daher nur um das Wesentliche kümmern und ihn nicht ständig betütern. Oft möchten seine Kinder das für ihn tun, was sie selbst für am besten halten, und nicht, was er will. In kleinen Dingen verwöhnt er sich aber am liebsten selbst.

DAS STIER-GESCHWISTER

Ein Stier kämpft um seinen Platz in der Familie. Wenn er das älteste Kind ist, tritt seine dominante Seite klar zutage. Wenn er ein mittleres oder das jüngste Kind ist, wehrt er sich dagegen, verwöhnt oder verhätschelt zu werden, denn er möchte ernst genommen und für seine Stärke respektiert werden. Stiere haben eine gute Beziehung zu ihren Geschwistern, aber nur bis zu einem gewissen Punkt, denn eigentlich wollen sie in Ruhe gelassen werden und eigene Interessen pflegen. Seine Freunde, sein Eigentum und seine Freizeitaktivitäten gehören allein ihm und gehen ihm über alles. Die Geschwister sollten diese Grenze nicht überschreiten.

Rivalität und Nähe zum Stier-Geschwister

Der Stier entwickelt oft nur zu einem der Geschwister ein rivalisierendes Verhältnis, normalerweise dem, das ihm altersmäßig am nächsten steht. Wenn der Stier der Ältere ist, verteidigt er seine Vormachtstellung, wenn er der Jüngere ist, entwickelt er eine aggressive Bereitschaft, mit dem Älteren zu kämpfen. Diese Kämpfe können Eltern in den Wahnsinn treiben, aber wie zwei Messer, die man aneinander schärft, verfeinern die beiden Geschwister damit nur ihre Streit- und Argumentationskunst. Kaum einmal gibt der Stier freiwillig auf oder zieht sich zurück.

Das Stier-Geschwister und alte Probleme

Der Stier hat ein gutes Gedächtnis. Es ist für ihn nicht leicht (in den meisten Fällen sogar unmöglich), alte Probleme mit Geschwistern zu vergessen oder zu vergeben. An Sticheleien und Beschimpfungen erinnert er sich ein Leben lang und tischt sie noch als Erwachsener gelegentlich im Streit auf. Oftmals behindert dieses Festhalten an alten Problemen seine Entwicklung, und es kann deshalb ein Meilenstein sein, wenn er mit einem Problem seinen Frieden macht. Die Eltern sollten dies erkennen und offene Diskussionen zu Themen fördern, die dem kleinen Stier am Herzen liegen. Auch die Geschwister sollten mit einbezogen werden.

Mit einem entfremdeten Stier-Geschwister umgehen

Wenn ein Stier sich von seiner Familie entfremdet hat, lehnt er es stur ab, wieder Kontakt aufzunehmen, und weist jede freundschaftliche Geste zurück. Er hat sich meist nicht allmählich losgelöst, sondern in der Regel gab/gibt es ein bestimmtes Problem. Manchmal kann eine Provokation dazu führen, dass er die Beherrschung verliert und die emotionale Blockade so gelöst wird. Sobald sich alles entladen hat, ist es möglich, wieder offen zu diskutieren und sogar erneut zueinander zu finden, vielleicht in eingeschränktem Maße, so dass es für beide Parteien akzeptabel ist.

Geldangelegenheiten und das Stier-Geschwister

Der Stier will das, was ihm rechtmäßig zusteht, und ist bereit, dafür zu kämpfen. Da er besonders an Erinnerungsstücken hängt, möchte er bei Erbschaften gerade solche Gegenstände aus dem Haus der Eltern oder anderen Verwandten gerne behalten. Der Stier leiht seinen Geschwistern gerne Geld, besteht aber darauf, es in einem vernünftigen Zeitrahmen zurückzubekommen, meist, weil er es selbst braucht. Gelegentlich vergisst er sogar, danach zu fragen, und ist hocherfreut, wenn der Schuldner ihm sein Geld auch so zurückzahlt.

Familienfeste und Jubiläen mit dem Stier-Geschwister

Wenn sich der Stier mit seiner Familie gut versteht, möchte er bei der Vorbereitung eines Familientreffens eine wichtige Rolle spielen. In seiner Freude helfen zu können, möchte er weder das Fest noch eine wichtige Entscheidung verpassen (mit anderen Worten: alles so arrangieren, wie er es möchte). Wenn er von der Planung ausgeschlossen wird, wird er verschnupft sein und, wenn überhaupt, nur widerwillig kommen. Da das Organisieren von Räumlichkeiten und Essen seine Stärke ist, sollte man ihm hier den Vortritt lassen. Stiere sind bei solchen Aktivitäten verlässlich, fleißig und engagiert.

Urlaub mit dem Stier-Geschwister

Der Stier fährt nur aus einem einzigen Grund in den Urlaub: Er möchte es sich gutgehen lassen. Alles, was dem entgegenwirken könnte, lehnt er strikt ab. Für den Stier ist Urlaub gleichbedeutend mit gutem Essen, einer bequemen Unterkunft (selbst beim Camping), interessanten Ausflügen, natürlicher Umgebung und guter Gesellschaft. Um Letzteres sicherzustellen, nimmt der Stier gern seine Freunde mit, was ihn auch gegen den üblichen Familienüberdruss schützt. Wenn es dem Stier gutgeht, geht es auch allen anderen gut. Wenn nicht, ist Vorsicht geboten.

DAS STIER-KIND

Stier-Kinder sind ziemlich ernst, sogar beim Spielen. Da sie alles wörtlich nehmen, erwarten sie, dass Sie Ihre Versprechen halten, wenn nicht, proben sie den Aufstand. Das Verhalten des Stier-Kindes ist eine kuriose Mischung aus Bewegungsdrang und Faulheit, Begeisterung und Gleichgültigkeit, Geplapper und Schweigsamkeit, und daher nur schwer vorauszusagen. Es braucht sein eigenes Spielzeug und ein sicheres, entspanntes Zuhause. Ohne diese Dinge ist es unglücklich. Ein Stier-Kind ist nur bis zu einem gewissen Grade bereit, mit anderen zu teilen – und dann auch nur zu seinen Bedingungen.

STÄRKEN

enthusiastisch
in sich ruhend
beharrlich

SCHWÄCHEN

unberechenbar
launisch
selbstsüchtig

AUFTRETEN

ernsthaft
engagiert
anspruchsvoll

Persönlichkeitsentwicklung beim Stier-Kind

Einige Stier-Kinder scheinen sich nie zu ändern. Schon in sehr jungen Jahren sind sie selbstsicher und lernen zwar aus Erfahrungen, doch im Kern bleiben ihre Persönlichkeiten gleich. Für ein so stabiles Kind, das sich immer im jeweiligen Moment am wohlsten fühlt, können Entwicklungsphasen schwierig sein. Drängen Sie es nicht, über sich hinauszuwachsen. Im Leben jedes Kindes entstehen zwangsläufig emotionale Unsicherheiten, das Stier-Kind aber ist ganz besonders anfällig für Rebellion und Traurigkeit, wenn es von seinen Eltern missverstanden wird. Halten Sie seinen Stürmen mit Geduld und Verständnis stand.

Hobbys, Interessen und Berufspläne des Stier-Kindes

Das Stier-Kind ist praktisch veranlagt und arbeitet gern mit den Händen. Es hat die besondere Begabung, anderen zuzusehen und es ihnen dann in einer interessanten Mischung aus Nachahmung und Originalität gleichzutun. Es ist trotzdem sinnvoll, ihm ein größeres Angebot an Hobbys zu machen (einschließlich Musik und Tanz, die zum Stier besonders gut passen), weil es sich schnell langweilt und unleidlich wird, wenn es unterfordert ist. Das Stier-Kind ist stolz auf das, was es geschafft hat, aber auf dem Weg dahin braucht es Ansporn von den Eltern.

Erziehung des Stier-Kindes

So stark das Stier-Kind auch wirkt, es ist emotional verletzlich, vor allem bei Beschuldigungen, Kritik und Strafen und ganz besonders, wenn Letztere ungerechtfertigt sind. Meist reguliert es sein Verhalten selbst, denn häufig entwickelt es schon früh moralische Grundsätze, an die es sich auch hält. Sein eigenes Urteil über sich selbst ist dabei oft strenger als das von Eltern, Lehrern oder Geschwistern. Als Eltern tun Sie gut daran, Ihre negativen Urteile für sich zu behalten, und stattdessen zu beobachten, wie das Kind sich selbst beurteilt.

Das Stier-Kind und Zuneigung

Obwohl Stier-Kinder sehr anhänglich sein können, fällt es ihnen manchmal schwer, Zuneigung zu zeigen oder anzunehmen, vor allem bei besonders überschwänglichen Erwachsenen. Statt viel Aufhebens davon zu machen, können Sie Ihr Kind an eine normale Dosis von täglichen kleinen Umarmungen und Lächeln gewöhnen. Wenn Sie ihn nicht erdrücken und seine kleinen Bekundungen von Zuneigung bemerken, fühlt sich der kleine Stier ermutigt und blüht auf. Wenn er aber mit Gefühlsbezeugungen überschwemmt wird oder sie ihm vorenthalten werden, können psychische Blockaden entstehen.

Das Stier-Kind und seine Beziehung zu Geschwistern

Oft ist es am besten, den Stier einfach in Ruhe zu lassen. Er entscheidet, mit wem er zusammen sein möchte, und sendet klare Botschaften an Eltern und Geschwister. Zu mehr ist er nicht bereit. Alle Versuche, ihn zu drängen, führen nur zu Sturheit und schließlich Zorn. Die Eltern sollten ihn nie zwingen, mit bestimmten Geschwistern oder Freunden zu spielen. Der kleine Stier macht unmissverständlich klar, dass er so etwas ausschließlich selbst entscheidet. Die anderen werden seine Aufrichtigkeit schätzen lernen und respektieren.

Das erwachsene Stier-Kind

Es ist wahrscheinlich, dass der erwachsene Stier dem Stier-Kind sehr ähnlich ist. Seine guten wie seine schlechten Eigenschaften verstärken sich. Insofern wissen Eltern und Geschwister meist genau, welche Reaktionen sie von ihm zu erwarten haben, denn sie haben sie schon oft erlebt. Ein Stier, der als Kind unglücklich war, wird ein unkooperativer Erwachsener, der seinen Groll und seinen Schmerz nicht loslassen kann. Ein Stier mit glücklicher Kindheit ist ein kooperativer Mensch, der immer gern hilft.

Zwillinge

GEBURTSDATUM 22. MAI – 21. JUNI

Zwillinge ist ein veränderliches Luftzeichen, was man auch an seinem Bedürfnis nach Veränderung und seiner Neigung, von einer Tätigkeit oder Beziehung zur nächsten zu flattern, erkennt. Durch den Einfluss des Merkur ist der Zwilling ein Kommunikator, der sich für Kopflastiges wie Rätsel, Spiele, Computer und logisches Denken interessiert. Die meisten Zwillinge sind permanent in Bewegung, ihr Geist ist mit Lichtgeschwindigkeit unterwegs, und ihr Körper versucht mitzukommen. Einen so schwer fassbaren Menschen auf eine verbindliche Verpflichtung festzulegen, kann eine echte Herausforderung sein.

Beruf

DER ZWILLINGE-CHEF

Zwillinge fühlen sich meist nicht wohl dabei, tagtäglich Befehle zu erteilen oder ein Unternehmen zu leiten. Grundsätzlich macht es ihnen mehr Spaß, Teil eines Teams zu sein und auf Augenhöhe mit anderen Erfahrungen zu sammeln. Obwohl Zwillinge durchaus in der Lage sind, die Aufgaben eines Chefs zu erfüllen, sind sie keine geborenen Führungskräfte, sondern würden sich lieber so lange zurückhalten, bis sich alles von alleine regelt. Zwillinge-Chefs können sehr gut delegieren, wobei sie sich auf einige wenige kompetente Mitarbeiter verlassen. Diese Leute werden meist gut bezahlt und tragen große Verantwortung. Dennoch behält es sich der Zwilling vor, die großen Entscheidungen selbst zu treffen.

Den Zwillinge-Chef um eine Gehaltserhöhung bitten

Obwohl der Zwilling Ihnen normalerweise sehr direkt zeigt, was er über Sie denkt, ist es ratsam, gut vorbereitet und vorsichtig auf ihn zuzugehen. Entscheidend ist, ihn in der richtigen Stimmung anzutreffen und das Ganze möglichst beiläufig zu gestalten. Vereinbaren Sie keinen festen Termin, sondern lauern Sie ihm im Gang auf und fragen Sie, ob er ein paar Minuten Zeit hat. (Dies signalisiert ihm bereits, was Sie im Sinn haben.) Sprechen Sie zunächst über etwas anderes, um das Eis zu brechen. Geben Sie klare und bestimmte Gründe an, warum Sie eine Gehaltserhöhung verdienen, und rechnen Sie mit längeren Verhandlungen.

Dem Zwillinge-Chef schlechte Nachrichten überbringen

Reden Sie nicht um den heißen Brei herum, sondern schütteln Sie einen überzeugenden Schadensbegrenzungsplan aus dem Ärmel. Sie müssen damit rechnen, dass der Zwilling alle möglichen Einwände erhebt und sogar leugnet, dass es so schlimm ist, wie Sie es darstellen. Er wird versuchen, sich herauszuwinden, indem er behauptet, Sie hätten die Zahlen falsch interpretiert. Der Zwilling ist ein Verwandlungskünstler, der sich die Dinge passend zurechtdreht und Sie damit noch überzeugt. Bleiben Sie standhaft, bestehen Sie darauf, dass er sich

STÄRKEN

lebendig
kommunikativ
interessant

SCHWÄCHEN

abgelenkt
oberflächlich
nervös

AUFTRETEN

vorausschauend
anpassungsfähig
logisch

alles anhört, und betonen Sie, warum umgehend Maßnahmen ergriffen werden müssen, um eine Katastrophe abzuwenden.

Geschäftsreisen und Veranstaltungen für den Zwillinge-Chef planen

Kurzreisen, Inlandsflüge und Vergnügungen gehören für den Zwilling unbedingt dazu. Deshalb unterstützt er Reisepläne, die für das Unternehmen vorteilhaft sein könnten und neue Märkte erschließen. Wählen Sie ungewöhnliche Hotels mit kleinen Extras aus. Er reist gern selbst, aber wenn das nicht möglich ist, schickt er einen Mitarbeiter und genießt die Reise indirekt durch dessen Berichte. Außerdem liebt er Betriebsfeiern, wo er im Mittelpunkt stehen und Anekdoten erzählen kann. Vergessen Sie seinen Geburtstag nie! Eine Überraschungsparty ist immer willkommen. Sorgen Sie für leichte Getränke, ausreichend Süßigkeiten und ungewöhnliches Backwerk. Ein Unterhaltungsprogramm einzuplanen ist immer gut, Tanzmusik sollte aber erst eingespielt werden, wenn die Partylaune entsprechend ist.

Entscheidungen und der Zwillinge-Chef

Der Zwilling teilt gern und lässt daher auch andere entscheiden. Er fördert die Unabhängigkeit seiner Leute, sofern er über alles informiert wird. Er ist kein Freund langer Sitzungen, sondern führt seine Vorhaben lieber in knapper Form aus. So erwartet er es auch von anderen. Denken Sie immer daran, dass ihm für langwierige Vorträge die Geduld fehlt. Er besteht meist darauf, dass Entscheidungen auf Grundlage der vorliegenden Fakten getroffen werden. Insofern macht eine bereits getane Arbeit mehr Eindruck auf ihn als eine in Aussicht gestellte. Natürlich können sich seine Entscheidungen immer ändern, und sie werden mindestens einmal umgestoßen.

Den Zwillinge-Chef beeindrucken oder motivieren

Machen Sie ihn neugierig. Zeigen Sie nur ein kleines Bisschen von dem, was Sie vorhaben, und wecken Sie damit sein Interesse. Legen Sie die Karten nicht gleich auf den Tisch. Vorsicht: Der Zwilling könnte den Erfolg für Ihre Ideen einheimsen. (Typisches Szenario: Der Mitarbeiter stellt seine Ideen vor, und der Zwillinge-Chef sagt: »Gut, dass mir das eingefallen ist!«) Die schlaueste Art und Weise, den Zwilling dazu zu bringen zu tun, was Sie wollen, ist also, ihm durch beiläufiges Erwähnen eine Idee in den Kopf zu setzen und dann darauf zu warten, dass er »selbst« darauf kommt.

Dem Zwillinge-Chef etwas vorschlagen oder präsentieren

Für den Zwilling ist die Art und Weise eines Vortrags ebenso wichtig wie der Inhalt. Er liebt alles, was die Technik zu bieten hat und wichtig und großartig wirkt. Tragen Sie schnell vor, und springen Sie ruhig von einem Thema zum nächsten. Vermeiden Sie um jeden Preis Langeweile oder Pausen. Konzentrieren Sie sich auf wenige wichtige Punkte, und nutzen Sie den Rest der Zeit, um diese zur allgemeinen Unterhaltung mit interessanten Details auszuschmücken.

BERUF

Gestatten Sie dem Zwilling, Bemerkungen einzuwerfen, und geben Sie diesen Bemerkungen eine positive Wendung, wenn Sie sie aufnehmen.

DER ZWILLINGE-ANGESTELLTE

Als echter Multitasker muss der Zwilling immer beschäftigt sein. Er kann für seinen Chef mehrere Dinge gleichzeitig erledigen und sich zusätzlich noch diverse neue Projekte ausdenken oder an neuen Ansätzen für alte Projekte tüfteln. Durch seine Vielseitigkeit und Planungssicherheit ist er ein optimaler Springer. Manchmal wandert er innerhalb des Unternehmens tatsächlich von einem Arbeitsplatz zum anderen, denn er ist im Tierkreis derjenige, der am wenigsten an seinen Schreibtisch gebunden ist. Die Kehrseite ist, dass sich der Zwilling schnell langweilt und nicht die Ausdauer hat, täglich das Gleiche oder zumindest Ähnliches zu machen. Vor allem handwerklich ist er besonders geschickt.

Das Einstellungsgespräch mit dem Zwillinge-Bewerber
Der Zwilling sucht einen interessanten Job mit Zukunftsperspektive, bei dem er andere Menschen treffen kann. Dieses gesellige Zeichen möchte nicht auf eine bestimmte Aufgabe festgenagelt werden. Wenn man ihn einstellt und an seinen Schreibtisch fesselt, wird der Zwilling unglücklich und erleidet irgendwann einen Nervenzusammenbruch. Er freut sich jedoch, wenn seine Aufgabe zumindest zu Anfang einfach und klar umrissen ist (sofern er später aus einer breiteren Palette auswählen darf). Das Gehalt ist ihm meist nicht ganz so wichtig wie die Arbeitsatmosphäre und außertarifliche Leistungen.

Dem Zwillinge-Angestellten schlechte Nachrichten überbringen oder kündigen
Eine Kündigung ist dem Zwilling mitunter sogar willkommen, denn es bedeutet den Beginn von etwas Neuem und anderem. Kritik jedoch verträgt er nicht gut, ebenso wenig ein Gespräch über schlechte Leistungen. Konkrete Vorschläge, wo er einen anderen Job finden könnte, ein angemessenes Arbeitszeugnis und vielleicht eine kleine Abfindung werden ihn wieder aufrichten. Dem Zwilling schlechte Nachrichten zu überbringen, ist normalerweise kein großes Problem, denn er gibt allen beruflichen Konsequenzen einen positiven Dreh.

Geschäftsreisen und Veranstaltungen mit dem Zwillinge-Angestellten
Der Zwilling reist und feiert gern, da ist er in seinem Element. Dieser anmutige, leichtfüßige und lebenslustige Mensch freut sich über nichts so sehr wie über einen Tapetenwechsel oder eine ausgelassene Betriebsfeier. Hier kann er sein Redebedürfnis und seinen Unterhaltungsdrang ausleben. Falls er als Vertreter der Firma zu einer Konferenz entsendet wird, muss er gut darauf vorbereitet werden, welches Image er vermitteln soll. Er ist ein großartiger Schauspieler, der beinahe jede Rolle spielen kann, wenn er einen guten Regisseur hat. Seine

STÄRKEN

vielseitig
anpassungsfähig
aktiv

SCHWÄCHEN

launisch
sarkastisch
streitsüchtig

AUFTRETEN

witzig
schnell
ironisch

Kleidung sollte er konservativ wählen, um nicht allzu extravagant oder schockierend zu wirken.

Dem Zwillinge-Angestellten Aufgaben zuteilen

Der Zwilling ist der geborene Problemlöser. Die beste Arbeit gelingt ihm jedoch, wenn er unkonventionelle Wege beschreiten darf. Das Verrückte, das Ungewöhnliche oder Unerwartete spricht ihn an. Achten Sie deshalb darauf, dass seine neuen Aufgaben nicht monoton sind. Gewähren Sie ihm Freiraum, aber machen Sie ihm klar, dass er damit auch die Verantwortung für sein Handeln und Verhalten übernimmt. Sorgen Sie dafür, dass der Zwilling regelmäßig mit einem Vorgesetzten Rücksprache hält. Er kann sehr leicht aus dem Ruder laufen, Sie sollten ihn deshalb im Auge behalten. Am besten ohne sein Wissen, denn das würde ihn hemmen.

Den Zwillinge-Angestellten beeindrucken oder motivieren

Den Zwilling beeindruckt oder motiviert man am besten, indem man an seinen Intellekt appelliert. Wenn Sie ihm eine Situation direkt und logisch erklären und erläutern, wie damit umzugehen ist, wird er zielsicher darauf losarbeiten. Sein Bedürfnis, allem auf den Grund zu gehen, führt häufig zu Auseinandersetzungen. Wenn Sie nicht aufpassen, diskutiert er mit Ihnen jeden einzelnen Punkt bis zum Abwinken. Auch mit Belohnungen ist er leicht zu motivieren, und Ihr Interesse und Vertrauen in seine Fähigkeiten beeindrucken ihn. Er ist leicht davon zu überzeugen, dass ein neues Projekt keine Bürde ist, sondern eine Gelegenheit, die Spaß und Zukunftschancen verspricht.

Den Zwillinge-Angestellten führen oder kritisieren

Mehr als jedes andere Zeichen im Tierkreis liebt der Zwilling es, andere zu kritisieren. Er ist aber sehr empfindlich, wenn die Kritik ihn trifft. Wenn Sie ihn positiv und optimistisch führen können, ohne seine Arbeit zu kritisieren, ist er kooperativ und gefügig. Achtung, ein außer Kontrolle geratener Zwilling ist kein schöner Anblick. Versuchen Sie, ihn auf dem rechten Weg zu halten, aber gestehen Sie ihm genug Freiraum zu, die Arbeit auf seine Weise zu erledigen. Solange dieses prekäre Gleichgewicht hält, leistet der Zwilling wertvolle Beiträge.

DER ZWILLINGE-KOLLEGE

Der Zwilling ist das Salz in der Suppe des Kollegenkreises, sofern er der einzige ist. Wenn zu viele Zwillinge aufeinandertreffen, bekommt niemand etwas fertig. Man kann sich aber auf den Zwilling verlassen, wenn kurzfristig Ersatz für einen fehlenden Kollegen benötigt wird. Das hebt seinen Stellenwert über den des lebhaften Entertainers weit hinaus. In seiner geistreichen, redseligen Art wird er Ihnen aber die Ohren abkauen, wenn Sie nicht aufpassen, und dann bleibt Ihre Arbeit liegen.

Den Zwillinge-Kollegen um Rat fragen

Der Zwilling erteilt gern Rat, denn das Problemlösen ist sein Hobby. Meistens bietet er seine Hilfe freiwillig an. Ständig. Deshalb erübrigt sich das Nachfragen. Selbst wenn sein Rat keinen Pfifferling wert ist, unterhält er Sie zumindest mit seiner analytischen, optimistischen Einstellung. Oft kommt er auf Themen und Methoden, an die Sie gar nicht gedacht haben. Deshalb kann es nützlich sein, ihn anzuhören, selbst wenn Sie anderer Meinung sind. Nichts verletzt ihn so sehr wie Ihre Weigerung, ihm zuzuhören. Und rüde unterbrochen zu werden ist für ihn die schlimmste Beleidigung.

Den Zwillinge-Kollegen um Hilfe bitten

Der Zwilling ist immer da, um zu helfen. Seine Stärken liegen in zwei Bereichen, im sprachlichen und im handwerklichen. Das Problem ist, dass er die Dinge meist auf seine Art erledigen muss. Das Ergebnis versteht dann manchmal nur er, und auch seine Arbeitsmethoden bleiben anderen oft unverständlich. Es ist deshalb schwierig oder sogar unmöglich, seine Bemühungen umzulenken oder zu verbessern. Wenn er aber gut angeleitet wird und sich Zeit nimmt, kann er punktgenau sehr gute Arbeit leisten. Er entscheidet immer schnell, und das Resultat kann gut, aber auch schlecht sein.

Geschäftsreisen und Veranstaltungen mit dem Zwillinge-Kollegen

Wenn es darum geht, bei einer Betriebsfeier oder einem Treffen im Kollegenkreis für Unterhaltung zu sorgen, übernimmt der Zwilling diesen Part gerne. Er ist nur schwer im Zaum zu halten und muss daran erinnert werden, dass sein Job das Organisieren ist, nicht die Selbstdarstellung. Probleme, die bei der Planung von Feiern oder Reisen auftreten, geht er vernünftig und analytisch an. Details liegen ihm, vor allem, wenn bei Flügen, Unterkünften und Verpflegung die besten Angebote gesucht werden müssen. Darüber hinaus ist er besonders gut darin, praktikable Zeitpläne aufzustellen. Er liebt das Reisen.

Die Zusammenarbeit mit dem Zwillinge-Kollegen

Der Zwilling passt sich gut in Gruppen ein, denn er ist von Natur aus ein Herdentier. Es ist seine Stärke dafür zu sorgen, dass sich andere besser fühlen und besser wirken. An vorderster Front steht sein Bedürfnis, für seine Arbeit anerkannt zu werden. Er möchte nicht still und unerkannt hinter den Kulissen arbeiten, sondern als wichtiges, notwendiges Rädchen im Getriebe gelten. Der Zwilling ist aber nicht der Tonangebende, der die Zügel in die Hand nimmt, sondern ist gerne Teil eines Teams und gestaltet die Arbeit für alle so lustig wie möglich. Sein Redebedürfnis ärgert den einen und amüsiert den anderen, doch seine Schlagfertigkeit und seine Scherze halten alle bei Laune.

Den Zwillinge-Kollegen beeindrucken und motivieren

Dieser redselige Mensch ist am meisten von den sprachlichen Fertigkeiten und der schnellen Denkweise anderer beeindruckt. Als langweilig empfindet er star-

STÄRKEN

amüsant
praktisch
erfinderisch

SCHWÄCHEN

störend
geschwätzig
unachtsam

AUFTRETEN

rasend schnell
optimistisch
interessant

ke, stille Typen oder Menschen, die langsamer agieren. Schillernde Figuren wie er selbst beeindrucken ihn, und er zieht seine Motivation aus Wortgefechten mit solchen Menschen. Seinen Drang, andere an Schnelligkeit, Effizienz, Logik und Klugheit zu übertreffen, sollte man nutzen, um das Beste aus ihm herauszuholen. Er ist ein Wettkampftyp, der nicht nur ausgezeichnet arbeitet, sondern auch noch geradezu herkulische Heldentaten vollbringt. Achten Sie darauf, dass er seine Energie nicht in fruchtlosen Kämpfen und Streitereien verschwendet.

Den Zwillinge-Kollegen überzeugen oder kritisieren

Appellieren Sie immer an seinen Verstand. Wenn ihn die Logik Ihrer Argumente überzeugt, hört er auch zu. Paradoxerweise reagiert er bei Verstandesdingen oft sehr emotional und fängt an zu brüllen, wenn man ihn nicht versteht. Lassen Sie den Ausbruch einfach vorbeiziehen, denn meist ist er recht kurz. Kritik verträgt er zwar in Maßen, ständige Kritteleien aber treiben ihn zur Weißglut. Seine Stimmung kann sehr schnell umschlagen. Wenn Sie also nicht zu ihm durchgedrungen sind, versuchen Sie es später noch einmal, und Sie stehen vielleicht vor einem ganz anderen Menschen. Kleine Gemeinheiten merkt sich der Zwilling zwar, doch er ist anderen nie lange ernsthaft böse.

DER ZWILLINGE-KUNDE

Der Zwillinge-Kunde interessiert sich für kleine Details genauso wie für das große Ganze. Er ist schnell irritiert und höchst kritisch, besonders anspruchsvoll und nicht einfach zu handhaben. Er möchte über ein laufendes Projekt stets gut informiert werden, sucht immer nach vorzeigbaren Ergebnissen und will für sein Geld etwas haben. Besonders wichtig sind ihm konkrete Ergebnisse, denn er gibt sich nicht mit Voraussagen zufrieden und schon gar nicht mit verlogenen Erklärungen für schlechte Ergebnisse. Falls Sie ihm eine Dienstleistung verkaufen, achtet er besonders auf alles Schriftliche und die Logik im Text. Falls Sie sein Produkt produzieren oder verkaufen, schaut er sehr genau nach, ob es auch fehlerlos ist. Einen Zwilling führt man nicht so leicht an der Nase herum.

Den Zwillinge-Kunden beeindrucken

Diesen Kunden können Sie nur mit messbaren Erfolgen ködern. Es ist absolut unerlässlich, dass Sie sich gut vorbereiten und detaillierte Listen mit den wöchentlichen, monatlichen und jährlichen Umsätzen parat halten, auch wenn er vielleicht nur einen flüchtigen Blick darauf wirft. So weiß er, dass das, was er braucht, auch vorhanden ist. Später kämmt er diese Bilanzen noch fein durch. Alle unwichtigen Fakten werden ausgesiebt, irreführender Zahlensalat unbarmherzig freigelegt und schlechte Ergebnisse Ihnen angelastet. Beim zweiten Treffen müssen Sie sich also auf eine Unmenge negativer Fakten gefasst machen.

Dem Zwillinge-Kunden etwas verkaufen

Sobald Sie das Interesse des Zwillings geweckt haben, müssen Sie ihn davon überzeugen, dass Sie das Geschäft schnell und zu seiner Zufriedenheit abschließen können. Wenn Sie die Verträge umgehend vorbereiten und unterschreiben lassen können, ist es am besten. Denken Sie daran, dass Geschwindigkeit für den Zwilling wichtig ist, sie dient ihm als direkter Hinweis auf Ihre Herstellungsleistung. Sie gewinnen ihn für Ihr Vorhaben mit logischem, direktem Vorgehen. Mit Charme kommen Sie im Allgemeinen nicht weit.

Der Zwillinge-Kunde und Ihr Äußeres

Kleiden Sie sich zurückhaltend, und meiden Sie schreiende Farben, die ihn ablenken. Benutzen Sie auch kein starkes Parfüm, Eau de Cologne oder Aftershave. Der Zwilling kleidet sich normalerweise sehr hip und modern, Sie sollten daher nicht zu konservativ oder gar altbacken wirken, denn dann denkt er, dass Ihr Produkt ebenfalls hoffnungslos veraltet ist. Sein scharfer Blick nimmt auch kleine Details wahr, ein modisches Accessoire, den Schnitt Ihrer Kleidung oder Ihre Frisur. Die Haare des Zwillings sind oft wild, deshalb weiß er es zu würdigen, wenn Sie Ihre bändigen können.

Das Interesse des Zwillinge-Kunden wachhalten

Kokettes oder sogar eindeutig verführerisches Verhalten kann das Interesse des Zwillings monatelang wachhalten. Er selbst kann ein unglaublicher Charmeur sein und weiß diese Eigenschaft auch bei anderen zu schätzen. Allerdings sollten Sie Körperkontakt mit ihm meiden und sich auf kleine Anspielungen beschränken. Spielen ist die starke Seite des Zwillings, und es ist das Spiel an sich, das ihn antreibt, nicht der Drang zu gewinnen. Er erkennt einen würdigen Gegner sofort und respektiert ihn vom ersten Moment an. Dies kann sich in der Dauer der Geschäftsbeziehung niederschlagen.

Dem Zwillinge-Kunden schlechte Nachrichten überbringen

Der Zwilling nimmt schlechte Nachrichten oft überraschend emotionslos auf, er reagiert oft sogar mit Mitgefühl für Sie, vorausgesetzt, er ist überzeugt, dass Sie und Ihre Firma alles für das Projekt getan haben. Solange die Verluste auf beiden Seiten tragbar sind, kann er mit Schadensbegrenzung und Abschreibungen von Verlusten gut leben. Möglicherweise schlägt er sogar eine Fortführung der Geschäftsbeziehung vor, allerdings unter anderen Vorzeichen. Dies anzunehmen ist immer ratsam, denn gute Kooperation und die Fähigkeit, aus Fehlern zu lernen, kann in Zukunft zum Erfolg führen.

Den Zwillinge-Kunden unterhalten

Der Zwilling möchte verwöhnt werden. Nach den ersten ein, zwei Sitzungen im Büro sollten weitere geschäftliche Treffen in einer Bar oder einem Restaurant stattfinden, wo das Ambiente lässig, aber gehoben ist. Wählen Sie einen Ort, den Sie gut kennen und von dem Sie meinen, dass er Ihrem Kunden entspricht. Sie sollten deshalb vorab möglichst viel über seine persönlichen Vorlieben und

Abneigungen in Erfahrung bringen. Übernehmen Sie die Rechnung, und hinterlassen Sie, gut sichtbar, ein großzügiges Trinkgeld – natürlich nur, wenn der Service dies rechtfertigt.

STÄRKEN

scharfsinnig
aktiv
analysierend

SCHWÄCHEN

geschwätzig
sorglos
unachtsam

AUFTRETEN

mitteilsam
offen
beeindruckend

DER ZWILLINGE-GESCHÄFTSPARTNER

Manche Leute halten den Zwillinge-Geschäftspartner für eine tickende Zeitbombe. Sie schätzen zwar seine analytischen Fähigkeiten, misstrauen aber seinem überstürzten Handeln und seiner Geschwätzigkeit. In dieser Hinsicht muss man ihn unter Kontrolle halten und daran hindern, gleich alle Karten auf den Tisch zu legen. Er ist sich oft nicht bewusst, wer dem Geschäft schaden könnte, deshalb sind seine Offenheit und seine Vertrauensseligkeit (oder auch seine Gleichgültigkeit) ein Risiko für Partner oder Unternehmen. Der Zwilling betrachtet seinen Partner als Bruder, mit dem er alles teilt. Er erwartet dafür aber bedingungslose Loyalität und Unterstützung.

Einen Zwilling zum Geschäftspartner machen

Am besten schließen Sie einen Vertrag bereits ab, bevor Sie überhaupt mit der Planung beginnen. Der Zwilling kann nämlich enorm wankelmütig sein, und es könnte schwierig werden, ihn auf eine ursprüngliche Vereinbarung festzulegen, wenn diese nur mündlich besteht. Der Vertrag sollte nicht nur die Struktur und Organisation des Unternehmens detailliert regeln (einschließlich der Anteile und Verpflichtungen), sondern auch sehr genau festlegen, was passiert, wenn etwas schiefläuft. Der Vertrag sollte auf die tägliche Arbeit angewandt werden und dem Zwilling damit eine genaue Richtschnur vorgeben.

Aufgabenverteilung mit dem Zwillinge-Geschäftspartner

Im Allgemeinen tut sich der Zwilling leichter, wenn er geführt wird, als wenn er selbst führen muss. Sein Aufgabengebiet kann, sofern er einverstanden ist, vom anderen Partner eingeteilt werden. In gewisser Hinsicht ist der Zwilling wie eine Pistole oder ein Wasserschlauch: Man hält ihn in eine Richtung und drückt ab. Seine Stärke ist die Durchführung. Obwohl er gut planen kann, passiert es manchmal, dass er umschwenkt und geradewegs ins Chaos steuert. Agieren Sie konservativ und vorsichtig, aber haben Sie keine Angst davor, das eine oder andere überlegte Risiko einzugehen. Partnerschaften mit zwei Zwillingen sind nicht ratsam, denn das führt oft zu endlosen Streitereien und Diskussionen.

Geschäftsreisen und Veranstaltungen
mit dem Zwillinge-Geschäftspartner

Der andere Partner ist zwar oft derjenige, der die Reisen organisiert und Hotels oder Restaurants bucht, aber der Zwilling ist besser geeignet, die Reise tatsächlich zu machen und die Firma zu repräsentieren. So bleibt der eine oft daheim und bewacht das Büro, während der Zwilling um die Welt reist (oder zumindest durchs Land oder durch die Stadt), neue Projekte ankurbelt und neue Kunden

BERUF

und Marktchancen erschließt. Alle gesammelten Informationen werden an den Partner zu Hause weitergegeben, der dann umsichtig und leidenschaftslos den Wert eines jeden neuen Kontakts bewertet. Diese Vorgehensweise kann sehr erfolgreich sein.

Den Zwillinge-Geschäftspartner lenken und führen

Man kommt mit dem Zwilling am besten aus, wenn man ihm das Gefühl gibt, frei entscheiden zu können, ihm aber gleichzeitig Grenzen setzt, die ihn nicht behindern. Ein unglücklicher Zwilling kann nicht auf höchstem Niveau arbeiten, schlimmstenfalls sogar überhaupt nicht. Für seine Arbeit gelobt zu werden, seinen wachen Verstand einsetzen zu können, kurz, Anerkennung für das zu bekommen, was er tut, macht den Zwilling glücklich. In dieser Hinsicht ist er wie ein Kind oder ein Heranwachsender. Wenn Sie ihn entsprechend behandeln, wird er Ihnen und dem Unternehmen nützen. Als aufgabenorientierter Mensch ist der Zwilling meistens zufrieden, wenn er etwas zu tun hat.

Auf lange Sicht mit dem Zwillinge-Geschäftspartner auskommen

Solange er sich wertgeschätzt fühlt, kann man diesen wandelbaren Charakter gut an sich binden. Er arbeitet auch in mageren Zeiten weiter und opfert manchmal Monate für ein Projekt, das sich finanziell nicht lohnt, wenn er die Arbeit interessant und anregend findet. Hat er aber das Gefühl, unterschätzt oder nicht gewürdigt zu werden, hoppelt er davon wie ein Kaninchen. Und genau wie dieses Tier genießt er Sicherheit und Streicheleinheiten (im übertragenen Sinne natürlich). Es gibt nur wenige Partner, mit denen die Arbeit in guten Zeiten so viel Spaß macht. In schweren Zeiten muss man ihm versichern, dass trotzdem alles in Ordnung ist und für die Zukunft Hoffnung besteht.

Die Trennung vom Zwillinge-Geschäftspartner

Da der Zwilling widerstandsfähig ist und eigentlich immer auf die Füße fällt, muss eine Trennung nicht schwierig sein oder als negativ gesehen werden. Oft geht sie ohnehin vom Zwilling aus, weil er Veränderung sucht. Das bedeutet allerdings noch nicht, dass die Trennung einfach und unkompliziert wird. Denken Sie nur an seine Liebe zum Detail: Selbst wenn er Ihr Angebot rasch annimmt und vertraglichen Vereinbarungen zustimmt, überprüft er eifrig das Kleingedruckte. Deshalb können sich rechtliche Diskussionen in die Länge ziehen. Am besten geben Sie dem Zwilling in solchen Details nach und sparen sich die Energie für wichtige Themen auf.

DER ZWILLINGE-KONKURRENT

Der Zwilling ist ein Wettkampftyp. Ihn treiben die Herausforderung und der Nervenkitzel, Erster zu sein. Seine Siegesfreude ist nicht sadistisch, er will den Gegner weder demütigen noch schlechtmachen. Sein beißender Humor, seine Ironie, sein Sarkasmus, der scharfe Verstand und die spitze Zunge sind notfalls

STÄRKEN

ironisch
klug
witzig

SCHWÄCHEN

schneidend
angriffslustig
feindselig

AUFTRETEN

kämpferisch
herausfordernd
scharf

aber durchaus in der Lage dazu. Der Zwilling kann sich ohne große Vorbereitung und langes Nachdenken ins Getümmel stürzen. Sein großer Kampfgeist sollte aber im Zaum gehalten werden, denn der Schuss kann auch nach hinten losgehen. In der chaotischen Welt des Business ist schließlich alles möglich, auch dass der Feind von heute vielleicht der Partner von morgen ist.

Gegen den Zwillinge-Konkurrenten antreten

Statt dem Zwilling eins zu eins gegenüberzutreten, ist es besser, zu beobachten und abzuwarten. Wie ein Boxer sollten Sie den Zwilling angreifen lassen, damit er zeigt, was er kann, und dann erst parieren. Wenn er wild um sich schlägt, ist er am verletzlichsten. Lehnen Sie sich zurück und erwidern Sie mit kurzen, knappen Schlägen. Das macht ihn wütend, und wenn er aus der Deckung kommt, haben Sie Gelegenheit, zum vernichtenden Schlag auszuholen. Denken Sie daran, dass der Zwilling das nicht persönlich nimmt, sondern es ihm nur um den Spaß am Wettkampf geht.

Den Zwillinge-Konkurrenten ausspielen

Der Zwilling stellt weitreichende Recherchen über Sie an, befasst sich mit PR- und Werbestrategien, untersucht die Verkäufe und analysiert überhaupt alle Ihre Stärken und Schwächen. Sie sollten sich ebenso gut vorbereiten, um eine Chance gegen ihn zu haben. Kommen Sie dem Zwilling zuvor, finden Sie die Schwächen Ihres Unternehmens heraus und beseitigen Sie sie. Eine Schwäche des Zwillings ist, dass er ausschließlich Entwicklungen der Gegenwart oder jüngsten Vergangenheit betrachtet. Sie können Ihren Konkurrenten also damit schlagen, dass Sie weiter sehen, längerfristige Pläne machen und sich weigern aufzugeben.

Den Zwillinge-Konkurrenten persönlich beeindrucken

Wenn Sie den Zwilling treffen, sollten Sie seinen extravaganten Stil mit konservativem Auftreten kontern. Wählen Sie gutgeschnittene Kleidung in gedeckten Farben. Machen Sie einen gelassenen und unerschütterlichen Eindruck, mit tadelloser Frisur, perfekt gebügelter Kleidung und teuren Accessoires (Uhr, Armband, Anstecknadel). Im Gegensatz zu einem Zwillinge-Kunden, den Sie so in Sicherheit wiegen, bringen Sie den Konkurrenten damit auf die Palme. Während er innerlich über Ihr gelassenes Auftreten schäumt, schlagen Sie mit einem selbstbewussten Lächeln zu.

Den Zwillinge-Konkurrenten über- oder unterbieten

Der Zwilling versucht dem Kunden oder dem Markt mehr zu bieten als Sie. Er will immer mit größerer Vielfalt und Auswahl Eindruck machen. Streben Sie daher eine andere Taktik an, und lassen Sie sich nicht auf sein Spiel ein. Konzentrieren Sie sich darauf, die Preise zu senken und Ihr Umsatzvolumen zu steigern, beispielsweise über Discounter. Warten Sie im Preiskampf darauf, dass er die Karten auf den Tisch legt, und halten Sie dann einfach durch, bis er nicht mehr kann oder zu viel bieten muss. Die Energie des Zwillings ist zwar enorm, kann aber mit hartnäckigem Dagegenhalten bezwungen werden.

PR-Krieg mit dem Zwillinge-Konkurrenten

Der Zwilling benutzt jedes bisschen Glamour und Glitter, um Aufmerksamkeit auf sich zu ziehen. Weil er mit der Zeit geht und den unstillbaren Durst nach immer Neuem bedient, ist er zu Beginn stets sehr erfolgreich, bricht danach aber häufig ein. Bauen Sie auf bereits erworbenes Vertrauen, gleichmäßige Verkaufszahlen, geringe Anfangsmargen und vor allem auf den Plan, Kunden, die Ihrem Produkt vertrauen, langfristig an sich zu binden. Garantien sind besonders wichtig, ebenso wie Unterstützung durch Prominente und die breite Öffentlichkeit. Mit Ihren eigenen Werbekampagnen können Sie die wilden Versprechungen Ihres Konkurrenten kontern und beweisen, dass dahinter wenig Verlässliches steht.

Der Zwillinge-Konkurrent und die persönliche Beziehung

Hier liegt der Schwachpunkt des Zwillings. Zwar ist er wortgewandt und verspricht gerne das Blaue vom Himmel, dennoch schafft er es nicht immer, seine Kunden tatsächlich zu überzeugen. Um seinen vielen Angeboten etwas entgegenzusetzen, wählen Sie einen freundlichen, warmherzigen Ton, dann schmilzt Ihre Zielgruppe dahin. Im Kontrast zum hochtourigen Schnellsprecher Zwilling sprechen Sie langsam und ausführlich. Versuchen Sie ein Vertrauensverhältnis zum Kunden aufzubauen, das den Glauben an Ihr Produkt oder Ihre Dienstleistung fördert. Bieten Sie längere Garantiezeiten und gründlichere Wartungen an.

Liebe

ZWILLINGE
22. Mai – 21. Juni

STÄRKEN

aufregend
interessant
abenteuerlustig

SCHWÄCHEN

unaufmerksam
selbstsüchtig
egoistisch

AUFTRETEN

fröhlich
wortgewandt
überzeugend

RENDEZVOUS MIT DEM ZWILLING

Der Zwilling probiert beim ersten Treffen eigentlich alles auf einmal aus. Er ist nur schwer zu schockieren, und es interessiert ihn wirklich, was Sie möchten. Es ist gut, wenn Sie bis zu einem gewissen Punkt (dem, an dem er den Spaß verliert) die Führung übernehmen. Er kann Erlebnisse auch stellvertretend genießen, vor allem wenn er (zumindest seiner Meinung nach) selbst derjenige ist, der das Vergnügen bereitet. Ihr Spaß ist demnach Balsam für sein Ego. Er liebt die Aufregung, damit fühlt er sich am wohlsten. Eintönigkeit dagegen ist sein größter Feind.

Wie man einen Zwilling kennenlernt und anlockt

Zwar führt seine Kontaktfreudigkeit meist dazu, dass er den ersten Schritt tut, aber der Zwilling hat gar nichts dagegen, angesprochen zu werden. Sein scharfer, schweifender Blick entdeckt Sie mitten im Getümmel, und ehe Sie sichs versehen, hat er Sie in ein interessantes Gespräch verwickelt. »Wie kann dieser faszinierende Mensch noch zu haben sein?«, fragen Sie sich. Die Antwort ist einfach: Der Zwilling ist immer zu haben, selbst dann, wenn er eigentlich mit Ihnen verheiratet ist. Wenn Sie eine lose Beziehung oder einen One-Night-Stand suchen, sind Sie hier an der richtigen Adresse.

Unternehmungen bei der Verabredung mit dem Zwilling

Der Zwilling unterhält gern und wird auch gern unterhalten. Manchmal auch beides gleichzeitig. Wenn Sie sich zum Beispiel eine DVD ansehen, seien Sie nicht überrascht, wenn sein Maschinengewehr-schneller Kommentar oder zumindest gelegentliche witzige Bemerkungen und Gelächter den Film begleiten. Es macht Spaß, mit ihm tanzen oder ins Kino zu gehen oder von einem Club zum anderen zu ziehen. Er ist gern unter Menschen und liebt den Kitzel neuer Aktivitäten. Gelegenheit für Intimitäten wird es später noch zur Genüge geben, wenn Sie das möchten.

Was den Zwilling anmacht und was ihn abschreckt

Der Zwilling will gemocht werden. Nichts macht ihn so sehr an wie das Blitzen Ihrer Augen, wenn er Ihnen seinen Lieblingswitz erzählt oder wenn er sieht, dass Sie sein Aussehen bewundern. Wenn er eine schicke Frisur hat, supercoole Sachen oder tolle Schuhe trägt, möchte er, dass Sie das bemerken und gut finden. Und nichts findet er schrecklicher, als ignoriert zu werden. Aber: Überhäufen Sie ihn nicht mit Schmeicheleien oder Komplimenten, das macht ihn nur misstrauisch.

Beim Zwilling den ersten Schritt machen

Am kritischen Punkt des Abends, wenn Sie noch unschlüssig sind, ob Sie nun näher heranrutschen sollen oder nicht, oder ob Sie ihm einfach grünes Licht geben – haben Sie den Zwilling schon auf dem Schoß sitzen. Er hat einen sechsten Sinn dafür und ist nicht nur ein Meister der Worte, sondern auch der wortlosen Kommunikation. Denken Sie deshalb immer daran, dass jeder Ihrer Gedanken in Kopie beim Zwilling landet. Der erste Kontakt ist meist angenehm und kann erstaunlich leidenschaftlich ausfallen. Kühle Reaktionen sollten Sie nicht als Ablehnung oder mangelndes Interesse werten, er probiert Sie vielleicht ganz nüchtern erst mal aus.

Den Zwilling beeindrucken

Den Zwilling beeindruckt man mit Wissen und Fakten. Finden Sie etwas über seinen Beruf, seine Hobbys oder Interessen heraus. Wenn Sie eine kluge Frage stellen, die er ausführlich beantworten kann, macht ihn das ziemlich an. Noch besser ist es, wenn Sie vorschlagen, in seine Lieblingskneipe zu gehen. In fremder Umgebung fühlt er sich manchmal etwas unsicher, auf heimischem Terrain dagegen spielt er seine Lieblingsrolle: den Fremdenführer. Sperren Sie die Ohren auf, und hören Sie zu. Es reicht, wenn Sie so viel aufschnappen, um ihm die nächste Frage stellen zu können, die er dann beantwortet.

Den Zwilling nach der Verabredung wieder loswerden

Solange er nicht total verknallt ist, wird man ihn am ehesten wieder los, indem man sein Ego verletzt, ihn ignoriert, nicht über seine geistreichen Bemerkungen lacht, herummeckert, über sich selbst spricht, krank spielt oder ganz deutlich sagt, dass man alles gerade ziemlich blöd findet. Meistens ist ihm die Verabredung mit Ihnen ohnehin nicht so wichtig. Es kann sogar sein, dass er in der Nähe jemanden entdeckt, der ihm besser gefällt, und wenn Sie sich wieder herumdrehen, ist er schon verschwunden! Wenn er allerdings in Sie vernarrt ist, klebt er an Ihnen wie Kleister.

BEZIEHUNG MIT DEM ZWILLING

Die Beziehung mit dem Zwilling verleiht Ihrem Leben sicherlich Würze, aber auch Unsicherheit, denn es ist kaum möglich, sein Verhalten vorherzusagen. Die wechselnden Launen sorgen zwar dafür, dass es nie langweilig wird, können Ihnen aber Pläne vermasseln oder die Beziehung auf die Probe stellen. Verabredungen sind besonders schwierig, da er zwar normalerweise pünktlich ist (wenn er denn kommt), aber viel häufiger sagt er kurzfristig ab, wenn er die Verabredung sowieso nicht einhalten wollte. Dieses flüchtige Wesen nervt und fasziniert, in jedem Fall wickelt es Sie um den Finger.

Mit dem Zwilling diskutieren

Der Zwilling hat nichts gegen das Reden, aber er nimmt das, was Sie sagen, nicht immer ernst. Er bestätigt es zwar mit einem Nicken oder einem »mhmm«, aber das bedeutet noch nicht, dass er zugehört hat. Wenn Sie ein Thema anschneiden, das ihn entweder nicht interessiert oder ihm gegen den Strich geht, lenkt er das Gespräch auf etwas, das ihn mehr interessiert. Wenn Sie hartnäckig bleiben, ernten Sie entweder einen scharfen Blick, oder er bemerkt etwas in der Nähe, das seiner unmittelbaren Aufmerksamkeit bedarf.

Mit dem Zwilling streiten

Beim Zwilling besteht immer die Gefahr, dass eine Diskussion im Streit endet. Er ist derart wortgewandt und so sehr darauf aus, zu gewinnen, dass das eigentliche Thema nebensächlich wird. Lassen Sie ihn seinen Part sprechen, und führen Sie ihn dann sanft wieder zurück zum Thema. Ihre eigenen Argumente sollten Sie knapp halten, damit sie ihre volle Wirkung entfalten. Wenn der Zwilling irgendwann widerwillig zugibt, dass Sie in einem Punkt recht hatten (das kann auch schon eine halbe Stunde her sein), haben Sie den ersten Beweis in der Hand, dass er Ihnen tatsächlich zugehört hat und es so läuft, wie Sie möchten.

Mit dem Zwilling reisen

Der Zwilling reist gern schnell und mit leichtem Gepäck. Jedes zusätzliche Gepäckstück, das Sie anschleppen, wird zweifellos Objekt seiner Kritik und seines Zorns. Machen Sie sich darauf gefasst, all Ihr Gepäck selbst zu tragen, denn er weigert sich, Ihnen zu helfen, weil Sie das meiste davon ja auch zu Hause lassen könnten. Unterwegs (im Auto, Zug, Bus oder Flugzeug) wird der redselige Zwilling Sie unterhalten, und er erwartet, dass Sie seinen Witz, seine Brillanz und seine Wortfeuerwerke zu schätzen wissen, wenn er von einem Thema zum nächsten hüpft. Gähnen oder gar Einschlafen ist tabu, denn das wäre ein sicheres Zeichen von Langeweile.

Sex mit dem Zwilling

Der Zwilling liebt die Vielfalt. Qualität ist ihm aber wichtiger als Quantität, deshalb will er, dass Sie stets in Bestform sind. Er erwartet ebenfalls, dass Sie immer wissen, wann er will, und für ihn eine interessante Palette von Erfahrungen bereit halten oder zumindest offen sind für seine Experimentierfreudigkeit. Im Allgemeinen ist er leicht zu erregen und daher auch leicht zu befriedigen. Seine eigene Befriedigung hinauszuzögern, ist nicht seine Stärke, d. h., seine emotionale Intelligenz ist relativ niedrig. Sein Hang, vor, während und nach dem Sex zu reden, kann Sie zur Weißglut bringen, aber damit müssen Sie leben.

Der Zwilling und Zärtlichkeit
Der Zwilling ist nicht besonders anschmiegsam. Er drückt seine Zuneigung auf eher emotionslose, beiläufige Weise aus. Sie kann sich in einem flüchtigen Lächeln, einem kurzen Blick, einem Klaps auf den Rücken oder sogar einer sarkastischen Bemerkung äußern. Trotzdem meint er es gut. Er zeigt seine Zuneigung nur anders, als Sie vielleicht erwarten. Der Zwilling hat seine eigene, seltsame Art und Weise, Dinge zu tun, vor allem wenn es um Gefühle geht, denn es ist ihm oft nicht angenehm, sie zu zeigen.

Der Zwilling und Humor
Der Zwilling lacht gern. Leider sind Sie permanent das Objekt seines Humors, was irgendwann nur noch schwer zu ertragen ist. Jeder Protest Ihrerseits führt nur dazu, dass er Ihnen Humorlosigkeit unterstellt. Sein Humor drückt sich aber nicht nur in Worten aus, sondern auch in allerlei Streichen, die manchmal fast schon sadistisch sind. Peinliche Situationen zu schaffen und das Unbehagen anderer zu beobachten macht ihm großen Spaß. Oft gibt er rasch zu, dass er es nicht ernst gemeint hat, und macht sich dann darüber lustig, dass Sie darauf hereingefallen sind.

EHE MIT DEM ZWILLING

Der Individualismus und die Freiheitsliebe des Zwillings kann zum Problem für Ihre Ehe werden. Oft entwickelt er eine Doppelmoral, die ihm zugesteht, eigene Wege zu gehen, Ihnen jedoch nicht. Deswegen hat er auch kaum Unrechtsbewusstsein. Tatsächlich sind meist Sie derjenige, der zu Hause sitzt und auf den Zwilling wartet. Die beste Art damit umzugehen, ist, sich selbst das Recht auf Unabhängigkeit zu bewahren und sich zu weigern, hinter ihm herzuräumen, sowohl im wörtlichen wie auch im übertragenen Sinne.

Hochzeit und Flitterwochen mit dem Zwilling
Einen Zwilling zu heiraten macht Spaß, denn er ist sehr gesellig. Er wendet viel Energie auf, damit die Hochzeit ein Erfolg wird, und wird sie genießen. Die Flitterwochen dagegen können eine Enttäuschung werden, denn es gehört nicht zu seinen Stärken, sich auf einen Menschen zu konzentrieren. Sex mit ihm kann zwar sehr aufregend und vielseitig sein, aber möglicherweise haben Sie den Eindruck, dass sich der Zwilling Ihnen nicht wirklich offenbart. Dies geschieht aber vielleicht nach und nach, deshalb sollten Sie keinen Druck auf ihn ausüben. Auch auf die ehelichen Pflichten zu pochen, hat in dieser frühen Phase wenig Sinn.

Haushalt und Ehealltag mit dem Zwilling

Hausarbeit gehört nicht zu den Stärken des Zwillings, er betrachtet sie als sinnlose Plackerei. (Sie dürfen raten, an wem diese Aufgaben hängenbleiben.) Er ist aber pragmatisch genug einzusehen, dass man aufräumen, putzen und gewisse Dinge organisieren muss. Am besten machen Sie eine Liste und teilen die Verantwortlichkeiten klar ein. Bestehen Sie darauf, dass er sich daran hält. Er blüht auf, wenn er sich neue Dinge oder geniale Lösungen für Probleme ausdenkt. Sie werden aber derjenige sein, der ihn bei der Stange hält und darauf achtet, dass er seine Vorsätze auch erfüllt.

Der Zwilling und Geld

Der Zwilling ist eigentlich kein Verschwender, er kann sogar recht knauserig sein, wenn es um Haushaltsausgaben geht. Er kann sich nicht daran gewöhnen, dass mit dem Budget auch so banale Dinge wie Putzmittel, Werkzeug und Handwerkerrechnungen bezahlt werden müssen. Der Trick ist, ihn dahin zu bringen, dass er sich persönlich für etwas interessiert und engagiert, denn er ist recht geschickt und wird gern für seine Arbeit gelobt. Den Zwilling an ein striktes Budget zu gewöhnen, ist möglich, aber harte Arbeit, denn sein Impuls, spontan unnötige Dinge zu kaufen, ist groß. Reisen, Unterhaltung, Computerzubehör und schnelle Autos üben große Anziehungskraft auf ihn aus.

Der Zwilling und Treue

Da der Zwilling zu den Zeichen gehört, die am ehesten zum Fremdgehen neigen, sollten Sie seinem natürlichen Flirtbedürfnis nachgeben. Wenn Sie hart mit ihm sind und solches Verhalten verbieten, riskieren Sie, dass er mit einer ausgewachsenen Affäre reagiert. Es ist besser, ihn an einer unsichtbaren Leine zu führen, damit er sich nicht eingeengt fühlt, aber weiß, dass er nur bis zu einem bestimmten Punkt gehen kann. Der Zwilling bekommt normalerweise alles, was er will, ohne erwischt zu werden, aber er wird leicht von Angst und Schuldgefühlen geplagt, weswegen er sich selbst Grenzen setzt.

Der Zwilling und Kinder

Da er selbst ein Kind ist, ist der Zwilling als Elternteil gut geeignet, denn er ist hingebungsvoll, engagiert, und es macht Spaß, bei ihm aufzuwachsen. Besonders gerne mag er Sport, Spiele, Camping und die meisten Ferienaktivitäten. Zwar kann er kaum mehr als ein oder zwei Kinder bewältigen, aber manche Zwillinge schätzen die Gesellschaft und Bewunderung von mehr Kindern, die sie fast wie Freunde oder Geschwister behandeln. Die Freude, seine Kinder wachsen und lernen zu sehen, hält das Interesse des Zwillings an ihnen lange wach. Wenn die Kinder aber alt genug sind, hält er sie nicht fest, sondern drängt sie, sich auf eigene Füße zu stellen.

Scheidung vom Zwilling

Wenn Sie sich entschließen, sich vom Zwilling scheiden zu lassen, vielleicht nach dem x-ten Seitensprung, werden Sie seine pragmatische, vernünftige Seite schätzen lernen, vor allem, wenn es um Immobilien, Geld oder gesetzliche Bestimmungen geht. Andererseits kann der Zwilling im emotionalen Bereich leicht außer Kontrolle geraten, denn dort fühlt er sich gar nicht wohl. Wenn er eifersüchtig, wütend oder sogar hasserfüllt ist, ist er so unkontrollierbar wie ein Zyklon. Seine Gefühle beruhigen sich jedoch schnell wieder, und dann kann man wieder offen und konstruktiv mit ihm reden.

DIE AFFÄRE MIT DEM ZWILLING

Wenn Sie eine heimliche Affäre mit dem Zwilling haben, können Sie mit einer flüchtigen, aber intensiven Begegnung rechnen. Das kann gut sein oder schlecht, je nachdem, ob Sie die Affäre fortführen wollen oder nicht. Beim Zwilling müssen Sie eher als bei den meisten anderen damit rechnen, dass er unzuverlässig ist und es nicht lange mit Ihnen aushält. Und da der Zwilling über alles sprechen muss, was er erlebt, ist es unwahrscheinlich, dass er die Sache lange geheim halten kann oder will. Seien Sie nicht überrascht, wenn ein peinliches intimes Detail irgendjemandem zu Ohren kommt und dann im gesamten Freundeskreis die Runde macht.

Mit dem Zwilling anbandeln
Den Zwilling können Sie an den unmöglichsten Orten treffen. Der Erstkontakt ist wahrscheinlich ziemlich kurz und besteht manchmal nur aus einem Blick oder ein paar Worten. Danach spricht der Zwilling sie entweder direkt an oder durch Freunde. Sein Ego möchte gestreichelt werden, und wenn Sie ihn attraktiv, interessant oder faszinierend finden, ist das ein großes Plus. Konventionellere Orte wie Aufreißerlokale, Clubs oder einschlägige Websites werden von vielen Zwillingen frequentiert, deshalb ist die Chance, ihn dort zu treffen, groß. Sie erkennen den Zwilling an seiner lebhaften Art, der geübten Gesprächsführung und dem Drang, andere zu beeindrucken.

Wohin mit dem Zwillinge-Liebhaber?
Der Zwilling ist nicht sehr wählerisch und daher bereit, fast überall Intimitäten auszutauschen. Er ist so extrovertiert, dass ihm Händchenhalten, Küsse und einiges darüber hinaus auch in der Öffentlichkeit nicht peinlich sind. Ein Nachmittag oder eine Nacht bei ihm kann sehr unterhaltsam sein, nicht nur im Bett, sondern auch, weil Sie in den Genuss seiner faszinierenden Sammlungen von Büchern, CDs, DVDs kommen sowie seine neueste Computersoftware kennenlernen. Bei Ihnen zu Hause neigt dieser neugierige Mensch dazu, Ihre privaten Dinge, einschließlich Ihrer Kleider, Hüte und Schuhe zu durchstöbern, denn er will mehr über Sie erfahren.

Sex in der Affäre mit dem Zwilling
Der Zwilling ist im Allgemeinen leicht zu erregen und leicht zu befriedigen. Er hat bisweilen absonderliche Interessen, experimentiert gerne und ist fasziniert

STÄRKEN
frei
zu haben
intensiv

SCHWÄCHEN
nicht vertrauenswürdig
indiskret
geschwätzig

AUFTRETEN
direkt
reaktionsfreudig
offen

ZWILLINGE

von der ganzen Palette sexueller Praktiken, vom *Kamasutra* bis zu SM. Beim Sex ist der Zwilling wie ein Kind im Bonbonladen. Was ihm wirklich wie viel bedeutet, ist schwer zu sagen, doch er geht alles mit Humor und Distanz an, weniger mit ernsthaftem Engagement. In gewissem Sinne kommen Sie sich wie ein Zuschauer vor, der eingeladen wurde, einer seiner Shows beizuwohnen.

Die Affäre mit dem Zwilling aufrechterhalten

Der Zwilling bleibt, solange er geschätzt wird, wenn nicht, hoppelt er wie ein Kaninchen auf und davon. Gerade wenn Sie sich an ihn, seine seltsamen Gewohnheiten, seine Nervosität und Ansprüche gewöhnt haben, ist er weg. Der Zwilling gleitet Ihnen durch die Finger wie Wasser, und es gibt nichts, womit Sie ihn halten können. Wenn Sie ein gutes Gleichgewicht zwischen zu viel und zu wenig Aufmerksamkeit finden, ist die Wahrscheinlichkeit, dass er bleibt, groß, vor allem dann, wenn ihn gerade kein anderer interessiert. Die Treue oder Untreue des Zwillings hängt ganz von seinen Launen und seinen Prioritäten ab.

Den Zwillinge-Liebhaber unterhalten

Der Zwilling zeigt sich gern mit Ihnen in der Öffentlichkeit, vor allem, um mit Ihnen anzugeben. Er will, dass Sie gut aussehen, gut sprechen, gut handeln, um ihn gut aussehen zu lassen. Er mag Filme, Clubs, Restaurants, Konzerte und fast alles, was Spaß macht, kurz: Er ist keiner, der sich nach einem ruhigen Abend zu Hause sehnt. Wenn er aber mal zu Hause ist, hat er Freude an den neuesten Medien, an Computersoftware oder CDs und DVDs. Als spielerische Natur begeistert er sich auch für Puzzles und Brettspiele. Es ist ratsam, ihn ab und zu gewinnen zu lassen, sonst wird er mürrisch.

Die Affäre mit dem Zwilling beenden

Dies ist normalerweise kein Problem, es sei denn, der Zwilling ist süchtig nach Ihnen oder dem Sex mit Ihnen (dann weigert er sich natürlich zu gehen). Bis Sie sich durchgerungen haben, Schluss zu machen, ist er vielleicht schon auf und davon. Er hat einen Sensor für Ablehnung und ist lieber derjenige, der Schluss macht, als derjenige, der zurückgewiesen wird. Trotzdem findet er die Situation höchst unangenehm und will Konfrontationen aus dem Weg gehen, deshalb macht er sich lieber aus dem Staub, bevor Sie etwas merken. Er tut alles, um Schwierigkeiten zu vermeiden, vor allem emotionale, denn entweder will er, dass Sie glücklich bleiben, oder, wenn das nicht der Fall ist, einfach gehen.

DER ZWILLINGE-EX

Diese unabhängige und optimistische Seele kann erstaunlich loyal, treu und sogar abhängig sein, wenn er nicht mehr romantisch oder ehelich mit Ihnen verbunden ist. Es ist seltsam, wenn man erkennt, dass der Zwilling sich als Freund mehr um Sie kümmert als in der Liebesbeziehung, doch genau das ist meistens der Fall. Vielleicht fällt ihm das Geben leichter, wenn von ihm nicht so viel erwartet wird. Oft ist es einfacher, wenn man den Zwilling nach der Trennung nicht unter Druck setzt und stattdessen abwartet, ob sein Wohlwollen von allein kommt.

Freundschaft mit dem Zwillinge-Ex

Es ist am einfachsten, mit dem Zwilling befreundet zu bleiben, wenn man die gleichen beruflichen oder gesellschaftlichen Veranstaltungen besucht. Dies gibt ihm die Gelegenheit, bei Ihnen zu sein, ohne Ihnen zu nahe zu kommen. Dieser Kontakt hat nichts Bedrohliches, und genau das liebt der Zwilling. Wenn Sie eine echte Freundschaft anstreben, sollten Sie langsam vorgehen, möglichst keine missverständlichen Botschaften aussenden und distanziert bleiben.

Der Zwillinge-Ex und Versöhnung

Auf Versuchsbasis und für kurze Zeit ist es möglich, mit dem Zwilling wieder zusammenzukommen, aber auf lange Sicht funktioniert es nicht. Vielleicht steht der Zwilling ein Jahr nach der Scheidung wieder vor Ihrer Tür und schwört, er käme zu Ihnen zurück, Sie beide gehörten zusammen. Jetzt müssen Sie standhaft bleiben, genau wie in anderen Situationen, in denen sich zeigt, dass der Zwilling realitätsfremd ist und Ihre Gefühle nicht respektiert.

Mit dem Zwillinge-Ex über alte Probleme sprechen

Mit dem Zwilling können Sie alte Probleme objektiv, kühl, ruhig und beherrscht diskutieren. Wenn er abwehrt oder sich aufregt, sollten Sie das Thema wechseln, ehe er einen ernsthaften »Anfall« bekommt und mit Beschuldigungen um sich wirft. Wenn Sie es nicht verhindern können, geht das Gewitter aber auch schnell wieder vorbei. Der Zwilling ist vor allem ein Ermittler, der ernsthaftes Interesse daran hat, den Dingen auf den Grund zu gehen, so wie er ein Rätsel löst. Wenn Ihr Gespräch in angenehmer Umgebung in der Öffentlichkeit stattfindet, löst das mögliche Spannungen.

Dem Zwillinge-Ex seine Zuneigung zeigen

Seien Sie vorsichtig, sonst bringen Sie den Zwilling auf falsche Gedanken. Nach Ihrer offiziellen Trennung sollten Sie deshalb ein paar Monate auf Zuneigungsbekundungen ganz verzichten. Der schnelle Zwilling reagiert sofort und nervös, deshalb sollten Sie die Bälle möglichst flach halten. Am besten zeigen Sie Zuneigung nicht mit Berührungen, sondern mit Hilfe der Stimmlage oder durch ein Lächeln. Machen Sie keine Geschenke, denn sonst fühlt sich der Zwilling verpflichtet, sich zu revanchieren, und denkt vielleicht, Sie wollten sich seine Gefühle erkaufen.

Die gegenwärtige Beziehung zum Zwillinge-Ex definieren

Zusammen mit dem Zwilling Regeln aufzustellen, die für beide Seiten gelten, ist immer gut. Diskutieren Sie offen und legen Sie fest, was erlaubt ist und was nicht. Wenn Sie gleich zwei oder drei Termine vereinbaren, können Sie alle relevanten Themen in Ruhe besprechen. Geben Sie dem Zwilling immer die Gelegenheit, alles noch mal zu überdenken, denn er ändert seine Ansichten bekanntlich oft.

STÄRKEN

freundlich
fürsorglich
freigiebig

SCHWÄCHEN

eigensinnig
konfrontativ
rebellisch

AUFTRETEN

ansprechend
engagiert
entgegenkommend

ZWILLINGE

Das kann auch positiv sein, beispielsweise wenn er Ihre Meinung zunächst nicht teilt. Halten Sie Freunde und Verwandte über Ihre gemeinsamen Entscheidungen auf dem Laufenden.

Gemeinsames Sorgerecht mit dem Zwillinge-Ex

Wenn die Trennung schmerzt, ist der Zwilling oft nicht sonderlich begeistert, wenn er das Sorgerecht für die Kinder mit Ihnen teilen soll, und stellt sein Ego über das Bedürfnis der Kinder nach beiden Eltern. Abgesehen davon geht er wahrscheinlich schnell eine neue, aufregende Beziehung zu einem Single ein, der nicht auch noch Kinder aufgeladen bekommen möchte. Haben Sie Geduld, denn der Zwilling wird vernünftiger, wenn die Kinder größer werden und ihm mehr ans Herz wachsen. Irgendwann erkennt auch er, dass Beziehungen kommen und gehen, Kinder aber bleiben.

Freunde & Familie

DER ZWILLINGE-FREUND

Er ist zwar nicht nur ein Schönwetter-Freund, aber es macht definitiv mehr Spaß mit ihm, wenn alles in Ordnung ist. In Notfällen oder bei langwierigen Problemen ist er eher unruhig, nervös und besorgt, und dann für Sie nicht besonders hilfreich. Der Zwilling gehört zu den verspieltesten Zeichen im Tierkreis, und deshalb ist er unbedingt dabei, wenn es darum geht, Spaß zu haben. Er macht in seiner leichten, unernsten Art jede Unternehmung zu einem Vergnügen. An seinem feuerwerkartigen Redeschwall können Sie erkennen, dass er sich ebenfalls amüsiert.

Einen Zwillinge-Freund um Hilfe bitten

Der Zwilling reagiert oft wirr, wenn er um Hilfe gebeten wird. Er ist gerne bereit auszuhelfen, weiß aber nicht, wo er anfangen soll, oder prescht, mit Ihnen im Schlepptau, genau in die entgegengesetzte Richtung. Empathie und Einfühlsamkeit sind nicht seine Stärken, er findet lieber vernünftige Lösungen für ein Problem, statt emotionale Unterstützung zu bieten. Er ist eigentlich nicht kalt, wirkt aber durch seine rein kopflastige Herangehensweise so. Seine Ausdauer ist ebenfalls nicht besonders groß, so lenkt ihn ein anderer Hilferuf ebenso ab wie jede Art der Zerstreuung.

Mit dem Zwillinge-Freund kommunizieren und in Kontakt bleiben

Kommunikation ist seine starke Seite. Wenn er sich für Sie interessiert, ist es nicht schwer, mit ihm Kontakt zu halten, vorausgesetzt, Sie können mit seinem messerscharfen Verstand und seinem Geschnatter mithalten. Wenn er erst mal zu reden angefangen hat, hört er Ihnen nicht mehr zu. Sie müssen hin und wieder darum bitten, dass er innehält, um zu verstehen, was Sie zu sagen haben. Er selbst ist im Kontakthalten nicht so gut und setzt Ihr Verständnis voraus, wenn er sich längere Zeit mit anderen wichtigen Dingen beschäftigt. Wenn er sich dann wieder meldet, ist es, als ob nichts gewesen wäre, und er knüpft da an, wo Sie aufgehört hatten.

STÄRKEN

lustig
verspielt
unernst

SCHWÄCHEN

nervös
unzuverlässig
sorgenvoll

AUFTRETEN

redselig
demonstrativ
leichtfüßig

Vom Zwillinge-Freund Geld borgen

Der Zwilling hat kein Problem damit, Geld zu verleihen, und er lässt Ihnen viel Zeit mit dem Zurückzahlen. Die Summe, die er Ihnen zur Verfügung stellen kann, ist allerdings begrenzt, denn er hat nur selten viel Geld bei sich. Bis er daran denkt, zur Bank oder zum Geldautomaten zu gehen, haben Sie längst jemand anderen gefunden, der zuverlässiger ist. Aber Sie verletzen weder seine Gefühle noch setzen Sie die Freundschaft aufs Spiel, wenn Sie ihn um ein Darlehen bitten, denn er hat überhaupt nichts dagegen.

Den Zwillinge-Freund um Rat fragen

Der Rat, den Sie vom Zwilling bekommen, ist wenig hilfreich, denn meistens ist er überhaupt nicht praktikabel. Oft kommt er mit den seltsamsten Vorschlägen an, die toll klingen, aber nie im Leben durchführbar sind. Je mehr er über solche Vorschläge nachdenkt, desto absurder werden sie und desto mehr glaubt er daran und erwartet, dass Sie das ebenfalls tun. Überlegen Sie deshalb genau, ob Sie den Zwilling um Rat fragen, oft lohnt es sich nicht.

Einen Zwillinge-Freund besuchen

Der Zwilling freut sich meist, Sie zu sehen, es kann aber genauso gut sein, dass er gerade zur Tür raus ist. Es bringt auch nicht viel, wenn Sie sich verabreden, denn dann kann es passieren, dass Sie klopfend und klingelnd draußen stehen, während er sich woanders vergnügt und Ihre Verabredung ganz vergessen hat. Am besten rufen Sie ihn an, wenn Sie losgehen, damit Sie ihn auch bestimmt antreffen. Lassen Sie ihn umgekehrt aber nicht lange warten, denn wenn Sie sich verspäten, ernten Sie entweder eisiges Schweigen, oder er ist schon wieder auf und davon.

Feste und Freizeit mit dem Zwillinge-Freund

Der Zwilling liebt Feste und Unterhaltung. Allerdings gehört er nicht zu den Leuten, denen man die Organisation übertragen möchte, da er vergesslich und unzuverlässig sein kann, obwohl er sich nach Kräften bemüht, seine Nervosität und Besorgtheit zu überwinden. Besser, man lädt ihn einfach nur ein. Man kann sich normalerweise darauf verlassen, dass er die Gäste mit seiner Wortgewandtheit und seinem Humor unterhält, denn deren Anerkennung ist Wasser auf seine Mühle. Er strahlt so hell, dass seine Energie selbst eine Versammlung der langweiligsten Gestalten erleuchtet.

DER ZWILLINGE-MITBEWOHNER

Mögen Sie Karneval? Besser wäre es, denn wenn Ihr Mitbewohner ein Zwilling ist, kann sich die Wohnung binnen Sekunden in einen Rosenmontagszug verwandeln. Er ist nicht nur imstande, alles Mögliche für Sie (und die anderen Mitbewohner und Freunde) zu inszenieren, sondern wahrscheinlich hat er noch jede Menge anderer Statisten eingeladen. Und wenn all das nun sehr nach einem Fellini-Film klingt, dann liegen Sie damit ziemlich richtig. Es macht unglaublich viel Spaß, mit einem Zwilling zusammenzuwohnen, solange man keine ernsthafte Arbeit zu erledigen hat oder irgendetwas tun will, das Konzentration erfordert.

Mit dem Zwillinge-Mitbewohner finanzielle Verantwortung teilen

Verantwortung kommt im Vokabular des Zwillings eigentlich gar nicht vor. Auch Pflichterfüllung (besonders im Haushalt) passt nicht zu dem, was sich der Zwilling unter Spaß vorstellt. Und der Spaß steht für ihn an erster Stelle. Beim Zwilling kommt und geht das Geld schnell, deshalb sollten Sie gleich zur Stelle sein, wenn er welches hat, und seinen Anteil kassieren, bevor er es für sein neuestes Steckenpferd ausgibt. Vorkasse ist die einzige Möglichkeit, zu verhindern, dass Sie alleine auf den Rechnungen sitzenbleiben. Zwillinge vergessen einfach zu bezahlen, wenn man sie nicht daran erinnert.

Der Zwillinge-Mitbewohner und das Putzen

Der Zwilling kann sehr gründlich putzen, wenn er sich das in den Kopf gesetzt hat. Meist aber ist sein Geist mit anderen Dingen beschäftigt. Da er extrem detailversessen ist, entgeht ihm nicht, wo saubergemacht werden muss, aber seltsamerweise kann er diese Erkenntnis wunderbar ignorieren, und seine Fähigkeit, die eigene Unordnung zu übersehen, ist legendär. Wenn Sie ihn darauf ansprechen, teilt er Ihnen kühn mit, dass sein Zimmer seine Angelegenheit ist. Falls Sie dann darauf bestehen, dass er die Gemeinschaftsräume aufräumt, wird er behaupten, er sei ja kaum zu Hause (was richtig sein mag), und die Unordnung hätten Sie veranstaltet. Raten Sie, wer putzen darf …

Der Zwillinge-Mitbewohner und Besuch

Ihre Gäste sind normalerweise nicht das Problem, eher seine. Er lädt gerne eine schier beängstigende Zahl neuer Leute ein, aber vermutlich hat er auch einen festen Kreis, mit dem Sie stets rechnen müssen. Das Leben ist für den Zwilling eine immerwährende Party. Achten Sie also darauf, dass immer ausreichend Lebensmittel, Getränke und Musik im Haus sind. Er hat nichts dagegen, wenn Sie alte oder neue Gesichter einladen, denn diese sind ihm ein willkommenes Publikum. Wer mit einem Zwilling zusammenwohnt, ist nie allein, denn der kann einfach nicht genug Gesellschaft haben.

Der Zwillinge-Mitbewohner und Partys

Da das Leben eine immerwährende Party ist, treten die Auswirkungen, die das Veranstalten von Partys mit sich bringt, manchmal in den Hintergrund. Probleme entstehen, wenn geklärt werden muss, wer das Essen und die Getränke bezahlt. Dem Zwilling macht es nichts aus, sein Geld auszugeben, wenn er welches hat. Andernfalls sagt er allen, sie sollen etwas mitbringen, oder es gibt das, was da ist. Im Normalfall ist ihm das Essen ohnehin egal, denn sein Mund ist mehr mit Reden beschäftigt. Der Zwilling braucht nicht viel Schlaf, rechnen Sie also mit Partys bis in die frühen Morgenstunden.

STÄRKEN

unterhaltsam
lustig
erfinderisch

SCHWÄCHEN

ablenkend
aufmerksamkeits-
bedürftig
lästig

AUFTRETEN

wandelbar
eklektisch
lebhaft

Der Zwillinge-Mitbewohner und die Privatsphäre

Der Zwilling betrachtet Ihr Bedürfnis nach Privatsphäre mit Misstrauen. Er versteht auch Ihren Respekt vor seiner eigenen nicht, er hat doch nichts zu verbergen! Die meisten Leute verbergen ihre privaten Gedanken und Gefühle durch Schweigen und Geheimhaltung, der Zwilling benutzt eine andere Taktik: Er verbirgt, indem er alles ausbreitet. Durch endloses Abschweifen und ewige Themenwechsel bleiben auch seine innersten und dunkelsten Geheimnisse verborgen. Aber hat er sie Ihnen nicht neulich erst erzählt?

Mit dem Zwillinge-Mitbewohner Probleme besprechen

Der Zwilling genießt Diskussionen, aber es ist zuweilen schwierig, ihn beim Thema zu halten. Er hat nur eine begrenzte Aufmerksamkeitsspanne, und das Leben ist doch so kurz – deshalb springt er mit mörderischem Tempo von einem Thema zum anderen. Seine analytischen Fähigkeiten sind sehr gut ausgebildet, er löst gerne Rätsel, Puzzles und Geheimnisse – und er tut sein Bestes, Ihren Problemen auf den Grund zu gehen, wenn es Ihnen denn gelingt, den Zwilling festzunageln. Am besten machen Sie ihn nicht zum Thema, wenn Sie ein Problem mit ihm haben, sondern diskutieren Sie das abstrakt und lassen Sie ihn später selbst die Verbindung herstellen.

DER ZWILLINGE-ELTERNTEIL

Im Allgemeinen ist der Zwilling ein guter Elternteil, zumindest dann, wenn er sich für seine Kinder wirklich interessiert. Er bietet ihnen eine ganze Palette von Interessen und Aktivitäten und genießt dazu seine Rolle als Leitwolf. Allerdings kommt es vor, dass sein Geist gerade mit Dingen beschäftigt ist, die für Kinder keinen Platz lassen. Dann müssen die Kinder in der Lage sein, sich selbst zu beschäftigen, denn der Zwilling kann sich nicht um sie kümmern. Er trägt schwer an der Verantwortung, seine Kinder finanziell zu versorgen, sie zu erziehen und für diverse Extras aufzukommen, denn er ist sehr anfällig für Sorgen und Stress.

Der Erziehungsstil von Zwillinge-Elternteilen

Der Zwilling bestraft seine Kinder nicht gern, deshalb weigert er sich entweder, es zu tun, oder er blendet das Thema gleich ganz aus. Kinder von Zwillingen können oft ziemlich lange machen, was sie wollen, es sei denn, der andere Elternteil übernimmt das Ruder, was meist der Fall ist. In solchen Situationen wenden sich die Kinder gerne an den Zwilling, wenn sie etwas wollen, was den anderen Elternteil in eine unangenehme, missliebige Position bringt. Ein Zwilling, der als Kind selbst bestraft wurde, neigt dazu, seinen Kindern viele Freiheiten zuzugestehen, und ermutigt sie sogar, sich diese zu nehmen.

Zwillinge-Elternteile und Zuneigung

Zwar ist der Zwilling kein besonders emotionaler Mensch, und er verhält sich seinen Nachkommen gegenüber eher kühl, doch er liebt Kinder, auch die seiner

Freunde. Er kann durchaus Zuneigung zeigen, aber ohne Überschwang. Seine Sympathie hat stets etwas Distanziertes, als ob er die Situation rational abschätzt, statt einfach zu reagieren, vor allem wenn sich ein Kind wehtut oder in Gefahr ist. Ein Kind, das in dieser Situation die volle Aufmerksamkeit seiner Eltern braucht, wird von der Reaktion des Zwillings enttäuscht oder frustriert sein.

Zwillinge-Elternteile und Geld

Da das Geldverdienen für den Zwilling nicht an erster Stelle steht, haben die meisten Zwillinge-Elternteile irgendwann – in manchen Fällen auch ständig – finanzielle Probleme. Es ist gut möglich, dass der Zwilling seine Kinder anhält, kein Geld zu verschwenden, und auf Außenstehende geizig wirkt. Sein Kühlschrank ist selten ein überquellendes Füllhorn, und auch für Dinge, die er als Luxus empfindet, gibt er ungern Geld aus. Allzu oft gibt der Zwilling aber einem Impuls nach und verprasst Geld, das die Familie lange angespart hat, für ein unrealistisches Projekt oder einen überflüssigen Gegenstand.

Zwillinge-Elternteile und Krisen

In echten Krisensituationen neigt der Zwilling zur Überreaktion. Wenn er in der Öffentlichkeit die Fassung verliert, kann das für den Ehepartner wie für die Kinder sehr peinlich sein. Mit seinem sensiblem Nervenkostüm und seinen flinken Händen kann er zwar oft genug eine Situation retten, aber Katastrophen können ebenso schnell eintreten, wenn er – wie so oft mit Lichtgeschwindigkeit – in die falsche Richtung unterwegs ist. Wenn er sich die Zeit nimmt, über eine angemessene Reaktion nachzudenken, verhält er sich oft sehr gut. Sein Mangel an wirklichem Mitgefühl kann jedoch verstörend sein.

Festtage und Familientreffen mit Zwillinge-Elternteilen

Wenn der Zwilling versucht, alle Vorbereitungen selbst zu bewerkstelligen, wird er völlig gestresst sein. Man sollte ihn also entweder ganz heraushalten oder seine Beteiligung an den Vorbereitungen so eingrenzen, dass er alles in Ruhe schaffen kann. Der Zwilling liebt seine unmittelbare Familie zwar sehr, doch große Familientreffen lassen ihn meist kalt, und er wird versuchen, sich herauszuwinden. Nur wenige genießen Urlaub und Feiertage so sehr wie der Zwilling, aber er überlegt sehr genau, was er damit anfängt. Planen Sie deshalb lieber keine Überraschungen.

Für alte Zwillinge-Elternteile sorgen

Der Zwilling wird mit dem Alter immer unpraktischer und unrealistischer in Bezug auf seine Fähigkeiten. Eigentlich möchte er sich nur amüsieren, am liebsten zusammen mit Menschen aller Altersstufen, die gewillt sind, seinem steten Fluss von Ideen zuzuhören. Immer ein offenes Ohr für ihn zu haben, ist die Grundvoraussetzung, um sein Freund oder Lieblingskind zu sein. Es macht ihn aber schon eine ganze Weile glücklich, wenn er mit Büchern, Spielen, Rätseln und einem Internetanschluss versorgt ist. Tatsächliche Interaktion mit anderen Menschen ist demnach für den alten Zwilling gar nicht so wichtig.

ZWILLINGE

Zwillinge-Kinder sollten keine Einzelkinder sein/bleiben. Der Zwilling liebt und braucht Geschwister, und wenn ihm dies versagt ist, füllt er die Lücke gern mit Freunden und Haustieren. (Wenn auch dies nicht möglich ist, zieht er sich in eine Phantasiewelt zurück, die mit Plüschtieren und erfundenen Freunden bevölkert ist.) Das Zwillinge-Kind wird voller Tatendrang jede Gruppierung innerhalb der Familie genau untersuchen. Es fällt durch seinen kreativen Umgang mit Sprache auf und steckt damit auch andere an.

Rivalität und Nähe zum Zwillinge-Geschwister

Der Zwilling ist ehrgeizig, doch geht es ihm meist darum, ein Spiel durch persönliche Leistung zu gewinnen, und nicht darum, seinen Gegner zu besiegen. Man kann das z. B. daran erkennen, wie eifrig er Solo-Computerspiele spielt, bei denen Geschick und Intelligenz gefragt sind. Er ist also eher Verbündeter als Rivale seiner Geschwister und mag besonders Mannschaftssportarten, bei denen er mit einem seiner Geschwister ein Team bilden kann. Hier tritt sein Konkurrenzgeist zutage, der gegenüber seinem wahren Gegner voll zum Einsatz kommt. Das Größte für den Zwilling ist es, selbst den entscheidenden Siegestreffer zu erzielen.

Das Zwillinge-Geschwister und alte Probleme

Der Zwilling vergibt und vergisst schnell. Es kann sein, dass ihm das, was Ihnen Kopfzerbrechen bereitet, gar nicht wichtig war. Der Zwilling ist zwar leicht irritierbar, aber sein Ärger verfliegt auch schnell wieder. Darin liegt manchmal aber genau das Problem, vor allem, wenn Sie jemand sind, der ein Missgeschick nicht so schnell vergisst. Es kann sehr bitter sein, zu sehen, dass dies dem Zwillinge-Geschwister überhaupt nichts ausmacht. Bedenken Sie, dass es nicht Desinteresse an Ihrer Person ist, sondern dass der Vorgang an sich für ihn nicht wichtig war.

Mit einem entfremdeten Zwillinge-Geschwister umgehen

Der entfremdete Zwilling entgleitet in der Regel nur den Geschwistern, denen er noch nie sehr nahe stand, bleibt den Lieblingsgeschwistern aber eng verbunden. Wenn er gezwungen war, eine Verbindung abzubrechen, muss man wissen, dass es dem Zwilling schon aufgrund seines Sternzeichens ein inneres Bedürfnis ist, sich mit dem Geschwister zu versöhnen, d. h. früher oder später wird er zu einer Versöhnung bereit sein. Handelt es sich um weniger enge Beziehungen, kann man beim Zwilling bestenfalls auf eine gewisse Herzlichkeit, eine gelegentliche E-Mail, einen Anruf oder eine Begegnung beim Familientreffen hoffen.

Geldangelegenheiten und das Zwillinge-Geschwister

Meist macht sich der Zwilling gar nichts aus Gelderbschaften von einem verstorbenen Elternteil. Es kränkt ihn jedoch, wenn Sie ihm unterstellen, er habe noch zu Lebzeiten der Eltern seine Schäfchen ins Trockene gebracht. Sich Geld von ihm zu leihen ist normalerweise kein Problem, denn er teilt gern mit Familienmitgliedern. Für die meisten Zwillinge ist Geld ohnehin nichts, was gehortet, sondern etwas, was in Umlauf gebracht werden sollte. Es gibt Situationen, in denen der Zwilling von einem besonders bedürftigen Geschwister ausgenutzt zu werden scheint, doch der Zwilling sieht das meist anders.

Familienfeste und Jubiläen mit dem Zwillinge-Geschwister

Der Zwilling feiert gerne Feste, solange alle Geschwister daran teilnehmen. Auch ein geliebter Cousin oder eine Cousine kann bei solchen Festen den Platz eines der Geschwister einnehmen. Am schlimmsten ist es, wenn ein Zwillinge-Einzelkind in einer solchen Situation alleine dasteht. Es zieht sich in sein Schneckenhaus zurück und wird auch nicht wieder hervorkommen. Versuchen Sie daher gar nicht erst, es einzuladen, wenn kein verlässlicher Spielkamerad da ist.

Urlaub mit dem Zwillinge-Geschwister

In der Geborgenheit der Familie hat das Zwillinge-Kind normalerweise viel Spaß im Urlaub. Es ist selten der Anführer, sondern genießt die Gemeinschaft der Geschwister, die Abenteuer, Erkundungen, Wettkämpfe und die allgemeine Ausgelassenheit. Spielen ohne Ende ist das Schönste für den Zwilling. Sein Schlafbedürfnis ist auf Reisen gering, und es kann sein, dass er Eltern und Geschwister mit seinen Faxen die halbe Nacht wach hält. Achten Sie darauf, dass er sich tagsüber ausreichend austobt, das sorgt bei allen Beteiligten für eine gute Nachtruhe.

DAS ZWILLINGE-KIND

Das Zwillinge-Kind verlangt von seinen Eltern viel. Da es sich für so gut wie alles interessiert, was um es herum vor sich geht, sollte man ihm alle möglichen Aktivitäten anbieten. Das Zwillinge-Kind kann die reine Freude oder auch die Pest sein, je nach seiner Laune und Ihrer. Nichts kann einen so sehr in den Wahnsinn treiben wie seine permanenten Unterbrechungen, wenn Sie versuchen, sich auf etwas zu konzentrieren. Sie werden tief aufatmen, wenn Sie Ihr Zwillinge-Kind irgendwann in ein Spiel versunken sehen – oder schlafend.

Persönlichkeitsentwicklung beim Zwillinge-Kind

Da es großer Aufmerksamkeit bedarf, leidet das Zwillinge-Kind, wenn es nicht genügend Angebote und die dazugehörigen Anstöße bekommt, Erfahrungen zu sammeln. Es bedarf außerdem geschickter Führung und guter Urteilsfähigkeit, damit sich das Zwillinge-Kind voll entfalten kann. Man muss ihm ausreichend Freiraum geben, aber auch gewisse Verpflichtungen auferlegen, beispielsweise das Aufräumen und Putzen des eigenen Zimmers. Es zu verwöhnen kann ein ebenso großer Fehler sein wie es zu vernachlässigen.

STÄRKEN

lebendig
reizend
fasziniert

SCHWÄCHEN

lästig
hilfsbedürftig
gemein

AUFTRETEN

anstrengend
sprudelnd
vertieft

Hobbys, Interessen und Berufspläne des Zwillinge-Kindes

Das Zwillinge-Kind hat häufig ein großes Interesse an, und Talent für Sprache. Das kann sich beim Erlernen von Fremdsprachen auswirken, aber auch in der Beherrschung der geschriebenen und gesprochenen Muttersprache. Möglicherweise führt diese Begabung direkt in einen Beruf, zum Beispiel als Autor, Journalist, Redakteur, im Verlag, bei Internetfirmen oder in der Softwareentwicklung. Darüber hinaus ist das Zwillinge-Kind musikalisch. Da es mit Händen und Fingern sehr geschickt ist, kann es viele Instrumente hervorragend spielen lernen. Möglich sind Berufe als Musiker, in der Erziehung, bei Rundfunk und Fernsehen, im Management, als Komponist oder Arrangeur. Oft macht der Zwilling sein liebstes Hobby später zum Beruf.

Erziehung des Zwillinge-Kindes

Gerade beim Zwillinge-Kind sollte Erziehung eher Führung und Strukturierung sein als Bestrafung. Mehr als andere braucht es die Anleitung verständnisvoller Eltern. Andernfalls verschleudert es seine Energie an alle möglichen Unternehmungen, die letztlich wenig bringen. Das Erlernen von Selbstdisziplin ist für den Zwilling am wichtigsten, denn dadurch kann er seine Energie auf wirklich lohnende Dinge lenken, und zwar auch ohne dass Eltern oder Lehrer darüber wachen. Viele Zwillinge sind Autodidakten. Sie nutzen die Selbstdisziplin, die sie in jungen Jahren erlernt haben, um sich selbst weiterzubilden.

Das Zwillinge-Kind und Zuneigung

Der kleine Zwilling braucht gar nicht ständig Aufmerksamkeit und Zuneigungsbeweise. Wenn er weiß, dass Sie das, was er tut, gutheißen oder bewundern, reicht ihm das. Ein Nicken, Lächeln oder ein freundliches Wort genügen meistens. Permanente Missbilligung kann ihm emotionalen Schaden zufügen, seien Sie daher vorsichtig mit negativen Äußerungen. Ebenso wichtig für die Entwicklung des kleinen Zwillings ist sein eigenes Bedürfnis, Zuneigung zu zeigen, nicht nur Eltern und Geschwistern gegenüber, sondern auch Haustieren. Vielfach ist sein Bedürfnis, Zuneigung zu zeigen, stärker als das, welche zu bekommen.

Das Zwillinge-Kind und seine Beziehung zu Geschwistern

Der kleine Zwilling sollte seine Probleme mit Geschwistern auf seine Art in den Griff bekommen. Am besten mischen sich die Eltern nicht ein und schreiben dem Zwilling nicht vor, was er fühlen und wie er sich in einer bestimmten Situation verhalten soll. Ein jüngeres Zwillinge-Kind wird von dominanten älteren Geschwistern häufig kritisiert oder gar bloßgestellt. Es gibt jedoch auch Fälle, wo das jüngste Kind ein Zwilling ist und als das Familientalent geschätzt wird. Wenn der Zwilling ein älteres Kind ist, will er meist nicht über die jüngeren Geschwister bestimmen, sondern trägt verständnisvoll und konstruktiv zu deren Entwicklung bei.

Das erwachsene Zwillinge-Kind

Der erwachsene Zwilling weiß meist sehr genau, ob seine eigene Erziehung erfolgreich war oder nicht, und auch, wie sich seine Eltern verhalten haben. Als extrem kritischer Mensch ist der Zwilling schnell dabei, die Unzulänglichkeiten seiner Eltern oder etwaige Entfremdungen unter den Geschwistern zu thematisieren. Der Zwilling ist immer zu Diskussionen und Debatten bereit, auch in größeren Diskussionsrunden, und man kann ihn jederzeit nach seiner Meinung fragen. In den meisten Fällen geht er Probleme analytisch und distanziert an statt emotional, auch wenn er zunächst vielleicht etwas Dampf ablassen muss.

Krebs

GEBURTSDATUM 22. JUNI – 22. JULI

Vertreter dieses Wasserzeichens werden vom Mond regiert und sind sehr sensibel für die Gefühle anderer. Enttäuschungen treffen den Krebs hart. Aufgrund des Mondeinflusses und der einsiedlerischen Lebensweise der Krebstiere hält man den Krebs-Geborenen für einen emotionalen Menschen, der oft das Bedürfnis hat, sich von der Welt zurückzuziehen. Er kann jedoch, wie das Krebstier, auf Störungen sehr aggressiv reagieren und sich überzeugend durchsetzen, vor allem, wenn es um seinen Lebensraum, sein Essen und seine Familie geht.

Beruf

KREBS
22. Juni – 22. Juli

DER KREBS-CHEF

Es kann sich als Fehler erweisen, die dominanten Eigenschaften des Krebs-Chefs zu unterschätzen. Er ist sehr bestimmt, wenn es um Vorgehensweisen geht, und äußerst anspruchsvoll, auch wenn er das nur zurückhaltend äußert. Er erwartet, dass seine Mitarbeiter seine Wünsche verstehen und sogar antizipieren. Für den Krebs ist entscheidend, dass alle auf derselben Wellenlänge sind, nicht so sehr, welche Regeln und Gesetze gelten. Er mag keinen Ärger, sondern möchte, dass alles glatt läuft. Seine Dominanz soll unangefochten akzeptiert werden, Machtdemonstration ist nicht seine Sache.

Den Krebs-Chef um eine Gehaltserhöhung bitten

Den Krebs um eine Gehaltserhöhung zu bitten ist enorm schwierig, denn er hat in der Regel eine genaue Vorstellung davon, ob Sie es verdienen oder nicht, auch wenn er sich bisher wenig dazu geäußert hat. In den meisten Fällen ahnt er bereits, dass Sie ihn deswegen ansprechen wollen, und Sie haben das Gefühl, dass er nur darauf wartet. Wenn Sie den richtigen Moment erwischen, und die Sterne in der Abteilung für Sie gerade günstig stehen, stimmt er Ihrer Gehaltserhöhung mit erstaunlicher Leichtigkeit zu und definiert auch Ihr neues Gehalt, die Position oder Zusatzleistungen im Detail.

Dem Krebs-Chef schlechte Nachrichten überbringen

Der Krebs ist launisch, und deshalb ist es wichtig, ihn weder bei schlechter noch besonders guter Laune anzutreffen. Achten Sie genau auf seinen Terminkalender, und sprechen Sie sich mit seinem Sekretariat ab. Wählen Sie einen Zeitpunkt, an dem er ganz entspannt und gefühlsneutral ist. Nehmen Sie sich Zeit und machen Sie sich die Mühe, Ihrer Nachricht ein paar Hintergrundinformationen zum Thema voranzuschicken. Ermuntern Sie den Krebs, Fragen zu stellen, vor allem hinsichtlich der Schadensbegrenzung und der Frage, wie aus der ungünstigen Situation noch ein Vorteil gezogen werden kann.

Geschäftsreisen und Veranstaltungen für den Krebs-Chef planen

Der Krebs ist so eigen, dass Sie sich am besten in seinem Sekretariat nach seinen Vorlieben erkundigen. Sobald Sie sie kennen, können Sie langfristig damit arbeiten, denn der Krebs ist ein Gewohnheitstier. Er gibt ungern große Summen aus, um seine Reise angenehmer zu machen, sondern denkt ökonomisch, solange seine Reisebedingungen einigermaßen bequem sind, vor allem, was Sitzplätze und Bett anbelangt. Gutes Essen kann viel zu seiner guten Laune beitragen.

Entscheidungen und der Krebs-Chef

Hier treten seine dominanten Eigenschaften klar zutage: Der Krebs ist ein Entscheider, der seine Autorität nicht in Frage gestellt sehen will. Er macht sich allerdings vor endgültigen Entscheidungen die Mühe, seine Mitarbeiter zu befragen, und beraumt dafür möglicherweise eigens eine Sitzung an. Er empfindet seine Entscheidung dann auch als endgültige Zusammenfassung des allgemeinen Gefühls und des allseitigen Einverständnisses. Unpopuläre Entscheidungen, die seine Führungsposition in Gefahr bringen könnten, trifft er nur ungern.

Den Krebs-Chef beeindrucken oder motivieren

Der Krebs kann sehr aufsässig sein, bewegt sich manchmal langsam oder zeigt keine Reaktion. Am besten versuchen Sie ihn zu motivieren, ohne ihn über Gebühr beeindrucken zu wollen. Konzentrieren Sie sich darauf, ihn davon zu überzeugen, dass es gefährlich ist, allzu lange zu warten, bevor man etwas, auf das man sich bereits geeinigt hat, in die Tat umsetzt. Wenn er nicht gleich zustimmt, sollten Sie binnen Wochenfrist einen neuen Termin ansetzen. Wenn der Krebs erst einmal gefühlsmäßig engagiert ist, erkennt er, wie wichtig Ihr Plan ist, und treibt ihn mit Nachdruck voran.

Dem Krebs-Chef etwas vorschlagen oder präsentieren

Denken Sie daran, wie empfindlich und reizbar der Krebs ist, und versuchen Sie deshalb, nicht bei ihm anzuecken. Die Art und Weise, wie Sie ihr Vorhaben oder Ihre Präsentation vorbringen, ist daher ebenso wichtig wie der Inhalt oder der Standpunkt, den Sie verdeutlichen wollen, manchmal sogar wichtiger. Falls Sie spüren, dass Sie den falschen Ansatz gewählt haben, sollten Sie einen Notfallplan zur Hand haben oder in der Lage sein zu improvisieren, um den Krebs nicht aufzuregen. Sobald Sie sehen, dass er darauf anspringt, können Sie beruhigt fortfahren.

DER KREBS-ANGESTELLTE

Der Krebs ist vor allem gut bei Schreibtischtätigkeiten, bei denen er Zeit und Ruhe hat, an Text zu arbeiten. Wenn man ihn nicht stört, produziert er am laufenden Meter und in gleichbleibend hoher Qualität. Der Krebs scheint in seiner Aufgabe förmlich aufzugehen und ist seiner Firma bedingungslos loyal ergeben. Zwar hat er seine eigenen Ansichten darüber, wie die Dinge laufen sollten, aber normalerweise schaut und hört er geduldig zu und behält seine Gedanken für sich. Wenn man ihn auffordert, sich zu äußern, wird er das tun, allerdings erst nach wiederholtem, sanftem Nachbohren. Seine Beobachtungen sind es in der Regel wert, beachtet zu werden.

Das Einstellungsgespräch mit dem Krebs-Bewerber

Der Krebs lobt sich nicht selbst, denn er ist der Ansicht, dass seine bisherigen Leistungen für sich sprechen und er Sie nicht beeindrucken muss. Er wird nicht losprudeln, sondern normalerweise darauf warten, dass Sie ihm detaillierte Fragen stellen, statt von sich aus Informationen anzubieten oder zu versuchen, das Gespräch zu steuern. Vielleicht haben Sie den Eindruck, er sei ein wenig nebulös, schwer festzunageln oder womöglich etwas abwesend, doch tatsächlich nimmt er alles, was vor sich geht, genau auf. Er lässt Sie nicht gern in seine eigene private Welt hinein.

Dem Krebs-Angestellten schlechte Nachrichten überbringen oder kündigen

Der Krebs reagiert auf schlechte Nachrichten extrem empfindlich und nimmt sie persönlich. Da er zu Schuldgefühlen neigt, glaubt er, wenn etwas schiefläuft, es sei zumindest zum Teil seine Schuld. Seine Antennen sind so empfindlich, dass er unmittelbar erkennt, was los ist, wenn Sie ihm schlechte Nachrichten überbringen oder ihm kündigen wollen. Verschwenden Sie deshalb keine Zeit mit langwierigen Einleitungen. Es kann sogar sein, dass er zunächst für den Standpunkt des Unternehmens Verständnis hat, doch in den meisten Fällen hegt er langanhaltenden, großen Groll.

Geschäftsreisen und Veranstaltungen mit dem Krebs-Angestellten

Der Krebs arbeitet am liebsten von der Heimatbasis aus. Er genießt zwar die gelegentliche Reise oder Party, aber am besten ist er an seinem Arbeitsplatz aufgehoben. Sein Vorstellungsvermögen ist so aktiv, dass er die weite Welt erleben kann, ohne sich tatsächlich selbst zu bewegen. Er kann sehr gut Projekte planen oder in Gang bringen, weniger gut sich um die Umsetzung kümmern. Er besitzt das besondere Talent, die richtigen Leute für eine Aufgabe zu finden, meist können Sie dem Urteil des Krebses deshalb vertrauen.

Dem Krebs-Angestellten Aufgaben zuteilen

Als pflichtbewusster Mitarbeiter gibt der Krebs stets sein Bestes, die ihm auferlegten Aufgaben zu erfüllen. Er weiß auch recht gut über sich, seine Fähigkeiten und Interessen Bescheid. Wenn er also einmal Zweifel daran äußert, ob er in der Lage ist, eine bestimmte Aufgabe zu erfüllen, sollten Sie dies ernst nehmen und seine Zweifel nicht beiseitewischen oder versuchen, ihn vom Gegenteil zu überzeugen. Selbst wenn es Ihnen gelingt, ihn wider sein eigenes Urteil zu überzeugen, werden sich seine anfänglichen Bedenken meist als richtig erweisen.

STÄRKEN

aufmerksam
ergeben
konzentriert

SCHWÄCHEN

verwirrend
uneindeutig
schweigsam

AUFTRETEN

unbeteiligt
zurückhaltend
zurückgezogen

KREBS

Den Krebs-Angestellten beeindrucken oder motivieren

Als echtes Wasserzeichen ist der Krebs schwer zu überreden. Es ist schwierig zu wissen, wie man an ihn herankommt und wo man Druck ausüben kann, ohne auf Widerstand zu stoßen oder – noch schlimmer – wenn er gar keinen Widerstand leistet. Wenn er nicht widerspricht, heißt das nämlich noch nicht, dass er einverstanden ist. Er braucht Zeit, um alles, was Sie gesagt haben, sacken zu lassen, und selbst dann kann die Mühe umsonst sein. In der Regel muss sich der Krebs selbst motivieren, um seine Arbeit zu schaffen. Wenn er sich selbst überzeugt hat, dass eine bestimmte Vorgehensweise richtig ist, weicht er nicht mehr davon ab.

Den Krebs-Angestellten führen oder kritisieren

Im Allgemeinen muss der Krebs viel vorsichtiger behandelt werden als die meisten anderen. Seine Gefühle sind schnell verletzt, deshalb müssen Sie besonders auf die emotionalen Reaktionen achten, die Ihre Aussagen in ihm hervorrufen können. Sie sollten ruhig und behutsam sprechen sowie persönliche Belange, die er falsch auffassen könnte, außen vor lassen. Wenn Sie Ihre Meinung und Ihr Anliegen so rüberbringen, dass ihm kein Haar gekrümmt wird, sind Sie einen großen Schritt weiter. Wenn er gleich zu Anfang schlechter Laune ist, sollten Sie einen Rückzieher machen und es später noch einmal versuchen.

DER KREBS-KOLLEGE

STÄRKEN

verständnisvoll
einfallsreich
bescheiden

SCHWÄCHEN

distanziert
unausgeglichen
zurückgezogen

AUFTRETEN

zurückhaltend
wechselhaft
leise

Nähern Sie sich dem Krebs-Kollegen auf Samtpfötchen. Da er gern in seiner eigenen Welt lebt, ist er, wenn er nicht konzentriert arbeitet, oft in Gedanken versunken. Sobald der Status einer gewissen Kameradschaft oder zumindest höflicher gegenseitiger Aufmerksamkeit erreicht ist, dürfen Sie mit Ihrer Frage, Ihren Beobachtungen oder Anliegen nähertreten. Erst dann, denn wenn Sie ihn aufschrecken, wirft ihn das aus dem Gleichgewicht, und er zieht sich zurück. Wenn er am Arbeitsplatz für Projekte verpflichtet wird, beruflich oder außerberuflich, kann man sich darauf verlassen, dass er um sich herum gute Laune verbreitet.

Den Krebs-Kollegen um Rat fragen

Allgemein bietet der Krebs Rat nur dann an, wenn Sie ausdrücklich danach fragen. Und selbst dann reagiert er manchmal zurückhaltend, ja sogar schüchtern, besonders wenn er Ratschläge geben soll, die Ihr Verhalten beeinflussen. Seine Bescheidenheit erstreckt sich auf fast alle Arbeitsbereiche, deshalb wirkt er nicht, als sei er auf sein Ego fixiert. Da er weder eingebildet noch draufgängerisch ist, scheint es manchmal, als fehle es ihm an Selbstvertrauen. Tatsächlich erteilt er Ihnen nur dann einen Rat, wenn er davon überzeugt ist, dass dieser hilfreich ist, meist in Bereichen, für die er ein gutes Gespür und spezielle Expertise hat.

Den Krebs-Kollegen um Hilfe bitten

Auch wenn er nicht gleich aufspringt, sobald Sie ihn um Hilfe bitten, können Sie sich darauf verlassen, dass der Krebs Ihnen, wenn nötig, bei kleineren oder auch größeren Projekten zur Seite steht. Am besten gehen Sie frühzeitig auf ihn zu, dann hat er Zeit, Ihre Anfrage sacken zu lassen und sich zu überlegen, wie er Ihnen möglichst gut helfen kann. Da er sich für Sachen, an die er glaubt, einsetzt, macht er sich auch die Mühe, Ihnen bei der Umsetzung und Durchführung eines Projektes zu helfen. Er gehört nicht zu denen, die abhauen, wenn es schwierig wird.

Geschäftsreisen und Veranstaltungen mit dem Krebs-Kollegen

Mit dem Krebs zusammen zu reisen ist nicht einfach, denn er hat sehr genaue Vorstellungen davon, was er essen, wo er schlafen will und wie er was tut. Mit anderen Worten: Er hat gewisse Ansprüche und Erwartungen, die nicht nur bei Reisen, sondern auch bei anderen Unternehmungen und Betriebsfeiern erfüllt werden müssen. Der Krebs ist nun gar kein Partylöwe, aber weil er sich gern zurückzieht, freut er sich besonders, wenn er bei gesellschaftlichen Anlässen seine Introvertiertheit vergessen und sich entspannen kann. Leider ist sein Verhalten nicht vorhersehbar.

Die Zusammenarbeit mit dem Krebs-Kollegen

Als sehr privater Mensch geht der Krebs in Gruppensituationen nicht unbedingt auf. Im Berufsleben jedoch trägt er seinen Anteil bei, indem er unauffällig mitarbeitet und stillschweigend gute Arbeit leistet. Seine Fähigkeit zur Zusammenarbeit hängt sowohl von seinem Wohlbefinden und Wohlwollen ab wie auch von seiner Haltung der Gruppe gegenüber. Wie schwierig die Aufgabe auch sei, der Krebs stiehlt sich nie aus der Verantwortung, sofern seine emotionalen Bedürfnisse erfüllt sind. Wenn es gut läuft, übernimmt er sogar eine Führungsposition und findet große Loyalität in seinem Gefolge.

Den Krebs-Kollegen beeindrucken oder motivieren

Wie bereits erwähnt, lässt sich der Krebs nicht so leicht dazu bringen, sich über das übliche Engagement hinaus einzusetzen. Wenn er sich aber einmal für eine Sache erwärmt, ist er sowohl motiviert wie auch beeindruckt. Schmerz ist ihm nicht fremd, deshalb hat er großes Mitgefühl mit anderen, vor allem mit denen, die ihn wirklich brauchen. Der Krebs setzt sich daher oft besonders ein, wenn es einem Kollegen schlechtgeht oder er Schwierigkeiten hat. Oft sieht man ihn an der Seite des Eigenbrötlers der Abteilung oder eines Außenseiters, dessen Gefühle er verstehen kann.

Den Krebs-Kollegen überzeugen oder kritisieren

Der Krebs reagiert verletzt und zieht sich zurück, wenn er aggressiv behandelt oder scharf kritisiert wird. Wenn er Opfer von Verbalangriffen oder hingeworfenen Beleidigungen wird, reagiert er künftig sehr widerborstig und lässt sich auch dann nicht überreden, wenn Ihre Argumente schlüssig sind. Denken Sie daran, dass in jedem Konflikt zwischen Verstand und Gefühl Letzteres beim Krebs meist die Oberhand behält. Auch wenn er selbst an die Vernunft appelliert, können Sie seine große emotionale Voreingenommenheit spüren. Er selbst ist anderen gegenüber manchmal sehr kritisch und weigert sich, seine Ansprüche fallenzulassen.

DER KREBS-KUNDE

Der Krebs ist nur schwer zufriedenzustellen, und das nicht etwa, weil er so anmaßend oder anspruchsvoll wäre, sondern weil er so schrecklich genaue Vorstellungen hat. Manchmal scheint es, dass ihm nichts recht ist, was Sie präsentieren, nicht einmal mit Gewinnen und Wachstumsprognosen. Mit Fakten und Schaubildern gewinnen Sie ihn nicht, versuchen Sie lieber herauszufinden, was er denkt und fühlt, damit Sie wissen, was er in dieser Stimmung will. Mit anderen Worten: Stellen Sie sich darauf ein, Ihre gut vorbereitete Präsentation notfalls umzuwerfen. Wenn Sie flexibel sind und sich gut in andere hineindenken können, haben Sie größere Erfolgschancen.

Den Krebs-Kunden beeindrucken

Den Krebs erreichen Sie am besten, indem Sie gut zuhören, was er sagt und seine Beschwerden ernst nehmen. Erst wenn Sie sich auf ihn eingestellt haben und Sie beide auf derselben Wellenlänge sind, kann echte Kommunikation entstehen. Mit kühler, logischer Herangehensweise, die Objektivität verspricht, beeindruckt man den Krebs weniger als mit Zusammenarbeit und Kompromissen. Man kann auch an seine Vorstellungskraft appellieren, zum Beispiel mit Exposées, die von der PR-Abteilung kühn, ausdrucksstark und farbig gestaltet worden sind und seine Phantasie ansprechen.

Dem Krebs-Kunden etwas verkaufen

Wenn Sie einen ungewöhnlichen Vorschlag mit Schwung und Flair präsentiert haben, sollten Sie der lebhaften Phantasie des Krebses noch etwas übrig lassen. Ein weiterer Schachzug wäre, ihm eine Idee einzupflanzen und sie ihn später für sich reklamieren zu lassen. Es ist ungeheuer wichtig, den Krebs emotional richtig einzuschätzen. Dieses Wissen ist für Ihre Verkaufstaktik ebenso essentiell wie zu erkennen, was der Krebs in verschiedenen Situationen denkt. Seine Denkweise ist vielleicht nicht ganz logisch, doch mit ein bisschen Übung wird sie vorhersehbar.

Der Krebs-Kunde und Ihr Äußeres

Der Krebs hat eine wilde, ausgeflippte Seite, die oft dazu führt, dass er sich ungewöhnlich kleidet. Um eine gewisse Verbundenheit zu zeigen, sollten Sie sich nicht zu konservativ oder nichtssagend kleiden, sondern eine ungewöhnliche Frisur, auffallende Schuhe oder Kleidung in lebhaften Farben tragen. Wenn Sie sein Lächeln sehen, wissen Sie, dass Sie damit Erfolg hatten. Es ist ratsam, dass

STÄRKEN

gesellig
dankbar
einfallsreich

SCHWÄCHEN

ausgeflippt
seltsam
unlogisch

AUFTRETEN

wählerisch
pingelig
schwierig

BERUF

Sie gepflegt auftreten, doch Ihr Rasierwasser oder Parfüm sollte nicht dominant sein, aber individuell. Gleichen Sie Ihre Sprechweise und Bewegungen seinem Tempo an, statt ihn zu überholen oder zu ignorieren.

Das Interesse des Krebs-Kunden wachhalten

Der Krebs hört gerne Geschichten über persönliche Eskapaden, aus dem Berufs- oder aus dem Privatleben. Daher sind alle Arten von Unterhaltung willkommen, vom Witzeerzählen bis zum ungenierten Flirten. Wenn Sie es schaffen, den Krebs zu faszinieren, haben Sie schon fast gewonnen. Von Ihrer überzeugenden Art oder verführerischen Sprechweise angezogen, öffnet er sich auch den harten Fakten, die Sie an den Mann bringen wollen. Dies kann durchaus in Ihrem oder seinem Büro passieren, Sie müssen ihn nicht unbedingt zum Essen einladen. Stellen Sie ihm ein weiteres amüsantes Treffen in Aussicht.

Dem Krebs-Kunden schlechte Nachrichten überbringen

Denken Sie daran, dass dem Krebs negative Erlebnisse, Schmerz und Unannehmlichkeiten nicht fremd sind. Natürlich reißt er sich nicht darum, aber Sie müssen ihn auch nicht lange um Vergebung bitten, wenn Ergebnisse negativ ausfallen. Ihn interessieren die Komplexitäten eines Problems, das passt zu den Ecken und Kanten seiner Persönlichkeit. Wenn Sie ihn um Hilfe bitten, ein Problem egal welcher Größe zu lösen, stellen Sie damit eine Verbindung her, die stark genug ist, auch schwere Zeiten zu überstehen. Schlagen Sie nie eine Lösung vor, bei der Sie alles erledigen müssen, und laden Sie auch nie die ganze Arbeit bei ihm ab. Das Schlüsselwort lautet: Zusammenarbeit.

Den Krebs-Kunden unterhalten

Eigenartigerweise fühlt sich der Krebs-Kunde am wohlsten, wenn er etwas für Sie tut, statt Sie für ihn. Selbst wenn Sie ihn einladen, sollten Sie ihm einen gewissen Spielraum für seinen Beitrag überlassen. Wenn er sieht, dass er Ihnen eine Freude gemacht hat, macht ihm das mehr Spaß als andersherum. Das Beste, was passieren kann, ist, dass im Laufe eines Abends Vorlieben und Abneigungen erkannt und geteilt werden, was zu einer geselligen Atmosphäre und einem entspannten guten Gefühl führen kann.

DER KREBS-GESCHÄFTSPARTNER

Der Krebs eignet sich sehr gut als Geschäftspartner, zumindest solange Sie beide immer von den gleichen Dingen sprechen. Da er zu verrückten Ideen neigt, lässt der Krebs seine eigentlich recht praktische Arbeitsweise einfach fallen, wenn ihn etwas Außergewöhnliches anspricht. Positiv ausgedrückt heißt dies, dass seine Fähigkeit, über den Tellerrand zu schauen, Ihr Unternehmen spektakulär vorantreibt. Negativ ausgedrückt heißt es, dass Sie das geradewegs in die Katastrophe führen kann. Nehmen Sie also jedes seiner neuen Projekte genau unter die Lupe. Der Krebs kann sich aber ganz wunderbar um die Hei-

STÄRKEN

einfallsreich
originell
beschützend

SCHWÄCHEN

unrealistisch
unpraktisch
zu Katastrophen
neigend

AUFTRETEN

einfühlsam
ergeben
verlässlich

matbasis kümmern und mit Planung, Recherche, Analyse und Entwicklung den Laden in Gang halten, während Sie den Verkauf und die Umsetzung außer Haus übernehmen.

Einen Krebs zum Geschäftspartner machen

Was den Vertrag angeht, so ist der Krebs mit allen Vorkehrungen einverstanden, die Ihrer beider Rechte sicherstellen und für beide den gleichen Anteil an Risiken und Gewinnen festlegen. Regeln Sie die rechtliche Seite sehr sorgfältig, und bedenken Sie alle Schwierigkeiten, die möglicherweise auftreten könnten. Es ist ratsam, den Vertrag konservativ zu gestalten, also einige ungewöhnliche oder wilde Ideen des Krebses etwas abzuschwächen. Andererseits sollten Sie sich seinen Vorlieben und Ansprüchen gegenüber aufgeschlossen zeigen. Normalerweise kann man sich darauf verlassen, dass der Krebs sein Wort hält.

Aufgabenverteilung mit dem Krebs-Geschäftspartner

Hören Sie sich an, wie er sich die Aufgabenverteilung vorstellt, und schätzen Sie dann seine Stärken und Schwächen ab. Der Krebs kann seine eigenen Fähigkeiten nämlich nicht immer ganz objektiv beurteilen, obwohl er sehr gut weiß, was er mag und was nicht. Achten Sie darauf, dass er in einem Bereich, den er mag, für den er aber nicht geeignet ist, nicht die Führungsrolle übernimmt. Das wird Ihnen in Zukunft eine Menge Ärger ersparen, aber Sie sollten ihm dabei nicht auf die Füße treten oder ihn beleidigen. Entscheidend ist, dass Sie sich ausreichend Zeit zum Erklären nehmen. Haben Sie Geduld, und achten Sie darauf, dass er Sie genau versteht und Ihnen vollkommen zustimmt.

Geschäftsreisen und Veranstaltungen
mit dem Krebs-Geschäftspartner

Solange Sie alles nach seinen Bedürfnissen und Vorlieben ausrichten, ist der Krebs zufrieden. Versuchen Sie nicht, ihm einen strengen, anspruchsvollen Zeitplan aufzuzwingen, sondern bauen Sie ausreichend Pausen und Unterbrechungen ein, denn unter Stress ermüdet er leicht. Wenn Sie das Tempo drosseln, erbringt er die besten Leistungen. Der Krebs amüsiert sich gerne an ruhigen, privaten Orten. Es ist besonders wichtig, dass Sie nicht weglaufen und ihm zu viel überlassen. Wenn Sie ihm von Zeit zu Zeit Ihre ungeteilte Aufmerksamkeit schenken, gibt ihm das ein Gefühl von Sicherheit, das er braucht.

Den Krebs-Geschäftspartner lenken und führen

Wenn der Krebs weiß, was er zu tun hat, kann man ihn gut damit alleine lassen, vor allem bei Arbeiten im eigenen Büro. Lassen Sie ihm beim Aufbau der Basis so viel Freiraum wie möglich, damit es ein sicherer Hafen für ihn wird. Er achtet diesbezüglich sehr auf seine Rechte, versuchen Sie deshalb nicht, seine Methoden in Frage zu stellen, selbst wenn diese etwas unorthodox sein mögen. Lediglich wenn seine Vorgehensweise finanziell nicht tragbar ist, sollten Sie einschreiten und versuchen, sie zu ändern. Statt seine Ideen komplett über den Haufen zu werfen, ist es ratsam, sie zu modifizieren.

Auf lange Sicht mit dem Krebs-Geschäftspartner auskommen

Der Krebs bindet sich normalerweise langfristig. Auch wenn er ein Langweiler ist, können Sie Jahr für Jahr fest mit seiner Leistung rechnen. Da er Veränderungen nicht sehr mag, ist der Krebs gut darin, immer gleiche Aufgaben mit verlässlich gutem Resultat zu erledigen. Wenn es Schwierigkeiten oder Ärger gibt, ist ein beruhigendes, verständnisvolles und mitfühlendes Vorgehen ratsam. Manchmal kann der Krebs-Geschäftspartner Ihnen ziemlich auf die Nerven gehen und Ihre Geduld auf die Probe stellen. In der Regel löst sich das Problem, wenn Sie ihn wegen einer Dienstreise oder eines Außentermins alleine lassen.

Die Trennung vom Krebs-Geschäftspartner

Sofern dies mit einem guten Gefühl oder zumindest ohne starke negative Gefühle vonstatten gehen kann, ist es okay. Das Problem liegt normalerweise darin, dass der Krebs alles derart persönlich nimmt, dass er sich wahrscheinlich verletzt, zurückgewiesen, verärgert oder deprimiert fühlt. Um dies zu vermeiden, sollten Sie eine abrupte Trennung vermeiden, sondern ihn langfristig darauf vorbereiten, wenn Sie das Gefühl haben, es sei unvermeidlich. Bleiben Sie so objektiv wie möglich, aber respektieren Sie seinen seelischen Zustand, und zeigen Sie Mitgefühl.

DER KREBS-KONKURRENT

Der Krebs ist ein meisterhafter Trickser und deshalb schwer einschätzbar. Er lässt sich nicht in die Karten gucken, legt falsche Fährten und verschleiert auf diese Weise seine wahren Absichten. Gerissen mag ein hartes Wort sein, aber es gibt kaum etwas, wozu der Krebs-Konkurrent nicht fähig ist. Er besitzt auch verführende und überzeugende Eigenschaften, die seinen Gegner faszinieren und dessen Widerstand zumindest zeitweise lähmen. Er mag entspannt, ja sogar passiv wirken, aber wenn er direkt herausgefordert wird, kann er aggressiv austeilen.

Gegen den Krebs-Konkurrenten antreten

Sie sollten den Krebs eher aus der Reserve locken statt ihn direkt anzugreifen. Bringen Sie ihn dazu, alle seine Karten auf den Tisch zu legen, egal ob das Blatt mehrdeutig und voller falscher Fährten ist. Zumindest gibt es Ihnen Gelegenheit, seine Verschleierungstaktik unter die Lupe zu nehmen. Nehmen Sie den Krebs aber nicht wörtlich, sondern lesen Sie zwischen den Zeilen, um die Wahrheit herauszufinden. Abgesehen davon verraten Ihnen seine Körpersprache, sein Gesichtsausdruck und seine Stimme mehr, als er versucht zu vertuschen. Nehmen Sie sich ausreichend Zeit, um den Gegenschlag gut vorzubereiten.

Den Krebs-Konkurrenten ausspielen

Überzeugen Sie den Krebs davon, dass Sie glauben, was er sagt. Lassen Sie ihn denken, Sie reagierten darauf, während Sie in der Zwischenzeit ebenso geheim-

STÄRKEN

überzeugend
verführerisch
faszinierend

SCHWÄCHEN

gerissen
mehrdeutig
negativ

AUFTRETEN

herausfordernd
kontrollierend
lähmend

KREBS

nisvoll und listig vorgehen wie er. Bauen Sie eine Fassade auf, die nach Passivität und Unentschiedenheit aussieht. Stattdessen planen Sie eifrig Ihre Kampagne, mit der Sie genau auf seine wunden Punkte zielen. Hauen Sie immer weiter in dieselbe Kerbe, bis er gezwungen ist, den Rückzug anzutreten und aufzugeben. Wenn Sie erst einmal ein tiefes Loch in seine Verteidigungslinie geschlagen haben, geht er künftig ehrlicher und vernünftiger vor.

Den Krebs-Konkurrenten persönlich beeindrucken

Ihre Antworten sollten kurz und prägnant sein. Da er über einen gewissen psychologischen Scharfsinn verfügt, will er Sie zum Reden bringen, um Ihre eigenen Worte später gegen Sie zu verwenden. Wenn Sie ihm diese Gelegenheit nehmen und nicht darauf reagieren, können Sie aus seiner Verwirrung Kapital schlagen. Wenn er allerdings eine Charmeoffensive fährt, dürfen Sie einsteigen und das verführerische Spiel mitspielen. Aber passen Sie auf, dass Sie seinem listigen Plan nicht zum Opfer fallen. Wenn Sie die Rolle des starken Schweigers spielen, beeindrucken Sie ihn mit Ihrer Fähigkeit, zu widerstehen und durchzuhalten.

Den Krebs-Konkurrenten über- oder unterbieten

Hinter äußerlicher Sicherheit und Charme lauern Unsicherheit und Zweifel. Am besten unterbieten Sie den Krebs, indem Sie seine Unsicherheit verstärken, zum Beispiel dadurch, dass Sie Zweifel an seinen eigenen Methoden säen und Ihn dadurch frustrieren, dass sie bei Ihnen offenbar keine Wirkung zeigen. Mit subtiler Ironie, Witz und Sarkasmus wecken Sie seine Selbstzweifel und sogar Zweifel an seinem Unternehmen. Wenn Sie das geschafft haben, können Sie damit nach eigenem Gutdünken spielen und bluffen wie ein guter Pokerspieler.

PR-Krieg gegen den Krebs-Konkurrenten

Die PR-Maßnahmen des Krebses kontern Sie am besten, indem Sie Löcher in seinen großartigen Plan reißen. Besser als einen Vergleichswettbewerb zu starten und zu versuchen, Ihr Produkt besser darzustellen als seins, ist es, darauf hinzuweisen, dass die Qualität seines Produkts praktische Mängel aufweist. Wenn Sie seine Slogans als falsch entlarven und sein Produkt verunglimpfen, macht ihn das hilflos. Erst danach sollten Sie Ihr eigenes Produkt Auftraggebern und Kunden gegenüber mit schlagenden Argumenten bewerben.

Der Krebs-Konkurrent und die persönliche Beziehung

Der Krebs-Konkurrent ist der Großmeister des persönlichen Auftritts. Überlassen Sie ihm dieses Feld, und konzentrieren Sie sich auf alles Objektive und Empirische. Befreien Sie Ihre Argumentation von jeglicher persönlichen Note, und verlassen Sie sich weitestgehend auf Zahlen und Fakten, die für sich sprechen sollten. Fördern Sie die emotionalen Reaktionen des Krebses, damit er sich im Kampf gegen die Gefühle, die er überall auslöst, selbst erschöpft. Fahren Sie selbst dagegen selbstbewusst und selbstsicher fort, während Sie Ihren Vortrag von allen Zweifeln reinwaschen.

Liebe

RENDEZVOUS MIT DEM KREBS

Als Mensch mit tiefen Gefühlen ist der Krebs keiner, der Beziehungen und seelische Belange leichtnimmt. Allerdings ist er auch in der Lage, nur so zu tun, als ob er Spaß habe, und mit jemandem zu spielen, ohne wirklich etwas zu empfinden. Wenn es ihn aber erwischt, dann richtig. Wenn der Krebs bei der ersten Verabredung seine Gefühle für Sie äußert, sollten Sie dies als Kompliment verstehen und sich geehrt fühlen. Der Krebs lässt Sie nicht im Zweifel darüber, ob er Sie noch einmal wiedersehen möchte oder nicht. Und wenn er wirklich auf Sie steht, wird es schwer, ihn wieder loszuwerden.

Wie man einen Krebs kennenlernt und anlockt

Der Krebs möchte gern begehrt werden, vor allem, wenn er Sie mag. Nur selten ergreift er selbst die Initiative und überlässt daher Ihnen die Entscheidung, ihn abzuschleppen oder einzuladen. Das Problem ist, dass er in seinen Vorlieben und Abneigungen so eigen ist, dass Sie nur schwer herausfinden, wie Ihre Chancen bei ihm stehen. Er ist sich am Anfang einer Beziehung seiner eigenen Gefühle oft selbst nicht sicher und benötigt Zeit, um alles sacken zu lassen und sich Gedanken zu machen. Der Krebs ist schnell enttäuscht oder verwirrt und sich seiner selbst oft nicht sicher, obwohl er sich von seinen ausgeprägten Vorlieben und Abneigungen leiten lässt.

Unternehmungen bei der Verabredung mit dem Krebs

Wenn Sie ein Konzert, einen Club oder ein Restaurant kennen, das er ohnehin mag, sollten Sie dorthin gehen und nichts aussuchen, was *Sie* besonders mögen. Falls Sie sich dennoch für eines Ihrer Lieblingslokale entscheiden, müssen Sie damit rechnen, dass es ihm überhaupt nicht gefällt und der ganze Abend hin ist. Egal wohin Sie gehen, sagen Sie ihm nicht ständig, wie toll es ist, denn Sie werden ihn nicht überzeugen, wenn es ihm nicht gefällt. Im Zweifelsfall sollten Sie ihn zu sich nach Hause einladen, etwas Leckeres für ihn kochen und sich dann einen ruhigen Abend zu zweit machen.

STÄRKEN

demonstrativ
einfühlsam
liebevoll

SCHWÄCHEN

besitzergreifend
anhänglich
vortäuschend

AUFTRETEN

subtil
wachsam
abschätzend

Was den Krebs anmacht und was ihn abschreckt

Krebse haben ganz unterschiedliche Vorlieben und Abneigungen, aber bei jedem Krebs sind sie sehr stark ausgeprägt. Es ist also ganz einfach, Zugang zum Krebs zu finden: Finden Sie heraus, was er mag, und geben Sie es ihm. Was er nicht mag, sollten Sie meiden wie die Pest. Diskutieren Sie nicht mit ihm darüber und versuchen Sie auch nicht, ihn zu überreden. Erst wenn er Ihnen vertraut und weiß, dass Sie sein Urteil respektieren, dürfen Sie einen Schritt weiter gehen.

Beim Krebs den ersten Schritt machen

Meistens ist es besser, nicht den ersten Schritt zu tun. Der Krebs ist einer, der sich auf die feinen Gefühlsnuancen versteht. Er hat eine Antenne für das, was Sie möchten, und weiß oft, was Sie als Nächstes tun, noch bevor Sie es selbst wissen. Manchmal nimmt er auch auf Ihr Gefühlsleben starken Einfluss, ohne dass Sie sich dessen bewusst sind. Beobachten Sie ihn und hören Sie ihm gut zu, dann wissen Sie, wie Ihre Chancen bei ihm stehen. Spätestens beim zweiten oder dritten Treffen wissen Sie, wie weit Sie bei ihm gehen dürfen.

Den Krebs beeindrucken

Der Krebs lässt sich am ehesten von Ihrer Einfühlsamkeit und Ihrem Verständnis für seine Wünsche beeindrucken. Wenn Sie Ihr Wissen, Ihr Aussehen, Ihren Charakter oder Ihre Verbindungen zur Schau stellen, schaufeln Sie womöglich Ihr eigenes Grab. Der Krebs findet lieber selbst alles über Sie heraus, statt es sich erzählen zu lassen. Er neigt außerdem dazu, ungefragt seine Meinung zu äußern, wenn Sie ihn missverstanden oder sich übernommen haben. Da der Krebs Sie beim ersten Treffen sehr kritisch beobachtet, dürfen Sie bei schweren Fehlern nicht auf eine zweite Chance hoffen.

Den Krebs nach der Verabredung wieder loswerden

Wenn er nicht total auf Sie abfährt, werden Sie den Krebs schnell wieder los, zum Beispiel mit einem scharfen Blick, einer barschen Bemerkung oder grobem Benehmen, denn er reagiert sehr sensibel auf die Gefühle anderer. Wenn er Sie mag, wird es allerdings schwierig bis unmöglich, ihn schnell wieder loszuwerden. Dann ignoriert er alle Warnsignale und interpretiert selbst schlechtes Benehmen als positiv. Sobald Sie ihn einmal eingeladen haben und er sich auf Sie eingerichtet hat, legt er immer wieder neue kleine Fallen aus und spinnt ein feines Netz, um Sie festzuhalten, was auch sehr angenehm sein kann.

BEZIEHUNG MIT DEM KREBS

Der Krebs liebt feste Beziehungen. Als Gewohnheitstier möchte er, dass sein Partner ihm voll und ganz zur Verfügung steht. Er zählt deshalb in allen Belangen auf ihn, von finanzieller Unterstützung bis hin zum Sex. Da der Krebs gerne alles im Lot hat, ist er zärtlich und nett, solange alles so läuft, wie er es möchte. Wenn ihm seine Wünsche versagt werden, wird er grantig und reizbar, zieht sich zurück und keilt aus. Wie das Krebstier ist auch der im Krebszeichen Geborene sehr darauf bedacht, sich selbst zu schützen.

Mit dem Krebs diskutieren

Es macht dem Krebs nichts aus, über Gefühle zu sprechen, aber er zeigt sie lieber als dass er sie analysiert. Da in der Beziehung mit einem Krebs unweigerlich emotionale Probleme entstehen, ist es am besten, diese offenzulegen, auch wenn er sie lieber verbergen und für sich behalten würde. Es wird an Ihnen sein, den richtigen Zeitpunkt für eine ernsthafte Diskussion zu finden, da der Krebs in dieser Hinsicht normalerweise nicht die Initiative ergreift. Es wird schwierig sein, aber Sie sollten versuchen, die Diskussion objektiv zu halten, sonst wütet der Krebs außer Kontrolle herum.

Mit dem Krebs streiten

Ein Streit mit dem Krebs zieht sich in die Länge. Selbst wenn Sie einen zeitweiligen Waffenstillstand oder sogar eine Einigung erreicht haben, können Sie nicht davon ausgehen, dass das Thema endgültig vom Tisch ist. Wie ein Hund mit einem Knochen ist der Krebs nicht gewillt, einfach loszulassen. Streitereien gehen oft in endloses Gezanke und unterschwellige Spannungen über, die sich nur ab und zu richtig entladen. So ein Hintergrundstreit kann sehr ermüdend sein und die Beziehung belasten. Vermeiden Sie das »Wie du mir, so ich dir«-Spielchen, und lassen Sie ihm das letzte Wort.

Mit dem Krebs reisen

Reisen mit dem Krebs können schön sein, aber wehe, sie dauern zu lange. Früher oder später sehnt er sich nach seinem Zuhause, der Bequemlichkeit und Sicherheit seines Nestes zurück. Nach ein paar Reisetagen ermüdet er schnell, ist erschöpft und vielleicht unglücklich. Er kann jedoch auch eine Menge aushalten, und im Notfall können Sie auf seinen Beistand zählen. Diese Loyalität kann bei Schwierigkeiten auf Reisen für beide sehr nützlich sein. Versuchen Sie auf Ihrer Reise ausreichend Ruhepausen einzuplanen, in denen er seine Fassung wiederfinden kann.

Sex mit dem Krebs

Sex mit dem Krebs kann sehr erfreulich sein, denn solange er genug von dem bekommt, was er wirklich mag, ist er auch gerne bereit, Ihnen Freude zu machen und Ihre Bedürfnisse zu erfüllen. Er neigt allerdings zur Opferbereitschaft, und Sie sollten aufpassen, dass daraus nicht Selbstmitleid und Ablehnung entstehen. Im Extremfall kann sich der Krebs selbst sehr unglücklich machen, vor allem, wenn er die Situation nicht vollständig erfasst und er den Partner oder die Beziehung von Anfang an idealisiert hat.

STÄRKEN

zärtlich
liebenswürdig
freigiebig

SCHWÄCHEN

reizbar
selbstsüchtig
zurückgezogen

AUFTRETEN

sich selbst schützend
entgegenkommend
abhängig

Der Krebs und Zärtlichkeit

Im Allgemeinen fällt dem Krebs Zärtlichkeit leichter als Sex. Der Krebs kann einen sehr beruhigenden Einfluss auf die Beziehung haben, denn er ist stets bemüht, Krisen abzuwenden. Die Eigenschaft, Probleme zu ignorieren und Ärger zu vermeiden, kann jedoch dazu führen, dass der Krebs geradezu beängstigend liebevoll und aufmerksam ist, vor allem, wenn er Kritik oder einen gewalttätigen Wutausbruch seines Partners befürchtet. Dann wird seine Zuneigung manipulativ bzw. ist ein klares Zeichen dafür, dass er der Wahrheit über die Beziehung nicht ins Auge sehen will.

Der Krebs und Humor

Der Krebs kann Lachen genießen, vor allem sein eigenes. Es beweist jedoch nicht, dass er Spaß hat. Häufig ist es ein eher nervöses Lachen, das vertuschen soll, dass ihn etwas stört oder beschäftigt. Eine Art von Humor mag er besonders: Anspielungen, bizarre Einzeiler, bestimmte Gesichtsausdrücke und Witze, mit denen nur Sie beide etwas anzufangen wissen. Diese Art von Privatwitz gibt ihm ein Gefühl von Sicherheit, ist für Freunde und Verwandte aber oft irritierend.

EHE MIT DEM KREBS

Der Krebs-Partner braucht unbedingt eine sichere Basis. Dabei versucht er, alles exakt nach seinem Geschmack einzurichten. Er verbringt so viel Zeit wie möglich zu Hause und möchte sein Heim daher von Anfang an auf Bequemlichkeit und Zweckmäßigkeit ausrichten. Wenn er dabei an Grenzen stößt, zum Beispiel durch die Lage oder die Quadratmeterzahl, kann es ihn sehr frustrieren, wenn er daran nichts ändern kann. Der Krebs braucht einen gewissen finanziellen Spielraum für Verschönerungen und das Instandhalten seiner Wohnung.

Hochzeit und Flitterwochen mit dem Krebs

Der Krebs hat das Bedürfnis, sich zu Hause zu fühlen, deshalb spricht er sich nicht unbedingt für eine ausgedehnte Hochzeitsreise aus. Klug wäre es, die Flitterwochen an einem Ort zu verbringen, wo er sich auskennt und vielleicht schon mehrmals gewesen ist. In den meisten Fällen ist dem Krebs die Romantik nicht halb so wichtig wie der Ort selbst. Wahrscheinlich hat er sich auch schon Gedanken über die Wohnung gemacht, in die Sie zurückkehren werden, Pläne für die Renovierung geschmiedet und sie im Geiste ganz nach seinem Geschmack eingerichtet.

Haushalt und Ehealltag mit dem Krebs

Wenn der Krebs sich sein Nest einmal eingerichtet hat, ist er damit meist glücklich und zufrieden. Dieses Glück spiegelt sich in seiner Haltung dem Ehepartner gegenüber, allerdings gilt das Gleiche, wenn er unglücklich ist. Der Krebs ist ein Mondzeichen, das seine Gefühle auf andere überträgt, am besten halten Sie ihn also bei Laune. Achten Sie darauf, dass ihm ein wesentlicher Bestandteil des

STÄRKEN

vorausschauend
tüchtig
häuslich

SCHWÄCHEN

frustriert
eingleisig
kontrollierend

AUFTRETEN

beschützend
erhaltend
selbstbewusst

LIEBE

Budgets (nach Abzug von Miete und Nebenkosten) für neue Anschaffungen zur Verfügung steht. Der Krebs ist ein Freund von gutem Essen und oft ein großartiger Koch, wovon Sie profitieren können.

Der Krebs und Geld

Der Krebs ist nicht glücklich, wenn er über jeden Cent, den er ausgibt, Rechenschaft ablegen muss. Deshalb braucht er (in einem gewissen Rahmen) die Freiheit, tun zu können, was er will, ohne mit Kritik oder Fragen rechnen zu müssen. Andererseits beobachtet er selbst sehr kritisch, wofür sein Ehepartner das Haushaltsgeld ausgibt. Am besten überlässt man ihm so viele Bereiche wie möglich, vereinbart aber für bestimmte Dinge Budgets. Der Krebs ist durchaus in der Lage, seine Ausgaben zu reduzieren, wenn er weiß, wofür er das tut.

Der Krebs und Treue

Der Krebs ist wahrscheinlich meistens ganz der Ihre, aber wenn er eigene Wege geht, möchte er nicht danach gefragt werden. Sollte er wirklich einmal fremdgehen, wird es vermutlich ein Geheimnis bleiben, vielleicht sogar über Jahre hinweg. »Hat er oder hat er nicht?«, lautet die große Frage, die Sie vielleicht nie beantworten können. Wenn Sie den Krebs direkt darauf ansprechen, weigert er sich wahrscheinlich zu antworten und droht eventuell sogar, Sie zu verlassen, wenn Sie ihm nicht trauen.

Der Krebs und Kinder

Im Hinblick auf Fürsorge, Hingabe und Mitgefühl ist der Krebs ein guter Elternteil, aber manchmal erdrückt er seine Kinder auch, wenn er ihnen nicht die Freiheit gibt, die sie suchen. Indem er seinen Kindern Fesseln anlegt und sie allzu sehr an sich bindet, hindert er sie daran, wirklich erwachsen zu werden. Beim Krebs handelt es sich dabei aber nicht um reine Kontrolle, sondern eher um die Weigerung oder sogar sein Unvermögen loszulassen. Viel zu oft hat der Krebs das Gefühl, er müsse für seine Kinder alle wichtigen Entscheidungen treffen, ohne diese zu fragen.

Scheidung vom Krebs

Die Trennung vom Krebs kann eine sehr schmerzhafte Angelegenheit werden. Da seine Gefühle so tief gehen und er mit seinem Partner eine derart enge Bindung eingegangen ist, braucht der Krebs auch nach der Scheidung irgendeine Form von Beziehung zu seinem Partner. Im Allgemeinen kämpft er um jedes einzelne Stück im Haushalt, von dem er meint, dass es ihm zusteht, einschließlich Haus oder Wohnung selbst. Da er so viel Zeit und Energie in das häusliche Umfeld gesteckt hat, beansprucht er auch den größten Teil davon für sich. Wenn möglich, ist es die beste Lösung, ihm Haus oder Wohnung und die Kinder zu überlassen und sich selbst andere Weidegründe zu suchen.

AFFÄRE MIT DEM KREBS

Der Krebs versteht sich auf die Kunst des Verbergens und fühlt sich von heimlichen Beziehungen angezogen. Da er seinen Teil der Abmachung einhält, macht der Krebs mit seiner Diskretion eine solche Beziehung oft überhaupt erst möglich und befriedigend. Im Allgemeinen sieht der Krebs kein Problem darin, sich voll in eine Affäre zu stürzen und dann ruhigen Gewissens zu seinem Partner nach Hause zu gehen. Oft beeinflusst die emotionale Erfahrung mit einem Dritten seine eigentliche Beziehung und verbessert diese sogar langfristig. Eine Affäre mit einem Krebs kann wochenlang halten, manchmal sogar Jahre.

Mit dem Krebs anbandeln

Am besten finden Sie einen besonderen Ort, an dem Sie sich immer treffen können, wo Sie ungestört und ganz für sich sind. Der Krebs muss sich dort wohlfühlen und es nicht als billig oder anrüchig empfinden, denn er ist von Natur aus kultiviert und erhebt deshalb einen gewissen Qualitätsanspruch. Abgesehen davon möchte er wertvolle Zeit mit Ihnen alleine verbringen und nicht in einen Lücke im Terminplan gequetscht werden. Für ihn ist nicht der Sex das Wichtigste, sondern der ehrliche Ausdruck von Gefühlen. Das allmähliche Wachsen und Äußern von Zuneigung kann für ihn wichtiger sein als ein Ausbruch glühender Leidenschaft.

Wohin mit dem Krebs-Liebhaber?

Im Allgemeinen wird sich der Krebs weder in seiner noch in Ihrer Wohnung wohlfühlen. Da er sehr eigen ist, wird er einen neutralen Ort ohne Erinnerungen vorziehen. Solch ein Ort wird ihm zwar nicht gerade zur zweiten Heimat, aber zu einem Zufluchtsort, an dem er sich entspannen und aus der Welt zurückziehen kann. Am besten suchen Sie diesen Ort aus, so dass er sich nicht darum kümmern muss.

Sex in der Affäre mit dem Krebs

In der Affäre ist der Krebs ausgesprochen körperlich und kann sehr emotional und leidenschaftlich werden. Trotzdem liegt ihm die Sinnlichkeit mehr als der Sex. Den Körper des anderen zu berühren, ist für ihn die größte Sinnesfreude, und einem anderen zu erlauben, ihn zu berühren, ist ein Ausdruck von Vertrauen und großer Intimität. Der Krebs ist auf lange Küsse und Umarmungen spezialisiert, entwickelt mit der Zeit aber auch komplexe Rituale. Ihm liegt an der Gegenseitigkeit von Liebesbeweisen. Der Krebs möchte Sie so genau wie möglich kennenlernen und geht dabei gründlich und subtil vor.

Die Affäre mit dem Krebs aufrechterhalten

Wenn der Krebs richtig verliebt ist, ist es kein Problem, ihn zu halten, denn er tut alles, um Sie zu halten. Da er sehr einfühlsam ist, spürt der Krebs sofort, ob Sie ernsthaft mitgehen oder nur so tun – oder ob Sie sich emotional von ihm lösen. Wenn er das Gefühl hat, Sie zu verlieren, zieht er die Maschen enger und macht es Ihnen schwer, wenn nicht gar unmöglich, aus seinem Netz zu entkommen. Es gibt keine Grenze, die ein Krebs nicht überschreiten würde, um einen geliebten Menschen festzuhalten. Er schämt sich nicht, seine Gefühle sehr deutlich auszudrücken.

Den Krebs-Liebhaber unterhalten

In den meisten Fällen ist gar kein Unterhaltungsprogramm notwendig. Der Krebs webt seinen Zauber um Sie, und er entzückt und verführt Sie vollkommen. Alles andere ist nebensächlich, denn die Liebe ist sein höchstes Ideal. Von Ihnen wird lediglich erwartet, dass Sie darauf anspringen und sich der Affäre völlig hingeben. Geplauder und Gespräche stehen hinter intimen Blicken, Zärtlichkeiten und verliebtem Gemurmel zurück. Dies im jeweiligen Moment zu schätzen zu wissen, ist das Wichtigste. Ständiger Augenkontakt macht den Krebs übrigens besonders an.

Die Affäre mit dem Krebs beenden

Der Krebs muss vollkommen davon überzeugt sein, dass die Affäre vorbei ist, ehe er sie aufgibt. Wenn er noch in Sie verliebt ist, wird es extrem schwierig sein, die Affäre zu beenden. Wenn hingegen Sie noch verliebt sind, er aber das Interesse verloren hat, lässt er Sie vermutlich fallen wie eine heiße Kartoffel. Das Timing und die Art und Weise, wie die Affäre beendet wird, liegt also mehr in der Hand des Krebses als der seines Partners.

DER KREBS-EX

Entscheidend ist, wer wen sitzengelassen hat, oder ob die Beziehung in beiderseitigem Einverständnis beendet worden ist. Im letzteren Fall gibt es kein Problem. Wenn der Krebs derjenige ist, der geht, ist es erstaunlich einfach, mit ihm klarzukommen, denn er fühlt sich nicht abgewiesen, sondern geht aus der Angelegenheit vielleicht sogar gestärkt heraus. Wenn er allerdings der Verlassene ist, können bei ihm alle möglichen Formen von Aggression sowie schäbige und verletzende Eigenschaften zutage treten. Groll spielt hier eine große Rolle, vor allem, wenn der Krebs das Gefühl hat, grundlos abgewiesen worden zu sein. Dann glaubt er, unfair behandelt worden zu sein, was ihn jahrelang blockieren kann.

Freundschaft mit dem Krebs-Ex

Wahrscheinlich muss nach der Scheidung mindestens ein Jahr vergehen, ehe der Krebs Ihr Freund werden kann. Wenn er die Tür einer Beziehung hinter sich schließt, ist sie für immer zu. Es muss erst ein neuer Durchgang geschaffen werden. Beim zweiten Mal ist der Krebs dann extrem wachsam und übertrieben vorsichtig, um dem selben Menschen bloß nicht noch einmal zu viel zu offenbaren. Die Freundschaft gestaltet sich natürlich einfacher, wenn der Krebs für den erlittenen Schmerz angemessen entschädigt worden ist. Am besten gestehen Sie ihm gegenüber Fehler ein und übernehmen die Verantwortung dafür.

STÄRKEN

selbstsicher
stark
freigiebig

SCHWÄCHEN

nachtragend
sich abgelehnt fühlend
negativ

AUFTRETEN

wachsam
still
vorsichtig

KREBS

Der Krebs-Ex und Versöhnung

Dies ist sehr schwierig, es sei denn, Sie sind der Verlassene, und der Krebs hat sich untadelig verhalten und seelisch alles unbeschadet überstanden. In diesem Fall können Sie Ihren Ärger und Groll langsam loslassen, Freunde werden und dann weitersehen. Wenn der Krebs Sie noch immer liebt, besteht die Chance einer Aussöhnung, allerdings nur, wenn Sie seine Gefühle nicht missbrauchen. Es ist ratsam, die Sache unauffällig und entspannt anzugehen, statt zu besprechen oder zu kommentieren, was gerade passiert. Lassen Sie sich einfach auf das Wunder dieser neuen Situation ein, und forcieren Sie es nicht.

Mit dem Krebs-Ex über alte Probleme sprechen

Am besten sprechen Sie gar keine alten Probleme an. Die Vergangenheit ist für den Krebs ein heikler und empfindlicher Punkt, er vergisst oder vergibt nicht leicht. Wenn er aber in Erinnerungen schwelgt, ist das ein sehr gutes Zeichen. Handeln Sie jedoch nicht überstürzt. Zeigen Sie ihm mit einem liebevollen Blick oder einem Lächeln, dass das Gefühl beiderseitig ist. Das sollte als Ermunterung genügen. Wenn er seinerseits ein altes Problem anspricht, sollten Sie ihn ausreden lassen, statt sich abzuwenden oder das Thema zu wechseln. Auf seine Fragen sollten Sie so ruhig und wahrheitsgemäß wie möglich antworten.

Dem Krebs-Ex seine Zuneigung zeigen

Sie dürfen nur dann damit anfangen, wenn Sie extrem taktvoll und subtil sind, andernfalls sollten Sie ihm den ersten Schritt überlassen. Der Krebs hat nämlich so feine Antennen, dass er bereits die leiseste Zärtlichkeit oder Wärme Ihrerseits wahrnimmt. Sie sollten deshalb nicht übertreiben, denn das würde nur eine negative Reaktion hervorrufen. Wenn Sie ihm zuhören und Empathie zeigen, fasst er das bereits als Beweis Ihrer Zuneigung auf. Seien Sie aufmerksam, damit Sie die erste zarte Geste von ihm nicht verpassen, denn das wäre ein schwerer Fehler.

Die gegenwärtige Beziehung zum Krebs-Ex definieren

Eine klare Definition ist für den Krebs meist nicht möglich. Als Wasserzeichen schwimmt er oft in einem See von Gefühlen, die sich logisch nicht genau festmachen lassen. Selbst wenn er willens ist, fällt es dem Krebs oft schwer, Entscheidungen zu fällen, zu denen er auch stehen kann. Am besten improvisieren Sie und gehen immer von der gegenwärtigen Situation aus. Wenn Sie nicht im Voraus planen, sondern von einem Tag zum nächsten, beweisen Sie ihm, dass er Ihnen seine Launen und Gefühle anvertrauen kann.

Gemeinsames Sorgerecht mit dem Krebs-Ex

Wenn der Krebs davon überzeugt ist, dass Sie ein guter Mensch sind und nur die besten Absichten für die Kinder hegen, gibt es keine Probleme. Wenn er aber aufgrund schlechter Erfahrungen Zweifel an Ihrem Charakter hat, wird es schwieriger. Bauen Sie langsam Vertrauen auf, demonstrieren Sie Beständigkeit, und sorgen Sie dafür, dass alte Wunden heilen, damit eine neue Bindung entstehen kann. Wenn die Kinder bei ihm leben, müssen Sie alle gesetzlichen Regelungen und die Ansprüche des Krebses beachten. Wenn die Kinder bei Ihnen leben, sollten Sie es ihm ermöglichen, eine wichtige Rolle in deren Leben zu spielen. Passen Sie aber auf, dass er nicht manipulierend oder kontrollierend auftritt.

Freunde & Familie

KREBS
22. Juni – 22. Juli

STÄRKEN

interessiert
geduldig
treu

SCHWÄCHEN

neugierig
bedürftig
versteckt

AUFTRETEN

offen
persönlich
wissbegierig

DER KREBS-FREUND

Der Krebs kann zwar ein ganz wunderbarer Freund sein, doch er neigt dazu, Sie für sich allein haben zu wollen, statt Sie mit gemeinsamen Freunden zu teilen. Der Krebs braucht oft die Bestätigung, dass er nicht nur Ihr guter, sondern Ihr bester Freund ist. Während Sie sich irgendwo herumtreiben, wartet er geduldig auf Ihre Rückkehr. Ein langer telefonischer Bericht reicht zwar aus, aber lieber ist es ihm, wenn Sie ihm gemütlich bei ihm zu Hause von Ihren neuesten Eskapaden erzählen. Erwarten Sie aber nicht, dass er ebenso bereitwillig von sich selbst berichtet, denn sehr Persönliches behält er gern für sich. In Notfällen kann er auf Ihre Hilfe aber sehr stark angewiesen sein.

Einen Krebs-Freund um Hilfe bitten

Der Krebs glaubt, sein Lebenszweck sei es, anderen zu helfen. Als einer der offensten und mitfühlendsten Freunde, die Sie haben können, stellt er Ihnen bei Bedarf seine Zeit und Aufmerksamkeit großzügig zur Verfügung. Wenn es um tatsächliches Handeln geht, zögert er und wird sehr vorsichtig. Er gibt Ihnen also mehr emotionale als praktische Unterstützung. Seine Stärke ist es, Ihnen einen privaten Ort zur Verfügung zu stellen, an dem Sie sich verstecken und Ihre Wunden lecken können. In so einer Situation wird er Sie beschützen und alles tun, um Ärger von Ihnen fernzuhalten. Auf sein Mitgefühl und sein Verständnis können Sie sich verlassen.

Mit dem Krebs-Freund kommunizieren und in Kontakt bleiben

Da der Krebs eher passiv ist, liegt es an Ihnen, den Kontakt nicht abreißen zu lassen. Der Krebs freut sich, von Ihnen zu hören, selbst wenn seit dem letzten Mal viel Zeit vergangen ist. Aus seiner Sicht ist Kommunikation nicht unbedingt notwendig, denn es genügt ihm, Sie in sein Herz geschlossen zu haben, und er hat nicht das dringende Bedürfnis, diesem Gefühl Ausdruck zu verleihen. Wenn Sie ihm ab und zu eine E-Mail, eine SMS oder eine schöne Postkarte aus dem Urlaub schicken, freut er sich sehr.

Vom Krebs-Freund Geld borgen

Der Krebs verleiht sein Geld großzügig an Freunde, es ist ihm jedoch sehr unangenehm, wenn er Sie darum bitten muss, es ihm zurückzugeben. Zahlen Sie ihm geliehenes Geld so zurück wie vereinbart, damit Sie weder seine Gefühle noch sein Portemonnaie in Mitleidenschaft ziehen. Wenn er sein Geld nicht zurückbekommt, verfällt er in stille Niedergeschlagenheit, so dass Sie genau wissen, was los ist. Eine solche Situation kann zu Entfremdung oder sogar zum Ende der Freundschaft führen, und zwar vor allem, weil Sie seine Gefühle beleidigt haben. Denken Sie daran, dass für den Krebs Gefühllosigkeit unter den Sünden ganz oben rangiert, vor allem, wenn es um enge Freunde geht.

Den Krebs-Freund um Rat fragen

Der Krebs gibt gerne Rat und tut das oft auch ungebeten und freimütig. Wenn er sieht, dass Sie sich unangemessen verhalten oder sich selbst wehtun, macht er Sie schnell darauf aufmerksam, dass Sie den Kurs wechseln sollten. Er gibt diesen Ratschlag weder leichthin, noch ist es ihm egal, ob Sie ihn befolgen oder nicht. Er setzt Ihnen so lange zu, bis Sie seinen Rat befolgen – oder ihn ausschlagen. Wenn Sie allerdings Letzteres tun, wird er Ihnen so schnell nicht mehr helfen. Im Allgemeinen kann man sagen, dass sein Rat hilfreich ist, aber nicht immer objektiv.

Einen Krebs-Freund besuchen

Besuche sind dem Krebs sehr wichtig, vor allem, wenn diese bei ihm zu Hause stattfinden, denn nur dort kann er seine warme und offene Seite zeigen. Dies hat etwas mit seinem besonderen Sicherheitsbedürfnis zu tun. Das Gefühl von Sicherheit mit anderen zu teilen, kann für alle angenehm sein. Er wird Sie zweifellos gern beköstigen und mit dem neuesten Klatsch und Tratsch versorgen. Im Allgemeinen verlassen Sie den Krebsgastgeber mit einem besserem Gefühl als bei der Ankunft. Es sei denn, Sie hätten vorgehabt, ihn zu ärgern. In dem Fall sollten Sie sich den Aufwand sparen und gar nicht erst hingehen.

Feste und Freizeit mit dem Krebs-Freund

Wenn sich der Krebs dazu durchringt auszugehen, dann will er sich wirklich amüsieren. Drängen Sie ihn nicht, Feiern zu besuchen, von denen er schon vorher weiß, dass er sie nicht genießen wird. Entweder sagt er in letzter Minute ab (zweifellos weil er krank geworden ist), oder er sitzt mit einem Gesicht herum, dem man genau ansieht, wie grässlich er es findet. Selbst Partys zu geben, liebt der Krebs, allerdings möchte er meist alle Vorbereitungen und das Kochen selbst übernehmen. Er ist dazu auch durchaus imstande, allerdings kann es sein, dass er nach der Party förmlich zusammenbricht und ein paar Tage ausfällt.

STÄRKEN

häuslich
engagiert
unterstützend

SCHWÄCHEN

zurückgezogen
ängstlich
isoliert

AUFTRETEN

beschützend
versorgend
hilfsbereit

DER KREBS-MITBEWOHNER

Da der Krebs sehr an seinem Heim hängt, ist er daran interessiert, dass Ihre gemeinsamen Räumlichkeiten ein angenehmer Rückzugsort sind. Er liebt die Bequemlichkeit und das Essen so sehr, dass Betten, Bettwäsche, Sofas, Mahlzeiten, Heizung und die Warmwasserversorgung oben auf seiner Liste stehen. Sein Zuhause ist sein Nest, seine Zuflucht und sein privates Heiligtum. Die Tatsache, dass Sie mit ihm zusammenwohnen dürfen, ist also an sich schon eins der größten Komplimente, zu denen der Krebs fähig ist. Er teilt zwar einen Gemeinschaftsraum mit Ihnen, muss aber unbedingt ein eigenes Zimmer haben, und ungefragtes Eintreten in seine Privatsphäre duldet er gar nicht. Mit ein bisschen Glück gesteht er Ihnen dasselbe Recht zu.

Mit dem Krebs-Mitbewohner finanzielle Verantwortung teilen

Der Krebs kann recht gut mit Geld umgehen. Wenn Sie ihm die Verantwortung übertragen, sich um die Bezahlung der Miete und der übrigen Kosten zu kümmern, nachdem Sie Ihren Anteil beigesteuert haben, sieht er dies als Kompliment für seine Fähigkeiten. Wahrscheinlich müssen Sie andererseits aber ein festes Budget für Essens- und Haushaltsausgaben festlegen, denn sein exquisiter Geschmack läuft sonst aus dem Ruder. Sagen Sie ihm klar und deutlich, wie viel Sie monatlich auszugeben bereit sind, oder machen Sie eine Haushaltskasse auf, in die Sie Ihren Anteil legen, und lassen Sie ihn über den seinen hinaus ausgeben, was er mag.

Der Krebs-Mitbewohner und das Putzen

Wenn er erst einmal angefangen hat, macht der Krebs gut und gründlich sauber, aber bis man ihn so weit hat … Putzen schiebt der Krebs notorisch auf. Er ist imstande, in Unordnung, ja sogar im Chaos zu leben und dies gar nicht wahrzunehmen. Häufig hilft es, eine Party anzusetzen oder Besucher anzukündigen, damit er aufwacht und anfängt zu putzen. Er arbeitet normalerweise effizient und hat auch das nötige Durchhaltevermögen, um so lange zu schuften, bis alles fertig ist. Oder Sie verwickeln ihn in ein Gespräch über notwendige Putzmaterialien und achten darauf, dass die dann auch auf der Einkaufsliste stehen. Lassen Sie die Putzmittel danach gut sichtbar irgendwo stehen.

Der Krebs-Mitbewohner und Besuch

Der Krebs ärgert sich sehr, wenn sein Frieden und seine Privatsphäre ständig gestört werden. Das kann so weit gehen, dass es schwierig wird, mit ihm zusammenzuleben. Sie sollten deshalb überlegen, wie häufig Sie Besuch bekommen und wie sich das auf Ihren Mitbewohner auswirkt. Wenn sie im Rahmen bleiben, können Besuche für alle Beteiligten erfreulich sein, denn der Krebs zeigt seine Behausung gerne vor und ist stolz, wenn sie anderen gefällt. An sich liebt er Geselligkeit. Gelegentliche Besuche zum Abendessen, auf ein Glas Wein oder Bier können sehr unterhaltsam sein.

Der Krebs-Mitbewohner und Partys

Der Krebs ist immer stark in Partys und Feste eingebunden. Seine kulinarischen und organisatorischen Fähigkeiten kommen dann zum Einsatz. Einkaufen, putzen, dekorieren, Einladungen verschicken und kochen, all dies rückt in ein völlig neues Licht, wenn es um besondere Ereignisse geht. Versuchen Sie nicht, ihm Verantwortung abzunehmen, sonst ist er enttäuscht oder fühlt sich missachtet. Unter Leuten zu sein fällt dem Krebs nicht immer leicht, daher kann eine Party eine große Chance für ihn sein, seiner geselligen Seite mehr Raum zu geben. Wenn alles gut läuft, spricht er noch tagelang davon und ist künftig gern zu einer Wiederholung bereit.

Der Krebs-Mitbewohner und die Privatsphäre

Der Krebs ist ein extrem privater Mensch, den man nicht stören darf. Sobald sich das Krebstier in seine Höhle verzieht, ist es schwer, es wieder herauszulocken. Es gibt Zeiten, manchmal nur Stunden, aber auch Tage und zuweilen sogar eine Woche, wo der Krebs in Ruhe gelassen werden muss. Wenn Sie seinen Bedürfnissen entgegenkommen, wird er mit Wärme und Hilfe reagieren, wenn Sie sie brauchen. Stoßen Sie sich nicht daran, dass er die Tür hinter sich abschließt, und versuchen Sie zu verstehen, dass er manchmal sogar ein Klopfen an der Tür als große Störung empfindet.

Mit dem Krebs-Mitbewohner Probleme besprechen

Ein Wasserzeichen wie den Krebs dazu zu kriegen, ein bestimmtes Thema zu diskutieren, ist oft schwierig. Wenn Sie ein paarmal bei ihm abgeblitzt sind, müssen Sie einen richtigen Termin für dieses Gespräch anberaumen. Selbst wenn er sich im letzten Moment davor drückt, sollten Sie so lange dranbleiben, bis er sich irgendwann mit Ihnen zusammensetzt. Machen Sie sich vorher eine Liste der Punkte, die Sie besprechen wollen, und schreiben Sie während des Gesprächs mit, denn dann kann er seine Meinung nicht ständig ändern, und Sie können ihn beim Thema halten. Wenn der Krebs einmal einsieht, dass etwas getan werden muss, um bestimmte Probleme aus der Welt zu schaffen, kann man sich darauf verlassen, dass er seinen Anteil dazu beiträgt.

DER KREBS-ELTERNTEIL

Der Krebs gehört zu den liebevollsten und fürsorglichsten Eltern, die es gibt. Er ist zärtlich und beschützend, und damit erfüllt er die Bedürfnisse seiner Kinder, die gefördert und beschützt werden wollen. Er kann aber auch überbeschützend sein und somit be- oder verhindern, dass sein Nachwuchs zu eigenständigen Individuen heranwächst. Der Krebs muss lernen, seine Kinder loszulassen und ihnen so viel Freiraum zu geben, wie ihnen zusteht. Da seine liebevolle Unterstützung eine zärtliche Falle ist, erliegen die Kinder dieser in den meisten Fällen und werden so von ihren Eltern extrem abhängig.

Der Erziehungsstil von Krebs-Elternteilen

Aufgrund seines großen Einfühlungsvermögens muss und kann der Krebs gar nicht viel erziehen. Normalerweise spricht er mit seinen Kindern ganz offen über deren Indiskretionen oder Regelverstöße, und das Thema erledigt sich friedlich. Wenn es ihm zu weit geht, kann der Krebs seine Kinder aber auch sehr streng bestrafen, meist in Form von Stubenarrest. Der Krebs geht gerne davon aus, dass seine Regeln bekannt sind und deshalb nur selten, dann aber absichtlich gebrochen werden. Er hört sich Erklärungen an und akzeptiert Entschuldigungen, zumindest beim ersten Mal.

Krebs-Elternteile und Zuneigung

Der Krebs ist seinen Kindern gegenüber grundsätzlich sehr zärtlich. Es ist für ihn natürlich und einfach, seinen Kindern Zuneigung zu zeigen. Der Nachwuchs aber lernt schnell, dass etwas nicht stimmt, wenn keine Zuneigung gezeigt wird, und leider geben Kinder sich selbst meist die Schuld dafür. Der Krebs muss dann erklären, dass seine Distanziertheit und sein Mangel an Gefühlsausdruck nichts mit ihnen zu tun hat, sondern dass der Schuh woanders drückt. Übrigens zeigt er seine Zuneigung nicht nur, sondern er empfängt sie auch gern in Form von Umarmungen, Küssen und Lächeln.

Krebs-Elternteile und Geld

Der Krebs gibt seinen Kindern meist ein wöchentliches Taschengeld und erwartet, dass sie damit auskommen und nicht ständig nach mehr fragen. Er hat allerdings ein offenes Ohr für Anfragen, wenn ein Kind ein bestimmtes Kleidungsstück, Eintrittsgeld für einen Club oder eine Veranstaltung benötigt und ein bestimmter Betrag nicht überschritten wird. Der Krebs ist so großzügig, dass er oft schon einen Extrazuschuss anbietet, ehe seine Kinder ihn darauf ansprechen.

Krebs-Elternteile und Krisen

Der Krebs tut alles, was er kann, um Krisen abzuwenden. Aufgrund seiner großen Empathie weiß er oft, was seinen Kindern fehlt, und handelt sofort, um das Problem zu lösen oder den Schaden in Grenzen zu halten. Der Krebs kann durchaus entspannt und beruhigend wirken, aber in Notsituationen bewegt er sich ziemlich schnell. Deshalb kann man sich, wenn es darauf ankommt, auf ihn verlassen. Weil er zum Überbehüten neigt, wird er aber auch leicht nervös und überreagiert, wenn er den Kindern zu Hilfe eilen will. In Krisensituationen einen kühlen Kopf zu bewahren muss er erst lernen.

Festtage und Familientreffen mit Krebs-Elternteilen

Für den Krebs ist das Leben keine immerwährende Party. Da gibt es Routinearbeiten zu tun, Hausaufgaben zu erledigen, und auf die äußere Erscheinung muss ebenfalls geachtet werden. Allerdings hört sein ernsthafter Erziehungsstil auf, wenn es um Urlaub und Familientreffen geht. Dann geht er aus sich heraus und gönnt seinen Kindern viel Spaß. Das bedeutet allerdings nicht, dass sie alles dürfen, denn sein Beschützerinstinkt will Gefahren von ihnen fernhalten. In der guten Atmosphäre eines Urlaubs oder Familienfestes zu baden, ist Balsam gegen die Griesgrämigkeit und Niedergeschlagenheit des Krebses.

Für alte Krebs-Elternteile sorgen

Da die Fürsorge für die eigenen Kinder ein so wichtiger Teil seines Lebens war, weiß der Krebs es zu schätzen, gut betreut zu sein. Da er aber weiß, wie viel Zeit und Mühe das kostet, bittet er seine Kinder nur selten um Hilfe. Im Normalfall versucht er in der eigenen Wohnung alleine zurechtzukommen, es sei denn, man kann ihn überzeugen, ein kleines Apartment in der Nähe seiner Familie zu beziehen. Nur selten willigt der Krebs ein, in ein Altenheim zu ziehen. Je älter er wird, desto schwerer fällt es dem Krebs, mit anderen Menschen Wohnraum zu teilen.

DAS KREBS-GESCHWISTER

Der kleine Krebs fügt sich einfach und unkompliziert in eine vorhandene Familienstruktur ein, es sei denn, er ist das älteste Kind, dann nämlich tritt seine dominante und aggressive Seite zutage. Er neigt dazu, von den aktiveren Geschwistern verwöhnt zu werden und spielt gern eine untergeordnete Rolle, so kann er ruhig und ungestört seinen Interessen nachgehen. Meist hat er unter den Geschwistern einen Liebling, an dem er manchmal so sehr hängt, dass er dessen Schatten zu sein scheint. Der kleine Krebs nimmt oft einen besonderen Platz ein, weil er die Eltern sehr braucht, vor allem, wenn er chronische körperliche, geistige oder seelische Schwächen hat.

Rivalität und Nähe zum Krebs-Geschwister
Der Krebs beteiligt sich grundsätzlich nicht an Rivalitätskämpfen unter den Geschwistern, weil er mit dem zufrieden ist, was er hat und wer er ist. Wenn er dazu gedrängt wird, kann er kämpfen und steht oft als Sieger da, doch offene Aggressionen sind nicht seine Sache, es sei denn, er wird massiv provoziert. Er steht oft demjenigen unter den Geschwistern besonders nahe, der ähnlich empfindet wie er. Wenn er das älteste Kind ist, übernimmt er die Führung, ohne Rivalitäten zu fördern, und beschützt die jüngeren Geschwister, vor allem, wenn diese in der Schule unfair behandelt werden.

Das Krebs-Geschwister und alte Probleme
Der kleine Krebs hat ein gutes Gedächtnis, vor allem, wenn es um Ärger über alte Probleme geht. Die Zeit heilt solche Wunden leider kaum. Wenn ein Geschwister einen solchen Fall klären möchte, muss es selbst die Initiative ergreifen. Oft erschwert der Krebs die Situation dadurch, dass er solchen Versuchen aus dem Weg geht, sich weigert zu antworten oder leugnet, dass ihm das Thema wichtig ist. Im Seelenleben eines jeden Krebses finden sich solche alten Probleme, die diskutiert und gelöst werden müssen, damit diese nicht seine weitere Entwicklung blockieren.

STÄRKEN

sensibel
liebevoll
kuschelig

SCHWÄCHEN

abhängig
bedürftig
anhänglich

AUFTRETEN

zärtlich
distanziert
mit sich selbst
beschäftigt

KREBS

Mit einem entfremdeten Krebs-Geschwister umgehen

Wenn sich der Krebs von Geschwistern entfremdet, zieht er sich wie das Krebs-tier in seinen Panzer zurück. Es ist extrem schwierig, ihn wieder hervorzulo-cken. Nur wenn es über einen langen Zeitraum gelingt, sein Vertrauen zurück-zugewinnen, können die Geschwister hoffen, ihn wieder in das Familiengefüge einzugliedern. Um es noch komplizierter zu machen, gibt es meist nicht nur ein einziges Problem, sondern ein ganzes Geflecht von chronischen seelischen Störungen. Bleiben Sie verständnisvoll, hartnäckig und geduldig, dann können Sie die Probleme nach und nach ausräumen.

Geldangelegenheiten und das Krebs-Geschwister

Der Krebs beansprucht bei Erbschaftsangelegenheiten normalerweise das, was ihm zusteht, aber auch nicht mehr. Besonders wenn er dem Verstorbenen nahe stand, gibt er das Geld so aus, wie dieser es verfügt oder gewünscht hat. Wenn es darum geht, beim Krebs Geld zu borgen, haben seine Geschwister manchmal den Eindruck, er sei knickrig und trenne sich nicht gern vom hart verdienten Geld. In Notfällen oder bei gemeinsamen Ausgaben für die Eltern kann man sich darauf verlassen, dass der Krebs seinen Anteil entrichtet, allerdings muss man ihn explizit darum bitten.

Familienfeste und Jubiläen mit dem Krebs-Geschwister

Wenn sich der Krebs mit seiner Familie gut versteht, packt er mit an und hilft bei der Vorbereitung des Festes, vor allem, wenn er in Feierstimmung ist. Wenn er schlecht gelaunt oder verschlossen ist, muss man ihn erst dazu drängen. Eine neuere oder auch länger zurückliegende Unstimmigkeit mit einem der Ge-schwister hält den Krebs manchmal auch ganz davon ab, überhaupt zu kommen. Am besten bespricht man das fragliche Thema vorab, statt es bis zum großen Tag gären zu lassen. Wenn der Krebs den Konflikt als erledigt ansieht, ist er auch imstande, seine Energien voll auszuschöpfen.

Urlaub mit dem Krebs-Geschwister

Solange man für die Bedürfnisse des Krebs-Geschwisters Verständnis hat, vor allem für seine starken Vorlieben und Abneigungen, geht alles gut. Der Krebs liebt Familienurlaube, aber wenn er sich an einen eigenen Ort (den er immer braucht!) zurückziehen will, muss man ihm dies zugestehen. Dieses Wasserzei-chen liebt Baden und Schwimmen und hat deshalb ein Faible für Ferien am See, Fluss oder Meer. Der Krebs genießt die Sonne, aber er liegt auch gern unter einem Baum im kühlen grünen Gras.

DAS KREBS-KIND

Der kleine Krebs ist von seinen Eltern manchmal extrem abhängig, denn auf-grund seines großen Sicherheitsbedürfnisses braucht er viel Unterstützung, An-leitung und Schutz von ihnen. Oft hat er den Eindruck, einer Welt ausgeliefert zu sein, die weder ihn noch seine Gefühle versteht. Deshalb braucht er verständnisvolle Eltern, die ihm die Welt erklären und ihm alles Notwendige beibringen, um darin zurechtzukommen. Die größte Herausforderung besteht für den Krebs darin, wirklich unabhängig zu werden. Es ist deshalb besonders wichtig, dass die Eltern seine Abhängigkeit möglichst gering und die Freiheit in vernünftigem Maß möglichst groß gestalten.

Persönlichkeitsentwicklung beim Krebs-Kind

Der kleine Krebs ist ein besonderes Kind, und er hat die Anlagen dazu, ein ganz eigenständiger Charakter zu werden, wenn da nicht die große Abhängigkeit von Eltern, Geschwistern und anderen Familienmitgliedern wäre. Im Schoße der Familie hat der kleine Krebs wenige Probleme. Damit sich seine Persönlichkeit entfalten kann, sollten Sie viel Wert auf soziale Interaktion in Schule, Sport, Kultur, Vereinen und Internet legen. Dies wirkt seinem Hang sich abzukapseln entgegen und hält seine zügellose Phantasie in Schach.

Hobbys, Interessen und Berufspläne des Krebs-Kindes

Hobbys, die den Kontakt mit anderen fördern statt den Krebs zu isolieren, sind natürlich vorzuziehen. Die Eltern sollten seine natürlichen Interessen herausfinden und ihm erlauben, diesen nachzugehen. Wenn er musikalisch ist, wäre es gut, ihn ein Instrument erlernen zu lassen, das er im Orchester spielen kann. Der Krebs kann ein hervorragender Redakteur sein und findet seine Berufung oft im Verlagswesen. Er schätzt körperliche Herausforderungen und braucht das Abenteuer, um seiner Phantasie etwas entgegensetzen zu können.

Erziehung des Krebs-Kindes

Besser als auf einem System von Belohnungen und Bestrafungen sollte die Erziehung eines kleinen Krebses auf Struktur und Anleitungen basieren. Da er zum Träumen neigt, ist es sinnvoll, seine Energien zu wecken und in positive Bahnen zu lenken. Die Eltern können ihn zur Produktivität verleiten (aber nicht zwingen), indem sie Ziele und Standards setzen, die erfüllt werden müssen. Der Stolz, etwas geschafft zu haben, wird den Krebs auch in Zukunft motivieren.

Das Krebs-Kind und Zuneigung

Der kleine Krebs braucht viel Zuneigung. Er hat aber so eigene Vorstellungen von der Art und Weise, dass nur besonders sensible Erwachsene zu ihm durchdringen. Nichts schreckt ihn so sehr ab, wie falsch angesprochen oder angefasst zu werden. Eltern, die sich ganz auf ihr Kind eingestellt haben, wissen dies und können immer richtig reagieren. Die richtige Form von Zuneigung ist demnach ebenso wichtig wie die Zuneigung selbst.

Das Krebs-Kind und seine Beziehung zu Geschwistern

Man sollte das Krebs-Kind nie im Beisein von Freunden oder Geschwistern kritisieren oder mit ihm schimpfen. Seien Sie so klug, es beiseitezunehmen und direkt, persönlich, aber freundlich mit ihm zu sprechen. Zwar sollten die Eltern

STÄRKEN

herausgefordert

mit sich selbst

beschäftigt

freiheitsliebend

SCHWÄCHEN

überbehütet

bedürftig

unsozial

AUFTRETEN

abhängig

originell

verträumt

KREBS

ein Auge auf die Interaktion des Krebses mit Freunden und Geschwistern haben, sich jedoch nicht ständig einmischen und die Situation korrigieren. Stattdessen sollten sie sich angewöhnen sich zurückzuhalten, damit der kleine Krebs lernt, seine Angelegenheiten so weit wie möglich selbst zu regeln. Eine solche Verfahrensweise fördert auch das Vertrauen zwischen Eltern und Kind.

Das erwachsene Krebs-Kind

Der Krebs lebt in der Vergangenheit und trägt deshalb oft noch unverheilte emotionale Wunden aus der Kindheit mit sich herum. Wenn diese auf eine Begebenheit mit einem Familienmitglied zurückgehen, reicht die Anwesenheit dieser Person, um alte Gefühle hochkochen zu lassen. Es ist deshalb oft besser, erwachsene Krebs-Kinder per E-Mail oder telefonisch zu kontaktieren, denn dadurch reduzieren sich negative Reize erheblich. Wenn die Wunden durch Liebe und Vertrauen heilen, kann man irgendwann auch wieder persönlich mit dem Krebs sprechen.

Löwe

GEBURTSDATUM 23. JULI–23. AUGUST

Wie sein Symbol, die gleißende, strahlende Sonne, so verbreitet auch der Löwe als Feuerzeichen seine Wärme überall dorthin, wohin sein Einfluss reicht. Der Löwe ist stolz darauf, sein Feuer unter Kontrolle zu halten und Urteile zu fällen, die anderen nützen können. In diesem Zeichen werden leidenschaftliche Menschen geboren, die wissen, was sie wollen, und notfalls dafür kämpfen. Der Löwe verlangt Respekt von anderen und erweist sich als verlässlich, denn er tut, was er versprochen hat.

Beruf

STÄRKEN

fair
stolz
gebieterisch

SCHWÄCHEN

egoistisch
machthungrig
selbstbezogen

AUFTRETEN

freundlich
offen
großzügig

DER LÖWE-CHEF

Als geborene Führungskraft triumphiert der Löwe, wenn er in die höchste Position vorrückt. Es ist ihm gar nicht wichtig, eine Firma tatsächlich zu besitzen, denn er ist zufrieden, solange er Geschäftsführer oder Direktor sein kann. Sofern seine Autorität nicht in Frage gestellt wird, oder sein Job in Gefahr gerät, versucht er fair und unparteiisch zu sein. In seinen Augen repräsentiert er alle seine Untergebenen und bemüht sich, für sie die besten Arbeits- und Karrierebedingungen, Gehälter und Zusatzleistungen zu schaffen. Der Löwe ist sehr stolz auf seine Arbeit, und die Glückwünsche von Aktionären, dem Vorstand oder den Besitzern nimmt er gern im Namen der Belegschaft entgegen.

Den Löwe-Chef um eine Gehaltserhöhung bitten

Aus Sicht des Löwen gibt es nur zwei Möglichkeiten: Entweder haben Sie mehr Geld verdient oder nicht. Wenn Sie an ihn herantreten, untersucht er zunächst detailliert Ihre Leistungen der letzten Zeit. Wenn Sie die Gehaltserhöhung verdienen, tut er alles, damit Sie diese im Rahmen seines Budgets und seiner Planungen erhalten. Wenn er Ihnen nicht sofort mehr bezahlen kann, gibt er Ihnen zumindest eine Perspektive und sagt Ihnen, was Sie dafür tun müssen. Falls Sie darauf hinweisen, dass ein weniger verdienter Kollege eine Gehaltserhöhung bekommen hat, erklärt Ihnen der Löwe ausführlich, warum.

Dem Löwe-Chef schlechte Nachrichten überbringen

Wenn es um eine Nachricht geht, die der Löwe nicht auf sich oder seine Arbeit bezieht, können Sie ihm diese ganz objektiv mitteilen und ihn damit alleine lassen. Wenn der Löwe jedoch von dem Mitarbeiter, der für die Situation verantwortlich ist, persönlich enttäuscht ist oder selbst die Verantwortung für den Misserfolg übernimmt, sollten Sie den Schlag abfedern, indem Sie ihn beispielsweise zum Essen einladen. In einem solchen Rahmen kann er sogar darüber lachen oder gestehen, er sei insgeheim froh über diese Katastrophe oder dass sich ein Projekt endlich erledigt hat.

Geschäftsreisen und Veranstaltungen für den Löwe-Chef planen

Der Löwe findet es beschämend oder peinlich, in billiger oder zweifelhafter Umgebung zu wohnen. Seine königliche Natur verlangt nach Herrschaftlicherem. Reisen erster Klasse und Unterkunft im Vier-Sterne-Hotel sind daher ein Muss. Es ist deshalb besser, die Anzahl der Reisen zu reduzieren, dafür aber jeweils ein größeres Budget für luxuriöse Unterkünfte und Restaurantbesuche einzuplanen. Mit anderen Worten: Wenn der Löwe etwas macht, dann richtig. Im Allgemeinen wird er für diese Reise auch eigenes Geld investieren, etwa in einen neuen Anzug oder ein Kostüm und Schuhe.

Entscheidungen und der Löwe-Chef

Die wichtigen Entscheidungen trifft der Löwe selbst, aber er vermittelt Ihnen klugerweise den Eindruck, daran teilgehabt zu haben. Das ist kein Problem, solange Sie sich einig sind – er teilt die Entscheidung gern mit Ihnen. Wenn Sie allerdings einen wichtigen Vorschlag oder das entscheidende Argument liefern, müssen Sie damit rechnen, dass er sagt: »Gut, dass mir das noch eingefallen ist!« Warum sollte er auch nicht den Ruhm einheimsen, wo er doch ohnehin Sie und alle Ihre Kollegen repräsentiert? Der Pluralis Majestatis, das »Wir sind nicht erfreut« der Queen, muss von einem Löwen erfunden worden sein.

Den Löwe-Chef beeindrucken oder motivieren

Den Löwe-Chef motiviert man am besten indirekt. Statt einen Vorschlag gleich auszusprechen oder den Löwen immer wieder anzutreiben, ist es besser, ihm einen Gedanken beiläufig hinzuwerfen und diesen dann bei ihm gären zu lassen. Wenn Sie das häufiger machen, ist er sehr beeindruckt. Außerdem kann er die Lorbeeren für eine Idee ernten, die er weiterentwickelt und in manchen Fällen sogar selbst gehabt hat. Der Löwe verlässt sich mit der Zeit auf solche kleinen »Geschenke« und hat Sie daher gerne dabei, wenn er sich auf eine wichtige Besprechung vorbereitet.

Dem Löwe-Chef etwas vorschlagen oder präsentieren

Wenn Sie dem Löwen einen Vorschlag machen oder ihm etwas Wichtiges präsentieren, sollten Sie alle Register ziehen und etwas Großartiges vorlegen. Einfach nur die Fakten vorzutragen reicht nicht, Sie müssen mit Stil und Esprit sprechen, mit Pauken und Trompeten auftreten und ihn mit Ihrem festen Glauben an Ihr Projekt überzeugen. Denken Sie daran, dass auch die Form der Präsentation wichtig ist. Wenn Sie mit fehlerhaftem oder schlampig zusammengestelltem Material auftreten, wird es Ihre Glaubwürdigkeit in den Augen des Löwen schmälern, da können Ihre Ideen noch so überzeugend sein.

DER LÖWE-ANGESTELLTE

Der Löwe ist sehr treu, und man kann sich darauf verlassen, dass er viel Zeit und Energie in seine Arbeit steckt und seinem Team und der Firma gegenüber loyal ist. Er kann lange in demselben Beruf oder an einer bestimmten Aufgabe arbeiten, manchmal sogar sein Leben lang in der gleichen Position. Das ist jedoch nicht nur Zeichen seiner Loyalität, sondern auch seiner Abneigung gegenüber Veränderungen. Der Löwe gewöhnt sich daran, aufgrund seiner Erfahrung geschätzt zu werden und stets greifbare Ergebnisse zu liefern. Sein Ehrgeiz aber zwingt ihn, nach finanzieller Anerkennung und Beförderung zu streben. Für den Löwen gibt es beruflich oft nur einen einzigen Weg, und zwar nach oben.

Das Einstellungsgespräch mit dem Löwe-Bewerber

Der Löwe stellt sich im Bewerbungsgespräch im besten Licht dar und verweist auf seine bisherigen Erfahrungen und Erfolge. Er wirkt vielleicht zurückhaltend, doch die Kraft hinter seinen leisen Worten ist spürbar. Er ist zu gelegentlichen heftigen Ausbrüchen fähig, die seine verborgenen vulkanartigen Energien verraten. Es ist wichtig, alle Nachteile und negativen Aspekte des neuen Jobs offenzulegen. Selbst wenn er sie ignoriert, kann er später nie sagen, er habe nichts davon gewusst.

Dem Löwe-Angestellten schlechte Nachrichten überbringen oder kündigen

Der Löwe neigt dazu, sich ganz mit seinem Beruf und seiner Abteilung zu identifizieren, deshalb trifft ihn ein Rausschmiss hart. Das gilt auch für andere schlechte Nachrichten, denn er macht sich eine so positive Grundhaltung zu eigen, dass er alles Negative ausblendet. Auch wenn Sie ihm mehrmals den Wink geben, dass ihm ein Karriereknick bevorsteht, ignoriert er das schlicht. Deswegen ist manchmal eine eher plumpe Bemerkung seitens des Chefs vonnöten. Das mag brutal sein, wird aber wenigstens verstanden.

Geschäftsreisen und Veranstaltungen mit dem Löwe-Angestellten

Der Löwe reist im Allgemeinen gern, aber zu viel reisen ermüdet ihn. Er braucht nicht viel Unterhaltung, denn er ist von Natur aus ein Forscher, der gern eigene Wege sucht. Seien Sie deshalb nicht überrascht, wenn er alleine loszieht und Sie sich selbst überlässt. Es gibt noch genügend Gelegenheiten, sich mit Ihnen oder der ganzen Abteilung zu amüsieren. Engen Sie ihn nicht zu stark ein, und machen Sie ihm keine Auflagen, die seine Wahlmöglichkeiten zu sehr einschränken.

Dem Löwe-Angestellten Aufgaben zuteilen

Ihm übertragene Aufgaben erledigt er gut. Klare Anweisungen und eine Einschätzung, was von ihm erwartet wird, helfen ihm eher als dass sie ihn einschränken. Unklarheiten können zu Unsicherheit führen oder dazu, dass seine Arbeitsweise entweder aggressiv oder individualistisch wird. All dies macht den Löwen unglücklich. Wenn Sie ihm aber klare Anweisungen gegeben haben, können Sie sich Zwischenkontrollen sparen. Der Löwe wird das gewünschte Ergebnis verlässlich präsentieren.

Den Löwe-Angestellten beeindrucken oder motivieren

Meistens muss man den Löwen gar nicht motivieren, denn seine eigene Begeisterung trägt ihn durch die größten Anforderungen. Versuchen Sie auch nicht, ihn zu beeindrucken, denn er ist nur von seinen eigenen Anstrengungen und Erfolgen beeindruckt. Beide Versuche widersprechen der Löwe-Regel Nr. 1, die ihn als dominant und stets an erster Stelle stehend ausweist. Wenn Sie je einen Löwen treffen, der Ihr Handeln ehrlich bewundert, dürfen Sie dies als Riesenkompliment ansehen. Allerdings kann es sein, dass er von Ihnen nun stets Heldentaten erwartet. Im Gegenzug braucht der Löwe Ihre Bewunderung.

Den Löwe-Angestellten führen oder kritisieren

Es ist nicht ratsam, den Löwen ständig führen oder anleiten zu wollen. Wenn Sie allzu oft mit Erklärungen und gutgemeinten Vorschlägen bei ihm auftauchen, empfindet er das als große Beleidigung, nämlich als Unterstellung, dass er offenbar zu blöd ist, Sie sofort zu verstehen. Ein einziges kritisches Wort reicht vollkommen aus. Bei längeren Ausführungen stellt er sich komplett taub, ist eingeschnappt, oder aber sein kolossaler Zorn erwacht. Besser man schickt ihm eine kurze Nachricht, als ihn telefonisch oder persönlich zu konfrontieren. Der Löwe ist stolz darauf, die Wünsche seines Chefs zu kennen, ohne ständig daran erinnert werden zu müssen.

DER LÖWE-KOLLEGE

Der Löwe ist zwar kein übermäßig geselliger Mensch, er kann jedoch ein wichtiger Teil der Firma werden, besonders, wenn er in der Befehlskette relativ weit oben steht. Normalerweise ist er unzufrieden, wenn er nicht schnell in höhere Positionen aufsteigen kann, und handelt sich damit manchmal die Ablehnung von Kollegen ein. Wird ihm der Aufstieg verweigert, und wechselt er zu einer anderen Firma, die seine Fähigkeiten besser zu schätzen weiß, schürt das die Eifersucht noch mehr. Normalerweise führt sein Ehrgeiz dazu, dass er nicht in das stereotype Schema vom treuen Angestellten und loyalen Kollegen passt.

Den Löwe-Kollegen um Rat fragen

Der Löwe ist oft erstaunlich mitfühlend und tut sein Bestes, um nützlichen Rat zu erteilen. Allerdings ist er normalerweise nicht bereit, zu viel Zeit dafür aufzuwenden, denn er hasst es, von seiner eigentlichen Arbeit abgehalten zu werden. Am besten trifft man sich mit ihm an einem Ort zum Mittagessen, wo keiner zuhören kann. Dort können Sie ihm Ihr Herz ausschütten und nötigenfalls ein zweites Treffen vereinbaren, wo Sie seine guten Vorschläge gründlicher besprechen, nachdem er Zeit gehabt hat, sie genauer zu formulieren.

STÄRKEN

selbstsicher
kompetent
ehrgeizig

SCHWÄCHEN

abgelehnt
unbeliebt
ausgeschlossen

AUFTRETEN

kraftvoll
geschäftig
im Mittelpunkt stehend

Den Löwe-Kollegen um Hilfe bitten

Sie werden feststellen, dass der Löwe Ihrer Bitte um Hilfe nur ungern nachkommt, wenn er fürchtet, dass das nachteilig für seine eigene Position sein könnte. Wenn nicht, hilft er gern. Der Löwe beteiligt sich aber nie an Aktionen, die seinem Status schaden oder seine künftigen Karrierechancen behindern könnten. Da er normalerweise weder hinterhältig noch arglistig ist, sabotiert er Ihre Bemühungen auch nicht mit falschen Ratschlägen. Vielleicht teilt Ihnen der Löwe auch gleich zu Beginn mit, er sei nicht der Richtige, und empfiehlt Ihnen stattdessen einen anderen Kollegen.

Geschäftsreisen und Veranstaltungen mit dem Löwe-Kollegen

Der Löwe ist sehr dominant und kann schlecht hinter einem anderen zurückstehen, schon gar nicht hinter einem Kollegen. Wenn Sie seinen Drang, sich selbst an erste Stelle zu setzen, akzeptieren, macht dies Reisen und Veranstaltungen mit ihm etwas einfacher. Versuchen Sie dem Löwen aus dem Weg zu gehen, wenn Sie mit seinem großen Ego nicht auf Anhieb zurechtkommen. Er erledigt seinen Anteil an der Reise- oder Partyvorbereitung selbst, allerdings so, wie er will und in der Annahme, dass Ihnen das Ergebnis so gut gefällt wie ihm.

Die Zusammenarbeit mit dem Löwe-Kollegen

Der Löwe gehört nicht zu den kooperativsten Kollegen, es sei denn, er wurde vom Chef extra angewiesen. Er ist besonders konkurrenzbewusst und will stets der Star der Gruppe sein. Wenn das gemeinsame Projekt schiefgeht, ist er dagegen kaum geneigt, die Verantwortung dafür zu übernehmen, sondern behauptet, seine Bemühungen seien durch die Inkompetenz der Kollegen gescheitert. Diesen erfolgsorientierten Kollegen können Sie nur dann zur Teamarbeit bewegen, wenn Sie Anreize in Form von Anerkennung und Belohnungen schaffen. In die richtigen Bahnen gelenkt, erweist sich seine enorme Energie oft als wertvoll für die Gruppe.

Den Löwe-Kollegen beeindrucken und motivieren

Da er die Herausforderung liebt, kann man den Löwen am besten motivieren, indem man seine Fähigkeiten auf die Probe stellt. Wenn man die Schwierigkeiten oder gar die Unmöglichkeit eines Projektes betont, weckt das seinen Kampfgeist. Deutlich zu machen, dass wohl niemand in der Lage wäre, diese Herausforderung zu bewältigen, kann den Löwen zusätzlich motivieren, alles zu geben, um es dennoch zu schaffen. Der Löwe ist daher vor allem von Heldentaten anderer beeindruckt, was ihn aber gleich wieder anspornt, selbst in Zukunft das Gleiche oder noch mehr zu schaffen. Negative Vergleiche mit Kollegen spornen ihn übrigens noch viel mehr an.

Den Löwe-Kollegen überzeugen oder kritisieren

Den Löwen überzeugt oder kritisiert man am erfolgreichsten, wenn man ihm etwas anbieten kann, das er gerne hätte, beispielsweise eine Gehaltserhöhung, eine Beförderung oder zumindest einen Hinweis darauf, dass er vorankommen könnte. Mit dieser Aussicht nimmt er Kritik leichter an oder folgt eher einer vorgegebenen Herangehensweise. Derartige Kursänderungen sind eigentlich schwer für ihn, doch mit dem richtigen Anreiz gibt er sein Bestes.

DER LÖWE-KUNDE

Der Löwe-Kunde weiß in der Regel sehr genau, was er will, deshalb sollten Sie zuhören können und möglichst seiner Führung folgen. Er ist sehr direkt und fragt Sie geradeheraus, ob Sie ihm die gewünschten Ergebnisse zusichern können und ob er sich auf Ihre Lieferungen verlassen kann. Der Löwe ist sehr ergebnisorientiert, und meist ist es ihm egal, wie Ergebnisse zustande kommen, sofern er keine Rückschläge befürchten muss. Solange er nicht völlig verzweifelt ist, überlässt er nichts dem Zufall und hat sicherlich schon einiges über Sie in Erfahrung gebracht, denn andernfalls würde er Sie gar nicht erst ansprechen.

Den Löwe-Kunden beeindrucken

Beeindrucken Sie den Löwen damit, wie gut Sie zuhören können und wie schnell Sie Entscheidungen treffen. Falls Sie eine praktikable Methode improvisieren können, die seinen Ansprüchen entspricht und seine Wünsche befriedigt, gibt er Ihnen grünes Licht. Wenn er darüber hinaus sehr an Ihre Fähigkeiten glaubt, wird er ein großes Budget zur Verfügung stellen, damit Sie alle Pläne umsetzen können. Der Löwe trifft Entscheidungen oft spontan. Wenn er sagt, er brauche Zeit, um über Ihr Angebot nachzudenken, haben Sie ihn wahrscheinlich nicht überzeugen können.

Dem Löwe-Kunden etwas verkaufen

Der Löwe mag gutes Verkaufsgeschick und ist sicher, dass Sie auch an Endkunden verkaufen können, wenn Sie es schaffen, etwas an ihn zu verkaufen. Um also den Advocatus Diaboli zu spielen, erhebt er manchmal allein deshalb Einwände, weil er sehen will, wie Sie damit umgehen. Das führt dann wieder zu neuen, wertvollen Ideen und Ansätzen. Er hat auch keinerlei Skrupel, sich Ihre Vorschläge zu eigen zu machen und damit später Anerkennung zu ernten, egal ob er mit Ihnen ins Geschäft kommt oder nicht. Der Löwe glaubt oft, Sie seien ebenso opportunistisch wie er und benutzten die Ideen anderer, die Sie vertreten, um gute Ergebnisse zu erzielen.

Der Löwe-Kunde und Ihr Äußeres

Versuchen Sie tunlichst nicht, den Löwe-Kunden zu überstrahlen, sondern kleiden Sie sich gedeckt. Komplimente bezüglich seiner Kleidung, bewundernde Blicke und eine respektvolle Haltung nimmt er stillschweigend zur Kenntnis. Wenn er laut wird, sollten Sie leise werden, das Thema wechseln oder sich zurückziehen, statt den Streit weiter anzuheizen. Wenn er jedoch dranbleibt und vielleicht sogar beleidigend oder verletzend wird, müssen Sie eine klare Grenze ziehen und ihn ermahnen, keinen Schritt weiter zu gehen.

STÄRKEN

selbstbewusst
beharrlich
ergebnisorientiert

SCHWÄCHEN

unmoralisch
egoistisch
von sich selbst überzeugt

AUFTRETEN

unwiderstehlich
opportunistisch
selbstbewusst

LÖWE

Das Interesse des Löwe-Kunden wachhalten

Der Löwe ist fasziniert von Ihren sprachlichen Fähigkeiten und Ihrem Timing. Ein paar wohlgewählte Worte sind dabei besser als längere Ausführungen. Ironie, Witz, Sarkasmus und die gelegentliche kryptische Bemerkung halten sein Interesse ebenfalls wach. Wenn er irgendwann sogar um eine Erklärung dafür bittet, können Sie sicher sein, ihn an der Angel zu haben. Auch eine Wiederholung dieser Taktik wird ihre Wirkung nicht verfehlen. Warten Sie wie ein guter Schauspieler, bis Ihr Löwe-Publikum um eine Zugabe bittet.

Dem Löwe-Kunden schlechte Nachrichten überbringen

Der Löwe braucht die gute Nachricht unbedingt zuerst, egal wie klein und unscheinbar sie auch sei. Erklären Sie ihm die schlechte Nachricht Punkt für Punkt, statt ihm gleich die ganze Pleite zu präsentieren. Geben Sie jedem einzelnen Punkt einen positiven Dreh, aber versuchen Sie nicht, die Wahrheit zu vertuschen oder zu lügen. Wenn Sie stark ins Detail gehen, führt das vielleicht sogar dazu, dass er neue kreative Ideen zur Schadensbegrenzung entwickeln kann. Wenn er Ihnen und Ihren Methoden vertraut, gibt er Ihnen mitunter eine zweite Chance oder die Gelegenheit, wieder gutzumachen, was beim ersten Mal nicht funktioniert hat.

Den Löwe-Kunden unterhalten

Der Löwe liebt es, verwöhnt zu werden, z. B. mit Geselligkeit, Essenseinladungen oder sogar Geschenken. Er mag es, wenn man sich um ihn bemüht, aber beim ersten Zeichen von Verärgerung sollten Sie sich zurückziehen. Bei jeder Art von Unterhaltung bevorzugt er Sitzplätze in der ersten Reihe oder dort, wo er gesehen und bewundert werden kann. Schenken Sie ihm unbedingt Ihre volle Aufmerksamkeit, lachen Sie über seine Witze, halten Sie Blickkontakt, und begleiten Sie seine Bewegungen mit höflichen Gesten. Gemeinsam über andere zu lästern, sorgt für einen fröhlichen Schlagabtausch.

DER LÖWE-GESCHÄFTSPARTNER

Der Löwe kann der vertrauenswürdigste und verlässlichste Partner sein, den Sie sich wünschen. Manchmal neigt er, in dem Glauben, er handle für Sie beide, zu Alleingängen und lässt Ihre Wünsche außer Acht. Hinterher präsentiert er Ihnen stolz seine Ergebnisse und ist fest davon überzeugt, dass Sie ebenso erfreut sind wie er. Momente wie dieser können die Partnerschaft strapazieren. Wenn er aber nicht von solchen »Anfällen« abgelenkt wird, erfüllt er seine täglichen Aufgaben energisch und kompetent. Manchmal hat er Schwierigkeiten, länger zuzuhören. Achten Sie darauf, dass er alles verstanden hat, was Sie vermitteln wollen, und geben Sie es ihm noch einmal schriftlich oder lassen Sie es sich von ihm kurz zusammenfassen.

Einen Löwen zum Geschäftspartner machen

Den Löwen müssen Sie vom Nutzen einer solchen Partnerschaft oft erst überzeugen. Da er sich für fähig hält, unabhängig zu handeln, sieht er die Notwendigkeit für eine Partnerschaft nicht. Wenn er sich aber einmal verpflichtet hat, ist er kooperativ, wenn auch organisatorisch anspruchsvoll. Eine genaue juristische Regelung ist empfehlenswert, denn der Löwe neigt zu Alleingängen. Die ersten ein, zwei Jahre werden die schwierigsten sein, denn wie ein temperamentvolles Pferd muss der Löwe erst lernen, die gemeinsame Kutsche in die richtige Richtung zu ziehen.

Aufgabenverteilung mit dem Löwe-Geschäftspartner

Lassen Sie dem Löwen bei der Wahl seiner Aufgaben so viel Spielraum wie möglich. Gestatten Sie ihm, vieles selbständig zu erledigen, ohne dass Sie ihn laufend überprüfen. Mit ein bisschen Glück revanchiert er sich und gesteht Ihnen dieselbe Freiheit zu, aber der Löwe kann auch sehr gebieterisch und kontrollierend sein. Er wird also vielleicht mit zweierlei Maß messen: gut für ihn, schlecht für Sie. Das Schwierigste wird sein, tägliche oder wöchentliche Besprechungen einzuführen, denn der Löwe mag es gar nicht, wenn er regelmäßig Rechenschaft ablegen muss.

Geschäftsreisen und Veranstaltungen
mit dem Löwe-Geschäftspartner

Es kann viel Spaß machen, mit dem Löwen zu reisen. Sein Enthusiasmus, sein Humor und seine gute Laune verleihen jeder beruflichen Unternehmung eine positive Note. Negatives kann er allerdings nicht gut wegstecken, und wenn etwas schiefgeht, wird es ihn in schlechte Stimmung versetzen. Ihn da herauszuholen, ist extrem schwierig. In guten Zeiten schätzt man ihn und lässt ihn zufrieden, in schlechten Zeiten lässt man ihn nach Möglichkeit einfach nur allein. Grundsätzlich braucht der Löwe gar keine Unterhaltung, und Sie sollten für sein Bedürfnis, alleine loszuziehen, Verständnis aufbringen.

Den Löwe-Geschäftspartner lenken und führen

Eigentlich ist es so gut wie unmöglich, den Löwen zu lenken oder zu führen. Vielleicht haben Sie den Eindruck, er stimme Ihren Vorschlägen zu, aber dann werden Sie feststellen, dass er genau das Gegenteil tut. Darauf angesprochen, sagt er vielleicht, er habe Sie nicht genau verstanden, oder er fand es zum Wohle der Firma notwendig, einen anderen Kurs einzuschlagen. Beschränken Sie Ihren Ehrgeiz, den Löwen führen zu wollen, auf Vereinbarungen zur Arbeitsaufteilung und allgemeine Themen wie Vertrieb, PR und Marketing. Nehmen Sie es hin, dass er eigene Methoden hat, seine Pflichten zu erfüllen.

Auf lange Sicht mit dem Löwe-Geschäftspartner auskommen

Wenn Sie seinen Unabhängigkeitsdrang akzeptieren, kann Ihre Partnerschaft jahrelang halten. Wenn es aber von Anfang an ständig Reibereien gibt, können Sie froh sein, wenn Sie ein oder zwei Jahre gemeinsam überleben. Solange alles

STÄRKEN

vertrauenswürdig
verlässlich
loyal

SCHWÄCHEN

kapriziös
zerstreut
unachtsam

AUFTRETEN

individualistisch
kooperativ
energisch

LÖWE

gutgeht und das Unternehmen floriert, ist das einzige Problem meist, dass er jeden Erfolg für sich verbucht und Ihre Kommentare, manchmal sogar Ihre Anwesenheit, im Beisein von Kunden und Mitarbeitern ignoriert. Sie werden gegen Ihren Willen als »stiller Teilhaber« abgestempelt und müssen sich vielleicht in diese Rolle fügen, um Konflikte zu vermeiden.

Die Trennung vom Löwe-Geschäftspartner

Sich vom Löwen zu trennen, kann eine große Erleichterung bedeuten, vor allem, wenn Ihnen seine herrische Art und seine Weigerung, sich führen zu lassen, jahrelang große Probleme bereitet haben. Er scheint ja auch keinen Gedanken an Ihr künftiges Wohlergehen zu verschwenden. Übrigens ist es oft erstaunlich einfach, die Gewinne und die Infrastruktur des Unternehmens zu teilen, was aber daran liegt, dass er wahrscheinlich schon in den Startlöchern für seinen nächsten Job steht. Sein gönnerhaftes Verhalten entspringt also weder seiner Großzügigkeit noch seinem Gerechtigkeitssinn, sondern lediglich seiner Ungeduld, endlich weiterzukommen.

STÄRKEN

selbstbeherrscht
hartnäckig
mutig

SCHWÄCHEN

übertrieben selbst-
bewusst
unreflektiert
wiederholt sich häufig

AUFTRETEN

angriffslustig
herausfordernd
provokativ

DER LÖWE-KONKURRENT

Der Löwe ist ein schwieriger Gegner. Er ist erfolgsverwöhnt und geht davon aus, dass er bekommt, was er will. Ähnlich groß wie sein Erfolgswille sind nur die Chuzpe und Ausdauer, mit denen er seinen Gegner zu Boden zwingt, koste es, was es wolle. Sie können stolz sein, wenn es Ihnen gelingt, seine ständigen Angriffe abzuwehren und dagegenzuhalten. Um ihn zu besiegen, müssen Sie in höchstem Maße erfinderisch und ähnlich hartnäckig sein. Der Löwe strebt möglicherweise auch finanziellen Profit an, doch in erster Linie will er den Kampf gewinnen. Sein Stolz und sein Kampfgeist zählen für ihn mehr als alles andere.

Gegen den Löwe-Konkurrenten antreten

Eine Möglichkeit ist es, sich als unbezwingbares Hindernis aufzustellen, gegen das selbst die unbändige Kraft des Löwen nicht ankommt. Eine so direkte Konfrontation kann Sie jedoch zermürben, und der Löwe reißt mit seiner Hartnäckigkeit irgendwann Ihre Abwehr ein. Subtilere Ansätze sind oft besser: Beobachten Sie ihn genau, studieren Sie seine Methoden (die sich meist wiederholen), und probieren Sie verschiedene Kontertechniken aus, bis sich sein Tempo verlangsamt. Dann sollten Sie alles auf eine Karte setzen, zuschlagen – und hoffentlich als Sieger dastehen.

Den Löwe-Konkurrenten ausspielen

Man kann den Löwen ärgern, bis er wild um sich schlägt und aus der Deckung kommt. Indem Sie ihn immer wieder zur Weißglut treiben, finden Sie seine Schwachpunkte. Während er noch versucht, Sie abzuschütteln wie ein lästiges Insekt, können Sie seine Flanke angreifen, hoffentlich unbemerkt. Gehen Sie vorsichtig vor, denn sonst schlägt er gewaltig zurück. Spionage ist auch eine Möglichkeit, sofern Sie in seiner Belegschaft einen Mitarbeiter finden, der auf Ihr Angebot eingeht. Vorab über seine Pläne informiert zu sein, kann sich auszahlen.

Den Löwe-Konkurrenten persönlich beeindrucken

Am besten ist es, den Löwen gar nicht erst beeindrucken zu wollen, sondern ihn in dem Glauben zu lassen, Sie seien kein ernstzunehmender Gegner und leichte Beute. Wenn Sie sich dumm stellen, glaubt er vielleicht, dass Sie die Mühe nicht wert sind, und er wird leichtsinnig. Ziehen Sie sich in der Hitze des Gefechts aus Unternehmungen, die Ihnen ohnehin nichts bedeuten, zurück und überzeugen Sie ihn damit von Ihrer Feigheit. Dann unterschätzt er in Zukunft Ihre Macht. Bei persönlichen Konfrontationen sollten Sie möglichst zurückhaltend agieren.

Den Löwe-Konkurrenten über- oder unterbieten

Statt zu versuchen, den Löwen bei wertvollen Objekten zu überbieten, sollten Sie ihn lieber verwirren, indem Sie sich für solche interessieren, die kaum einen Wert zu haben scheinen. Während er noch über Ihre Dummheit lacht, können Sie wie von Zauberhand ein ganz neues Produkt lancieren, was ihn noch mehr verwirren wird. Da der Löwe gar nicht gern zugibt, dass er Sie unterschätzt hat, macht er diesen Fehler wohl nicht noch einmal. Außerdem können Sie ihn nur einmal wirklich gut ausspielen, geben Sie deshalb Ihr Bestes.

PR-Krieg gegen den Löwe-Konkurrenten

Der Löwe neigt dazu, sich in großen PR-Gesten zu verlieren. Statt mit eigenen großangelegten Kampagnen zu kontern, sollten Sie ihn sich verausgaben lassen, bis sein Budget erschöpft ist. Das erreichen Sie am besten, indem Sie mit cleverer PR Anspielungen ausstreuen, die sein Produkt oder seine Dienstleistung ebenso angreifen wie seine Werbung dafür. Wenn Sie Zweifel an deren Wirksamkeit säen, wurmt ihn das, und es hat möglicherweise eine Flut von Gegendarstellungen zur Folge. Damit wäre er deutlich in der Defensive, wo er nicht sehr stark ist. Beste Resultate erzielen Sie mit Hartnäckigkeit.

Der Löwe-Konkurrent und die persönliche Beziehung

Der Löwe ist für Schmeicheleien sehr anfällig. Wenn Sie ihm Honig um den Bart schmieren und zusehen, wie er sich vor Stolz aufbläht, haben Sie seine Verteidigung oft schon durchbrochen. Es kann sogar sein, dass er Gefallen an Ihnen findet und versucht, Sie von Ihrer Firma wegzulocken oder Ihnen sogar eine Partnerschaft anzubieten. Direkte verführerische Angebote kommen beim Löwen gut an, denn die schmeicheln seinem Ego. Sobald Sie ihn mit Ihrem Verstand, Ihrem Aussehen oder Ihren Fähigkeiten erst einmal an der Angel haben, ist er Wachs in Ihren Händen. Wenn er aber von Ihrem falschen Spiel erfährt, kann sein Zorn vernichtend sein.

Liebe

LÖWE

23. Juli – 23. August

STÄRKEN

anspruchsvoll
unverbindlich
scharfsinnig

SCHWÄCHEN

urteilend
ablehnend
reserviert

AUFTRETEN

wachsam
geduldig
beobachtend

RENDEZVOUS MIT DEM LÖWEN

Wenn es Ihnen bereits beim ersten Treffen mit dem Löwen gelingt, sein Feuer zu entfachen, müssen Sie sich nur überlegen, wie Sie es später wieder löschen. Von Natur aus reserviert, geht der Löwe zunächst pragmatisch vor und versucht herauszufinden, aus welchem Holz Sie geschnitzt sind. Dieses Rendezvous ist eher ein Test, bei dem Sie vermessen und beurteilt werden. Wenn er Sie akzeptabel findet, sind weitere Schritte nicht ausgeschlossen; wenn nicht, haben Sie keine Chance mehr. Übrigens ist es grundsätzlich der Löwe, der ablehnt, nicht etwa Sie. Wenn Sie diese Regel brechen, müssen Sie mit heftigen Reaktionen des verschmähten Löwen rechnen.

Wie man einen Löwen kennenlernt und anlockt

Wenn Sie ernsthaftes Interesse an einem erfolgreichen Rendezvous haben, sollten Sie so gut wie möglich aussehen. Überlegen Sie genau, was Sie sagen und wie Sie es sagen. Mit schlichtem Geplänkel kommen Sie nicht weit, obwohl der Löwe es manchmal selbst verwendet, um Sie auszuhorchen. Er ist zwar immer offen für Komplimente, wird aber argwöhnisch, wenn Sie versuchen ihn zu beeindrucken. Wenn er befürchtet, dass Sie nicht meinen, was Sie sagen, zieht er sich zurück. Er kennt alle Raffinessen des Schmeichelns und der Verführung und ist clever genug, diese auch bei anderen zu erkennen.

Unternehmungen bei der Verabredung mit dem Löwen

Der Löwe möchte ausgehen und sich amüsieren. Ein ruhiger Abend daheim entspricht nicht seinem Naturell. Er möchte sich frei bewegen und frei wählen können, nicht etwa irgendwo mit Ihnen alleine eingesperrt sein. Zu einer Party gehen ist ideal, denn dort kann er im Mittelpunkt der Aufmerksamkeit stehen. Halten Sie Ihre Eifersucht im Zaum, jegliche Äußerung in dieser Hinsicht versetzt seiner Stimmung einen Dämpfer, macht ihn nervös und gibt ihm das Gefühl, eingeschränkt zu werden. Wenn er seine Show abzieht, sollten Sie sich mit der Rolle des geneigten Zuschauers begnügen.

Was den Löwen anmacht und was ihn abschreckt

Der Löwe möchte, dass Sie bei Ihrem ersten Treffen toll aussehen. Er will stolz auf Sie sein und sich Ihrer nicht schämen müssen. Daher sollten Ihre Kleidung, Ihre Frisur, die Schuhe und Ihre Haut immer einen gepflegten Eindruck machen. Wenn der Löwe Ihnen diesbezüglich ein Kompliment macht, haben Sie die erste Hürde zu seinem Herzen schon genommen. Er steht außerdem auf Wortgewandtheit, vor allem, wenn Sie damit einen Kellner, Gastgeber oder gemeinsamen Freund beeindrucken können. Wenn Sie aber bei einem Dritten anecken, brauchen Sie nicht zu hoffen, dass der Löwe Sie heraushaut.

Beim Löwen den ersten Schritt machen

Der Löwe signalisiert seine Wünsche durch seine Stimmlage, einen bestimmten Blick oder eine Geste, die andeutet, dass er weiteren Avancen nicht abgeneigt ist. Schießen Sie aber ohne eine solche Einladung nicht übers Ziel hinaus, sondern seien Sie lediglich weiterhin aufmerksam. Da »Ablehnung« im Wortschatz des Löwen meist nicht vorkommt, macht er sich schnell aus dem Staub, wenn er befürchtet, dass Sie das Interesse verlieren. Wenn er dagegen ein weiteres Treffen erwähnt, erwartet er von Ihnen jetzt oder spätestens beim nächsten Treffen den ersten Schritt.

Den Löwen beeindrucken

Meist beeindruckt man den Löwen mit einem freundlichen, offenen Charakter und einem sonnigen Gemüt. Dieser Mensch möchte mit Schmerz und Leid nichts zu tun haben, egal wie sehr andere darauf anspringen. Er will Spaß haben, und wenn Sie mit von der Partie sind, umso besser. Seinem unbändigen Enthusiasmus sollten Sie keine Zügel anlegen. Wenn Sie es doch tun, schlägt Ihnen eisiges Schweigen entgegen. Der Löwe ist kein Kandidat für Entschuldigungen und Ausreden, und vor Konfrontationen schreckt er auch nicht zurück, denn er erwartet, dass Sie hundertprozentig für ihn da sind und bei gemeinsamen Unternehmungen alles geben.

Den Löwen nach der Verabredung wieder loswerden

Nach einem ersten Treffen, an dem Sie beide Spaß hatten, ist der Löwe normalerweise so geduldig, ein paar Wochen zu warten, bis Sie sich wieder melden. Wenn Sie in dieser Zeit nichts von sich hören lassen, wird er Ihr Schweigen als Abfuhr akzeptieren, oder er übernimmt selbst die Initiative. Im ersten Fall verbietet ihm sein Stolz, weiter vorzupreschen. Wenn er doch noch einmal anruft, reicht eine kleine Andeutung von Desinteresse oder eine lahme Entschuldigung aus, um ihn ein für alle Mal loszuwerden.

BEZIEHUNG MIT DEM LÖWEN

In einer festen Beziehung ist der Löwe engagiert und begeistert, und im Allgemeinen unterstützt und trägt er die Beziehung, jedenfalls bis zu einem bestimmten

STÄRKEN

selbstbewusst
begeistert
unterstützend

SCHWÄCHEN

karriereorientiert
ehrgeizig
egoistisch

AUFTRETEN

stolz
anspruchsvoll
rücksichtslos

Punkt. Sofern es nicht mit seinen ehrgeizigen Karriereplänen kollidiert, können Sie nicht nur am Wochenende, sondern manchmal auch unter der Woche auf ihn zählen. Vermeiden Sie Situationen, wo er sich entscheiden muss, ob er seine Zeit Ihnen oder seinem Job widmet, denn selbst wenn er sich für Sie entscheidet, tut er das manchmal nur, weil er sich dazu verpflichtet fühlt. Denken Sie daran, dass der Löwe Sie zwar nicht verlieren will, aber glaubt, jederzeit adäquaten Ersatz finden zu können.

Mit dem Löwen diskutieren

Der Löwe hat nichts gegen Diskussionen, solange er Thema, Zeit und Ort selbst festlegen kann. Er ist aber nicht besonders gesprächig und möchte seine Energie eigentlich lieber darauf verwenden, Spaß zu haben und seinen romantischen Gefühlen Ausdruck zu verleihen. Da er ständig in Bewegung ist, ist es schwierig, ihn lange genug festzuhalten, um die wichtige Sache zu besprechen, die Ihnen schon lange im Kopf herumgeht. Er ist oft ausweichend und geht unbequemen Themen aus dem Weg, indem er entweder von etwas anderem redet oder gar nichts sagt.

Mit dem Löwen streiten

Wenn man ihn lange genug provoziert, streitet sich der Löwe auch, allerdings ungern. Wenn Sie auf einem Streit bestehen, bekommen Sie von diesem hitzigen Wesen mitunter mehr, als Ihnen lieb ist. Der Löwe braucht nur wenige Worte und weiß, wie er seinen Gegner verletzen kann. Wenn man ihm droht, teilt er aus, und dann gibt es für ihn keine Regeln mehr. Normalerweise hält er Streitereien aber für unter seiner Würde, denn meist fühlt er sich ohnehin überlegen. Wenn Sie ihn in die Enge treiben, müssen Sie darauf gefasst sein, dass er sich streitet, um eine ernsthafte Diskussion mit Ihnen zu vermeiden.

Mit dem Löwen reisen

Der Löwe genießt die Reise mit Ihnen nur dann, wenn er stolz auf Sie sein kann, aber nicht nur auf Ihr Aussehen, sondern auch auf Ihre Liebenswürdigkeit, Ihre Aufmerksamkeit ihm gegenüber und Ihre Großzügigkeit. Nichts ist ihm peinlicher, als wenn Sie ständig auf den Cent schauen oder vor größeren Ausgaben zurückschrecken. Jede Art von Geiz ist ihm ein Gräuel, vor allem im Urlaub. Er hat das Gefühl, viel zu geben, und möchte, dass Sie dasselbe tun. Treten Sie keine Reise in schäbiger oder abgetragener Kleidung an, denn er glaubt, dass Ihre Aufmachung auf ihn abfärbt.

Sex mit dem Löwen

Wenn Sie da mithalten können, kann das eine sehr befriedigende Angelegenheit sein. Der Löwe ist ziemlich sexorientiert und erwartet daher häufigen, guten Sex, der seine speziellen Wünsche und Bedürfnisse befriedigt. Wenn Sie ihn erfreuen, drängt er mit Worten und Taten auf eine Fortführung. In dieser Hinsicht ist der Löwe alles andere als schüchtern. Er weiß, was er will und wann er es will.

Der Löwe und Zärtlichkeit

Der Löwe ist eher ein leidenschaftlicher als ein sinnlicher Mensch und drückt seine Zuneigung eher mit Sex als mit Zärtlichkeiten aus. In der Öffentlichkeit tritt er lieber distanziert auf und vermeidet Umarmungen, Kuscheln, liebevolle Blicke und andere zärtliche Gesten. Manchmal sogar, wenn Sie alleine sind. Der Löwe findet übertriebene Zärtlichkeit nicht nur unnötig, sie nervt ihn sogar und schreckt ihn möglicherweise ab. Wenn er nicht von alleine Fortschritte macht, müssen Sie ihm beibringen, dass Sie in dieser Hinsicht besondere Bedürfnisse haben. Machen Sie sich aber auf Widerstand gefasst.

Der Löwe und Humor

Der Löwe möchte sich zwar amüsieren, aber im Allgemeinen hat er keinen besonders guten Sinn für Humor. Witze versteht er oft nicht, und man muss sie ihm dann erklären. Allzu oft nimmt er bestimmte Dinge viel zu ernst, so dass Sie eisiges Schweigen oder gar Zorn ernten, wenn Sie genau diese Dinge gar nicht ernst nehmen. Sich über ihn lustig zu machen, ist natürlich völlig ausgeschlossen, denn der stolze Löwe kann über sich selbst schlecht lachen. Daher kann er auch einem witzigen Schlagabtausch nichts abgewinnen, denn er neigt dazu, vieles persönlich zu nehmen.

EHE MIT DEM LÖWEN

Der Löwe ist eigentlich loyal, und das jahrelang. Allerdings bedeutet loyal bei ihm nicht gleich treu, und beim ersten Anzeichen von Desinteresse Ihrerseits sind die Tage seiner Treue gezählt. Der Löwe will königlich behandelt, auf einen Sockel gestellt und wie ein König oder eine Königin bewundert werden. Er ist ein erstklassiger Schauspieler, der eine Ehe zum Wohle der Kinder, des gesellschaftlichen Status oder seiner Karriere aufrechterhält, mit den Gedanken und dem Herzen aber ganz woanders ist. Behandeln Sie ihn sehr gut, dann wird Ihre Mühe belohnt, und Sie bekommen alles doppelt und dreifach zurück.

Hochzeit und Flitterwochen mit dem Löwen

Für den Löwen sind die Flitterwochen die schönste Zeit des Lebens, und er erwartet, dass Sie alle Register ziehen. Ihm nicht die volle Aufmerksamkeit, das volle Engagement, den vollen finanziellen Einsatz und die absolute Hingabe zu schenken, wäre völlig inakzeptabel. Spielen Sie keine Spielchen, und versuchen Sie nicht, durch Flirten seine Eifersucht zu erregen, denn dann springt Ihnen der Löwe ins Gesicht, und das ist kein schöner Anblick. Der Löwe möchte, dass alles seinen Gang geht, ohne irgendwelche Patzer Ihrerseits. Die Hochzeit sollte also fließend in die Flitterwochen übergehen, woran sich dann die Einrichtung des neuen Heims anschließt.

STÄRKEN

loyal
aufmerksam
fleißig

SCHWÄCHEN

anspruchsvoll
egozentrisch
untreu

AUFTRETEN

direkt
engagiert
großzügig

LÖWE

Haushalt und Ehealltag mit dem Löwen

Der Löwe möchte bei der Wahl Ihres Wohnorts freie Hand haben. Das schließt nicht nur die Stadt und die Gegend ein, sondern auch die Wohnung selbst. Der Löwe will zwar ein eigenes Haus besitzen, aber solange noch keine Kinder da sind und nicht genug Geld verfügbar ist, gibt er sich mit einer Wohnung zufrieden. Damit der Löwe glücklich bleibt, wäre es gut, wenn sich Haus und Kinder binnen weniger Jahre einstellen. Wenn Sie sich jetzt fragen, wie Sie in dieses Szenario passen, sollten Sie sich geehrt fühlen, dass Sie an all dem teilhaben dürfen und auserwählt wurden, für die Zufriedenheit des Löwen zu sorgen.

Der Löwe und Geld

Der Löwe gibt gerne Geld aus. Ob es seins ist oder Ihres, ist ihm grundsätzlich egal, aber er findet es herrlich, wenn Sie ihn verwöhnen. Falls Sie ein gemeinsames Bankkonto haben, müssen Sie damit rechnen, dass er sich nach Lust und Laune bedient. Wenn den impulsiven Löwen das Verlangen nach einem Gegenstand oder einer Unternehmung treibt, wird er das erstbeste Geld nehmen, das ihm in die Finger kommt. Vielleicht sollten Sie daher ein zusätzliches eigenes Konto führen, damit Sie Rechnungen bezahlen können und etwas Geld zur eigenen Verfügung haben.

Der Löwe und Treue

Der Löwe kann zwar durch ein neues Gesicht sehr in Versuchung geraten, doch im Allgemeinen bleibt er so lange treu, wie er glücklich ist. Gelegentliche Indiskretionen muss man ihm verzeihen; er beichtet sie auch nicht, doch wenn sie aufgedeckt werden, tut er sie mit einem Lachen ab. Wenn Sie darüber hinwegsehen können, umso besser, wenn Sie aber großes Theater darum machen oder drohen, ihn zu verlassen (oder sich dieselben Freiheiten nehmen), müssen Sie sich auf einen Wutausbruch gefasst machen. Der Löwe erwartet Verständnis, was oft bedeutet, dass Sie wegsehen oder ihm alles verzeihen müssen.

Der Löwe und Kinder

Der Löwe findet ein Haus ohne Kinder meistens unvollständig. Falls er sich bewusst gegen Kinder entscheidet, hat er oft eine Reihe von Nichten und Neffen oder Haustieren, auf die er seine Zuneigung verteilt. Wenn Kinder im Haus sind, sollten es für den Löwen möglichst die eigenen sein. Wenn das nicht geht, wird er adoptierten oder angenommenen Kindern ein ebenso hingebungsvoller Elternteil sein. Er duldet aber keinerlei Widerstand bezüglich seiner Erziehung oder seinen Regeln und baut dabei auf Ihre Solidarität. Im Allgemeinen möchte er die Kinder so verwöhnen oder bestrafen, wie er es für richtig hält, ohne dass Sie sich einmischen.

Scheidung vom Löwen

Da es der Löwe normalerweise nicht erträgt, abgelehnt zu werden, übernimmt er manchmal den ersten Schritt hin zur Scheidung, wenn Sie durchblicken lassen, dass Sie unglücklich sind, nicht mit ihm reden können oder dass die Beziehung nicht funktioniert. Er wartet nicht ab, bis der Hammer auf ihn niedersaust, sondern holt selbst zum Schlag aus. Wenn Sie zusammenbleiben wollen, sollten Sie einen glücklichen und zufriedenen Eindruck vermitteln. Das bedeutet zwar noch nicht, der er ebenso empfindet, er gibt sich aber meist damit zufrieden, dass seine Ansprüche befriedigt werden (wie, macht er Ihnen sehr deutlich).

AFFÄRE MIT DEM LÖWEN

Als Meister der Vertuschung neigt der Löwe dazu, Ihre Affäre vor den Augen Dritter sorgsam zu verbergen. Darüber hinaus mag er es gar nicht, wenn Sie darüber sprechen, und bricht unter diesen Umständen möglicherweise sogar die Beziehung ab. Er ist sehr leidenschaftlich und gibt in der Liebe alles mit einem theatralischen Gestus, der Sie beeindrucken und von der Größe seines Engagements überzeugen soll. Die unvergessliche Affäre mit einem Löwen verfolgt Sie wahrscheinlich Ihr Leben lang.

Mit dem Löwen anbandeln
Der Löwe liebt das Risiko, und der Nervenkitzel einer heimlichen Affäre zieht ihn magisch an. Trotzdem ist er vorsichtig wenn er sich mit Ihnen trifft, damit er Kollisionen mit seiner aktuellen Beziehung und Verletzungen auf allen Seiten vermeidet. Grundsätzlich findet er, dass das, was er tut, nur ihn allein etwas angeht. Oft hat er ganz eigene Wertvorstellungen, die nicht unbedingt deckungsgleich mit denen der Allgemeinheit sind, so dass er vielen unmoralisch erscheint. Der Löwe plädiert deshalb meist für einen privaten Treffpunkt und vermeidet öffentliche Auftritte.

Wohin mit dem Löwe-Liebhaber?
Im Allgemeinen zieht es der Löwe vor, sich bei Ihnen oder an einem neutralen Ort zu treffen, mit dem ihn nichts verbindet. Zwar ist es ihm wichtig, sich Zeit zu nehmen, aber manchmal trifft er sich auch nur ganz kurz mit Ihnen, denn das ist für ihn besser als nichts. Obwohl der Löwe handlungsorientiert ist, möchte er sich an diesem Ort so wohlfühlen, dass er sich intensiv mit Ihnen unterhalten kann, und zwar nicht nur über Persönliches, sondern auch alles andere, was ihn interessiert. Drängen Sie ihn nicht dazu, schnell zur Sache zu kommen, denn er folgt seinem eigenen natürlichen Rhythmus.

Sex in der Affäre mit dem Löwen
Er ist zwar sexuell sehr enthusiastisch, aber Romantik ist dem Löwen ebenso wichtig. Sex ist keine Bedingung, aber seinen Gefühlen möchte der Löwe bei jeder Gelegenheit Ausdruck verleihen. Grundsätzlich ist Sex für ihn etwas ganz Natürliches, das man genießt, wenn beide Lust darauf haben. Wenn Sie sich ärgern, weil Sie sich sexuell vernachlässigt fühlen, verwirrt ihn das. Er kann Ihnen aber auch geben, was Sie wollen, ohne selbst Gefühle zu investieren. Das ist für ihn keine Täuschung, sondern Vermeidung von Ärger.

STÄRKEN

extrovertiert
offen
freigiebig

SCHWÄCHEN

täuschend
kritisch
unversöhnlich

AUFTRETEN

leidenschaftlich
persönlich
diskret

LÖWE

Die Affäre mit dem Löwen aufrechterhalten

Der Löwe knüpft nur wenige Bedingungen an Liebesdinge, meistens ist er ohnehin einverstanden. Eine Affäre mit einem Löwen kann Jahre dauern, wobei er sich stets neuen Gegebenheiten in parallelen Beziehungen anpassen muss. Der Löwe ist sexuell normalerweise sehr selbstbewusst und muss daher niemanden beeindrucken, er weiß andererseits aber genau, ob Sie das Ganze genießen oder nicht. Wenn Sie den Löwen festhalten wollen, sollten Sie sich ganz klar darüber sein, ob Sie ihn brauchen und wie wichtig er wirklich für Sie ist.

Den Löwe-Liebhaber unterhalten

Solange der Löwe die Umgebung nicht schäbig, sondern angenehm findet, braucht er kaum mehr Unterhaltung als Ihre Gegenwart. Er erwartet allerdings, dass Sie sich von der besten Seite zeigen, angenehm auftreten und Charme versprühen. Der Löwe verliebt sich zwar oft in depressive, komplizierte Menschen, ist in einer solchen Beziehung aber meist unglücklich und bricht diese dann mit großer Willensanstrengung ab. Er mag zwar Geschenke und gemeinsame Vergnügungen, doch Lächeln und Lachen ist im Grunde die einzige Unterhaltung, die der Löwe braucht, um glücklich zu sein.

Die Affäre mit dem Löwen beenden

Der Löwe will genau wissen, wann es vorbei ist, und beendet die Beziehung am liebsten in beiderseitigem Einverständnis. Es verletzt seinen Stolz, einfach fallengelassen zu werden, deshalb braucht er eine vernünftige Erklärung, mit der er leben kann. Er mag keine Unannehmlichkeiten bei der Trennung, aber wenn er in die Ecke gedrängt wird, läuft er zur Hochform auf. Der Löwe möchte Trennungen im Allgemeinen eher friedlich und nicht rachsüchtig gestalten, was bei seinem hitzigen Temperament überrascht. Er wünscht Ihnen danach ganz im Ernst alles Gute, sofern Sie genauso zu ihm stehen.

DER LÖWE-EX

Wenn der Löwe das Gefühl hat, dass Sie ihn gut behandeln, ist er großzügig und freundlich. Wenn nicht, kann er bemerkenswert kalt und gleichgültig sein. Es mangelt ihm in einer solchen Situation an Mitgefühl, aber er reagiert nur selten aggressiv und rachsüchtig, es sei denn, er wird massiv provoziert. Einen nervösen Löwen beruhigt man am besten, indem man ihn sachlich seiner guten Absichten versichert und ihn dann persönlich und höflich behandelt, Sarkasmus und Beschimpfungen vermeidet. Oft möchte sich der Löwe gleich einem neuen Partner zuwenden, davon sollten Sie sich aber nicht ärgern lassen.

Freundschaft mit dem Löwe-Ex

Solange Sie dem Löwen gegenüber keinen Groll hegen, spricht nichts gegen eine freundschaftliche Beziehung. Er ist ohnehin eher dafür, nach vorne zu schauen, statt alte Probleme zu wälzen oder nachtragend zu sein. Meist lautet seine Devise »Abwarten und Tee trinken«, wobei er Ihr Verhalten beobachtet und sich entweder anpasst oder genau gegensätzlich reagiert. Wenn Sie sich ihm eher sachlich nähern, unternimmt oft genug der Löwe den ersten Schritt hin zur Freundschaft, die nach ungemütlichen Zeiten sehr schön sein kann. Wenn Sie das Friedensangebot sofort annehmen, nimmt er das auch in Zukunft als Zeichen Ihres guten Willens.

Der Löwe-Ex und Versöhnung

Um auch nur zu erwägen, wieder mit Ihnen zusammenzukommen, braucht der Löwe die Garantie (eventuell sogar schriftlich oder als Videoaufzeichnung), dass Sie nie wieder dieselben Fehler machen. Auch finanzielle Versprechungen haben ihren Effekt, allerdings fühlt er sich gekränkt, wenn Sie versuchen, sich seine Liebe zu erkaufen. Er ist in dieser Beziehung sehr idealistisch und möchte, viel mehr als es sich nur einfach zu machen, tatsächlich wieder romantische Gefühle erleben. Falls er so tut, als sei er schwer zu haben, können Sie seinen Widerstand mit Hartnäckigkeit und Verständnis brechen und dies als Beweis Ihrer ernsthaften Absichten anführen.

Mit dem Löwe-Ex über alte Probleme sprechen

Beim Löwen sollten Sie solche Diskussionen lieber vermeiden, denn er mag keinen kalten Kaffee. Gelegentliche Bemerkungen über Vergangenes lässt er durchgehen, wenn Sie aber tiefer graben wollen, stoßen Sie auf Widerstand oder prallen gänzlich ab. Die beste Möglichkeit, ein Thema anzusprechen, von dem Sie glauben, dass es auf den Tisch muss, ist, ihn zum Lachen oder Schmunzeln zu bringen, wenn Sie sich an eine Situation erinnern, in der Sie beide sich unwohl oder verzweifelt gefühlt haben. Dann haben Sie einen Einstieg, mit dem Sie das Thema weiter ausbreiten können, aber allzu ernsthaft sollten Sie es nicht angehen.

Dem Löwe-Ex seine Zuneigung zeigen

Der Löwe hat eine warme, liebevolle Seite, die auf freundlichen Umgang anspringt. Am besten bauen Sie zunächst Vertrauen auf, ehe Sie weitere Schritte unternehmen, denn im Allgemeinen dauert es lange, bis die Wunden des Löwen verheilt sind. Ein Jahr müssen Sie mindestens warten, bevor Sie versuchen können, sich ihm emotional wieder zu nähern. Jede verfrühte Andeutung von Zuneigung könnte den Heilungsprozess verlängern. Allerdings wird Ihre Geduld belohnt werden, wenn Sie aushalten und warten können.

Die gegenwärtige Beziehung zum Löwe-Ex definieren

Am besten stellen Sie nicht allzu viele Regeln und Vereinbarungen auf, denn der Löwe ist meist der Ansicht, dass Regeln dazu da sind, gebrochen zu werden. Andererseits tut er sein Möglichstes, um seinen Teil der Abmachung einzuhalten, und Sie können sich darauf verlassen, dass er seinen Verpflichtungen nachkommt. Hüten Sie sich vor leerem Geschwätz und Absichtserklärungen, denn die Großzügigkeit des Löwen ist oft nur Ausdruck gegenwärtiger Hoffnung und

STÄRKEN

großzügig
umgänglich
besorgt

SCHWÄCHEN

kalt
gefühllos
provozierend

AUFTRETEN

aufmerksam
fair
höflich

LÖWE

alles andere als eine Garantie. Der Glanz der Gefühle kann beim Löwen quasi über Nacht verschwinden, und übrig bleibt weniger Großartiges.

Gemeinsames Sorgerecht mit dem Löwe-Ex

Der Löwe ist sehr besitzergreifend und beschützend, wenn es um seine Kinder geht. Meist versucht er, das alleinige Sorgerecht für sich zu erstreiten und Ihnen lediglich am Wochenende oder noch seltener Umgang zu gestatten. Sollte es Ihnen gelingen, das Sorgerecht zu erhalten, wird der Löwe darum kämpfen, seine Kinder so oft zu sehen wie möglich, und auch das gemeinsame Sorgerecht wird weiterhin sein Ziel sein, selbst wenn er dafür das Urteil anfechten muss. In diesem Punkt kann es notwendig sein, ihn dazu zu bringen, strengen Regeln und Vereinbarungen zuzustimmen, damit seine impulsive und hartnäckige Energie unter Kontrolle bleibt.

Freunde & Familie

DER LÖWE-FREUND

Der Löwe ist ein hervorragender Freund. Seine Loyalität, Ergebenheit und Unterstützung sind sagenhaft. Er ist bekannt dafür, engen Freunden in guten wie in schlechten Zeiten beizustehen. Sein Bedürfnis, gebraucht zu werden, ist nicht übertrieben groß, und er lässt Sie daher, wenn Sie möchten, manchmal lange in Ruhe, ohne dass die Freundschaft darunter leidet. Andererseits genießt er es, seine Freunde täglich zu sehen oder zu sprechen und sich über neuen Klatsch und Tratsch auszutauschen. Persönliche Gespräche sind ihm lieber als virtuelle, aber wenn Ihre Terminkalender es nicht zulassen, kann eine SMS oder ein Telefongespräch die Zeit bis zum nächsten Treffen überbrücken.

Einen Löwe-Freund um Hilfe bitten
»Dafür sind Freunde ja da«, ist eine typische Löwe-Antwort auf Ihren Dank. Da der Löwe sehr offen ist, müssen Sie nur fragen, und schon ist Ihnen seine Hilfe sicher, aber der dynamische Löwe ist auch vielbeschäftigt, so dass man ihm möglichst lange im Voraus Bescheid geben sollte. Nutzen Sie seine Gutmütigkeit aber nicht aus: Erstens könnten Sie sich von ihm zu abhängig machen, zweitens werden Sie so kein eigenständig denkender Mensch. Wenn der Löwe es zu gut mit Ihnen meint, kann er dazu beitragen, dass Sie hinter Ihren Möglichkeiten zurückbleiben.

Mit dem Löwe-Freund kommunizieren und in Kontakt bleiben
Der Löwe möchte nur dann kommunizieren, wenn beide Parteien dies wünschen. Er fühlt sich auch nicht verpflichtet, Kontakt zu halten, und hat Verständnis, wenn Sie zeitweise das Bedürfnis haben, allein zu sein. Er erwartet von Ihnen dasselbe. Darüber hinaus erwartet er, dass Sie ihn über wichtige Angelegenheiten oder solche, in die er bereits Mühe investiert hat, informieren. Er ärgert sich, wenn Sie sich nicht klar ausdrücken, wenn er die Wahrheit über Dritte erfährt, oder wenn er außen vor gelassen wird. Er will alles direkt von Ihnen selbst erfahren, ohne Schwindeleien oder längere Erläuterungen.

STÄRKEN

loyal
ergeben
unterstützend

SCHWÄCHEN

abgelenkt
vergesslich
schlecht urteilend

AUFTRETEN

zur Verfügung stehend
offen
unbeschwert

Vom Löwe-Freund Geld borgen

Der Löwe ist von Natur aus großzügig und hilft, wann immer und so viel er kann. Er erwartet allerdings, sein Geld zurückzubekommen. Wenn dies nicht geschieht, kann dies der Anfang vom Ende einer wunderbaren Freundschaft sein. Bei kleinen Beträgen gibt es im Allgemeinen keine Probleme, sie sollten aber nicht in tägliche Darlehen ausarten. Bei großen Summen wäre es das Beste, Sie würden einen Schuldschein oder eine andere Form von Vereinbarung unterschreiben, vor allem, wenn es um Kapitalanlagen geht. Im Notfall stellt der Löwe nicht nur Geld, sondern auch seine Tatkraft zur Verfügung.

Den Löwe-Freund um Rat fragen

Es ist dem Löwen eine Freude, in wichtigen Fragen um Rat gebeten zu werden. Allerdings stehen Sie bald vor dem Problem, dass sein Rat nicht immer der Beste ist, denn sein Urteilsvermögen ist bisweilen so getrübt, dass er nur sieht, was er sehen will. Hinzu kommt, dass er zwar helfen möchte, der tatsächliche Nutzen aber weit hinter der guten Intention zurückbleibt. Wenn Sie seinen Rat nach einer solchen Erfahrung nicht mehr befolgen oder den Löwen gar nicht mehr fragen, ist er beleidigt. Seien Sie deshalb vorsichtig, wenn Sie den Löwen um Rat fragen.

Einen Löwe-Freund besuchen

Der Löwe besucht meistens lieber Sie oder trifft sich mit Ihnen in einem Café. Der Grund dafür ist, dass er entweder das Gefühl hat, dringend aus dem Haus zu müssen, oder dass er wenig Lust hat, seine häusliche Nachlässigkeit zur Schau zu stellen. Wundern Sie sich nicht, wenn er zu spät kommt, der Löwe ist selten pünktlich. Entspannen Sie sich während der Wartezeit, denn wenn er endlich ankommt, ist er wahrscheinlich ziemlich aufgeregt und kann Ihre Ruhe als emotionales Kissen gut gebrauchen. Mit dem Löwen kann man sich auch mehrmals pro Woche treffen, ohne sich zu langweilen.

Feste und Freizeit mit dem Löwe-Freund

Der Löwe genießt Partys aller Art. Allerdings feiert er lieber mit Freunden oder lernt neue Leute kennen, statt langweiligen Familienfesten beiwohnen zu müssen. Ihn zu fragen, ob er bei der Festvorbereitung hilft, ist nicht immer eine gute Idee, denn trotz seiner guten Vorsätze ist er kaum eine echte Hilfe. Da er meist mit anderen Dingen beschäftigt ist, kann es vorkommen, dass dem Löwen erst in letzter Minute einfällt, dass er zugesagt hatte, und dann irgendwann mittendrin mit großem Brimborium Einzug hält. Wenn Sie wirklich fest mit seiner Mithilfe rechnen, sollten Sie ihn abholen und direkt zum Ort des Geschehens bringen.

DER LÖWE-MITBEWOHNER

Die Dominanz des Löwen sorgt oft für Schwierigkeiten. Egal wo er wohnt, ob im Wohnheim, in einer WG oder im Haus, er ist der König »seines« Domizils. Solange Sie akzeptieren können, dass der Löwe an diese königliche Position glaubt, gibt es wenig Probleme. Der Löwe krempelt nämlich die Ärmel hoch und stürzt sich vom Wäscheberg bis zum dreckigen Geschirr auf alles, was erledigt werden muss. Stellen Sie aber seine Autorität nicht in Frage, und starten Sie keinen sinnlosen Wettstreit, das gibt nur Ärger. Wenn er Sorgen hat, geht es dem Löwen nicht gut. Halten Sie Negatives möglichst von ihm fern, damit seine sonnige Seite scheinen kann.

Mit dem Löwe-Mitbewohner finanzielle Verantwortung teilen

Die Frage ist nicht, ob der Löwe seinen Anteil zahlt, sondern wann. Leider ist das Geld für Miete und Nebenkosten immer schon ausgegeben, wenn Sie kommen und kassieren wollen. (Sie sollten in jedem Fall das Einsammeln übernehmen, denn der Löwe ignoriert oder vergisst es.) Am besten nageln Sie ihn gleich fest, wenn er Geld bekommt. Mit dem Löwen über unbezahlte Rechnungen zu sprechen, ist immer schwierig, denn entweder verspricht er, gleich am nächsten Tag zu bezahlen, oder er kommt mit einer fadenscheinigen Ausrede. Suchen Sie nach einem Trick, und erziehen Sie ihn dazu, seine Beiträge für die Haushaltsausgaben regelmäßig zu leisten.

Der Löwe-Mitbewohner und das Putzen

Das Putzen steht beim Löwen im Allgemeinen nicht ganz oben auf der Liste. Er ist in der Lage, eine Riesenunordnung zu veranstalten, und zwar nicht aus Rücksichtslosigkeit, sondern aus Unachtsamkeit. Manchmal lebt er unbewusst auf einem Schlachtfeld, und das Problem ist, dass er sich daran gewöhnt, in einem ungemachten Bett zu schlafen oder über seine verstreuten Handtücher zu steigen. Er geht aber vorsichtig um herumliegende Gegenstände herum und bahnt sich kleine Transitstrecken. Nur gelegentlich, an einem langweiligen Samstagnachmittag, könnten Sie es schaffen, mit ihm darüber zu reden.

Der Löwe-Mitbewohner und Besuch

Der Löwe ist oft sehr begierig, seinen Kollegen, Freunden oder Verwandten »seine« Wohnung zu zeigen. Am besten bleiben Sie diesen Veranstaltungen fern, denn Ihre Anwesenheit ist ohnehin unnötig. Falls Sie in der Wohnung sein müssen, sollten Sie sich der Führung entziehen, in Ihr Zimmer einschließen und versuchen, das »mein« Dies und »mein« Das zu überhören. Der Löwe muss einfach Eindruck schinden. Andererseits fühlt sich der Löwe extrem unwohl, wenn Sie Freunde zu Gast haben, und macht sich vielleicht unter dem Vorwand eines dringenden Termins aus dem Staub.

STÄRKEN

unbeschwert
hilfsbereit
optimistisch

SCHWÄCHEN

sorgenvoll
herrisch
streitsüchtig

AUFTRETEN

dominant
majestätisch
überwältigend

Der Löwe-Mitbewohner und Partys

Es ist notwendig, eine Gästeliste zu erstellen, die allen Mitbewohnern gleich viele Gäste zugesteht. Selbst wenn das zur Folge hat, dass sich eine Gruppe hier versammelt und die andere dort, ist das immer noch besser als Feindseligkeiten und Konflikte. Manchmal ist es überhaupt das Beste, Sie lassen den Löwen die gesamte Party mit seinen Leuten feiern und wiederholen das Ganze irgendwann mit Ihren. Dann sparen Sie sich das Mischen von nichtkompatiblen Gästen.

Der Löwe-Mitbewohner und die Privatsphäre

Der Löwe hat nichts gegen Ihre Anwesenheit, solange Sie sich benehmen. Oft ist es noch besser, wenn Sie einfach in Ihrem Zimmer bleiben. Unglücklicherweise versteht der Löwe unter Privatsphäre, dass sämtliche Räumlichkeiten seine sind, und manchmal fragen Sie sich, warum Sie eigentlich genauso viel bezahlen wie er. Aber mal ehrlich, Sie können sich doch glücklich schätzen, mit so einem großartigen Menschen zusammenzuwohnen, oder?

Mit dem Löwe-Mitbewohner Probleme besprechen

Der Löwe kann mit Negativität von anderen, oder was er als solche empfindet, nicht umgehen, und wenn Sie Probleme ansprechen, fasst er das sofort als Stänkern auf. So wird es extrem schwierig, etwas zu besprechen, was schiefgelaufen ist, denn der Löwe hat die Gabe, Probleme unbegrenzt zu ignorieren. Besprechen Sie solche Angelegenheiten nur nach und nach – über Wochen und gar Monate verteilt –, und diskutieren Sie immer nur einen einzigen Punkt. Erfolg können Sie nur langfristig haben. Ungeduld und Frust führen nur zu einem kolossalen und oft langanhaltenden Streit.

DER LÖWE-ELTERNTEIL

Ganz so wie ein Rudel Löwen in der Wildnis beschützt auch der menschliche Löwe seinen Nachwuchs. Da er stets glaubt, er wisse alles besser, werden seine Kinder von seiner ungeheuren Präsenz fast erstickt. Der Löwe überlässt zwar kaum etwas dem Zufall, aber aufgrund seiner beruflichen und anderweitigen Verpflichtungen ist er öfter abwesend. Das hat zur Folge, dass moderne Löwe-Eltern ihren Nachwuchs in der Obhut von Kindertagesstätten, Ganztagsbetreuungen, Babysittern oder Großeltern lassen. So kann er über das Wohlergehen seiner Kinder wachen, ohne selbst die ganze Zeit bei ihnen zu sein.

Der Erziehungsstil von Löwe-Elternteilen

Der Löwe lässt seine Kinder eigentlich zu oft machen, was sie wollen, einerseits weil er oft nicht da ist, andererseits weil er glaubt, dass Kinder sich ausleben müssen. Regeln, die nicht gebrochen werden dürfen, betreffen meist die Sicherheit: Fenster und Türen müssen immer geschlossen sein, und bevor man die Straße überquert, schaut man in beide Richtungen. Dies wird auch denen eingebläut, die an seiner Stelle die Kinder betreuen, aber Letztere sind meist ohnehin schon darauf gedrillt. Zwar wirkt er oft streng, aber der warmherzige Löwe vergibt auch schnell. Er straft nur selten körperlich, sondern zeigt seine Missbilligung eher mit einem scharfen Blick oder einer kurzen Warnung.

Löwe-Elternteile und Zuneigung

Der Löwe ist seinen Kindern gegenüber sehr zärtlich: Küsschen, Umarmungen und eine sanfte Stimmlage sind die Regel. Liebesentzug setzt er kaum einmal als Strafe ein, vor allem deshalb nicht, weil er selbst ein so großes Bedürfnis hat, Zuneigung zu zeigen. Er liebt alle möglichen Freizeitbeschäftigungen und genießt es, mit seinen Kindern Freizeitparks zu besuchen, zelten oder schwimmen zu gehen oder in der Natur umherzustreifen. Der Löwe badet gern in der Zuneigung seiner Kinder, und deshalb kleben diese oft förmlich an ihm oder klettern auf ihm herum. Aus Sicht seiner Kinder ist der Löwe nur für sie da.

Löwe-Elternteile und Geld

Es gibt nur wenige Eltern, die ihren Kindern gegenüber so großzügig sind wie der Löwe. Das zeigt sich nicht nur in seiner offenen, freigiebigen Art, wenn er für Studium und Hochzeit bezahlt, sondern auch in seinem Streben nach Vergnügen. Diese Haltung ist jedoch nicht ganz so altruistisch, wie sie scheint, denn die Freude, die er zurückbekommt, ist enorm und den Aufwand wert. Gegenseitige Freundschaftsdienste unter Nachbarn, Freunden und Verwandten findet er sehr erfreulich. Es ist dem Löwen wichtig, dass seine Großzügigkeit anerkannt und nicht übersehen wird.

Löwe-Elternteile und Krisen

Krisen entstehen in der Regel dann, wenn der Löwe, wie so oft, nicht da ist. Wenn er in einem Notfall angerufen wird, lässt er aber alles stehen und liegen und eilt seinem Kind zu Hilfe. Wenn das Problem allerdings nicht so gravierend ist, hat er meist genug gesunden Menschenverstand, um auf eine geeignete Gelegenheit zu warten, bis er mit dem entsprechenden Betreuer des Kindes oder dem Kind selbst sprechen kann, wenn nötig auch mit beiden gemeinsam. Der Löwe weiß instinktiv, dass man ruhig bleiben muss und Überreaktionen ein Problem nur verschlimmern.

Festtage und Familientreffen mit Löwe-Elternteilen

Gelegentlich, aber nicht allzu oft wird der Löwe helfen, ein Familientreffen vorzubereiten. Nicht nur sein Zeitplan ist das Problem, sondern vielmehr, dass er es nicht mag, wenn sein wertvoller Beitrag in der Masse untergeht. Der Löwe tut etwas entweder hundertprozentig und als Boss oder gar nicht. Bei der Planung und Ausführung von Ferienaktivitäten ist er aber mit Freude und Hingabe dabei, und es gibt nur wenige Eltern, die Feiertage mit Freunden und Verwandten so sehr genießen wie der Löwe. Am liebsten veranstaltet er Grillpartys, macht schöne Ausflüge oder fährt ans Meer.

STÄRKEN

beschützend
besorgt
verantwortungsvoll

SCHWÄCHEN

erdrückend
allwissend
abwesend

AUFTRETEN

herausfordernd
dominant
autoritär

Für alte Löwe-Elternteile sorgen

Der alte Löwe genießt es, wenn man sich um ihn kümmert, aber er möchte sich auch seinerseits um Enkelkinder oder andere Familienmitglieder kümmern. Dies hält ihn jung. Gerade Löwen fühlen sich ungern alt und nutzlos, denn sie haben das Bedürfnis, gebraucht zu werden. Wenn man sich um einen alten Löwen kümmert, kann das daher bedeuten, dass man ihm die Sorge für andere überträgt. Oft aber überschätzt der Löwe im Alter seine Kraft, setzt sich selbst unter Druck und seine Gesundheit aufs Spiel, manchmal gefährdet er sogar diejenigen, die in seiner Obhut sind. Meist bestreitet er dies und tut alles, um seine Aufgaben zu behalten.

DAS LÖWE-GESCHWISTER

Der kleine Löwe kämpft um seine Stellung in der Familie und streitet deshalb oft mit älteren Geschwistern. Er ist meist nicht mit dem zufrieden, was er hat, sondern macht sich bemerkbar und strebt nach der Führungsrolle. Er möchte von seinen Eltern anerkannt werden und will, dass seine wichtigen Beiträge wahrgenommen und belohnt werden. Der kleine Löwe genießt es, der inoffizielle Vertreter der Familie zu sein, und fordert daher den Respekt anderer Familienmitglieder ein.

Rivalität und Nähe zum Löwe-Geschwister

Rivalitäten mit einem kleinen Löwen können Jahre dauern, vor allem, weil er nicht der Typ ist, der einen Rückzieher macht. Der Löwe tritt seinem Konkurrenten stur und dickköpfig entgegen, denn so wie er es sieht, gibt es nur einen Kuchen, und er stellt sicher, dass er davon ein großes Stück abbekommt. In größeren Familien gibt es immer ein oder zwei stillere Kinder, die gar nicht darauf aus sind, im Mittelpunkt zu stehen. Diesen Geschwistern steht der Löwe meist besonders nahe und tritt als deren Beschützer und Verteidiger auf.

Das Löwe-Geschwister und alte Probleme

Dem Löwen fällt das Vergeben und Vergessen meist schwer, vor allem wenn er einmal schlecht behandelt wurde. Der erwachsene Löwe muss lernen, sich von diesen Verhaltensmustern zu lösen, und zwar nicht, um zu vergessen, sondern um zu vergeben. Manchmal ist er auf eine einzige Erinnerung fixiert, eine Begebenheit mit einem bestimmten Geschwisterkind. Ein solches Ereignis dient auch als Ausrede, die der Löwe immer dann heranzieht, wenn er einen schweren Fehler erklären muss. Auf diese Weise bleibt er in der Vergangenheit stecken. Wenn es ihm nicht gelingt, dieses Problem zu lösen, kommt er im Leben nur schwer vorwärts.

Mit einem entfremdeten Löwe-Geschwister umgehen

Es ist möglich, einen der Familie entfremdeten Löwen wieder zurückzuholen. Fast immer funktioniert es, wenn man an ihn appelliert, er und nur er, könne die

STÄRKEN

gebieterisch
belohnt
respektiert

SCHWÄCHEN

übermäßig fordernd
streitbar
selbstsüchtig

AUFTRETEN

angriffslustig
provozierend
unbezähmbar

Familie aus einer schwierigen Situation herausführen. Wenn er davon überzeugt ist, dass er wirklich gebraucht wird und einzigartige Hilfe leisten kann, ringt sich der Löwe meist durch, den anderen zu helfen. Es ist unvermeidlich, dass alte Konflikte, aber auch Sympathien wieder an die Oberfläche kommen. Dies kann zum Ende der Entfremdung führen, es kann jedoch auch neues Öl ins Feuer des Familienzwistes gießen.

Geldangelegenheiten und das Löwe-Geschwister

Bei Erbschaften pocht der ehrgeizige und streitsüchtige Löwe darauf, dass er bekommt, was ihm zusteht. Es kommt sogar vor, dass er versucht, die Abwicklung an sich zu reißen und dann für seine Bemühungen mehr zu verlangen. Wenn Sie den Löwen bitten, Ihnen Geld zu leihen, sollten Sie triftige Gründe haben, ausgerechnet ihn anzusprechen. Der Löwe ist fast schon sträflich großzügig und verleiht sein Geld bisweilen, ohne lange nachzudenken oder um Rückgabe zu bitten, vor allem an Geschwister, die ihm nahestehen. Achten Sie darauf, ihm sein Geld möglichst bald zurückzugeben, um spätere Anschuldigungen zu vermeiden.

Familienfeste und Jubiläen mit dem Löwe-Geschwister

Bei Familientreffen ist der Löwe oft die treibende Kraft. Er ist zwar kein Freund von stets gleichen, langweiligen Feiern, aber besondere Veranstaltungen, insbesondere Überraschungspartys für ahnungslose Eltern oder Geschwister begeistern ihn. Darüber hinaus lässt er sich selbst gern überraschen und lebt ungeheuer auf, wenn andere heimlich etwas vorbereitet haben. Der Löwe liebt zwar Geschenke, aber er begreift die Party an sich schon als Geschenk. Die positiven Gefühle, die er daraus zieht, können seine Laune noch wochen- und monatelang heben.

Urlaub mit dem Löwe-Geschwister

Urlaub ist eine Spezialität des Löwen. Er reist gern, freut sich auf den Urlaub und macht schon im Voraus viele Pläne. Manchmal hat er Schwierigkeiten, seine Aufregung unter Kontrolle zu halten, will aber nicht uncool sein und versucht deshalb, sachlich zu wirken. Wie von einem Magnet wird er von weißen Stränden, klarem Meerwasser, blauem Himmel und warmem Wetter angezogen. Wenn er gezwungen wird, an einen Ort zu reisen, der ihm nicht gefällt, oder etwas mitzumachen, was er nicht mag, müssen Sie einen missmutigen Löwen mitzuschleppen, denn im Urlaub ist er wirklich nicht zu Opfern bereit.

DAS LÖWE-KIND

Der kleine Löwe will mindestens das Gleiche haben wie alle anderen auch, eher mehr. Er ist sich seiner besonderen Energie bewusst und glaubt, Eltern, Lehrer und andere Autoritätspersonen müssten sich glücklich schätzen, ihn in ihrer Obhut zu haben. Er tritt stark, selbstsicher und selbstbewusst auf und möchte immer herausragen. Obwohl er nicht unbedingt akademisch orientiert ist, sind seine Leistungen in der Schule oft beachtlich, nicht nur im Sport, sondern auch in der Schulpolitik, wo er häufig eine führende Rolle spielt. Auch unter seinen Freunden gibt er meist den Ton an, so kann er seine Großartigkeit voll ausleben.

Persönlichkeitsentwicklung beim Löwe-Kind

Selbst das zurückhaltendste Löwe-Kind kommt irgendwann an den Punkt, wo es mit der Energie und Wucht seines Sternzeichens explodiert. Es hat eine stille Seite, zu der es immer wieder zurückkehrt, aber einmal losgelassen, stürzt es sich immer wieder in den Kampf. Den kleinen Löwen erkennt man immer als denjenigen mit der meisten Energie und dem größten Siegeswillen. Er bleibt nicht gern allein, und man sollte sich darum bemühen, seine sozialen Kontakte so zu gestalten, dass er davon profitieren kann. Sein Drang, an der Spitze zu stehen, zu beeindrucken und sich mit anderen auseinanderzusetzen, ist wie ein Wetzstein, an dem er seine Talente schärft. Ihn von anderen Kindern fernzuhalten wäre grausam.

Hobbys, Interessen und Berufspläne des Löwe-Kindes

Als kleiner Überflieger liebt der Löwe die Herausforderung, vor allem sportlicher Art. Da er ein Faible für Führungsrollen hat, liegen ihm Berufe und Aktivitäten, bei denen er Führungsaufgaben übernehmen und als Vertreter für andere agieren kann. Sein Bestreben, immer weiter nach oben zu gelangen, führt häufig dazu, dass sich sein ganzes Team verbessert. Da er aber ebenso oft seiner eigenen Selbstüberschätzung zum Opfer fällt, ist er auch für das Scheitern seiner Mannschaft verantwortlich. Er muss deshalb lernen, die eigenen Grenzen zu erkennen und zu akzeptieren.

Erziehung des Löwe-Kindes

Zwar hasst der kleine Löwe es mehr als die meisten anderen, erzogen zu werden, und rebelliert in der Regel dagegen, doch später erkennt er, dass es notwendig war, seiner Kindheit Struktur zu verleihen. Seine unbändige Energie schreit förmlich danach, in Form gebracht zu werden, damit sie nicht in Rebellion oder sinnlosen, kontraproduktiven Aktionen verpufft. Es ist dringend notwendig, dass ihn ein Elternteil oder ein Lehrer in Schach hält und zu konstruktiverem Verhalten hinführt. Mentales Training ist hier der Schlüssel, denn das Löwe-Kind denkt noch nicht, bevor es handelt.

Das Löwe-Kind und Zuneigung

Der kleine Löwe schiebt überzärtliche Eltern weg und weist Bedürfnisse nach Zuneigung energisch von sich, doch insgeheim sehnt er sich nach Zärtlichkeit. Allerdings nur in für ihn akzeptabler Form. Darüber hinaus drückt sich sein Bedürfnis, selbst Zuneigung zu zeigen, oft gegenüber Haustieren, jüngeren Freunden oder Geschwistern und anderen Schutzlosen aus. Da er nichtphysische Formen von Zuneigung bevorzugt, blüht er auf, wenn er mit einem Lächeln, einer kurzen Berührung oder mit Blickkontakt belohnt wird.

Das Löwe-Kind und seine Beziehung zu Geschwistern

Der kleine Löwe übernimmt häufig die Rolle eines Ersatzelternteils für seine Geschwister. Solange sein Einfluss positiv ist, sollten die Eltern ihn gewähren lassen, aber im Auge behalten. Dies ermöglicht dem Löwe-Kind, erzieherische Fähigkeiten zu trainieren, die später seinen eigenen Kindern zugute kommen. Im Fall von Geschwisterrivalitäten müssen die Kräfte des kleinen Löwen zum Wohle aller vielleicht ein wenig in die Schranken gewiesen werden. Irgendwann muss auch ein sehr aggressives Löwe-Kind lernen, anders mit seinen Geschwistern umzugehen, als sie aus dem Weg zu hauen.

Das erwachsene Löwe-Kind

Wenn der Löwe zu einem echten Vertreter seines Sternzeichens heranwächst, wird der Umgang mit ihm zumindest vorhersehbar und produktiv werden. Wenn er aber nie wirklich erwachsen wird, hat er noch als Erwachsener dieselben Probleme, die ihn als Kind verfolgt haben: In erster Linie ist das die Schwierigkeit, Freunde zu gewinnen und diese zu behalten, dazu kommt noch sein rebellischer Zug, der Regeln und Vorschriften von Vorgesetzten und anderen Autoritätspersonen nicht ertragen kann. Mit etwas Glück ist der erwachsene Löwe nicht ganz so selbstsüchtig und ichbezogen wie als Kind und erkennt die Bedeutung von Akzeptanz, Mitgefühl und Teilen.

Jungfrau

GEBURTSDATUM 24. AUGUST – 22. SEPTEMBER

Ebenso wie der Zwilling steht auch die Jungfrau unter dem Einfluss des Merkur, ihr Element jedoch ist die Erde. In besten Zeiten gut geerdet, denkt die Jungfrau praktisch und kann mit dieser Eigenschaft auch in das Leben anderer Struktur bringen. Wenn sie allerdings durch ihr sensibles Nervenkostüm und das ebenso anfällige Verdauungssystem geplagt wird, ist die Jungfrau mitunter ihr eigener größter Feind. Die Jungfrau besitzt großartiges Organisationstalent, was jeder Gruppe, der sie angehört, zugute kommt. Ihr Privatleben allerdings ist tatsächlich privat, das hält sie gern geheim.

Beruf

DER JUNGFRAU-CHEF

Der Jungfrau-Chef ist höchst pragmatisch und grundsätzlich ein Realist, so dass die Ergebnisse, die Sie erzielen, stets wichtiger sind als das, was Sie vorhaben. Für ihn spielen Daten und Fakten eine große Rolle, deshalb sollten Sie stets entsprechendes Material zur Hand haben, wenn Sie in sein Büro zitiert werden. Er akzeptiert eine Entschuldigung nur dann, wenn sie mit stichhaltigen Beweisen gestützt ist. Versuchen Sie nicht, seine Sympathie oder sein Verständnis zu gewinnen, sondern pflegen Sie so emotionslosen Umgang wie möglich. Ihm ist seine eigene Zeit ebenso wichtig wie Ihre, verschwenden Sie sie deshalb nicht.

Den Jungfrau-Chef um eine Gehaltserhöhung bitten
Nehmen Sie möglichst viel Material mit, das Ihr Engagement und Ihre positiven Ergebnisse belegt. Wundern Sie sich nicht, wenn Ihr Chef diese bereits zur Hand hat, denn Recherche und Überprüfung sind seine Spezialität. Sie sollten darüber hinaus zeigen können, dass Sie in einer höher bezahlten Position mehr leisten und somit für das Unternehmen wertvoller sind. Zweifellos stellt der Jungfrau-Chef Ihnen Fragen, um Ihr Stehvermögen zu testen. Antworten Sie prägnant und präzise, vermeiden Sie Abschweifungen, Witze und Themenwechsel.

Dem Jungfrau-Chef schlechte Nachrichten überbringen
Der Jungfrau-Chef reagiert zwar nur selten emotional, aber wenn ihm plötzlich eine schlechte Nachricht überbracht wird, kann ihn das aus dem Gleichgewicht bringen und seinen Zorn entfachen. Seine erste Frage lautet meist: »Wie konnte das passieren?«, die zweite: »Wer ist dafür verantwortlich?« Es ist ihm extrem wichtig, den Schuldigen zu finden, und sobald er ihn gefunden hat, schießt er sich lasergenau auf denjenigen ein. Die Kritik der sonst eher ruhigen Jungfrau kann auf andere wie eine manische Auspeitschung wirken. Nur wer diese Schläge mit stoischer Gewandtheit kontert, hat eine Chance, beruflich zu überleben.

STÄRKEN

pragmatisch
realistisch
sachlich

SCHWÄCHEN

distanziert
kühl
wenig mitfühlend

AUFTRETEN

nüchtern
präzise
sparsam

Geschäftsreisen und Veranstaltungen
für den Jungfrau-Chef planen

Auf Reisen muss beim Jungfrau-Chef alles geordnet vor sich gehen. Entschuldigungen für ein Versehen sind für ihn nicht akzeptabel und ziehen einen Schwall von Schmähungen nach sich. Entschuldigen Sie sich rasch, und streben Sie so unauffällig wie möglich Plan B an. Das Bedürfnis nach Unterhaltung ist beim Jungfrau-Chef eher sparsam ausgeprägt und kann leicht befriedigt werden, wenn man seine Vorlieben und Abneigungen gut genug kennt. Er ist sehr pingelig, deshalb sollten Sie bereits im Vorfeld eine Liste seiner Vorlieben aufstellen und sich daran orientieren.

Entscheidungen und der Jungfrau-Chef

Der Jungfrau-Chef sieht es gern, wenn Sie eine Entscheidung auf empirischer Basis treffen, aber nicht, wenn Sie herumschwafeln oder in Ihren Aussagen oder Ausführungen ungenau sind. Er mag klare Verhältnisse und hasst es, wenn man versucht, jedes Risiko zu vermeiden. Für den Jungfrau-Chef haben schriftliche Entscheidungen mehr Gewicht als mündliche, ebenso wichtig aber sind der Tag der Entscheidung, die beteiligten Kollegen, das verwendete Material, finanzielle Daten und Fakten sowie etliche andere Details. Selbst wenn er in Ihrem Beisein nur einen kurzen Blick auf Ihre Ausführungen wirft, geht er später alles noch einmal mit der Lupe durch.

Den Jungfrau-Chef beeindrucken oder motivieren

Den Jungfrau-Chef kann man mit Fakten und sonst nichts beeindrucken. Selbstverständlich möchte er auch, dass diese in der richtigen Reihenfolge stehen. Der Jungfrau-Chef liebt Listen, Kalkulationen, Terminpläne und alle anderen Strukturierungshilfen, mit denen Fakten überzeugender und verständlicher gemacht werden können. Wenn Sie ihm etwas mündlich präsentieren, sollten Sie es kurz halten und niemals schönreden. Denken Sie daran, dass er sich eine eigene Meinung bilden möchte und Sie ihm deshalb nicht erzählen müssen, wie toll Ihr Plan ist. Wenn Sie ihn beeindrucken, legt er sich gern für Sie ins Zeug.

Dem Jungfrau-Chef etwas vorschlagen oder präsentieren

Beginnen Sie mit einer kurzen Einführung, in der Sie die Absicht und den Rahmen Ihres Vorschlags darlegen. Als Nächstes sollten Sie die wichtigsten Punkte vorstellen und diese gut sortieren. Sie werden ein paar unverblümte Fragen zu kleinen Details beantworten müssen. Fassen Sie am Schluss kurz zusammen, wie viel Geld, Personal und Zeit Sie benötigen. Genügsamkeit und Sparsamkeit sind dem Jungfrau-Chef lieber als Größenwahn, machen Sie sich deshalb darauf gefasst, dass er sowohl Ihren Bedarf wie auch die vorhandenen Ressourcen auf ein Minimum reduziert.

DER JUNGFRAU-ANGESTELLTE

Der Jungfrau-Angestellte nimmt seine Arbeit ernst und liefert meist gute Leistungen auf recht professionellem Niveau ab. Er ist verlässlich und vertrauenswürdig, wenn auch ein wenig langweilig. Da er so außerordentlich zurückgezogen lebt, ist die Arbeit eine Art gesellschaftliches Ventil. Sie ist für ihn also nicht nur Einnahmequelle, sondern auch eine Möglichkeit, täglich mit anderen Menschen in Kontakt zu kommen. Oft sind seine besten Freunde Kollegen. Gespräche am Kaffeeautomaten, in der Kantine oder bei einem Drink nach der Arbeit sind wichtige soziale Gelegenheiten.

Das Einstellungsgespräch mit dem Jungfrau-Bewerber

Anhand seines Lebenslaufs und des Bewerbungsgesprächs kann man im Allgemeinen recht schnell erkennen, was der künftige Jungfrau-Mitarbeiter zu leisten imstande ist und was nicht. Er wird kaum versuchen, sich anders darzustellen, als er ist, nur um den Job zu bekommen. Er ist in erster Linie Realist und weiß, dass sowohl Unternehmer wie auch Angestellter eine klare Vorstellung von der Zusammenarbeit haben müssen. Seine Fragen sind meist scharfsinnig, zeigen aber auch, wo seine Prioritäten liegen. Vor allem möchte er mit dem Job ein gewisses Maß an Sicherheit haben.

Dem Jungfrau-Angestellten schlechte Nachrichten
überbringen oder kündigen

Droht ein Misserfolg oder eine Kündigung, wird der Jungfrau-Angestellte oft von einem versteckten Minderwertigkeitskomplex überwältigt. Es ist nicht ungewöhnlich, dass er danach ins Trudeln gerät oder sogar zusammenbricht. Sein Chef sollte ihm schlechte Nachrichten schonend beibringen und Schuldzuweisungen vermeiden. Am besten halten Sie sich an die Fakten, die zeigen, dass es so nicht weitergehen kann. Auf diese Weise angesprochen, ist der Jungfrau-Mitarbeiter in der Lage, sein Verhalten zu ändern und dem Unternehmen weiterhin gute Dienste zu leisten.

Geschäftsreisen und Veranstaltungen
mit dem Jungfrau-Angestellten

Er ist zwar pingelig, aber der Jungfrau-Angestellte hat ein gutes Gespür dafür, was vom Budget her möglich ist und was nicht. Da er von Natur aus knickerig ist, gibt er kaum mehr als nötig, selbst wenn ausreichend Geld vorhanden ist. Unterhaltung steht bei ihm nicht ganz oben auf der Prioritätenliste, er ist mit einem interessanten Gespräch und einem entspannten Drink durchaus zufrieden. Er organisiert und plant sehr gut, daher kann er für sich alleine oder für Kollegen eine ganze Reise gut arrangieren. Er hat Freude an Geschäftsreisen, denn er betrachtet diese als Belohnung für seine harte Arbeit.

STÄRKEN

ernsthaft
professionell
vertrauenswürdig

SCHWÄCHEN

langweilig
bedürftig
uninteressant

AUFTRETEN

verantwortungsbewusst
hilfsbereit
pflichtbewusst

Dem Jungfrau-Angestellten Aufgaben zuteilen

Wenn Aufgaben klar umrissen und gut erklärt worden sind, führt der Jungfrau-Mitarbeiter diese problemlos aus. Er ist ein sehr genauer Mensch, der Anweisungen wortwörtlich befolgt, deshalb sollten Sie nicht viel seiner Phantasie
überlassen, sondern alles Punkt für Punkt ausformulieren. Gelegentlich hat er
Fragen, und er sollte die Möglichkeit haben, sich bei Problemen an seine Vorgesetzten zu wenden. Er arbeitet alleine besser als im Team und sollte Aufgaben
erhalten, die gründlich ausgearbeitet werden müssen und individueller Sorgfalt
und Aufmerksamkeit bedürfen.

Den Jungfrau-Angestellten beeindrucken oder motivieren

Der Jungfrau-Angestellte ist ein Kopfmensch. Alles, was mit dem Verstand,
geistiger Beweglichkeit, Rätseln und Problemlösung zu tun hat, spricht ihn an.
Am besten motivieren ihn daher Projekte, die ein hohes Maß an Logik erfordern, und ein Chef, der weiß, wie er sich diesen Kopf zunutze machen kann.
Der Jungfrau-Angestellte kann langsame Arbeit genauso wenig ausstehen wie
dumme Menschen und arbeitet deshalb immer mit den intelligenten Kollegen
zusammen. Je komplexer das Problem, das es zu lösen gilt, desto motivierter der
Jungfrau-Angestellte.

Den Jungfrau-Angestellten führen oder kritisieren

Wenn sie im richtigen Ton an ihn herangetragen wird, kann der Jungfrau-Angestellte mit konstruktiver Kritik gut umgehen und davon profitieren. Er ist selbst
sehr kritisch und weiß, wie wertvoll es sein kann, auf Fehler hingewiesen zu
werden und zu lernen, wie man es besser macht. Solange er sachlich kritisiert
wird und wütende Kommentare und Beschuldigungen vermieden werden, führt
der Jungfrau-Mitarbeiter die Befehle von oben bereitwillig aus. Er ist erfolgs-
orientiert, und Dankesworte oder ein Lob für gute Arbeit reichen normalerweise
aus. Eine Beförderung oder ein Bonus sind noch besser.

DER JUNGFRAU-KOLLEGE

Jungfrauen stehen ihren Kollegen oft sehr nah, nicht nur beruflich, sondern auch
als Freunde und Bekannte. Zwar arbeitet der Jungfrau-Kollege am liebsten allein,
doch er ist stolz auf seine Leistungen im Team. Er strebt kaum einmal nach einer
Führungsaufgabe, sondern ist mit einer Nebenrolle durchaus zufrieden. Er ist
fleißig, lässt seine Kollegen nicht hängen und bürdet ihnen keine Arbeit auf, der
er selbst aus dem Weg gehen möchte. Der Jungfrau-Kollege ist allgemein zwar
höflich, taktvoll und rücksichtsvoll, aber in dem Bestreben, sachlich und genau
zu sein, vernachlässigt er emotionale Aspekte manchmal ganz.

Den Jungfrau-Kollegen um Rat fragen

Ihn fragt man am besten in beruflichen Dingen um Rat, nicht in privaten, denn
er ist kein guter Psychologe und deutet eine Situation möglicherweise falsch. Der

Rat, den er gibt, kann, wenn er wortwörtlich befolgt wird, geradewegs in eine Katastrophe führen. Zwar ist der Jungfrau-Kollege bei beruflichen Terminen, komplizierten Anweisungen und technischen Details immer sehr genau, aber er nimmt sich auch die Zeit, Ihnen zu helfen, schwer Verständliches zu verstehen oder Schwieriges auszuführen.

Den Jungfrau-Kollegen um Hilfe bitten

Er gehört nicht zu denen, die sofort aufspringen, sondern braucht ein bisschen Zeit, um über Ihre Anfrage nachzudenken, vor allem darüber, welche beruflichen Konsequenzen das für ihn haben könnte. Wenn er zu der Überzeugung gelangt, dass es nicht schadet, Ihnen zu helfen, willigt er wahrscheinlich ein. Seine Hilfe kommt zwar langsam, aber meist hält er, was er verspricht, und hilft auch bis zu Ende mit. Machen Sie sich aber darauf gefasst, dass er den Umfang oder die Zeit seiner Hilfe irgendwann aus verschiedenen Gründen einschränkt.

Geschäftsreisen und Veranstaltungen mit dem Jungfrau-Kollegen

Sie werden feststellen, dass er auf Reisen mit Ihrer Gesellschaft ebenso zufrieden ist wie mit einer extra geplanten Spaßveranstaltung. Sofern Sie sich gut verstehen, verbringt er gern den ganzen Tag mit Ihnen. Er ist daran gewöhnt, eine untergeordnete Rolle zu spielen, und passt sich Ihnen deshalb meist an, so dass Sie die Entscheidungen treffen. Wenn Sie sich ihm gegenüber freundlich und aufmerksam verhalten, legt er sich für Sie ins Zeug und hilft Ihnen. Falls er sich zurückzieht und niedergeschlagen wirkt, sollten Sie ihn einfach in Ruhe lassen.

Die Zusammenarbeit mit dem Jungfrau-Kollegen

Solange der Jungfrau-Kollege nicht ignoriert oder seine Mitarbeit als selbstverständlich betrachtet wird, ist er extrem kooperativ. Auch sein Bedarf an Vergünstigungen und Belohnungen ist nicht besonders groß, ihm genügt ein Lob für das ganze Team. Der Jungfrau-Kollege ist nicht als Rebell bekannt und sagt nur dann laut und deutlich seine Meinung, wenn er wirklich unfair und unehrlich behandelt wird. Bei gebrochenen Versprechen reagiert er besonders empfindlich, denn auch mündliche Vereinbarungen sind für ihn bindend. Manchmal muss er sich einfach beschweren, und Sie sollten über diese Verärgerungen und Frustrationen hinwegsehen.

Den Jungfrau-Kollegen beeindrucken oder motivieren

Der Jungfrau-Kollege ist meist dann bereit, sein Bestes zu geben, wenn er in einem Team arbeitet, wo jeder sich mächtig ins Zeug legt. Über Drückeberger und Dünnbrettbohrer ärgert er sich dagegen gewaltig. Falls ein solcher Mensch in seinem Team auftaucht, ist die Jungfrau sehr gut geeignet, den Kollegen mit unmissverständlichen Worten wieder aufs rechte Gleis zu führen. Jungfrauen sind überaus hartnäckig und werden nicht ruhen, bis ihr Team mit maximaler Effizienz arbeitet.

STÄRKEN

hilfsbereit
ehrlich
höflich

SCHWÄCHEN

unsensibel
verständnislos

AUFTRETEN

zurückhaltend
genügsam
fleißig

JUNGFRAU

Den Jungfrau-Kollegen überzeugen oder kritisieren

Man kann den Jungfrau-Kollegen grundsätzlich nur mit gesundem Menschenverstand und logischen Argumenten überzeugen, jeglicher Appell an seine Gefühle ist zum Scheitern verurteilt. Wenn Sie ihn kritisieren wollen, nehmen Sie ihn beiseite, und seien Sie konstruktiv. Ohnehin sollten sie ihn nur selten kritisieren, denn ständiges Mäkeln macht ihn nervös und mürbe. Er lässt sich generell nicht schnell überzeugen, sondern muss erst sehen, dass Ihre Methoden funktionieren, bevor er bereit ist, sie zu übernehmen.

DER JUNGFRAU-KUNDE

STÄRKEN

detailorientiert
zielgerichtet
gründlich

SCHWÄCHEN

pingelig
eigen
undankbar

AUFTRETEN

sachlich
beobachtend
analytisch

Der Jungfrau-Kunde ist vermutlich sehr pingelig und eigen. Um mit ihm zu arbeiten, bedarf es einiger Konzentration, denn er möchte, dass seine Ausführungen bis ins letzte Detail angehört werden. Er erwartet auch, dass in Ihrem Bericht, den er sich mit der Lupe durchliest, jedes Komma richtig steht. Bringen Sie ihn sanft dazu, das große Ganze zu sehen und die zugrundeliegende Philosophie oder Herangehensweise zu erkennen, aber erwarten Sie nicht allzu viel. Er gibt nur selten einen Kommentar zu Ihrer Arbeit ab, aber allein die Tatsache, dass er weiterhin Ihr Kunde ist, darf bereits als Dank gewertet werden.

Den Jungfrau-Kunden beeindrucken

Der Jungfrau-Kunde will, dass Sie ebenso gründlich und analytisch vorgehen wie er. Besorgen Sie sich deshalb ein Konzept von einem seiner früheren Projekte, um seine Methoden kennenzulernen. Wenn Sie dann mit Ihrem Projekt beginnen, wird der Jungfrau-Kunde nur davon beeindruckt sein, wie Sie jeden einzelnen Punkt seiner Ausführungen behandeln. Im Allgemeinen möchte er regelmäßig auf dem Laufenden gehalten werden. Sie müssen übrigens jederzeit damit rechnen, dass er die Notbremse zieht und den Kurs ändern will.

Dem Jungfrau-Kunden etwas verkaufen

Sobald Sie sich dem Jungfrau-Kunden gegenüber bewiesen haben, ist das Verkaufen normalerweise kein Problem mehr. Sie müssen also zunächst sein Vertrauen gewinnen und dafür sorgen, dass Ihr erstes gemeinsames Projekt ein Erfolg wird. Sprechen Sie sachlich, und vermeiden Sie Unstimmigkeiten und Widersprüche. Seien Sie optimistisch, verschweigen oder ignorieren Sie aber mögliche Schwierigkeiten bei Kosten oder Terminen nicht. Ein wichtiges Verkaufsargument ist die Liste Ihrer Abschlüsse mit anderen Kunden, vor allem, wenn einer von ihnen sich dadurch verbessern konnte.

Der Jungfrau-Kunde und Ihr Äußeres

Tragen Sie keine grelle oder ausgesprochen modische Kleidung, die den Jungfrau-Kunden von dem, was Sie ihm präsentieren, ablenken könnte. Starkes Parfüm oder Aftershave, eine sexy Aufmachung oder auffällige Frisuren sind ebenso wenig angebracht. Präsentieren Sie sich als verlässlicher Mensch, der gut zuhören kann. Betonen Sie das, indem Sie sich Notizen machen und kluge Fragen stellen. Er ärgert sich oft über die Ungeduld seiner Zuhörer, nachlassende Aufmerksamkeit und vor allem das Unvermögen anderer, seine Argumente zu verstehen. Ihr Kunde hasst es, sich zu wiederholen, passen Sie deshalb auf, damit Sie alles beim ersten Mal verstehen.

Das Interesse des Jungfrau-Kunden wachhalten

Der Jungfrau-Kunde hängt sehr an seinen erprobten Methoden, und wenn Sie diesbezüglich Neugier zeigen oder ihn um Rat fragen, bleibt Ihnen sein Interesse erhalten. Versuchen Sie bitte nicht, das Gespräch mit Anekdoten oder Witzen aufzulockern, und vor allem: Schweifen Sie nicht ab und wechseln Sie auch nicht ständig das Thema. Komplexität fasziniert ihn, deshalb kann man seine Aufmerksamkeit auch dadurch gewinnen, dass man ihn vor geistige Herausforderungen stellt. Auch Ihre geistige Flexibilität im Umgang mit Problemen erhält sein Interesse.

Dem Jungfrau-Kunden schlechte Nachrichten überbringen

Der Jungfrau-Kunde kann zwar mit schlechten Nachrichten umgehen, aber nur so lange, wie Sie Gründe parat haben, die den Misserfolg erklären. Wenn Sie diese Gründe aufzählen und zeigen, wie sie sich künftig vermeiden oder zumindest reduzieren lassen, gibt er Ihnen wahrscheinlich eine zweite Chance. Er ist immer dafür zu haben, ein bekanntes Problem auf neue Weise anzugehen, vor allem, wenn das finanziell günstiger ist und seine eigene Herangehensweise vielleicht ankratzt, aber nicht völlig in Frage stellt. Wenn Sie bei Ihren ursprünglichen Vorhaben bleiben und nur kleinere Kurskorrekturen vornehmen, funktioniert das bei ihm am besten.

Den Jungfrau-Kunden unterhalten

Sobald Sie berufliches Terrain verlassen, kann er sich prima entspannen, loslassen und sich prächtig amüsieren. Er möchte zwischen Beruf und Freizeit klar trennen, weiß jedoch nicht genau, wie. Wenn Sie ihm gestatten, seine Karriere einen Augenblick lang außer Acht zu lassen und hedonistische Ziele zu verfolgen, tun Sie ihm einen großen Gefallen, den er nicht so leicht vergisst. Sobald Sie ihn mit Ihrem Unterhaltungsprogramm an der Angel haben, bleibt er wahrscheinlich Ihr Kunde und freut sich immer auf weitere Aktivitäten, die Sie vielleicht noch für ihn vorsehen.

DER JUNGFRAU-GESCHÄFTSPARTNER

Im Allgemeinen ist die Jungfrau ein guter Geschäftspartner, aber in dieser Rolle kommt auch die unbeständige Seite des Zeichens zum Vorschein. Der Jungfrau-Geschäftspartner ist schwer berechenbar und verwirrt Sie hin und wieder durch unerwartete Kehrtwendungen. Er tut das nicht aus Berechnung, sondern handelt impulsiv und überrascht dabei immer wieder auch sich selbst. Deshalb kann man nie ganz sicher sein, was man von seinem Partner zu erwarten hat. Hinzu kommt, dass er von Natur aus introvertiert ist und vieles für sich behält, daher weiß man oft nicht, was er gerade denkt.

Eine Jungfrau zum Geschäftspartner machen

Dieser Geschäftspartner will von vornherein wissen, was ihn erwartet. Die Arbeitsaufteilung sollte deshalb gründlich diskutiert, geplant und schriftlich festgehalten werden. Er übernimmt eigentlich keine Aufgaben, die er nicht erfüllen kann, ist ergebnisorientiert und geht davon aus, dass Sie genauso sind. Paradoxerweise wäre der ideale Partner für ihn sein genaues Gegenteil, einer, dessen Stärken in den Bereichen Theorie, Phantasie und Intuition liegen.

Aufgabenverteilung mit dem Jungfrau-Geschäftspartner

Geben Sie ihm die Gelegenheit, so viel wie möglich alleine zu arbeiten. Falls er eigene Mitarbeiter benötigt, die seine Ideen umsetzen, sollten Sie ihm die Auswahl überlassen, denn er hat meist einen guten Riecher dafür, mit wem er zusammenarbeiten kann und mit wem nicht. Falls Sie bei einem Ihrer Projekte seine Hilfe benötigen, steht er Ihnen mit Rat und Tat zur Seite. Allerdings sollten Sie darauf achten, dass seine eigene Arbeit möglichst wenig darunter leidet, denn wenn er die Konzentration verloren hat, fällt es ihm schwer, sie zurückzugewinnen.

Geschäftsreisen und Veranstaltungen mit dem Jungfrau-Geschäftspartner

Auf gemeinsamen Reisen kann sich zwischen Ihnen eine echte Kameradschaft entwickeln. Schon deshalb ist es gut, ein- oder zweimal im Jahr eine gemeinsame Geschäftsreise zu machen. Der Jungfrau-Geschäftspartner hat zwar grundsätzlich starke Vorlieben, aber bei der Wahl des Hotels, des Restaurants oder des Verkehrsmittels richtet er sich nach Ihnen. Wenn Sie hingegen signalisieren, dass Sie diesbezüglich keine Präferenzen haben, übernimmt er gern die Regie. Er braucht nicht jeden Abend ein Unterhaltungsprogramm, eine oder zwei schöne Veranstaltungen reichen ihm völlig.

Den Jungfrau-Geschäftspartner lenken und führen

Manchmal erscheint der Jungfrau-Partner unkontrollierbar, dann wieder ist er erstaunlich verträglich. Vieles davon ist natürlich individuell verschieden, aber wenn Sie feststellen, dass er sich nicht leiten lassen will, sollten Sie zurückrudern und das Thema indirekt angehen. Nutzen Sie seine vermeintliche Bereitwilligkeit, Befehle auszuführen, nicht aus, denn er verspürt mitunter eine Ablehnung, die er erst später äußert. Statt ihn also direkt zu fragen: »Übernimmst du das bitte?«, sollten Sie die Frage lieber gar nicht stellen. Wenn Sie sich in seine Wünsche und Bedürfnisse einfühlen können, erleichtert dies die Zusammenarbeit enorm.

Auf lange Sicht mit dem Jungfrau-Geschäftspartner auskommen

Probleme tauchen in der Zusammenarbeit mit dem Jungfrau-Partner oft erst nach längerer Zeit auf. Sie werden lange das Gefühl haben, alles laufe prima, bis Sie eines Tages völlig unvorbereitet ein Wutausbruch Ihres Partners trifft. Um solch ein Szenario zu vermeiden, sollten Sie ihn immer wieder ermutigen, Missfallen zu äußern, und dies dann auch ernst nehmen. Das einzige Problem dieser Vorgehensweise besteht darin, dass sich Jungfrauen gern beschweren und Sie nun vielleicht ein Fass aufgemacht haben.

Die Trennung vom Jungfrau-Geschäftspartner

Der Jungfrau-Geschäftspartner hängt manchmal sehr an der Partnerschaft und an dem Partner, ist aber realistisch genug zu erkennen, wann es keinen Sinn mehr hat, weiterzumachen. Falls Sie derjenige sind, der mit dem Arrangement nicht mehr glücklich ist, während er ganz zufrieden ist, sollten Sie konkrete Vorschläge machen, die Ihnen die Arbeit erleichtern würden. Wenn er nicht einverstanden ist oder diesen Erwartungen nicht entsprechen kann, wäre dies ein Trennungsgrund, mit dem er leben könnte. Falls der Jungfrau-Partner der Unzufriedene ist, leidet er vielleicht monate- oder jahrelang still vor sich hin und verkündet irgendwann überraschend, dass es ihm reicht.

DER JUNGFRAU-KONKURRENT

Dieser Konkurrent handelt oft extrem klug und ist mental ein schwieriger Gegner. Er liebt den geistigen Schlagabtausch und versucht Sie zu verwirren, zu verblüffen und zu ärgern, wobei er jede nur mögliche Taktik anwendet, um Unfrieden zu stiften. Er tut dies normalerweise sehr subtil und bleibt dabei ganz cool, ruhig und gefasst. Sobald seine Bomben eingeschlagen sind, geht er, als ob nichts gewesen wäre, wieder zu seinen ursprünglichen Plänen über, die er für sein Produkt oder seine Dienstleistung hatte.

Gegen den Jungfrau-Konkurrenten antreten

Die raffinierten Tricks des Jungfrau-Konkurrenten kontert man am besten, indem man es ihm mit gleicher Münze heimzahlt. Gleich beim ersten Anzeichen einer Reaktion auf eine Ihrer PR-Kampagnen können Sie ihm den Krieg erklären und zum Angriff übergehen, indem Sie seine Pläne ebenso durchkreuzen, wie er es mit Ihren vorhatte. Gleichzeitig sollten Sie daheim Schadensbegrenzung betreiben, seinen Angriffen standhalten und schnell alle Löcher stopfen, die er gerissen hat. Wenn Sie rasch reagieren, bringt ihn das aus der Fassung und macht ihn angreifbar.

Den Jungfrau-Konkurrenten ausspielen

Da das größte Talent des Jungfrau-Konkurrenten in der Planung liegt, ist es am besten, nicht schon in dieser Phase zu attackieren. Warten Sie lieber, bis die Struktur seines Plans erkennbar wird und Sie ihn in jedem Punkt einzeln angreifen können. Wenn Sie auf einem oder zwei Gebieten Löcher in seine Strategie reißen, reicht das normalerweise, um die gesamte Planung ins Wanken zu bringen. Danach können Sie sicher sein, dass er seine Pläne ändert und Sie nun

STÄRKEN

schlau
ehrfurchtgebietend
subtil

SCHWÄCHEN

übermäßig selbstbewusst
täuschend
unzuverlässig

AUFTRETEN

unaufrichtig
verschlossen
raffiniert

JUNGFRAU

das Tempo vorgeben. Ab jetzt ist er derjenige, der reagiert. Und wenn er in der Defensive ist, setzt bei ihm oft Verwirrung ein.

Den Jungfrau-Konkurrenten persönlich beeindrucken

Da sich Ihr Konkurrent so geheimnistuerisch verhält, sollten Sie genau das Gegenteil tun. Treten Sie offen und unbeschwert auf, das verwirrt ihn so sehr, dass er aus dem Takt gerät. Während er sich noch wundert (und vielleicht über Ihre Dummheit lächelt), können Sie die Situation nutzen und falsche Fährten legen oder widersprüchliche Erklärungen abgeben, die ihn aus der Fassung bringen. Wenn er dann reagiert, verrät er vielleicht, was er vorhatte.

Den Jungfrau-Konkurrenten über- oder unterbieten

Allzu oft ist der Jungfrau-Konkurrent damit beschäftigt, hinter den Kulissen die Strippen zu ziehen, manchmal sogar so sehr, dass offiziell jemand anders seine Interessen in der Firma vertritt. Recherchieren Sie gründlich, und spionieren Sie ein wenig, denn dann können Sie ihn direkt angreifen und seine Strategie untergraben. In einem Bieterwettstreit sollten Sie bluffen, denn er nimmt alles, was Sie tun, ernst. Wenn Sie bereit sind, hohe Gebote abzugeben, können Sie ihn meist damit besiegen, dass Sie seine Gegengebote immer weiter in die Höhe treiben, irgendwann aussteigen und ihn zum Gewinner eines dubiosen Wettstreits machen, den Sie ohnehin nie gewinnen wollten.

PR-Krieg gegen den Jungfrau-Konkurrenten

Dieser Konkurrent ist meist so klug, Ihre Pläne zu erraten und dann Punkt für Punkt zu kontern. Sie können ihn auflaufen lassen, indem Sie ebenso vorgehen und Ihre eigenen PR- und Marketingvorhaben bis zum letzten Moment zurückhalten. Dadurch können Sie den Nervenkrieg gewinnen oder ihn zwingen, die Karten auf den Tisch zu legen. Er dagegen möchte eine Reaktion von Ihnen sehen und versucht, Sie mit falschen Aussagen über Ihre Firma auf die Palme zu bringen. Darauf sollten Sie gar nicht reagieren und Hinterhältigkeiten ebenfalls vermeiden: Kritisieren Sie seine Produkte nicht, sondern vermarkten Sie stattdessen Ihre.

Der Jungfrau-Konkurrent und die persönliche Beziehung

Meist möchte der Jungfrau-Konkurrent ganz objektiv sein. Was persönliche Angelegenheiten angeht, ist er in der Regel sehr verschlossen und abwehrend, selbst eine beiläufige Bemerkung über sein Privatleben kann ihn verärgern. Umgehen Sie solche Themen in Friedenszeiten, in Zeiten eines angekündigten Krieges jedoch dürfen Sie mit persönlicheren Waffen kämpfen. Wenn er wütend ist, ist der Jungfrau-Konkurrent am furchtbarsten, aber er kommt auch aus der Deckung, entblößt seine Schwachstellen und setzt sein empfindliches Nervenkostüm gewaltigem Stress aus.

Liebe

JUNGFRAU
24. August –
22. September

RENDEZVOUS MIT DER JUNGFRAU

Die Jungfrau tritt beim ersten Treffen bisweilen sehr reserviert und unverbindlich auf, denn sie ist enorm kritisch und ständig auf der Hut, behält ihre Gefühle für sich und gibt ungern preis, ob sie Sie mag oder nicht. Dringen Sie nicht in ihre Privatsphäre ein, bedrängen Sie sie nicht und fragen Sie auch nicht ständig, ob sie sich amüsiert. Die Jungfrau möchte gut aussehen und Sie damit beeindrucken, machen Sie ihr also Komplimente. Sie erwartet, dass Sie sie auf interessante Weise unterhalten, geistreiche Bemerkungen machen, Ironie und Wortspiele beherrschen, spannende Themen und scharfsinnige Kommentare haben. Wenn sie verstummt, muss das kein schlechtes Zeichen sein, reden Sie einfach weiter.

Wie man eine Jungfrau kennenlernt und anlockt
Zwar lässt sich die Jungfrau gern zu einer Verabredung bitten, aber oft macht sie Ihnen gleich klar, dass die erste Begegnung nicht der ideale Zeitpunkt für ein Gespräch ist. Verabreden Sie sich ein paar Tage später zum Telefonieren, da können Sie dann auch Ihre erste richtige Verabredung planen. Statt einem ausgedehnten Date mit Restaurantbesuch und Unterhaltungsprogramm ist ein Spaziergang oder ein Cafébesuch besser geeignet. Das gibt der Jungfrau die Gelegenheit, Sie sich genau anzusehen und zu überlegen, ob sie mehr will.

Unternehmungen bei der Verabredung mit der Jungfrau
Nachdem Sie sich kennengelernt und telefoniert haben, spazieren gegangen sind oder Kaffee getrunken haben, können Sie zur ersten ernsthaften Verabredung übergehen. Dann müssen Sie aber alle Register ziehen und dürfen weder Kosten noch Mühen scheuen, damit Sie die Jungfrau beeindrucken und Sie sich beide gut amüsieren. Erkundigen Sie sich, welche Musik sie mag, was sie gerne isst und wofür sie sich interessiert, denn nichts ist schlimmer zu ertragen als ihre Missbilligung oder Langeweile. Die Jungfrau ist eine großartige Nörglerin – Sie wissen sehr schnell, woran Sie sind, und vielleicht können Sie noch zurückrudern.

STÄRKEN

stilsicher
anspruchsvoll
attraktiv

SCHWÄCHEN

verschlossen
kühl
still

AUFTRETEN

gelassen
unbeeindruckt
unerschütterlich

Was die Jungfrau anmacht und was sie abschreckt

Einfacher zu nennen ist, was sie abschreckt, denn die Jungfrau ist derart wählerisch und eigen, dass es kaum etwas gibt, was sie nicht abschreckt. Es könnte beispielsweise sein, dass Sie etwas vorschlagen, was sie eigentlich mag, aber es ist die falsche Zeit oder der falsche Ort. Da sie so unberechenbar ist, und zwar auch für sich selbst, müssen Sie es einfach probieren. Was sie wirklich anmacht, ist, wenn Sie es schaffen, ihren jeweiligen Zustand oder ihre Laune zu erraten und gleich etwas zu improvisieren, das ihr jetzt und hier absolut gefällt.

Bei der Jungfrau den ersten Schritt machen

Den richtigen Moment abzupassen ist dabei unabdingbar. Denn der erste Schritt ist nur erfolgreich, wenn alles genau passt. Wenn sie das Gefühl hat, dass dieser Augenblick nicht der richtige ist, werden Sie weggeschoben, und zwar physisch wie emotional. Es hat wenig Sinn, sie darin zu bestärken, selbst den ersten Schritt zu machen, denn die Jungfrau geht so früh kaum eine Verpflichtung ein. Abzuwarten, ob sie geneigt ist, Ihren ersten Schritt anzunehmen, ist auch nicht günstig, also müssen Sie in den sauren Apfel beißen und es einfach probieren, auch auf die Gefahr hin, sich einen Korb zu holen.

Die Jungfrau beeindrucken

Die Jungfrau kann man mit sorgfältiger Vorbereitung beeindrucken. Wenn Sie das hingekriegt haben, haben Sie schon halb gewonnen, denn es gehören nicht nur Reservierungen und Buchungen, das Besorgen eines angenehmen Transportmittels und eine gewisse Privatsphäre dazu, sondern Sie müssen auch gut genug aussehen, um die Jungfrau durchs Nachtleben zu begleiten. Sie erwartet einfach, dass alles gut läuft. Wenn nicht, reagiert sie mit Unverständnis und sogar Gefühllosigkeit. Es reicht nicht, wenn Sie Ihr Bestes geben – es muss perfekt sein.

Die Jungfrau nach der Verabredung wieder loswerden

In den meisten Fällen gibt es kaum etwas, was die Jungfrau weniger berührt als eine Abfuhr zu bekommen. Sie beide wissen bereits am Ende des ersten gemeinsamen Abends (manchmal sogar noch früher), ob es funktioniert oder nicht. Die Jungfrau ist so realistisch, dass sie nur selten das Verlangen hat, jemanden wiederzusehen, der ganz bestimmt nicht der Richtige für sie ist. Es ist auch gar nicht notwendig, sich für einen derart klar denkenden, logischen Menschen komplizierte Entschuldigungen auszudenken, weshalb Sie sich nicht wieder treffen möchten. Sagen Sie einfach die Wahrheit, das bringt sie nicht aus der Fassung.

BEZIEHUNG MIT DER JUNGFRAU

Der zusätzliche Nutzen einer Jungfrau zeigt sich, wenn Sie eine Reise planen, buchen oder reservieren und Zukunftspläne schmieden. In ihren klugen Berechnungen und Auflistungen ist kein Platz für Fehler. Manchmal wünschen Sie sich, sie würde nicht alles so haarklein planen, sondern ein bisschen Freiraum für Entscheidungen in letzter Minute lassen, aber meistens spart Ihnen dies eine Menge Zeit und Mühe. Im Allgemeinen dient die Jungfrau nicht so sehr ihrem Partner, sondern eher der Beziehung. Sie tut alles für deren Bestand und bewacht auch deren Grenzen.

Mit der Jungfrau diskutieren

Die Jungfrau will, dass Sie an Ihren Versprechen und ursprünglichen Plänen festhalten. Alle Diskussionen, die entstehen, weil Sie Ihre Meinung geändert haben, nimmt sie sehr ernst. Die Jungfrau bespricht lieber einzelne Punkte, statt vom Hundertsten ins Tausendste zu kommen, auch wenn sie eine Schwäche für pikante Klatschgeschichten hat. Die erfreulichsten Diskussionen sind diejenigen, bei denen Sie sie zum Lachen bringen, denn dann gibt sie ihre strenge Haltung auf und geht mal richtig aus sich heraus.

Mit der Jungfrau streiten

Einen Streit mit der Jungfrau kann man einfach nicht gewinnen. Sie benutzt Logik, um mit durchschlagender Wirkung Löcher in Ihre Argumentation zu hauen, auf der anderen Seite blockt sie alle Versuche, ihr zu widersprechen oder sich aus der Verantwortung zu stehlen, einfach ab. Paradoxerweise ist ihre Argumentation zwar logisch, aber ihr Verhalten ist manchmal ganz irrational. Darauf angesprochen, sagt sie einfach »nein« und will nichts mehr hören. Diese eigenartige Kombination aus rational und irrational macht sie zu einem schwierigen Gegner. Außerdem vergibt und vergisst sie nicht leicht.

Mit der Jungfrau reisen

Welch ein Vergnügen, in ein Auto, einen Zug oder ein Flugzeug zu steigen und genau zu wissen, dass alles, vom Fahrschein bis zur Verpflegung, bereits von der Jungfrau geregelt worden ist. Die Jungfrau hasst es, auf dem falschen Fuß erwischt zu werden, deshalb ist die Vorbereitung ihre besondere Stärke. Gravierende Fehleinschätzungen sind selten, und die Jungfrau verbucht sie einfach als Missgeschick, weil sie sich keinen Fehler eingestehen will. Interessante Gespräche mag sie, aber leeres Geplänkel macht sie nervös und missmutig. Halten Sie sie mit geistreichen Wortspielen, Rätseln und Spielen bei Laune.

Sex mit der Jungfrau

Selbst die strengste und verkrampfteste Jungfrau geht im Bett ganz aus sich heraus. Sie wagt sich manchmal sogar in absonderliche oder perverse sexuelle Bereiche und kann, vor allem in den eigenen vier Wänden, erstaunlich aggressiv und freizügig sein. Die Erfahrung, im Schlafzimmer (oder einem anderen Raum)

STÄRKEN

strukturiert
ordentlich
vorbereitet

SCHWÄCHEN

zwanghaft
angespannt
unnachgiebig

AUFTRETEN

gewollt
präzise
ordentlich

JUNGFRAU

von einer seriösen, ja prüden Jungfrau überfallen zu werden, kann bleibend sein. Es ist eine Besonderheit der Jungfrau, sich nur im Privaten ganz zu zeigen, und zwar wie und wo sie möchte. Sprechen Sie sie nie darauf an und ziehen Sie sie auch nicht damit auf, denn der Humor der Jungfrau ist begrenzt.

Die Jungfrau und Zärtlichkeit

In den meisten Fällen mag die Jungfrau öffentliche Zuneigungsbekundungen gar nicht. Sie ist eher leidenschaftlich als sinnlich, und regelmäßige Berührungen oder Umarmungen sind nicht ihr Ding. Auch vor Ihren Küssen, selbst auf die Wange, schreckt sie zurück. Man sagt zwar, die Jungfrau sei unterkühlt, doch ein Lächeln oder ein nettes Wort lässt sie aufleuchten – sofern sie in der richtigen Stimmung dafür ist. Wenn Sie in der Lage sind, die rote Alarmleuchte mit der Aufschrift »Stopp!« zu erkennen, läuft alles bestens.

Die Jungfrau und Humor

Manche Menschen behaupten, die Jungfrau habe gar keinen Humor und sei äußerst kritisch, pingelig, empfindlich und wertend. Es gibt sogar Leute, die gar kein gutes Haar an ihr lassen und sagen, dass ihre Negativität irgendwann die Liebe aus allen ihren Beziehungen vertreibt. Das ist zwar übertrieben, aber es lässt sich nicht bestreiten, dass die Jungfrau mit ihrer strengen und ernsten Art oft nicht richtig entspannen oder genießen kann. Menschen, die hingegen wissen, wie man die Jungfrau zum Lachen bringt, haben meistens kaum etwas an ihr auszusetzen.

STÄRKEN

verlässlich
fleißig
häuslich

SCHWÄCHEN

zwanghaft
herrisch
nachlässig

AUFTRETEN

hartnäckig
kritisch
verständnisvoll

LIEBE

EHE MIT DER JUNGFRAU

Auch die unabhängigste Jungfrau kann irgendwann in den Stand der Ehe treten, zum Ernährer werden und einen Haushalt führen. Zwar kann sie ihren Partner mit ihrem Ordnungswahn in den Wahnsinn treiben, doch was ihren eigenen Arbeitsplatz oder Wohnraum betrifft, ist sie oft sehr lax. Dort kann es schlampig aussehen, es gibt aber eine geheime Jungfrau-Ordnung, die kein anderer versteht. Die Jungfrau ist zwar fleißig, aber nicht unbedingt gerne. Oft tut sie nur das Minimum dessen, was notwendig ist, und ruht sich danach aus. Bei Notfällen, wenn sie wirklich gebraucht wird, blüht sie auf.

Hochzeit und Flitterwochen mit der Jungfrau

Die Jungfrau möchte zwar, dass alles für ihre Hochzeit und die Flitterwochen perfekt arrangiert ist, aber sie würde sich wünschen, dass die Durchführung diesmal jemand anders übernehmen würde, auch wenn sie nichts dagegen hat, Pläne dafür zu machen und spezifische Wünsche zu äußern. Dieses eine Mal möchte sie sich zurücklehnen und sich entspannen. Überhaupt möchte sie, wenn sie mit ihrem frisch angetrauten Ehepartner alleine ist, zu gar nichts gedrängt werden, denn dies ist für sie wahrscheinlich der erste richtige Urlaub seit langem.

Haushalt und Ehealltag mit der Jungfrau

Die Jungfrau hält an ihren Ansprüchen hartnäckig fest. Es ist daher ratsam, so wenig wie möglich zu widersprechen und dafür zu sorgen, dass sie zumindest zeitweise mit Ihnen zufrieden ist. Andernfalls wird es unerfreulich. Falls nämlich ihre Ansprüche nicht erfüllt werden, werden Sie entweder mit Beschwerden, Beschimpfungen und Kritik überschwemmt, oder Ihnen schlägt eine Kälte entgegen, mit der es nur eine arktische Kaltluftfront aufnehmen kann. Da die Jungfrau schwer zufriedenzustellen ist, sollten Sie sich bemühen, ihre Regeln zu befolgen und nicht in Frage zu stellen.

Die Jungfrau und Geld

Die Jungfrau kann sehr gut wirtschaften, Sonderangebote finden, erstaunlich große Ersparnisse ansammeln und Verzicht üben. Sie neigt auch zur Knickrigkeit, wenn es um größere Geldausgaben geht, und erwartet von ihrem Partner dasselbe. Wenn ihr Partner unnötige Ausgaben tätigt, wird die Jungfrau sehr wütend und geht manchmal so weit, dass sie nicht mit ihm spricht oder sich ihm körperlich entzieht. Sowohl das Erstellen von Budgets wie auch ihre Einhaltung ist für die Jungfrau normal, und sie besteht deshalb darauf, dass Sie ebenso verfahren.

Die Jungfrau und Treue

Für einen Menschen, der so strenge Maßstäbe hat und so sehr regelorientiert ist, hat die Jungfrau erstaunlich flexible Ansichten über die Treue. Solange sie sich der Liebe und Ergebenheit ihres Partners sicher ist, kann sie eine gelegentliche Indiskretion auch mal übersehen. Allerdings vergisst sie diese nie und wendet sie später vielleicht einmal als Waffe an. Auch findet sie es nicht verwerflich, gelegentlich selbst einen kleinen Seitensprung zu wagen, sofern alles diskret abläuft. Für die Jungfrau ist Sex ohnehin nicht das Wichtigste in der Ehe, und es lohnt sich deshalb nicht, sich darüber aufzuregen.

Die Jungfrau und Kinder

Die Jungfrau sorgt hervorragend für ihre Kinder, Tag für Tag. Da sie sehr detailorientiert ist, kümmert sie sich um jeden Aspekt der psychischen und körperlichen Entwicklung ihrer Kinder. Sie achtet auf Kleidung, Hausaufgaben und Ernährungsgewohnheiten und bereitet sie geschickt auf die Schule vor. Solange die Kinder klein sind, achtet sie darauf, dass sie nie alleine sind. Wenn sie größer werden, gesteht sie ihnen mehr Freiraum zu und ist oft froh, sich nicht mehr ständig um sie kümmern zu müssen. Trotzdem hat die Jungfrau meist ein wachsames Auge auf ihre Kinder, damit sie keinen Unfug machen.

Scheidung von der Jungfrau

Die Jungfrau ist bei der Scheidung ganz besonders nachtragend. In der Regel versucht sie, das Sorgerecht für die Kinder zu bekommen, dazu das Haus, die Konten und alles, was sie in die Finger bekommt. Sie glaubt im Allgemeinen, dass sie am härtesten arbeitet und ihr deshalb mehr zusteht (nur nicht die Schulden und Kredite). Hinzu kommt eine gewisse Blindheit gegenüber den Bedürfnissen des Expartners, doch normalerweise hat sie nicht die Absicht, ihm zu schaden oder ihn zu verletzen. Dass sie dies dennoch tut, beweist daher eher ihr mangelndes Einfühlungsvermögen und ihre Gleichgültigkeit.

STÄRKEN

attraktiv
nachdenklich
kompetent

SCHWÄCHEN

unsicher
zweifelnd
labil

AUFTRETEN

bescheiden
verschlossen
kritisch

AFFÄRE MIT DER JUNGFRAU

Die Jungfrau ist schnell verärgert und in einer romantischen Beziehung nicht unbedingt das stabilisierende Element. Ihre häufige Unsicherheit darüber, ob sie eine Beziehung weiterführen soll oder nicht, zeigt sich in Handlungen, die ihre zweifelnde, kritische Natur reflektieren und ihre Gefühle unterwandern. Oft wenden sich ihre negativen Gedanken gegen sich selbst, sie können aber auch auf den Partner oder die Beziehung als solche umgelenkt werden. Solange sie positiv ist und sich wohlfühlt, scheint die natürliche Schönheit der Jungfrau durch und betont und ergänzt ihren Intellekt sowie ihre Kompetenz und ihr Verantwortungsbewusstsein.

Mit der Jungfrau anbandeln

Meist hören Sie durch einen gemeinsamen Freund oder einen Verwandten von der Jungfrau, weil dieser sie interessant findet und meint, Sie sollten sich mal treffen. Die Jungfrau hat vermutlich auf demselben Wege von Ihnen gehört. Vielleicht hat sich daher auf beiden Seiten eine gespannte Erwartung aufgebaut, die die Intensität Ihrer ersten Begegnung noch vertiefen kann. Die Beziehung zu der Person, die Sie miteinander bekanntgemacht hat, dient nicht nur als Begründung für Ihr Treffen, sondern, zumindest in der Anfangsphase, auch als Zement für Ihre Affäre.

Wohin mit dem Jungfrau-Liebhaber?

Die Jungfrau muss einige Zeit bei Ihnen verbracht haben, bevor sie sich dort wirklich wohlfühlen kann. Zu Beginn ist es wahrscheinlich am besten, wenn sie Sie zu sich einlädt, was für sich genommen schon ein Kompliment ist und ihr Interesse beweist. Selbst ein »Herein«, nachdem man an die Tür geklopft hat, ist bereits ein Vertrauensbeweis und zeigt, dass sie Sie besser kennenlernen will. Respektieren Sie ihr Zuhause absolut, und fassen Sie Gegenstände, wenn überhaupt, nur ganz sanft an. Wenn sie nicht da ist, sollten Sie nicht in Büchern, Unterlagen oder im Kühlschrank stöbern.

Sex in der Affäre mit der Jungfrau

Die Jungfrau hat Spaß am Sex, solange alles, was zwischen Ihnen passiert, auch zwischen ihnen bleibt und niemals weitererzählt wird. Sollte ihr je etwas darüber zu Ohren kommen, wird sie sich furchtbar aufregen, auch wenn es vielleicht als Kompliment gemeint war. Bleiben Sie Dritten gegenüber ebenso zugeknöpft, was Ihre Gespräche betrifft, vor allem natürlich bei Vertraulichkeiten. Die Jungfrau handelt im Gegenzug genauso und schützt Ihre Privatsphäre. Im Allgemeinen findet sie Affären sehr reizvoll, denn geheime Abenteuer machen sie an. Genießen Sie es in vollen Zügen, aber machen Sie sich klar, dass Sie extreme Eifersucht und aggressive Rachemaßnahmen zu spüren bekommen, wenn Sie die Jungfrau auf irgendeine Weise betrügen.

Die Affäre mit der Jungfrau aufrechterhalten

Wenn Sie Konstanz in die Beziehung bringen, mit den Vorlieben und Abneigungen der Jungfrau besser vertraut sind und sich darauf einlassen, können Sie sie so meist halten. Ein häufiger Trennungsgrund sind nämlich nachlassende Gefühle. Wenn Sie sich zum ersten Mal begegnen, ist die Jungfrau meist verheiratet oder hat einen festen Lebenspartner, so dass Sie damit rechnen müssen, dass sie zu ihrem ursprünglichen Partner zurückkehrt, wenn ihr Bedürfnis nach einem Seitensprung gestillt ist. Rückblickend scheint es, dass sie nicht Sie ausgesucht und gebraucht hat, sondern lediglich die Affäre selbst.

Den Jungfrau-Liebhaber unterhalten

Die Jungfrau möchte, dass Sie ihr Ihre volle Aufmerksamkeit widmen, wenn Sie zusammen sind, aber sie mag auch Spiele und Rätsel, löst gern Probleme oder diskutiert interessante Themen. Interessante Sexvarianten oder Denksportaufgaben machen ihr besonders Spaß. Versuchen Sie nie, ihren Schleier des Geheimnisvollen einfach zu lüften, sondern zeigen Sie ihr, dass gerade dieser Sie fasziniert. Mehr Unterhaltung als Ihr subtil und indirekt gezeigtes Interesse braucht sie meist gar nicht. Wenn Sie sich gemeinsam öffentlich zeigen, sollten Sie daran denken, dass sie beim Essen, bei Sitzplätzen und Transportmitteln großen Wert auf Qualität legt.

Die Affäre mit der Jungfrau beenden

Meistens geht die Beendigung der Affäre von der Jungfrau aus, wenn die Beziehung für sie den Sinn verloren hat. Das mag sich kaltblütig anhören, doch eine Affäre mit einer Jungfrau basiert ohnehin auf pragmatischen Erwägungen, denn sie ist nicht nur realistisch, sondern auch ehrlich. Wenn Sie beschließen, die Affäre zu beenden, akzeptiert die Jungfrau dies ohne Gegenwehr, denn sie weiß, dass der nächste Liebhaber vielleicht schon wartet. Die eigentliche Trennung sollten Sie von Angesicht zu Angesicht vollziehen, und zwar geradeheraus, ohne Herumgerede oder irgendwelche Spielchen.

DIE JUNGFRAU-EX

Die Jungfrau hält nichts davon, Beziehungen zu einem Expartner fortzusetzen, denn allzu oft hegt sie noch viele negative Gefühle und möchte lieber einen sauberen Schnitt. Sie kann gut mit Anwälten und Rechtsangelegenheiten umgehen, und nutzt dies, um zu gewährleisten, dass sie ausreichend entschädigt und für den Fall, dass sie das Sorgerecht für die Kinder bekommt, auch versorgt wird. Sie wickelt alles, was mit ihrem Expartner zu tun hat, gerne kühl und sachlich

STÄRKEN

klar denkend
entscheidungsfreudig
eindeutig

SCHWÄCHEN

verurteilend
wenig begeisterungs-
fähig
verbittert

AUFTRETEN

kühl
pragmatisch
distanziert

ab, obwohl sie selbst leicht wütend und ärgerlich wird, vor allem, wenn sie das Gefühl hat, ihr geschehe Unrecht oder sie werde nicht fair behandelt.

Freundschaft mit der Jungfrau-Ex

Erwarten Sie nicht, dass Sie sich je wieder besonders nahestehen werden, denn der Versuch, mit der Jungfrau ein neues emotionales Band zu knüpfen, ist von Anfang an zum Scheitern verurteilt. Sie reagiert in solchen Angelegenheiten kopfscheu, und mehr als ein nüchternes Verständnis für den Standpunkt des anderen, gegenseitigen Respekt und ein Ende von Groll und Feindseligkeiten können Sie nicht erwarten. Vermeiden Sie Körperkontakt, denn die Jungfrau kann sehr gemein reagieren, wenn Sie ihr zu nahetreten. Wenn Sie alte Gefühle heraufbeschwören, führt das oft nur zu Beschuldigungen oder Verbitterung.

Die Jungfrau-Ex und Versöhnung

Daran dürfen Sie erst denken, wenn Sie sehr, sehr lange daran gearbeitet haben, Respekt und Vertrauen wiederherzustellen. Wundern Sie sich nicht, wenn sie von Ihnen mündliche und schriftliche Erklärungen verlangt, dass Sie sie fair behandeln – und zwar noch bevor sie Sie in ihre Nähe lässt oder Sie überhaupt über eine Versöhnung gesprochen haben. Bereiten Sie sich darauf vor, Ihren Stolz ganz abzulegen, Fehler einzuräumen und Besserung zu geloben. Sie glaubt Ihnen allerdings nie wieder irgendetwas, wenn Ihren Worten keine Taten folgen.

Mit der Jungfrau-Ex über alte Probleme sprechen

Das können Sie nur dann tun, wenn Sie bereit sind zu analysieren, zuzuhören, zu akzeptieren und vor allem, den Standpunkt der Jungfrau einzusehen. Wenn Sie Wut oder andere starke Gefühle zeigen, müssen Sie damit rechnen, dass sie sich abwendet und geht. Manchmal ist es besser, alte Probleme völlig außen vor zu lassen, denn wenn sich das Gespräch erst mal um Sie dreht, gibt die Jungfrau nicht eher Ruhe, bis alles vollständig und bis zur Schmerzgrenze ausdiskutiert ist. Wie ein Hund mit seinem Stöckchen wird die Jungfrau tage-, wochen-, ja sogar monatelang immer wieder damit ankommen.

Der Jungfrau-Ex seine Zuneigung zeigen

Eigentlich sollten Sie in dieser Hinsicht nie den ersten Schritt tun. Mag sein, dass es ein paar Jahre dauert, aber es ist besser, dies der Jungfrau zu überlassen. Erkennen Sie auch das leiseste Lächeln, einen längeren Blickkontakt oder eine Berührung der Hand an, aber überreagieren Sie nicht. Der beste Weg ist vielleicht ohnehin, Ihre Zuneigung zunächst schriftlich auszudrücken, denn dann fühlt sie sich von Ihrer körperlichen Präsenz nicht bedrängt.

Die gegenwärtige Beziehung zur Jungfrau-Ex definieren

Die Jungfrau versteht es meisterhaft, eine solche Beziehung zu definieren, deshalb sollten Sie es ihr überlassen, Verhaltensregeln aufzustellen. Wenn Sie sich strikt daran halten, zeigt ihr das Ihren guten Willen. In wichtigen Momenten können Sie auf Ihr Wohlverhalten hinweisen und zeigen, dass Ihnen daran gelegen ist, dass alles gut läuft. Versprechen Sie der Jungfrau nichts, was Sie nicht halten können, denn für sie ist Ihr Wort bindend.

Gemeinsames Sorgerecht mit der Jungfrau-Ex

Die Jungfrau mag Struktur, deshalb fühlt sie sich am wohlsten, wenn für Besuche oder gemeinsame Unternehmungen ein fester Plan gemacht wird. Flexibilität ist da meist nicht möglich, selbst wenn die Kinder bei einem besonderen Ereignis spezielle Wünsche haben. Außerdem besteht sie felsenfest darauf, dass Sie sich an alle rechtlich bindenden Vereinbarungen halten. Jegliche Gefühlsäußerungen Ihrerseits, ob positiv oder negativ, werden von ihr gleichermaßen verurteilt werden, deshalb sollten Sie sich bemühen, gar keine Gefühle zu zeigen.

Freunde & Familie

JUNGFRAU

24. August –
22. September

STÄRKEN

unterstützend

hilfsbereit

treu

SCHWÄCHEN

bedürftig

schwierig

urteilend

AUFTRETEN

besorgt

kritisch

engagiert

DER JUNGFRAU-FREUND

Als Freund kann die Jungfrau ungeheuer hilfsbereit sein, sie scheint genau zu wissen, wann sie gebraucht wird. Selbst wenn Sie längere Zeit keinen Kontakt hatten, schneit sie im richtigen Moment zur Tür herein. Die Jungfrau braucht selbst oft Hilfe, aber es fällt ihr schwer, darum zu bitten. Da sie lange braucht, bis sie ihre Bitte schließlich hervorbringt, sollten Sie diese ernst nehmen. Sie müssen nicht ständig Kontakt halten, aber alle paar Wochen oder Monate sollten Sie anrufen oder eine Mail schreiben, um die Jungfrau auf dem Laufenden zu halten.

Einen Jungfrau-Freund um Hilfe bitten

Sie können von der Jungfrau nur dann Hilfe erwarten, wenn ihr eigenes Leben geordnet verläuft und sie bereit ist, Hilfe zu leisten. Da sie aber oft mit ihren eigenen Problemen beschäftigt ist, besitzt sie meist nicht die notwendige emotionale Stabilität, um sich selbst zu helfen. Die Jungfrau hat ein sehr empfindliches Nervenkostüm und ein ebensolches Verdauungssystem, so dass sie sehr oft leidet oder ein wenig mitgenommen ist. Finden Sie heraus, in welchem körperlichen, mentalen und seelischen Zustand die Jungfrau ist, bevor Sie um Hilfe rufen. Geht es ihr gut, können Sie fragen.

Mit dem Jungfrau-Freund kommunizieren und in Kontakt bleiben

Die Kommunikation mit der Jungfrau ist direkt und zielgerichtet, aber zwischen den Zeilen kann noch vieles andere mitschwingen, und deshalb spielen sich Gespräche mit der Jungfrau oft auf mehreren Ebenen gleichzeitig ab. Um das alles zu erfassen, möchten Sie das Gespräch im Geiste oft noch einmal durchgehen. Der Jungfrau ist nicht wichtig, wie oft Sie reden, sondern dass Sie es überhaupt tun. Wenn sich ein regelmäßiger Gesprächstermin ergibt, erwartet die Jungfrau, dass Sie ihn einhalten. Meist hält ein netter Abend oder ein langes Telefonat eine ganze Weile vor.

Vom Jungfrau-Freund Geld borgen

Ein ungeschriebenes Jungfrau-Gesetz besagt: »Wenn ich mir kein Geld von dir leihe, dann leih dir auch keins von mir.« Falls Sie sich also Geld von einer Jungfrau leihen möchten, die noch nie etwas von Ihnen geliehen hat, könnte die Antwort recht kühl ausfallen. Ob sie gerade gut bei Kasse ist oder völlig pleite, ist dabei nicht ausschlaggebend. Sie möchte wissen, wofür es gebraucht wird, ob es eine sinnvolle Ausgabe ist, und wann und wie Sie es zurückzahlen. Vielleicht wenden Sie sich lieber an jemanden, der nicht so viele Fragen stellt.

Den Jungfrau-Freund um Rat fragen

Der Rat der Jungfrau kann sehr nützlich sein, denn sie denkt logisch und kann Probleme oft im Voraus erkennen. Sie wird Sie allerdings später fragen, ob Sie ihren klugen Rat befolgt haben. Wenn nicht, kann es passieren, dass sie Ihnen nicht noch einmal hilft. Die Jungfrau ist sowohl kritisch wie auch urteilend, und wenn Sie einen Rat wollen, möchten Sie wohl nicht unbedingt Ihr gesamtes Verhalten auf dem Prüfstand sehen. Überlegen Sie sich gut, ob Sie die Jungfrau überhaupt fragen oder Rat von ihr annehmen, denn das könnte der Anfang vom Ende einer wunderbaren Freundschaft sein.

Einen Jungfrau-Freund besuchen

Besuche sollte man bei der Jungfrau nur an einem Ort und zu einer Zeit ihrer Wahl machen, wenn Sie sich darauf einlassen können. Die Jungfrau ist bei fast allem recht eigen, und wenn sie selbst nicht genau weiß, was sie will, fühlt sie sich schnell unwohl und wird nervös. Drängen Sie sie nicht zu Verabredungen, die sie im Grunde gar nicht will. Wenn Sie unter Druck steht, wird alles nur noch schlimmer und kann am Ende sogar zu einer Katastrophe führen, von der Sie sich beide nur langsam erholen.

Feste und Freizeit mit dem Jungfrau-Freund

Zwar ist die Jungfrau im Organisieren und Planen großartig, aber man kann nicht immer damit rechnen, dass sie am Tag des Festes auch gute Laune hat. Häufig spielt sie in der Vorbereitung eine wichtige Rolle, leidet dann aber unter so fürchterlichen Kopf- oder Bauchschmerzen, dass sie gar nicht teilnehmen kann. Im Grunde ist ihr das sogar lieber so. Gesellschaftliche Veranstaltungen sind nicht gerade ihre starke Seite, sie trifft sich lieber mit ein paar wenigen Leuten. Wenn Sie sie allerdings als Begleitung oder zu Ihrem Schutz brauchen, füllt sie diese Rolle sehr gut aus.

DER JUNGFRAU-MITBEWOHNER

Die Jungfrau reißt sich nicht darum, im täglichen Zusammenleben die Hauptrolle zu spielen. Ihre Grundvoraussetzungen sind aber oft so streng, dass man ihre Präsenz deutlich spürt. Ganz unbescheiden glaubt sie, es sei ihre Bestimmung zu helfen und die häusliche Stabilität aufrechtzuerhalten. Sie wird selten Unsicherheit, Chaos oder offene Rebellion stiften, aber wenn sie wiederholt ignoriert oder geärgert wird, stellt sie sich auf die Hinterbeine und rührt sich nicht mehr. Bei Fehlern anderer ist sie oft sehr nachtragend, und Kränkungen, egal wie unbedeutend, übersieht sie nie.

Mit dem Jungfrau-Mitbewohner finanzielle Verantwortung teilen

Die Jungfrau ist nicht gerade für ihre Großzügigkeit bekannt. Sie leistet ihren Pflichtanteil, aber keinen Cent mehr. Mit Mitbewohnern, die ihren Anteil nicht bezahlen können, geht sie unter Umständen sehr hart um und beschimpft oder beschuldigt sie sogar. Mit ihrer strikten und unnachgiebigen Haltung in Gelddingen sorgt sie dafür, dass zumindest Miete, Nebenkosten und Telefonrechnung pünktlich bezahlt werden. Bei Lebensmitteln und anderen Extras legt sie Wert darauf, dass alle Mitbewohner sparsam wirtschaften.

Der Jungfrau-Mitbewohner und das Putzen

Zwar eilt ihr der Ruf eines Ordnungsfanatikers voraus, aber im Grunde ist die Jungfrau genauso unordentlich wie jeder andere. Allerdings räumt sie auch wieder auf, und das oft sehr schnell. Das heißt aber nicht, dass sie auch den Dreck der anderen wegräumt, und oft genug zeigt eine gewisse Demarkationslinie, wo sie aufgehört hat. Die anderen ständig zum Putzen zu ermahnen hat sie keine Lust, eher befiehlt sie kurz und barsch das Aufräumen. Die wahre Stärke ihrer Aufräumtechnik besteht darin, dass bei ihr alles einen bestimmten Platz hat.

Der Jungfrau-Mitbewohner und Besuch

Die Jungfrau hat häufig ein wachsames Auge auf Ihre Gäste, denn es könnte sich ja um potentielle Unruhestifter handeln, hinter denen sie später herräumen muss. Andererseits ist sie ihrer Familie und den eigenen Freunden gegenüber enorm freigiebig, wenn diese ein paar Tage bleiben wollen. Verlängerungstage kommen für die Jungfrau nicht in Frage, sie wird nervös, wenn Gäste sich allzu wohlfühlen. In Gelddingen ist sie alles andere als schüchtern und sagt oder deutet an, dass die Gäste sich durchaus an den Ausgaben für Lebensmittel und bei längeren Aufenthalten auch an den Nebenkosten beteiligen könnten.

Der Jungfrau-Mitbewohner und Partys

Die Jungfrau genießt es, ab und zu richtig aus sich herauszugehen. Sie ist dann ebenso wild, ausgelassen und freizügig wie jeder andere Partygast, manchmal eher mehr. Wenn aber das Spektakel abebbt, schaltet sich ihr Ordnungssinn wieder ein, und sie fängt an aufzuräumen, wegzupacken und die Gäste sanft in Richtung Tür zu lotsen. Häufig übernimmt die Jungfrau die gesamte Partyverantwortung, ohne dafür Dank anzunehmen. Allerdings nur, wenn keiner mithilft; helfende Hände sind ihr immer willkommen.

Der Jungfrau-Mitbewohner und die Privatsphäre

Die Jungfrau ist ein sehr privater und zurückgezogener Mensch. Sie verlangt, dass ihre Privatsphäre nicht verletzt wird, aber sie teilt gern Gemeinschaftsräume wie Wohnzimmer, Küche und Bad. Ihr Zimmer dürfen Sie nie und unter keinen Umständen (es sei denn, es brennt) einfach betreten. Sie erwartet, dass Sie stets rufen oder anklopfen – aber bitte nicht ständig. Wenn Sie im Internet surft, am gemeinsamen Computer arbeitet oder in der Diele telefoniert, kann sie es nicht leiden, wenn sie ihr über die Schulter gucken oder zuhören. Sie benötigt maximale Privatsphäre früh am Morgen, spät am Abend und auch sonst.

Mit dem Jungfrau-Mitbewohner Probleme besprechen

Solange das Gespräch ruhig und sachlich verläuft und niemand abschweift, glaubt die Jungfrau fest daran, dass das Problem gelöst werden kann. Sie diskutiert lieber über ein spezielles Thema als allgemein, möchte aber, dass Sie sich zuvor bereits damit auseinandergesetzt und auch ihren Standpunkt ernsthaft überdacht haben. Sie wird nämlich nicht gern en passant festgenagelt und in ein Gespräch verwickelt, sondern möchte sich zu einem Gespräch verabreden, damit sie dem Thema ihre volle Aufmerksamkeit widmen, sich gedanklich sammeln und vorbereiten kann. Ihr Glaube an logische und vernünftige Lösungen ist unerschütterlich.

DER JUNGFRAU-ELTERNTEIL

Jungfrau-Eltern stellen gerne Regeln auf, mit denen sie ihre Kinder beschützen und verteidigen. Sie neigen dazu, jeden einzelnen Aspekt ihres Lebens durchzustrukturieren, um sich selbst und den Kindern Leid zu ersparen. Ältere Kinder mögen diese Kontrolle nicht unbedingt, sondern wollen Unabhängigkeit. Oft fördern Eltern die Rebellion ihrer Kinder, indem sie deren Freiheitsdrang nicht nachgeben, sondern absoluten Gehorsam fordern, solange sie klein sind. Die Kinder sind meist so klug, ihren Eltern nicht direkt zu widersprechen, sondern ihre Wünsche und Unternehmungen so weit wie möglich für sich zu behalten.

Der Erziehungsstil von Jungfrau-Elternteilen

Da sie sehr strenge Maßstäbe anlegt und bestimmte Unternehmungen verbietet, muss die Jungfrau gewisse Disziplinarmaßnahmen für den Fall parat haben, dass ihre Regeln gebrochen werden. Normalerweise reicht Hausarrest aus. Die Jungfrau ist aber so klug, ihre Kinder für Gehorsam auch zu belohnen, vor allem, wenn das Befolgen ihrer Vorgabe eine positive Konsequenz hatte. Normalerweise versucht sie ein Gefühl von Solidarität mit ihren Kindern aufzubauen und ist besonders glücklich, wenn ihre Kinder sie als Freund betrachten.

Jungfrau-Elternteile und Zuneigung

Die Jungfrau ist mit ihrer Zuneigung vielleicht nicht sehr demonstrativ, beweist sie aber oft in kleinen Dingen. Kinder, die sich gut auf ihre Eltern eingestellt

STÄRKEN

beschützend
verteidigend
fürsorglich

SCHWÄCHEN

übermäßig strikt
rigide
kompromisslos

AUFTRETEN

autoritär
entschieden
ritualisierend

JUNGFRAU

haben, erkennen diese Zeichen und wissen sie zu schätzen. Selbst die strengste Jungfrau hat eine weiche Seite, die immer wieder zum Vorschein kommt. Gegenüber Zuneigungsbeweisen der Kinder ist sie oft sehr reserviert oder weist sie sogar ab, später aber, wenn sie alleine ist, genießt sie diese. Die pragmatische Jungfrau kann ihre Zuneigung seltsamerweise besser sporadisch und ohne bestimmten Grund zeigen, als sie zur Belohnung einsetzen.

Jungfrau-Elternteile und Geld

Die Jungfrau ist sehr streng, was Taschengeld betrifft, nicht nur, weil sie sparsam ist, sondern auch, weil sie ihren Kindern beibringen will, hauszuhalten. Normalerweise gesteht sie ihnen einen kleinen Betrag zu, wacht aber darüber, wofür er ausgegeben wird. Wenn ein Kind etwas Bestimmtes kaufen möchte, besteht die Jungfrau darauf, dass es selbst dafür spart und es sich mit Babysitten, Rasenmähen oder Ähnlichem verdient. Bei besonders teuren Anschaffungen hilft die Jungfrau oft, indem sie die Kinder für bestimmte Aufgaben bezahlt.

Jungfrau-Elternteile und Krisen

Da die Jungfrau ein empfindliches Nervenkostüm hat, macht sie manchmal aus einer Mücke einen Elefanten und beschwört eine Krise herauf, wo eigentlich keine ist. Vernünftige Kinder setzen sie solchen Situationen gar nicht erst aus und regeln möglichst viel selbst. Bei einem echten Notfall jedoch bleibt die Jungfrau ruhig und biegt die Dinge schnell wieder gerade. Da sie ein besorgter Mensch ist, fällt es ihr schwer, sich nicht ständig um ihre Kinder zu ängstigen. Manchmal entstehen genau dadurch kleine Katastrophen. Die Jungfrau muss lernen, dass unterdrückte Ängste Gefahren, die man vermeiden möchte, erst anziehen.

Festtage und Familientreffen mit Jungfrau-Elternteilen

Die Jungfrau weiß genau, wie man einen Urlaub oder ein Familientreffen gründlich vorbereitet. Obwohl die Kinder zu schätzen wissen, dass sie selbst dabei nicht viel zu tun haben, würden sie auch gerne einfach mal spontan und impulsiv handeln. Stattdessen müssen sie feststellen, dass zu ausgiebige Planung ein Fest langweilig und berechenbar macht. Unglücklicherweise neigt die Jungfrau dazu, alles jedes Mal gleich zu machen. Sie liebt Traditionen und Rituale, deshalb betrachtet sie die Familie als Mittel zur Pflege ihrer konservativen Seite.

Für alte Jungfrau-Elternteile sorgen

Die Jungfrau wird im Alter umständlich, das macht es manchmal schwierig, für sie zu sorgen und genau zu wissen, was sie mag und was nicht. Als Nörgler muss die alte Jungfrau ihre Vorlieben, Sorgen und Bedenken äußern können. Wenn nicht, wird sie depressiv, was auch für ihren Betreuer nicht angenehm ist. Vereinbarungen treffen Sie am besten schriftlich, dann können Sie die Jungfrau daran erinnern, worauf Sie sich ursprünglich geeinigt hat, vor allem, wenn ihr Gedächtnis nicht mehr das beste ist. Mit etwas gesundem Menschenverstand halten Sie den älteren Jungfrau-Elternteil im Zaum.

DAS JUNGFRAU-GESCHWISTER

Legen Sie die ruhige Zurückhaltung des Jungfrau-Geschwisters nicht als Schwäche aus. Es ist sich seiner eigenen Stärke oft sehr bewusst und möchte keine unnötige Aufmerksamkeit. Die kleine Jungfrau werkelt zufrieden vor sich hin und bittet nur dann um Hilfe, wenn sie sie wirklich braucht. Sie fügt sich gut in die Familienhierarchie ein: Als ältestes Kind beweist sie Durchsetzungsvermögen, als mittleres Anpassungsfähigkeit, und als jüngstes ist sie verträglich und charmant. Der Familie ist sie sehr verbunden, und mit ihren Geschwistern geht sie durch dick und dünn.

Rivalität und Nähe zum Jungfrau-Geschwister

Die kleine Jungfrau ist normalerweise mit ihrem Platz in der Familie zufrieden. Endlose Rivalitätskämpfe hat sie nicht nötig. Ihre Energien setzt sie lieber zum Wohl der Familie ein, klaglos und ohne Anerkennung einzufordern. Ihr Lohn ist meist die Tat an sich, in dieser Hinsicht ist die Jungfrau sehr selbstlos. Belohnungen sind ihr aber auch wichtig, und sie verlangt für ihre Bemühungen daher den gerechten Anteil. Obwohl die Jungfrau ihren Geschwistern nahesteht, gehört sie meist zu den ersten, die das Nest verlassen und auf eigenen Füßen stehen.

Das Jungfrau-Geschwister und alte Probleme

Wenn ihr Unrecht getan wurde, kann sie ziemlich unversöhnlich sein. Ihre wertende und kritisierende Haltung kann mit brachialer Gewalt über ihre Geschwister hereinbrechen und die Stimmung der ganzen Familie vermiesen. Solange Probleme nicht besprochen und verarbeitet werden, bleibt der Weg für die Familie steinig. Vor allen Dingen aber begreift sich die Jungfrau als der Inbegriff von Gerechtigkeit, die in ihren Augen allen zusteht. Wenn also Unrecht geschieht, ist sie zur Stelle, um es auszureißen. Ihre Strafen sind meist Kälte, Schweigen und Missachtung, doch sie kann auch physisch austeilen.

Mit einem entfremdeten Jungfrau-Geschwister umgehen

Eine entfremdete Jungfrau ist in den meisten Fällen unerreichbar. Hat sie jemanden einmal verurteilt, wird sie dieser Person gegenüber so distanziert und verschlossen sein, dass eine Wiederannäherung fast unmöglich ist. Will man es trotzdem versuchen, braucht man viel Zeit und Geduld. Nach Monaten oder gar Jahren sanften Drucks ist es möglich, zu ihr durchzudringen. Eine Entschuldigung ebenso wie das Herumreichen der Friedenspfeife an alle Beteiligten kann helfen, den Familienfrieden wiederherzustellen. Wenn die Jungfrau dann in den Schoß der Familie zurückkehrt, tut sie es ganz und gar.

Geldangelegenheiten und das Jungfrau-Geschwister

Die Jungfrau ist in Gelddingen recht streng, vor allem, wenn es um Erbschaften geht. Sie besteht darauf, dass jeder gerecht behandelt wird, wird aber auch dafür sorgen, dass sie ihren eigenen Anteil bekommt. Wenn sie als Verwalter oder Hüter des Familienvermögens eingesetzt wird, möchte sie dafür adäquat ent-

---

STÄRKEN

anpassungsfähig
unterstützend
beitragend

SCHWÄCHEN

schweigsam
passiv
empfindlich

AUFTRETEN

hilfsbereit
freundlich
reserviert

JUNGFRAU

lohnt werden. Die Jungfrau leiht und verleiht nicht gerne Geld, aber wenn sie es dringend benötigt, beispielsweise für ihre eigene Familie, zögert sie nicht, darum zu bitten und notfalls sogar ein Testament anzufechten.

Familienfeste und Jubiläen mit dem Jungfrau-Geschwister

Jungfrau-Geschwister sind pflichtbewusst, und man kann sich darauf verlassen, dass sie ihren Teil zu den Vorbereitungen für eine Familienfeier beitragen. Treffen mit Familienmitgliedern, die sich lange nicht gesehen haben, findet sie besonders schön. Hier kommt ihr Organisationstalent voll zur Geltung. Oft stellt sie ihr eigenes Heim als Treffpunkt zur Verfügung, wo sie auf wundersame Weise Übernachtungsmöglichkeiten für alle schafft. Älteren Familienmitgliedern wie Eltern, Tanten oder Onkeln stellt sie sogar ihr eigenes Bett zur Verfügung.

Urlaub mit dem Jungfrau-Geschwister

Die Jungfrau mag es nicht, wenn im Urlaub zu viel dem Zufall überlassen bleibt. Sie kennt die lästigen Vorlieben einzelner Familienmitglieder genau und sagt von Anfang an klar und deutlich, dass sie an bestimmten Unternehmungen nicht teilnehmen wird. Eigentlich besteht sie also darauf, dass alles nach ihrem Willen geht. Sie ist zwar schnell gereizt, aber ihre Ansprüche sind meist eher bescheiden. Im Grunde will sie einfach Sicherheit und keine verrückten Aktionen, die ihr die Ferien verleiden könnten.

DAS JUNGFRAU-KIND

STÄRKEN

pflichtbewusst
kooperativ
gehorsam

SCHWÄCHEN

dickköpfig
missbilligend
ablehnend

AUFTRETEN

reserviert
wachsam
vorsichtig

Das pflichtbewusste Jungfrau-Kind kann die Hauptstütze der Familie sein, indem es Jahr für Jahr klaglos seinen Beitrag leistet. Wenn es aber das Gefühl hat, nicht wertgeschätzt oder sogar ignoriert zu werden, wird sein aufgestauter Ärger früher oder später explodieren. Es ist deshalb besser, dem Kind mehr Aufmerksamkeit zu schenken und es für seine Hilfe zu belohnen. Obwohl das Benehmen des Jungfrau-Kindes vorbildlich sein kann, betrachtet es seine Eltern oft kritisch und wertend. Es nimmt alles sehr genau und besteht darauf, dass die Eltern ihr Wort halten. Letztere werden schnell lernen, keine leichtfertigen Versprechungen zu machen.

Persönlichkeitsentwicklung beim Jungfrau-Kind

Die Jungfrau scheint sich im Laufe ihrer Entwicklung gar nicht sehr oder nicht schnell zu verändern. Natürlich ändern sich ihre Interessen und Unternehmungen, und ihr Äußeres kann sich sogar extrem wandeln, aber der Kern ihrer Persönlichkeit bleibt gleich. Die Jungfrau hat klare Wertvorstellungen, die schon sehr früh zutage treten und an denen sie festhält, egal, was passiert. Ihre Maßstäbe sind sehr streng, und sie missbilligt unmoralisches Verhalten mehr als die meisten anderen Kinder. Deshalb protestiert sie vehement, wenn Freunde, Geschwister oder Haustiere von den Eltern unfair behandelt werden.

FREUNDE & FAMILIE

Hobbys, Interessen und Berufspläne des Jungfrau-Kindes

Die Jungfrau wählt häufig einen Beruf, der Dienstleistungen beinhaltet, im Gesundheitswesen oder im Verlag, in der Sozialarbeit oder im Lehramt. Sie versteht es zudem, große Geldmengen aufzuhäufen und anzulegen, so dass sie als Banker, Aktienhändler oder Geschäftsmann/-frau gut geeignet ist. In der Jugend sind ihr ihre Hobbys besonders wichtig. Ob es sich um Videospiele, Sport, Mode oder Film handelt, sie widmet dem Hobby oft mehr Energie als den Hausaufgaben. Trotzdem ist sie ein guter, organisierter Schüler und hat oft gute Noten.

Erziehung des Jungfrau-Kindes

Strafen sind beim Jungfrau-Kind normalerweise unnötig, denn es weiß sehr genau, was erlaubt ist und was nicht. Es wird selten den Unschuldigen spielen oder Ausreden suchen, wenn es Regeln übertreten hat, denn es weiß, was es tut, und trägt die Konsequenzen. Wenn Strafe tatsächlich einmal notwendig scheint, akzeptiert es diese ohne Murren. Wenn eine Disziplinarmaßnahme aber unfair oder unnötig ist, beschützt das Jungfrau-Kind davon betroffene Geschwister oder Freunde mit aller Kraft.

Das Jungfrau-Kind und Zuneigung

Zuneigung ist für das Jungfrau-Kind zwar nicht das Wichtigste, aber es ist dafür sehr empfänglich. Familienmitglieder, die Zärtlichkeit mit einer Umarmung oder einem freundlichen Wort zeigen, stehen ihm nah. Es liebt Haustiere und andere kleine Wesen. Selbst ein distanziertes Jungfrau-Kind wird ein Haustier mit Zärtlichkeiten überschütten und ihm seine Zuneigung ohne Scheu zeigen. Oft hat die kleine Jungfrau einen Lieblingsverwandten, dem sie all ihre Zuneigung schenkt, und dies führt manchmal zu Eifersüchteleien in der Familie.

Das Jungfrau-Kind und seine Beziehung zu Geschwistern

Wenn das Jungfrau-Kind von Eltern und Geschwistern fair behandelt wird, macht es keinerlei Schwierigkeiten. Ungerechte Behandlung wird es nicht akzeptieren und keine Ruhe geben, ehe die Gerechtigkeit wiederhergestellt ist. Man muss die kleine Jungfrau nicht ständig an ihre Aufgaben und Pflichten erinnern, eher ist sie es, die andere erinnert – auf ziemlich erwachsene Art. Da sie sich Feiertage, Geburtstage und andere Ereignisse gut merken kann, ist sie oft diejenige, die die anderen zu Feiern zusammenbringt. Eine besondere Gabe der Jungfrau ist es, faule oder unlustige Familienmitglieder zu motivieren.

Das erwachsene Jungfrau-Kind

Das Jungfrau-Kind ist manchmal so reif, dass es schon ganz früh beinahe erwachsen wirkt. In diesen Fällen unterscheidet sich das Kind kaum von seinem erwachsenen Selbst. Man könnte sagen, dass das erwachsene Jungfrau-Kind nur ein bisschen erwachsener ist. Ein Grund hierfür ist die Ernsthaftigkeit der Jungfrau, die im weiteren Leben eher noch zunimmt. Deshalb muss die erwachsene Jungfrau hin und wieder richtig Spaß haben und aus sich herausgehen. Sie schätzt Freunde und Verwandte, mit denen sie sich unbeschwert amüsieren kann.

Waage

GEBURTSDATUM 23. SEPTEMBER – 22. OKTOBER

Wie der Stier wird auch die Waage von der Venus regiert, und auch sie liebt die schönen Dinge. Ihr besonderes Talent liegt im sozialen Bereich, daher weiß die Waage, wie man Freundschaften schließt und mit der komplizierten menschlichen Natur umgeht. Das macht sie zwar nicht zum Partylöwen, denn oft ist sie lieber allein, aber es scheint ihre Bestimmung zu sein, einen Beruf zu ergreifen, in dem sie ihr Talent, mit Menschen umzugehen, einsetzen kann. Die größte Herausforderung ihres Lebens besteht für die Waage darin, ihr inneres Gleichgewicht zu halten.

Beruf

DER WAAGE-CHEF

Der Waage-Chef möchte von seinen Mitarbeitern nicht nur gemocht, sondern sogar sehr gemocht werden. Sein starkes Bedürfnis, beliebt zu sein, macht ihm häufig einen Strich durch die Rechnung. Statt sich um das Naheliegende zu kümmern und gute Ergebnisse anzustreben, interessiert er sich allzu oft nur für seine persönliche Befriedigung. Manchmal scheint sein Bedürfnis nach Bewunderung schier grenzenlos; wer darum weiß, kann ihn manipulieren, indem er Lob mal ausspricht, mal unterdrückt. Der Waage-Chef kämpft in dem Bemühen, das Unternehmen zum Erfolg zu führen, vor allem gegen den Schwierigsten aller Feinde – sich selbst.

Den Waage-Chef um eine Gehaltserhöhung bitten

Wer immer bei einem Waage-Chef weiter nach oben kommen möchte, sollte vor allem nie versuchen, den Chef auszustechen. Solange er sich nämlich von seinen ehrgeizigeren Mitarbeitern nicht bedrängt fühlt, gesteht er diesen häufig Gehaltserhöhungen und Beförderungen zu. Die Mitarbeiter merken bald, dass sie nicht der Firma treu ergeben sein müssen, sondern dem obersten Angestellten. Der Waage-Chef erwartet von seinen Mitarbeitern unbedingte Loyalität, im Sinne einer beständigen Unterstützung, die im Laufe der Zeit noch zunimmt.

Dem Waage-Chef schlechte Nachrichten überbringen

Häufig sind ihm gute Geschäftsergebnisse weniger wichtig als sein Wohlbefinden, folglich kann er mit schlechten Nachrichten leben, sofern alle Beteiligten gleichermaßen mitfühlen. Wenn alle zusammen weinen, kann der Waage-Chef daraus ebenso viel emotionale Genugtuung ziehen wie aus einer gemeinsamen Feier nach guten Nachrichten. Wenn er schlechte Nachrichten erfahren hat, möchte er auf keinen Fall alleine sein. »Gemeinsamkeit« ist einer der Schlüssel zur Seele des Waage-Chefs, ohne Gemeinsamkeit wäre für ihn alles bedeutungslos. Er sagt deshalb auch nur selten »ich«, sondern meistens »wir«.

STÄRKEN

beliebt
charismatisch
liebenswert

SCHWÄCHEN

eingebildet
bedürftig
verzweifelt

AUFTRETEN

angenehm
charmant
anziehend

Geschäftsreisen und Veranstaltungen
für den Waage-Chef planen

Die Waage funktioniert gut in Gruppen, das gilt auch für Reisen und Feiern. Bei Zusammenkünften sollte man darauf achten, mit wem man den Waage-Chef an einen Tisch setzt und wer in seiner unmittelbaren Umgebung sitzt. Und auch wenn der Waage-Chef in seinem Zimmer allein sein will (zumindest direkt nach der Ankunft), sollten seine Mitreisenden nicht in einem anderen Stockwerk, sondern in relativer Nähe ihres Chefs untergebracht werden. Alles, was die Gemeinsamkeit und den persönlichen Austausch fördert, hat Priorität.

Entscheidungen und der Waage-Chef

Er ruft oft nicht nur die Führungskräfte zu Strategiesitzungen zusammen, sondern auch die unteren Chargen, denn es ist ihm wichtiger, demokratisch zu erscheinen als autokratisch zu wirken. Er sieht sich selbst nicht als Herrscher, sondern als zentrale Figur einer Gruppe von Leuten, die hart arbeitet, niemanden schont und als ein Gebilde funktioniert, in dem jeder vom anderen abhängig ist und gleichzeitig alle voneinander profitieren. Selbstverständlich drückt sich der Waage-Chef nicht vor endgültigen Entscheidungen, aber die Mitarbeit der Angestellten an der Entscheidungsfindung ist unabdingbar.

Den Waage-Chef beeindrucken oder motivieren

Am meisten beeindruckt den Waage-Chef selbstloses Verhalten, das dem Wohl der Gruppe dient. Selbstherrlichkeit und Egoismus stoßen ihn dagegen ab, ebenso übrigens, wenn jemand die Karriereleiter erklimmt und dabei anderen auf die Finger tritt. Um den Waage-Chef zu motivieren, sollte man ihm bei Projekten, von denen Mitarbeiter und Management gleichermaßen profitieren, volle Unterstützung zusagen. Er mag es, wenn alle an einem Strang ziehen, und das bewirkt manchmal, dass sich jeder für die Kollegen mit ins Zeug legt, statt nur zugunsten der eigenen Gehaltsabrechnung Überstunden zu schieben.

Dem Waage-Chef etwas vorschlagen oder präsentieren

Der Waage-Chef legt viel Wert auf die äußere Form, was bedeutet, dass Ihre Präsentation stets attraktiv, innovativ und hübsch aufbereitet sein muss. Überprüfen Sie alles sorgfältig, denn das schäbige Aussehen oder die schlampige Ausführung auch nur eines Teils deutet er vielleicht schon als Zeichen für die mindere Qualität Ihres gesamten Vorhabens. Texte sollten klar und fehlerlos sein, audiovisuelles Material sollte farbig, klar und, sofern möglich, digitalisiert und klug programmiert sein. Ihr eigenes Aussehen schließlich muss makellos sein. Denken Sie daran, dass der Waage-Chef die Firmeninteressen vertritt, aber auch wissen möchte, wie die Aufgaben innerhalb des Teams verteilt und ausgeführt werden sollen.

DER WAAGE-ANGESTELLTE

Der Waage-Angestellte ist nicht besonders gesellig. Zwar hat er ein ausgesprochenes Talent im Umgang mit Menschen, aber er arbeitet oft lieber allein, weil er sonst abgelenkt wird. Er ist ein Perfektionist, der nicht will, dass seine strengen Maßstäbe von den Ansprüchen und dem endlosen Palaver anderer zunichtegemacht werden. Offenbar ist es aber sein Schicksal, dass andere sich an ihn wenden, egal wie sehr er sich dagegen sträubt. Kollegen und Chefs schätzen sein Verständnis der menschlichen Natur meist gleichermaßen.

Das Einstellungsgespräch mit dem Waage-Bewerber

Der mögliche Kandidat möchte, dass sein Talent und seine Erfahrung gewürdigt werden. Wenn dies der Fall ist, erwartet er eine angemessene Vergütung und eine Position, die seinen Fähigkeiten entspricht. Letzteres ist ihm häufig wichtiger als das Geld, denn er möchte sowohl in seinem Beruf glänzen, wie auch seinen Status innerhalb des Unternehmens verbessern. Im Vorstellungsgespräch erkundigt er sich ausgiebig nach den Arbeitsbedingungen und den Menschen, mit denen er es täglich zu tun haben wird. Es ist ihm wichtig, sich als Teil eines Teams fühlen zu können.

Dem Waage-Angestellten schlechte Nachrichten überbringen oder kündigen

Der Waage-Angestellte hat oft eine hohe Meinung von seinen beruflichen Qualitäten. Mit Versäumnissen oder Fehlern konfrontiert zu werden, ist für ihn schwer. Wenn er aber in eine andere Abteilung versetzt wird oder ihm Lohnabzüge angekündigt werden, empfindet er das nicht unbedingt als schlechte Nachricht, vor allem, wenn er dann weniger unter Druck steht oder angenehmere Arbeitsbedingungen hat. Meist ist er nicht übermäßig fleißig. Es macht ihm viel mehr Spaß, leichtere Aufgaben zu erfüllen, denn diese verlangen ihm weniger ab und ermöglichen ein entspannteres, freundlicheres Verhältnis zu den Kollegen.

Geschäftsreisen und Veranstaltungen mit dem Waage-Angestellten

Zwar ist nicht jede Waage ein großer Partygänger, aber sie genießt gesellschaftliche Ereignisse und Unterhaltungsprogramme nicht weniger als andere, manchmal sogar mehr. Sie amüsiert sich gern und empfindet Reisen und Unterhaltung als Belohnung für ihre Arbeit. Insofern sind sie für den Waage-Angestellten essentiell, und er betrachtet sie als Vorzüge seines Jobs. Er mag es unbeschwert, reist gerne mit leichtem Gepäck und erhellt gesellschaftliche Ereignisse mit Geist und Witz. Sie können sich darauf verlassen, dass er jedes Ereignis für alle Beteiligten erfreulicher macht.

Dem Waage-Angestellten Aufgaben zuteilen

Dem durchschnittlichen Waage-Angestellten sollte man keine übermäßig schweren oder fordernden Aufgaben stellen, denn er geht seinen Beruf nun mal lässig

STÄRKEN

verständnisvoll
schlau
perfektionistisch

SCHWÄCHEN

ablehnend
scharf
unrealistisch

AUFTRETEN

kraftvoll
entschlossen
entspannt

an und kann sehr unglücklich werden, wenn er täglich und ohne Unterlass große Mengen Arbeit wegschaufeln muss. Folgende Lösungen wären für ihn am besten: Entweder werden ihm nur leicht zu bewältigende oder einfache Aufgaben übertragen, die ihm nicht allzu viel abverlangen, oder er hat einen interessanten Auftrag, für den er hart arbeiten muss, aber mit Ruhephasen oder weniger anstrengenden Zeiten entlohnt wird.

Den Waage-Angestellten beeindrucken oder motivieren

Er hütet seine Ferien wie einen Schatz und liebt Feiertage. Ihm mehr Pausen zu versprechen oder die Anzahl seiner Urlaubstage zu erhöhen, ist ein großer Anreiz für ihn. Am meisten beeindrucken ihn Chefs oder Kollegen, die ihre Arbeit mit Leichtigkeit und Bravour erledigen, oder solche, die nett und humorvoll sind. Was er dagegen gar nicht mag, sind Kollegen, die ihre guten Resultate lediglich ihrer Entschlossenheit und ihrem Fleiß zu verdanken haben oder die so ernsthaft sind, dass sie kaum mal ein Lächeln oder ein nettes Wort für jemanden übrig haben.

Den Waage-Angestellten führen oder kritisieren

Am besten gelingt Ihnen das, wenn Sie Anweisungen an ihn kurz und knapp halten und ihn ansonsten in Ruhe vor sich hin werkeln lassen. Kritik kann er nur schwer einstecken, denn sein eigener Perfektionismus macht (zumindest seiner Meinung nach) zusätzliche Wünsche unnötig. Wenn der Waage-Angestellte eine Fehlentscheidung getroffen hat, müssen Sie ihm deutlich sagen, dass er seinen Kurs komplett ändern muss, denn es passiert gelegentlich, dass er sich völlig verrennt.

DER WAAGE-KOLLEGE

Der Waage-Kollege ist im Allgemeinen ein Stimmungsaufheller. Man erkennt seine gute Laune an seinem Lächeln oder geistreichen Bemerkungen. Zwar genießt er die Gesellschaft anderer, leistet aber auch alleine wirklich gute Arbeit. Seine sozialen Fähigkeiten treten erst richtig zutage, wenn er Teil eines Teams ist und mit drei oder vier Kollegen an etwas arbeitet. Er genießt soziale Kontakte also nicht nur, sondern weiß auch, wie er als Teil eines Teams funktioniert. Wenn er ein Fehlurteil fällt, kann es passieren, dass sein Charme und seine unwiderstehliche Persönlichkeit alle anderen mit in die falsche Richtung ziehen.

Den Waage-Kollegen um Rat fragen

Den Rat des Waage-Kollegen sollte man nicht allzu wörtlich nehmen, denn er wird oft mit einem Augenzwinkern erteilt. Seine Weisheit gründet sich nicht immer auf Erfahrungen oder die Wirklichkeit. Vor allem im Falle eines eher ungeliebten Kollegen ist er durchaus imstande, dem Unglücklichen einen irreführenden Tipp zu geben. Der Waage-Kollege liebt Streiche, Slapstick und Sarkasmus. Seine Gabe, beinahe jeder Situation Witz zu verleihen, ist nur dann angenehm, wenn er es gut meint.

Den Waage-Kollegen um Hilfe bitten

Er ist normalerweise nicht der Erste, an den man denkt, denn oft ist er ganz in seiner eigenen Welt und hat keine Zeit, anderen zu Hilfe zu kommen oder eine persönliche Verpflichtung einzugehen. Wenn er aber der Einzige ist, der in einer bestimmten Situation helfen kann, sollte man ihn unter gewissen Vorbehalten ansprechen. Nur selten kommt er später noch einmal darauf zurück und bittet seinerseits um Unterstützung, denn häufig findet er das unter seiner Würde oder glaubt, es schade seinem beruflichen oder sozialen Ansehen.

Geschäftsreisen und Veranstaltungen mit dem Waage-Kollegen

Wenn man Spaß haben will, ist ein Waage-Kollege kaum zu ersetzen. Er achtet nicht nur darauf, dass er sich selbst amüsiert, sondern auch darauf, andere mit einzubeziehen. Wenn es anstrengend oder ernsthaft wird oder er einfach schlechte Laune hat, ist es aber nicht sehr erfreulich mit ihm. Wie eine Blume, die Frost abbekommen hat, scheint er dann zu welken und zu schrumpfen, und seine gute Laune verschwindet augenblicklich. Wenn man dies einmal erlebt hat, steht man als Kollege meist unter einem gewissen Druck, die Waage bei Laune zu halten.

Die Zusammenarbeit mit dem Waage-Kollegen

Er ist zwar gesellschaftlich versiert, doch häufig derart resolut, dass er Zusammenarbeit mit anderen manchmal nicht nur schwierig findet, sondern gar nicht wünscht. Er kann so eigen sein, dass er jedes Problem völlig anders angeht als alle anderen. Außerdem hat er das Talent, Probleme zu machen, wo gar keine sind, und Dinge in Ordnung zu bringen, die nach Meinung anderer völlig rund laufen. Im Grunde treibt ihn also das Bedürfnis, alles noch besser zu machen. Wenn alles gut funktioniert und man seine verrückten Ideen nicht allzu ernst nimmt, kann er für das Team sehr wertvoll sein.

Den Waage-Kollegen beeindrucken oder motivieren

Mit Belohnungen motiviert man den Waage-Kollegen besonders gut: Normalerweise ist er eher auf eine gemütlichere Gangart und mehr Freizeit aus als auf finanzielle Anreize. Wenn alles gut funktioniert und die anderen ihn in Ruhe lassen, fühlt er sich am wohlsten. Er genießt jedoch die Freiheit, jederzeit seine Meinung sagen und einen Witz reißen zu können. Häufig sind es die Kollegen, die seinen Humor schätzen und verstehen, die ihn auch am meisten beeindrucken, denn nichts ist ihm wichtiger, als gemeinsam Spaß zu haben.

Den Waage-Kollegen überzeugen oder kritisieren

Manchmal lässt sich der Waage-Kollege überreden oder sogar zwingen, Befehle zu befolgen, um weitere Konflikte zu vermeiden. Man kann aber sicher sein, dass er so schnell wie möglich wieder seinen eigenen höchst individuellen Standpunkt einnimmt. Er kann über sich selbst lachen, wenn Sie ihn also auf leichte und humorvolle Weise kritisieren, akzeptiert er das. Allerdings wurmen ihn Kommentare auf seine Kosten, und mit der Zeit kann daraus tiefer Groll entstehen.

STÄRKEN

angenehm
amüsant
gutmütig

SCHWÄCHEN

falsch
fehlgeleitet
täuschend

AUFTRETEN

interessant
humorvoll
gesellschaftlich versiert

WAAGE

Wenn sich später endlich Gelegenheit zur Rache ergibt, überschüttet er den Übeltäter mit Gehässigkeiten.

DER WAAGE-KUNDE

Es kann Spaß machen, für den Waage-Kunden zu arbeiten, denn in der Regel ist er höflich, reizend und fröhlich. Er setzt meist ein heiteres Gesicht auf und wird persönliche Probleme nicht mit Ihnen besprechen. Auch was berufliche Schwierigkeiten betrifft, wird er nicht viel sagen, dafür wird er Ihnen umso genauer darlegen, was er getan haben möchte und wie Sie das bewerkstelligen sollen. Übernehmen Sie seine heitere Einstellung zur Arbeit, denn er reagiert auf Enthusiasmus, vor allem, wenn dieser sich auf seine eigenen ungewöhnlichen Pläne bezieht. Es ärgert ihn gar nicht, wenn Sie unkonventionelle Ideen haben, sondern führt oft sogar dazu, dass er Ihre Fähigkeiten noch positiver einschätzt.

Den Waage-Kunden beeindrucken

Den Waage-Kunden beeindrucken Leute, die ihn ernst nehmen und bewundern. Er dürstet förmlich nach Schmeicheleien, und es ist für ihn das größte Kompliment, wenn Sie ihn und seine Ideen faszinierend finden. Allerdings sind nicht alle seine Ideen umsetzbar. Wenn Sie diese aber gleich beim ersten Termin kritisieren oder Änderungsvorschläge anbringen, könnte ihn das so sehr abschrecken, dass er das Weite sucht. Bleiben Sie deshalb optimistisch, und sparen Sie sich alle Änderungen für ein späteres Stadium der Zusammenarbeit, wenn alles gut angelaufen ist.

Dem Waage-Kunden etwas verkaufen

Er ist nicht leicht zu überzeugen, es sei denn, Sie haben die gleichen beruflichen Grundsätze. Im Allgemeinen müssen Sie ihm gar nichts verkaufen, denn wenn Sie sich grundsätzlich einig sind, ist er offen für Ihre Vorschläge und nimmt diese an. Wenn er mit Ihrer Vorgehensweise einverstanden ist, stellt er eventuell mehr Geld für weitere Investitionen bereit. Versuchen Sie nicht, das große Geschütz aufzufahren, nicht nur, weil es unnötig ist, sondern auch, weil ihn so etwas abstößt und es deshalb kontraproduktiv ist.

Der Waage-Kunde und Ihr Äußeres

Der Waage-Kunde ist stolz auf sein Äußeres, deshalb sollten Sie ihn optisch nicht ausstechen. Sie sollten also gut aussehen, aber nicht zu gut. Im Allgemeinen kommentiert er Ihr Aussehen nicht, aber Sie können davon ausgehen, dass er jedes Detail registriert. Wenn er nach Ihrem Termin in seine Firma zurückkehrt, beantwortet er Fragen, wie es gelaufen ist, oft mit einer knappen Bemerkung über Ihr Aussehen oder Ihr Auftreten. Seien Sie ausgeglichen, offen und ordentlich, tragen Sie aber keine extravagante oder aufreizende Kleidung. Achten Sie darauf, dass Ihre Kleider keine Falten, Flecken oder Wasserspritzer aufweisen und Ihre Frisur makellos sitzt.

BERUF

Das Interesse des Waage-Kunden wachhalten

Sie erhalten sich sein Interesse am besten dadurch, dass Sie Interesse an ihm zeigen. Sie müssen ihm dafür nur gut zuhören und zugänglich sein. Wenn er ein Thema anspricht, sollten Sie im richtigen Maß darauf eingehen. Beweisen Sie ihm, dass Sie ihn verstehen und seinen Anweisungen Folge leisten, indem Sie ihm die Führung überlassen. Wenn Sie Details diskutieren möchten, sollten Sie dies kurz in einem Nebensatz einfließen lassen oder direkt fragen, ob er eine nähere Erläuterung von Ihnen wünscht. Fahren Sie aber nur dann fort, wenn er wirklich mehr hören möchte, andernfalls schaufeln Sie sich Ihr eigenes Grab.

Dem Waage-Kunden schlechte Nachrichten überbringen

Teilen Sie ihm schlechte Nachrichten ohne Umschweife und ohne Panik mit. Bleiben Sie cool, und handeln Sie nach dem Motto: »Wir sind doch erfahrene Geschäftsleute und können mit kleinen Rückschlägen umgehen.« Wenn er in Panik gerät, sollten Sie ihm ein paar alternative Zahlen präsentieren, die der Sache noch einen positiven Dreh geben. Wenn Sie ihm zeigen, dass dieser Rückschlag eigentlich ein Segen ist, wird ihn diese Idee vielleicht so faszinieren, dass es Sie aus Ihrer schwierigen Situation rettet. Normalerweise hat der Waage-Kunde kein Interesse daran, länger darüber zu schwadronieren oder zu sezieren, was schiefgegangen ist.

Den Waage-Kunden unterhalten

Der Waage-Kunde möchte mit Speis und Trank versorgt und auch sonst verwöhnt werden. Das einzige Problem ist, dass er mitunter Sie als Hauptunterhaltungsfaktor identifiziert, noch bevor der Abend zu Ende ist. Wenn man mit einem charmanten Waage-Kunden unterwegs ist, kann man den geschäftlichen Nutzen gegenseitiger Verführung zwar nicht leugnen, aber es wäre erheblich sauberer und beruflich nützlicher, zwischen geschäftlichem und persönlichem Engagement klar zu trennen. Tun Sie dies lieber früher als später, etwa mit einem deutlichen Wink mit dem Zaunpfahl, dann bleiben die Dinge im Gleichgewicht.

DER WAAGE-GESCHÄFTSPARTNER

Man kann mit dem Waage-Geschäftspartner wundervoll zusammenarbeiten, aber er ist auch enorm kritisch gegenüber sich selbst und seinen engsten Mitarbeitern. Er ist ein sehr anspruchsvoller Perfektionist und, so charmant und angenehm er auch sein mag, er kann Sie mit seinen Ansprüchen in den Wahnsinn treiben. Zwar erfüllt er seinen Teil der Partnerschaft, weckt aber in Ihnen manchmal recht gemischte Gefühle, in einigen Fällen kann eine Art Hassliebe daraus werden. Zu den schwierigsten Zügen des Waage-Partners zählt seine Unentschlossenheit, die daher kommt, dass er alles von allen Seiten betrachten möchte.

Eine Waage zum Geschäftspartner machen

Der Waage-Partner ist meist sehr vielseitig und kann von jetzt auf gleich für andere einspringen, sogar in Bereichen, mit denen er normalerweise nichts zu tun hat. Konzentrieren Sie sich also auf Ihr eigenes Spezialgebiet, und lassen Sie dem Waage-Partner möglichst viel Freiraum, damit sich seine Talente voll entfalten. Bei Projekten, die Input von Ihnen beiden verlangen, funktioniert der Waage-Partner am besten, wenn der andere ein Fels der Verlässlichkeit und Solidarität ist, denn die Energie des Waage-Partners ist schnell aufgebraucht. Er taugt eher zum Sprint als zum Marathon.

Aufgabenverteilung mit dem Waage-Geschäftspartner

Aufgrund seiner sozialen Fähigkeiten und seiner Menschenkenntnis sollte man dem Waage-Partner diejenigen Arbeitsbereiche überlassen, die Kontakt zu anderen erfordern, wie etwa PR, Werbung, Vertrieb und Präsentationen; alles, was die Firma nach außen repräsentiert. Ihre eigenen Aufgaben wären dann eher Instandhaltung, Planung und Marketing. Statt alltägliche Aufgaben mit ihm zu teilen, sollten Sie sich darauf einigen, Ihre Aufgabenbereiche strikt voneinander zu trennen. Wenn nötig, ist der Waage-Partner aber immer bereit, zusammenzuarbeiten und zu helfen.

Geschäftsreisen und Veranstaltungen mit dem Waage-Geschäftspartner

Beides ist mit dem Waage-Partner ein echter Gewinn, denn wenn er gute Laune hat, macht er mehr Spaß als jedes andere Sternzeichen. Er ist zwar ein notorischer Verschwender, aber er hat sein Bargeld und seine Kreditkarten unter Kontrolle – seine eigenen, weniger die der Firma. Aufgrund seines Verführungstalents und seinem Bedürfnis nach Gesellschaft bleiben Sie nicht lange mit ihm allein. Damit, dass er immer im Rampenlicht stehen muss, müssen Sie genauso leben wie mit seinem Hang, mit einer neuen Bekanntschaft plötzlich zu verschwinden.

Den Waage-Geschäftspartner lenken und führen

Er hört sich zwar an, was Sie zu sagen haben, den Waage-Partner aber wirklich zu führen, ist schwer. Er ist so emsig, dass er wahrscheinlich längst gehandelt hat, bevor Sie ihn dazu bringen können, gemeinsam zu planen. Seine grüblerische Ader und seine Probleme bei der Entscheidungsfindung geben Ihnen aber Gelegenheit, bestimmte Dinge zu diskutieren und ihn über zukünftige Vorhaben zu informieren. Die beste Methode, sein Tempo zu drosseln, ist, auf seine Kommentare hin den nächsten Satz mit »Ja, aber …« zu beginnen. Das holt ihn auf den Boden der Tatsachen zurück und bringt ihn zum Nachdenken.

Auf lange Sicht mit dem Waage-Geschäftspartner auskommen

Sofern er sich geschätzt und fair behandelt fühlt, fällt es dem Waage-Partner leicht, Verpflichtungen einzugehen und sich für längere Zeit zu binden. Das eigentliche Problem sind seine unablässige Kritik und sein Hang, Dinge zu verbessern, die der Verbesserung nicht bedürfen. Als geborener Tüftler schafft der Waage-Partner ständig Ewigkeitsprojekte, an denen er immer weiter herumbastelt, obwohl Sie dachten, es sei endlich alles geklärt und erledigt. Haben Sie in dieser Hinsicht Geduld mit ihm, denn er wird sich nicht ändern. Gehen Sie zum nächsten Programmpunkt über, und warten Sie darauf, dass er nachkommt.

Die Trennung vom Waage-Geschäftspartner

Diese Trennung sorgt für gemischte Gefühle, Sie werden erleichtert und zugleich traurig sein. Die eigentliche Trennung scheint dem Waage-Partner nichts auszumachen, denn er schützt seine innersten Gefühle und hat eine seltsame Art, die Sache im Nachhinein damit zu begründen, dass es wohl ohnehin schiefgegangen wäre. Ihre Gefühle stehen auf einem anderen Blatt, die interessieren ihn so gut wie nicht. Der Waage-Partner ist bei Trennungen realistisch und sieht vor allem die Vorteile für beide Parteien. Bei der Verteilung von Vermögen und Profiten teilt er gerecht, bei Schulden eher weniger, die überlässt er gerne Ihnen.

DER WAAGE-KONKURRENT

Der Waage-Konkurrent will gewinnen, er ist aber imstande, seine eigene Position zu untergraben oder Ideale, die ihm wichtig waren, aufzugeben und damit sein eigener größter Feind zu werden. Er erscheint oft selbstsicher, ist im Stillen jedoch unsicher und hat starke Zweifel. Diese Zweifel beziehen sich häufig nicht auf sein Produkt oder seine Dienstleistung, die im Allgemeinen sehr gut sind, sondern untergründig auf sich selbst. Er ist sich dieser Unsicherheiten oft nicht bewusst, auch nicht seiner selbst, und macht heiter weiter, ohne zu viel über solche Dinge nachzudenken.

Gegen den Waage-Konkurrenten antreten

Der Waage-Konkurrent ist unberechenbar. Er neigt dazu, vom Thema abzukommen, falschen Fährten zu folgen und auf falsche Pferde zu setzen. Man kann also einfach warten, bis er Fehler macht. Wenn er aber eine Glückssträhne hat, muss man ihm direkt entgegentreten, sonst wird man überrollt. Am besten legt man dafür falsche Fährten bezüglich der eigenen Pläne und hält das eigentliche Vorhaben geheim. Das bringt den Waage-Konkurrenten dazu, seine Bemühungen in eine vollkommen falsche Richtung zu lenken.

Den Waage-Konkurrenten ausspielen

Er ist ein Gewohnheitstier, das alles immer gleich macht und Methoden anwendet, die sich in der Vergangenheit bewährt haben. Der beste Weg, ihn auszuhebeln, ist, seine bisherigen Kampagnen zu analysieren und herauszufinden, welche Vorgehensweisen ihm den größten Erfolg beschert haben. Wenn man seine innere Unsicherheit weckt, beispielsweise indem man Zweifel an seinen Lieblingsplänen sät, fühlt er sich hilflos und allein. Unentschlossenheit ist sein

STÄRKEN

überzeugend
faszinierend
ablenkend

SCHWÄCHEN

fehlgeleitet
unsicher
unaufmerksam

AUFTRETEN

zäh
unnachgiebig
entschlossen

WAAGE

größter Feind, und wenn Sie ihn unvorbereitet treffen, während er noch überlegt, können Sie seine Abwehr empfindlich verletzen.

Den Waage-Konkurrenten persönlich beeindrucken

Versuchen Sie nicht, ihn zu beeindrucken, und lassen Sie sich nicht von ihm beeindrucken. Behandeln Sie ihn hochmütig oder brüsk, durchbrechen Sie damit seine zur Schau gestellte Gelassenheit. Wenn er aber Sie zu einer Reaktion verleiten kann, hat er Sie an der Gurgel. Lassen Sie sich deshalb niemals aus der Ruhe bringen, vor allem nicht, wenn Sie sich gegenüberstehen, sondern bleiben Sie ruhig und gelassen, egal was für Bemerkungen oder Tricks er sich erlaubt. Sein Frust darüber wird weithin sichtbar sein, und Sie können sich von weitem ansehen, wie er sich verheddert.

Den Waage-Konkurrenten über- oder unterbieten

Auch hier sollten Sie seine Selbstzweifel verstärken. Bluffen Sie, wann immer Sie können, damit er das Gefühl hat, sein Blatt sei nicht gut genug, um damit herauszukommen. Zeigen Sie ihm niemals wirklich, was Sie noch in Reserve haben, aber deuten Sie an, dass da etwas Gefährliches auf ihn wartet. Auf die gleiche Art und Weise kann man ihn überbieten, wenn man seine Gebote so lange in die Höhe treibt, bis er – meist relativ früh – aufgibt. Wenn er überreagiert und weiter mitbietet, sollten Sie in letzter Minute aussteigen und ihm den zweifelhaften Gewinn überlassen.

PR-Krieg gegen den Waage-Konkurrenten

Da der Waage-Konkurrent wahrscheinlich PR-Experte ist, haben Sie schlechte Chancen, in einem echten PR-Krieg gegen ihn zu gewinnen. Manchmal ist es besser, ihm das Feld zu überlassen, so dass er viel zu viel in unnötige Kampagnen investiert, die ihn finanziell schwächen. In der Zwischenzeit können Sie Ihr Geld in Marketing und Vertrieb investieren, um die Großhändler von Ihrem Produkt zu überzeugen, statt mit teuren Werbekampagnen Endkunden zu umgarnen. Verweisen Sie nicht auf die Mängel seiner Produkte, sondern betonen sie das Positive an Ihren.

Der Waage-Konkurrent und die persönliche Beziehung

Wenn Sie etwas über das Privatleben Ihres Waage-Konkurrenten wissen, haben Sie eine gefährliche Waffe. In direkten Konfrontationen ärgern Sie ihn am besten damit, dass Sie nach ruhigem, sachlichen Smalltalk urplötzlich eine Anspielung auf sein Privatleben fallenlassen, die ihn besonders aufregt. Wenn er den Köder frisst und sich richtig echauffiert oder aber dichtmacht und rot wird, sollten Sie sich sofort entschuldigen und versichern, es sei ein Versehen gewesen. Das macht ihn noch zorniger und untergräbt die Sachlichkeit, die er sich für diesen Streit vorgenommen hatte. Vielleicht schlägt er sogar eine Vertagung vor, um sich zu sammeln.

Liebe

WAAGE
23. September –
22. Oktober

RENDEZVOUS MIT DER WAAGE

Die Waage gehört zu den verführerischsten Wesen im ganzen Tierkreis. Wenn sie Gefallen an Ihnen findet, vergeudet sie nicht viel Zeit, sondern kommt gleich zum Wesentlichen – und umgarnt Sie von allen Seiten. Sie werden geblendet und gefordert werden, denn es wird Ihnen sehr schwerfallen, die Finger von diesem höchst attraktiven Individuum zu lassen. Beim Rendezvous mit der Waage sind Sie der glücklichste Mensch der Welt. Sie fühlen sich nicht nur wohl, sondern geradezu geehrt, mit der Waage zusammen zu sein – und das macht einen Teil ihrer Anziehungskraft aus. Allerdings kann dieses Gefühl von »So ein Glück!« nach einer Weile in »So ein Pech!« umschlagen. Es ist daher ratsam, sich zunächst ein wenig Nüchternheit zu bewahren.

Wie man eine Waage kennenlernt und anlockt

Vielleicht haben Sie den Eindruck, dass Sie die Waage aufgabeln, aber möglicherweise ist es auch umgekehrt. Wenn sie Ihnen grünes Licht gibt, kann es sehr schwer sein, nicht zu versuchen, sie abzuschleppen. Sie zu umwerben, ist ein komplizierter Prozess, und Sie werden immer tiefer in ihr Netz gezogen, denn eine Aura der Intrige umgibt die Waage. In ihrer Haltung steckt auch etwas Verschwörerisches, das suggeriert, dass nur Sie beide zählen und sich schon vor der ersten Berührung sehr nahe sind. Die Waage sorgt dafür, dass sich die Wirklichkeit in alle vier Winde zerstreut.

Unternehmungen bei der Verabredung mit der Waage

Manchmal freuen Sie sich so sehr auf Ihr Rendezvous mit der Waage, dass Sie banale Dinge übersehen, beispielsweise einen Tisch zu reservieren. Sie möchten vielleicht alles einfach halten, sich an den Gesprächen und an Ihrem Glück erfreuen, aber es kann sein, dass die Waage sich zusehends langweilt. Deshalb sollten Sie praktische Erwägungen nicht vergessen und als Gegenleistung für Ihr Vergnügen für gute Unterhaltung sorgen. Ein Konzert, ein angenehmes Essen, ein schöner Ausflug, all dies schätzt die Waage bei Ihrer ersten Verabredung.

STÄRKEN

sehr attraktiv
verführerisch
charmant

SCHWÄCHEN

irreführend
durchtrieben
falsch

AUFTRETEN

umwerfend
wertend
unwiderstehlich

Was die Waage anmacht und was sie abschreckt

Die Waage erwartet, dass Sie von ihr hingerissen sind, es reicht nicht, sie nur toll zu finden. Sie will das Funkeln in Ihren Augen sehen und dass Ihnen vor Bewunderung der Mund offen steht, der Beweis dafür, dass Sie völlig von ihr gepackt sind. Wenn nicht, verliert sie die Lust und glaubt, mit Ihnen nur Zeit zu verschwenden. Ob sie sich aber angemacht oder abgetörnt fühlt, hängt von einer Reihe von Faktoren ab: von Ihrem Aussehen, Ihrer Art zu sprechen, Ihrer Art zu handeln und sogar Ihrem Geruch. Wenn sie sich auf diese Dinge konzentrieren, statt sie mit Geld beeindrucken zu wollen, können Sie sie für sich gewinnen.

Bei der Waage den ersten Schritt machen

Das übliche Szenario ist, dass Sie den ersten Schritt tun und dann abgewiesen werden. Die Waage weiß nun, dass Sie interessiert sind und sitzt jetzt am längeren Hebel. Bleiben Sie dran, denn auch das erwartet sie. Irgendwann gesteht Sie Ihnen Kontakt zu, lässt Sie aber noch im Ungewissen. Achten Sie peinlich genau darauf, dass Sie ihr nicht das Make-up verschmieren oder die Frisur zerstören, denn: ein Blick in den Spiegel – und Sie sind als Übeltäter gebrandmarkt. Und wenn Sie ein Glas Wein verschütten, das sie irgendwo trifft, ist der Abend sehr schnell zu Ende.

Die Waage beeindrucken

Status beeindruckt die Waage. Wen Sie kennen ist daher manchmal wichtiger als was Sie wissen. Wenn Sie ein »zufälliges« Treffen mit einem prominenten Freund von Ihnen arrangieren, kann dies das Highlight des ganzen Abends sein. Ein weiteres Plus wäre es, wenn man Sie in einem schicken Restaurant mit Namen begrüßt. Das Inszenieren einer Situation, wo ein »Fan« an Ihren Tisch kommt, um hallo zu sagen, ist aber nur dann erfolgreich, wenn es spontan wirkt. Wenn es arrangiert aussieht, könnte der Schuss auch nach hinten losgehen.

Die Waage nach der Verabredung wieder loswerden

Normalerweise reicht es, der Waage Desinteresse zu signalisieren, denn wenn Sie das Interesse verlieren, verliert es die Waage automatisch auch. Wenn Sie ihr aber zu verstehen geben, dass Sie sie sexuell nicht attraktiv finden (auch wenn Sie es so formuliert haben, dass Sie andere Qualitäten an ihr bewundern), verletzt das ihr Ego und stachelt sie an, Sie jetzt erst recht zu verführen. Dieser Drang, den anderen immer eine Nasenlänge voraus zu sein, ist ein wesentlicher Zug der Waage, denn sie möchte stets diejenige sein, die auswählt oder ablehnt.

BEZIEHUNG MIT DER WAAGE

Um mit der Waage zusammen zu sein, müssen Sie gut aussehen, gut reden und gut handeln. Was ihre Begleitung in der Öffentlichkeit betrifft, ist die Waage sehr wählerisch. Sie möchte gut behandelt werden und etwas geboten bekommen. Sie können mit Belohnungen rechnen, aber gleichzeitig ist klar, dass von Ihnen permanente Bewunderung ohne Anspruch auf Gegenleistung erwartet wird. Allerdings ist die Waage in Beziehungen sehr großzügig, und derjenige, der ihre Liebe und Aufmerksamkeit genießt, darf sich glücklich schätzen. Probleme entstehen, wenn die Waage unglücklich ist. Ignorieren Sie diese Schwierigkeiten nicht, sondern sprechen Sie sie möglichst bald an.

Mit der Waage diskutieren

Die Waage versucht fair zu bleiben, auch wenn ihr das nicht immer gelingt. In ihrem Bemühen, gerecht zu sein, stürzt sie sich oft in längere Diskussionen, um ihr Verhalten zu erklären oder zu rechtfertigen. Sie erwartet dasselbe von Ihnen und will alles über Ihre Motive und Absichten wissen, wenn Sie Grenzen überschritten oder sonst eine Verfehlung begangen haben. Wenn Sie Ihre Sicht der Dinge dargelegt haben, tritt sie als Richter auf. Sie müssen aber nicht nur mit einer Verurteilung rechnen, sondern auch damit, dass die Strafe tatsächlich vollstreckt wird, denn die Waage gehört nicht zu denen, die leere Drohungen machen.

Mit der Waage streiten

Die Waage kann gut mit Worten umgehen. Und weil ihr urteilender Geist immer beide Seiten der Medaille sieht, lässt sie sich nicht von irrationalen, egoistischen oder einseitigen Ansichten beeinflussen. Im Allgemeinen sucht sie eine gerechte Lösung, die für beide annehmbar ist. Bei einem Streit mit der Waage bekommen Sie nach einer Weile vielleicht den Eindruck, dass Ihre Anwesenheit eigentlich überflüssig ist, denn sie beleuchtet das Thema schon selbst von allen Seiten. Sie möchte einen Streit beilegen, ohne dass etwas offen bleibt.

Mit der Waage reisen

Wenn Sie mit der Waage reisen, rechnet diese damit, dass Sie stets aufmerksam und wach sind. Wenn Sie träumen oder Ihre Aufmerksamkeit abdriftet, werden Sie meist mit einem Stoß in die Rippen oder einem festen Händedruck in die Wirklichkeit zurückgeholt. Die Waage darf sich für andere interessieren oder einen Dritten einladen, sich zu Ihnen zu gesellen, aber Sie dürfen das nicht. Der Grund dafür ist, dass die Waage ihre eigene Menschenkenntnis für unfehlbar hält, die ihres Partners jedoch für unzulänglich. Es ist ihre Spezialität, Freundschaften zu schließen, vor allem auf Reisen. Sie müssen sich daran gewöhnen.

Sex mit der Waage

Die Waage ist ein sehr sexuelles Wesen – und sie redet auch gerne darüber. Sie scheut sich nicht, ihre Partner zu bewerten, spricht über frühere Heldentaten, zieht Vergleiche und sagt Ihnen genau, wie Sie waren – oder gerade sind. Die Waage untersucht und analysiert jeden Aspekt des Vorspiels und des Liebesakts. Sie ist offen für Experimente und in sexueller Hinsicht sehr erfinderisch, betrachtet es aber oft als ihre Pflicht, Sie zu unterrichten. Ihre Ausdauer ist legendär. Wenn Sie über Nacht bleiben, dürfen Sie also nicht damit rechnen, zwischen Sex und reden viel Schlaf zu bekommen.

STÄRKEN

großzügig
zärtlich
liebevoll

SCHWÄCHEN

unglücklich
bedürftig
selbstsüchtig

AUFTRETEN

wählerisch
erwartungsvoll
zärtlich

Die Waage und Zärtlichkeit

Die Waage ist zwar nicht gerade verschmust, aber auch nicht kühl. Sie legt eine seltsame Form der Zärtlichkeit an den Tag, die nicht immer gleich als solche erkennbar ist. Ironie, Sarkasmus und geistreiche Bemerkungen können ihre Art und Weise sein, Zuneigung zu zeigen, und mit dieser Art sind Sie möglicherweise nicht immer einverstanden. Im Beisein anderer beweist sie ihre Zuneigung manchmal so, dass es als Beleidigung empfunden wird, obwohl sie eigentlich nur Spaß macht.

Die Waage und Humor

In erster Linie möchte die Waage sich amüsieren. Da sie normalerweise ein lebenslustiger Mensch ist, sollte man annehmen, dass sie einen gut entwickelten Sinn für Humor hat. Die Witze, die sie erzählt, gehen aber häufig auf Kosten anderer. Sie genießt es, wenn andere peinlich berührt sind oder aus dem Tritt kommen. (Sie ist nicht wirklich sadistisch, aber sie liebt Streiche.) Trotzdem ist die Waage am glücklichsten, wenn alle ihren Spaß haben.

EHE MIT DER WAAGE

STÄRKEN

sozialkompetent
wachsam
zuvorkommend

SCHWÄCHEN

kontrollierend
frustriert
seltsam

AUFTRETEN

führend
engagiert
unerschütterlich

Der Waage gelingt es besonders gut, das gesellschaftliche Leben der Familie zu organisieren. Abendessen, Treffen mit Freunden und Verwandten, Feste, Feiertage und Ferien sowie das Beaufsichtigen der Freundschaften ihrer Kinder, all dies gehört zu den besonderen Fähigkeiten der Waage. Im Allgemeinen jedoch interessiert sie sich in erster Linie für ihre allernächste Familie, nicht so sehr für die ihrer Eltern und Geschwister. In ihrer eigenen Wohnung ist sie der Chef und bei Problemen und Beschwerden die letzte Instanz. Es ist ihr sehr wichtig, ihrem Ehepartner zu gefallen. Wenn ihr das nicht gelingt, wird sie frustriert oder sogar depressiv.

Hochzeit und Flitterwochen mit der Waage

Hierbei ist ihr jede Einzelheit wichtig, und wenn etwas nicht so läuft, wie sie sich das vorstellt, ist sie sofort unzufrieden. Allerdings macht sie bei ihrem eigenen Verhalten und dem Ihres Ehepartners doch Konzessionen und geht dann zum nächsten Punkt über. Die Waage ist schnell verärgert oder besorgt, deshalb sollten die anderen sich bemühen, ihr hyperaktives Nervensystem zu schonen und so viel wie möglich alleine erledigen, statt sie mit Problemen zu überhäufen. In privaten Momenten wie auch im Beisein anderer geht die Waage gerne aus sich heraus und schlägt auch mal über die Stränge.

Haushalt und Ehealltag mit der Waage

Weder ist die Waage im Putzen gut noch interessiert es sie sonderlich, aber sie möchte es zu Hause schön haben. Wie man sich vorstellen kann, fällt diese Aufgabe dann dem Ehepartner zu. Die Waage hat nämlich das Gefühl, bereits genug beizutragen, sowohl in ästhetischer wie auch in finanzieller Hinsicht. Deshalb muss sie sich auch nicht persönlich um jede Kleinigkeit im Haushalt kümmern. Sie kann ihren Ehepartner sehr gut anleiten und findet immer neue Aufgaben für ihn, aber sie selbst ist mit wichtigeren Dingen beschäftigt.

Die Waage und Geld

Die Waage ist davon überzeugt, sehr gut mit Geld umgehen zu können. Aus diesem Grunde macht sie sich selbst in Personalunion zum Finanzverwalter, Steuerberater und Vorstandsvorsitzenden der Familie, was nicht immer auf Gegenliebe stößt. Auf keinem Gebiet läuft die Waage so sehr Gefahr, außer Kontrolle zu geraten und vollkommen falsch zu handeln, wie beim Geld. Sie weigert sich jedoch, diese Tatsache anzuerkennen, und kann ihre Familie damit an den Rand des Ruins bringen.

Die Waage und Treue

Hier und da ein bisschen Spaß außer der Reihe ist für die Waage nicht gleichbedeutend mit Untreue. Auch wenn Sie sich über ihre Eskapaden furchtbar ärgern und drohen, sie zu verlassen, tut sie das mit einem Lachen ab, weil es ja vollkommen unbedeutend gewesen sei, und schimpft, dass Sie immer alles so eng sehen. Die Waage kann ihre Bedürfnisse nicht gut verhehlen und äußert diese manchmal schmerzhaft offen und direkt. Normalerweise verlangt sie von ihrem Ehepartner aber auch keine übertriebene Treue, jedenfalls solange sie nichts davon erfährt.

Die Waage und Kinder

Die Waage hat gern einen ganzen Haufen Kinder um sich herum, vorzugsweise ihre eigenen, aber deren Freunde sind meistens auch da und immer willkommen. Sie meistert alle erdenklichen Situationen mit Bravour und genießt es, ihren Nachwuchs herumzuchauffieren und dafür zu sorgen, dass nach der Schule alle ihren Spaß haben. Sie selbst ist allerdings nicht immer da, denn ihr prallgefüllter Terminplan erfordert das Engagieren von Babysittern oder Tagesmüttern und vor allem einen kooperierenden, gehorsamen und fürsorglichen Ehepartner.

Scheidung von der Waage

Sofern die Sorgerechtsfrage und die Finanzlage geklärt sind und der gemeinsame Besitz geteilt worden ist, kann die Waage den Scheidungsprozess tatsächlich genießen (jedenfalls, wenn emotional alles wieder in Ordnung ist). Häufig geht sie mit der Scheidung ebenso um wie mit der Hochzeit, was bedeutet, dass sie alles bis ins letzte Detail überwacht. Behalten Sie sie im Auge, wenn sie die Kontrolle übernimmt, denn ihr Enthusiasmus und ihre mitunter seltsamen Ideen können einiges durcheinanderbringen und verkomplizieren, vor allem, wenn ihr Rechtsbeistand derselben absurden Meinung ist wie sie.

STÄRKEN

romantisch
sinnlich
ekstatisch

SCHWÄCHEN

unrealistisch
träumend
leidend

AUFTRETEN

überzeugt
fordernd
überwältigend

AFFÄRE MIT DER WAAGE

Die Waage leidet fatalerweise besonders häufig daran, dass sie sich in die Liebe selbst verliebt. Sie ist in dieser Hinsicht äußerst unrealistisch und empfindet die Liebe als eine Art Allerheiligstes, das man anbetet. Denjenigen, den sie liebt, betrachtet sie infolgedessen als anbetungs- und bewundernswürdige Gottheit. Sich selbst sieht die Waage als Priesterin dieser Religion, und jedes populäre Liebeslied könnte ihre Bibel sein. Von diesem Menschen ausgewählt zu werden, bedeutet eine große Verantwortung, aber auch viele Freuden, u. a. eine angenehme Ego-Massage.

Mit der Waage anbandeln

Der tatsächliche Ort ist ebenso unwichtig wie die näheren Umstände des Kennenlernens. Aber irgendwann wird es zu dem magischen Moment im Leben zweier Menschen stilisiert, zu einer lyrischen Offenbarung, die man nie vergessen darf. Oft ist es für beide Liebe auf den ersten Blick. Allerdings erkennt und ergreift die Waage meist sofort die Gelegenheit, denn auf diesem Gebiet ist sie Experte. Sie weiß ziemlich genau, wie es weitergehen soll, und bietet gern eine Führung durch Romantik und Liebe an.

Wohin mit dem Waage-Liebhaber?

Da die Waage meist die Romantischere von beiden ist, möchte sie gerne in Ihre Gemächer entführt werden, wo sie sich weiter verzaubern lässt. Selbst wenn es bei Ihnen zu Hause aussieht wie auf einem Schlachtfeld, erscheint es ihr wie ein Palast. Trotzdem wäre es gut, wenn Sie wenigstens ein bisschen Ordnung schaffen. Sie sollten Ihr erstes Treffen deshalb so planen, dass Sie genug Zeit haben, Ihre Behausung vorzeigbar zu machen. Die Waage würde Sie zwar auch zu sich nach Hause mitnehmen, aber die Atmosphäre dort ist geprägt von Erinnerungen an vergangene Eroberungen.

Sex in der Affäre mit der Waage

Zwar kann die Waage auch warten, doch ihre brennende Leidenschaft verlangt, gleich zur Sache zu kommen. Normalerweise beginnt auf dem Heimweg bereits eine Art unschuldiges Vorspiel, zumindest kommt es zu Zärtlichkeiten, und wenn Sie dann da sind, ist die Begierde ganz entfacht. Das übliche Szenario wäre, sich gegenseitig die Kleider vom Leib zu reißen, die Leidenschaft kann aber so glühend sein, dass Sie sich auf dem Weg ins Schlafzimmer selbst ausziehen und eine Kleiderspur hinterlassen. Die Waage braucht für Sex übrigens nicht unbedingt ein Bett, aber früher oder später werden Sie dort landen und es bequemer haben.

Die Affäre mit der Waage aufrechterhalten

Die Frage, wie man ein so liebestolles Wesen hält, ist schnell beantwortet. Solange die Waage in Sie verliebt ist, wird sie die Beziehung nicht aufgeben. Sobald ihre Gefühle jedoch abgekühlt sind, kann man sie nicht mehr halten. Falls sie die neue

Liebe ihres Lebens trifft, wenn ihre Gefühle für Sie schwinden (was unter diesen Umständen fast unausweichlich ist), werden Sie wahrscheinlich fallengelassen wie eine heiße Kartoffel. Sie könnten verwundert fragen: »Was hab ich denn falsch gemacht?«, aber die Antwort wird immer lauten: »nichts.«

Den Waage-Liebhaber unterhalten

Liebe ist der Waage für gewöhnlich genug Unterhaltung. Allerdings will ein so soziales Wesen auch mal mit Ihnen gesehen werden. Diesem Bedürfnis fällt die Beziehung möglicherweise zum Opfer, denn dann ist es vorbei mit Heimlichkeit und Diskretion. Sobald Sie sich in der Öffentlichkeit zeigen, sollten Sie dem Ganzen den Anstrich reiner Freundschaft geben, um Familie und Freunde nicht zu verletzen. Von offenen Zuneigungsbekundungen ist abzusehen, auch verstohlene Blicke und leise Sinnlichkeit verraten alles, und Sie müssen damit rechnen, dass das eine oder andere lose Mundwerk zu plappern beginnt.

Die Affäre mit der Waage beenden

Das kann recht schnell gehen, denn Sie sind weder der Erste noch der Letzte in einer langen Reihe von Liebhabern. Wenn Sie derjenige sind, der geht, erwartet Sie Schluchzen, Tränen, Proteste, Bitten und schließlich auch tobende Wut, möglicherweise zu Lasten Ihres Geschirrs. Die Waage kann oder will nicht begreifen, dass es irgendjemand wagt, ihre Liebe zu verschmähen, und denkt sich gute Gründe für Sie aus. Vielleicht ist es ein Trost, sich zu sagen: »Wie schön, ein Teil der langen Reihe von Glücklichen gewesen zu sein, wenn auch nur für kurze Zeit.«

DIE WAAGE-EX

Die Waage lässt ihren Partner fast immer ein wenig verwirrt zurück. Hinzu kommt, dass das Netz, mit dem sie ihn fängt, derart stark ist, dass er sich ihrem Charme nur schwer entziehen kann und aus der Beziehung kaum heil herauskommt. Die Waage übt ihren Einfluss auch noch lange nach der Trennung aus. Falls aber sie der verlassene Partner ist, regeneriert sie sich erstaunlich schnell und misst verflossenen Beziehungen manchmal nicht mehr Bedeutung zu als einem Schluckauf.

Freundschaft mit der Waage-Ex

Die Waage hat eigentlich nichts dagegen, mit einem Expartner auf freundschaftlichem Fuß zu stehen, denn als Freund sind Sie ihr lieber denn als Feind. Sie kann sehr diplomatisch sein und schwierige Situationen so gestalten, dass sie für alle weniger unangenehm sind. Sie wägt alle sozialen und persönlichen Einflüsse gegeneinander ab und bringt sie ins Gleichgewicht. Auch wenn sie manchmal recht egoistisch sein kann, ist sie dennoch in der Lage, mit anderen mitzufühlen und deren Not zu verstehen.

STÄRKEN

selbstsicher
selbstgenügsam
wissend

SCHWÄCHEN

verletzend
verwirrend
verblüffend

AUFTRETEN

hinreißend
magisch
begehrenswert

Die Waage-Ex und Versöhnung

Ein zurückgewiesener Mensch, der verletzt und verwirrt dasteht, mag sich in das Netz der Waage zurücksehnen. In den meisten Fällen ist dies aber weder realistisch noch wünschenswert, was die Waage als Experte auf diesem Gebiet natürlich weiß. Wenn sie keine Lust hat, mit den Gefühlen ihres Expartners zu spielen, erstickt sie jeden Versuch, wieder zusammenzukommen, bereits im Keim – und zwar endgültig. Der Hang, mit anderen zu spielen, ist bei manchen Waagen aber recht ausgeprägt. Sie genießen es, ihren Expartner in einem Sumpf aus Liebe und Verlangen versinken zu sehen.

Mit der Waage-Ex über alte Probleme sprechen

Die Waage spricht zwar gerne über alte Probleme, aber sie tut das auf eine wertende Art und Weise und be- bzw. verurteilt das Verhalten ihres Expartners. Nach ein er oder zwei dieser Diskussionen hat man meist genug und bedauert, ein bestimmtes Thema überhaupt angeschnitten zu haben. In ganz schlimmen Fällen muss der Betreffende einen Schwall von Wut und Frust über sich ergehen lassen, der überhaupt erst durch diese Diskussion ausgelöst wurde und dessen Negativität nicht so schnell vergeht. Es ist deshalb besser, mit der Waage nur die guten Zeiten wieder heraufzubeschwören.

Der Waage-Ex seine Zuneigung zeigen

Die Waage hat meist nichts dagegen, Zärtlichkeiten auszutauschen oder sogar Sex zu haben, nachdem die Beziehung beendet ist. Sie ignoriert dabei die Gefühle des anderen, der die Gefühlsäußerungen als Zeichen einer möglichen Versöhnung verstehen könnte. Die Waage ist insofern merkwürdig, als sie für sich die Beziehung vollkommen beenden kann, den anderen aber in dem Glauben lässt, diese dauere an. Diese Doppelmoral bringt sie oft in Teufels Küche und macht sie zur Zielscheibe von Abneigung, Wut und sogar Hass.

Die gegenwärtige Beziehung zur Waage-Ex definieren

Dies ist ein in vielen Fällen schwieriges Vorhaben. Manchmal weiß die Waage, was sie will, manchmal aber auch nicht, und meist fällt es ihr schwer, sich darüber klarzuwerden. Sich mit diesem Zwiespalt herumplagen zu müssen, macht keinen Spaß, denn man weiß bei der Waage nie, woran man ist. Die Tatsache, dass sie es selbst nicht weiß, macht es nicht besser. Missverständnisse, Verwirrung und Täuschungen sind dann an der Tagesordnung und führen zu Unsicherheit und Chaos. Am besten bilden Sie sich eine gut begründete eigene Meinung, die von den Wankelmütigkeiten der Waage unabhängig ist.

Gemeinsames Sorgerecht mit der Waage-Ex

Diesbezüglich versucht die Waage meist fair vorzugehen. Sie weiß, dass es für Kinder wichtig ist, beide Eltern zu haben, und dass es für sie selbst besser wäre, ein freundschaftliches Verhältnis anzustreben. Sie ist extrem diplomatisch und geht Kompromisse ein, doch hinter der Fassade dieser kooperativen und

LIEBE

charmanten Haltung steckt die hartnäckige Entschlossenheit, stets ihren Willen durchzusetzen. Hinzu kommt, dass die Waage klug taktiert und genau weiß, wann sie Druck ausüben kann und wann sie nachgeben muss. Sie scheut sich auch nicht, ihren verführerischen Charme einzusetzen, um zu bekommen, was sie will.

Freunde & Familie

WAAGE

23. September –
22. Oktober

DER WAAGE-FREUND

»Freunde bis in alle Ewigkeit – aber die Ewigkeit endet heute.« Kommt Ihnen das im Zusammenhang mit der Waage bekannt vor? Es ist unbestreitbar, dass ihre Freundschaften oft nur eine bestimmte Lebensdauer haben, an deren Ende sie plötzlich und unerwartet im Sande verlaufen. Es ist egal, ob die Waage die Hauptschuld daran trägt oder nicht, sie neigt dazu, sich in enge Freundschaften zu stürzen, sich dann aber auch wieder zurückzuziehen, ohne den anderen davon in Kenntnis zu setzen. Die Waage findet, sie verhalte sich fair und beurteile alle Beteiligten realistisch.

Einen Waage-Freund um Hilfe bitten
Die Waage kann unglaublich freigiebig sein, und Ihre Großzügigkeit scheint bedingungslos, bis sie kommt und alles, was sie Ihnen gegeben oder geliehen hat, zurückhaben will. Das Einfordern von Geld oder einem geliehenen Objekt kann völlig unvermittelt kommen. Fragen Sie nicht, was Sie verbrochen haben, denn es hat nichts mit Ihnen zu tun, sondern vielmehr mit den Launen der Waage. Die Waage stellt ihre Fertigkeiten, ihre Zeit und ihre Energie gerne zur Verfügung, aber leider treibt ihr Perfektionismus sie häufig dazu, an Dingen zu arbeiten, die bereits sehr gut funktionieren.

Mit dem Waage-Freund kommunizieren und in Kontakt bleiben
Die Waage neigt dazu, in ihrer eigenen Welt zu leben, die von ihren vielen Freunden und Bekannten bevölkert wird. Über dieses Netzwerk kann man mit ihr in Kontakt bleiben. Wie bei einem Spinnennetz reicht es, an einem Faden zu ziehen, und alle reagieren, vor allem die Waage im Zentrum des Netzes. Nachrichten verbreiten sich so schnell, dass sich die Waage ohne große Verzögerung mit Ihnen in Verbindung setzt. Vergessen Sie vertrauliche Gespräche mit der Waage, denn sie posaunt jede Nachricht an alle, die in Hörweite sind, hinaus.

Vom Waage-Freund Geld borgen

Die Waage verleiht Geld, wenn sie darum gebeten wird – und welches hat. Manchmal, wenn sie einen Freund in Not sieht, bietet sie es auch von sich aus an. Meist betrachtet sie das nicht als Leihgabe, sondern gibt es ohne Bedingungen. Sie gibt auch nicht, um den Betreffenden in Zukunft selbst anzapfen zu können. Sie selbst hat davon meist nur die Befriedigung, geholfen zu haben, und ein gesteigertes Ansehen bei ihren Freunden, weil sie jemandes Haut gerettet hat. Die Waage kann es nicht ertragen, wenn Menschen, die ihr nahestehen, mittellos sind, denn das wirft ein schlechtes Licht auf ihren eigenen sozialen Status.

Den Waage-Freund um Rat fragen

Ihre Ratschläge sind extrem hilfreich, und viele davon erweisen sich im Rückblick als Rettung in der Not. Die Waage ist zum Richten und Einschätzen geboren, sie betrachtet jedes Ding von allen Seiten und urteilt selbst bei schwierigsten Themen möglichst objektiv. Häufig wirkt sie als Mediator, und viele Menschen vertrauen ihr so sehr, dass sie ihr die Schlichtung eines Streits übertragen, denn sie wissen, dass die Waage emotionslos und vorurteilslos entscheidet. Sie selbst holt kaum je Rat von Ihnen ein, denn sie möchte keine Meinung annehmen, die nicht so sorgsam abgewogen wurde wie ihre eigene.

Einen Waage-Freund besuchen

Die Waage zeigt mit Stolz, was sie hat, auch Farbe und Design ihres Arbeitsplatzes und ihrer Wohnräume, doch sie spricht nur selten formelle Einladungen aus. Das hat weniger damit zu tun, dass sie lieber alleine ist, sondern damit, dass sie viel Zeit für die ganz große Ausstellung braucht. Sie möchte unbedingt im besten Licht erscheinen, denn gegen Kritik ist sie besonders empfindlich. Die Waage gibt lieber einmal eine ganz große Party, wo sie alles, was sie geschafft und erreicht hat, auf einmal herzeigt, als dass sie immer mal ein paar Leute einlädt. Die größte Belohnung ist für sie, wenn sie hört, dass sich alle großartig dabei amüsiert haben.

Feste und Freizeit mit dem Waage-Freund

Zwar kommen ihre vielen Freunde ständig vorbei, aber die Waage selbst geht lieber aus. So hat sie auch Gelegenheit, ihre neuen Kleider, den neuen Schmuck, das Parfüm, ihr Auto oder die neueste elektronische Spielerei vorzuführen. Zu einer Party nicht eingeladen oder bei gesellschaftlichen Ereignissen ignoriert zu werden, ist das Schlimmste, was einer Waage passieren kann, jedenfalls in diesem Zusammenhang. Sie kann einfach nicht anders als blenden, verführen und bezaubern – sonst ist sie ja nicht das Herz der Party. Am glücklichsten ist sie, wenn sie von Bewunderern umgeben ist.

STÄRKEN

unterhaltsam
nett
gesellig

SCHWÄCHEN

lästig
ärgerlich
störend

AUFTRETEN

engagiert
beteiligt
bestimmend

DER WAAGE-MITBEWOHNER

Abgesehen davon, dass Sie kaum etwas schaffen und nur selten Ruhe haben, kann es sehr unterhaltsam sein, die Waage als Mitbewohner zu haben, denn Sie werden sich nie langweilen. Die Waage entfernt sich nie weit von ihren Freunden, so dass sie nie alleine kommt oder geht. Stets deren Getrampel auf der Treppe zu hören, kann aber schnell lästig werden, doch mehr als es zu akzeptieren und zu hoffen, dass sich die Nachbarn beschweren, können Sie kaum tun. Die wenige Zeit, die sie ohne ihre Freunde verbringt, nutzt die Waage, um über sich selbst und ihre neuesten Erlebnisse zu reden. Entweder sie macht Sie zu einem geselligeren Menschen, oder Sie verkriechen sich in Ihrem Zimmer und drehen die Hi-Fi-Anlage auf.

Mit dem Waage-Mitbewohner finanzielle Verantwortung teilen

Solange sie genügend Geld hat, kommt sie ihren Verpflichtungen nach, wenn sie aber knapp bei Kasse ist, ist sie der Verzweiflung nahe. In der Regel bittet sie darum, dass Sie ihr ihren Anteil vorstrecken, und verspricht, ihn im nächsten Monat zurückzuzahlen. Meist gelingt ihr das auch, aber wenn der Zahltag naht und die Waage nicht von sich aus kommt, werden Sie jedes Mal leicht nervös. Sobald Sie sich aber einmal an ihren speziellen Rhythmus gewöhnt haben, erscheint alles nicht mehr so schlimm. Allerdings stehen Sie unter dem Druck, immer ein wenig Geld auf der Kante zu haben, für den Fall, dass Sie etwas vorstrecken müssen.

Der Waage-Mitbewohner und das Putzen

Grundsätzlich ist die Waage recht ordentlich und sei es nur, weil ihr Sinn für Ästhetik und ihr Bedürfnis, den Schein zu wahren, dies verlangen. Die Waage springt ein und hilft bei Aufräumarbeiten, wo mehrere Leute involviert sind, aber wenn es nach ihr ginge, würde sie ihren Teil des Putzens am liebsten alleine erledigen. Ihr eigenes Zimmer ist meist aufgeräumt, aber nicht unbedingt sehr sauber, denn sie gehört zu denen, die den Dreck gerne mal unter den Teppich kehren (und sich dabei selbst vormachen, dass es »nur für den Moment« ist). Sie ist ein großer Zauderer und schiebt das Putzen manchmal tage- und wochenlang auf.

Der Waage-Mitbewohner und Besuch

Da die Waage es liebt, Freunde zu Besuch zu haben, werden Sie oft das Gefühl haben, es sei permanent jemand da. Zwischen einem Besuch und einem längeren Aufenthalt ist es nur ein schmaler Grat. Sollten Sie allerdings andeuten, die Waage möge doch etwas mehr von den Kosten übernehmen, können Sie mit der Anschuldigung rechnen, ein unsozialer Spielverderber zu sein. Die Waage ist nämlich der Ansicht, dass Sie Ihnen sogar Geld spart, indem sie für kostenlose Unterhaltung sorgt. Zu viel Unterhaltung kann nach einer Weile jedoch sehr ermüdend sein, und Sie werden sich nach Ruhe und Frieden sehnen.

FREUNDE & FAMILIE

Der Waage-Mitbewohner und Partys

Die Waage muss gar keine Party geben, denn meist ist sowieso schon eine im Gange. Kurz nach Eintreffen der Clique wird meist der Ruf laut, jemand (Sie vielleicht?) möge doch mal eben Bier, Wein oder Pizza holen. Das erspart Ihnen zwar das Kochen, aber Ihr Gewicht und Ihr Schlaf können darunter sehr leiden. Mit einer eigenen Verabredung außer Haus können Sie dem zwar entgehen, aber wenn Sie öfter fliehen müssen, stellt sich irgendwann die Frage, ob Sie wirklich dort wohnen. Ihre einzige Chance ist, sich die Waage vorzuknöpfen und mit ihr einen Terminplan auszuarbeiten, der auch Ihre Wünsche berücksichtigt.

Der Waage-Mitbewohner und die Privatsphäre

Ihre Privatsphäre existiert vermutlich nicht, und die Waage selbst braucht keine. Die Tür hinter sich zu schließen, bedeutet Isolation, und die ultragesellige Waage interpretiert dies womöglich als Akt der Feindseligkeit. Sie werden sich Ihre Privatsphäre woanders suchen und einfach akzeptieren müssen, dass Sie in einem Transitbereich leben. Natürlich werden Sie sich auch amüsieren, und mit ein bisschen Glück können Sie sogar ein paar Nächte pro Woche allein in der Wohnung verbringen, etwa, wenn die Waage mit ihren Freunden ausgeht. Sie werden sich oft fragen, ob die Waage denn nie alleine sein will. Die Antwortet lautet nein.

Mit dem Waage-Mitbewohner Probleme besprechen

Die Waage redet zwar gern, aber ein vorgegebenes, noch dazu unangenehmes Thema mit ihr zu besprechen kann schwierig sein. Sie dreht und wendet alles so lange, bis die Diskussion um ihr grundlegendes Lebensproblem geht und nicht mehr um Probleme, die sie verursacht hat. Sie selbst findet sich ganz normal, *Sie* sind der Spinner: grantig, nervös, gereizt und hoffnungslos vom Leben abgeschnitten. Nach einiger Zeit werden Sie feststellen, dass solche Gespräche Zeitverschwendung sind. Aus reinem Selbsterhaltungs- und Überlebenstrieb müssen Sie einfach ein Machtwort sprechen, für sich selbst einstehen und trotz Beschimpfungen alles so regeln, wie Sie es brauchen.

DER WAAGE-ELTERNTEIL

Die Waage ist besonders empfindlich, wenn es um ihren sozialen Status geht. Sie möchte, dass ihre Kinder gut aussehen, die »richtigen« Freunde finden und später erfolgreich sind. Daher interessiert sie sich sehr für deren Schulbildung und achtet genau auf Noten. Oft ist sie so stolz auf ihren Nachwuchs, dass sie auch die Lorbeeren für dessen Leistungen ernten möchte. Sie opfert viel Zeit und Geld für das Fortkommen ihrer Kinder, unter anderem auch für außerschulische Aktivitäten.

STÄRKEN

zielorientiert
ehrgeizig
unterstützend

SCHWÄCHEN

aggressiv
anstrengend
anspruchsvoll

AUFTRETEN

beharrlich
engagiert
abschätzend

Der Erziehungsstil von Waage-Elternteilen

Die Waage wacht streng über das Verhalten ihrer Kinder, allerdings nur bei Dingen, die ihr wirklich wichtig sind. Hausaufgaben müssen gemacht werden, und es müssen gute Noten auf dem Zeugnis stehen, bei Spiel und Spaß aber lässt sie ihren Nachwuchs an der langen Leine. Sie straft ihr Kind nur selten, wenn es zu spät nach Hause kommt oder allzu lange im Internet surft, ewig fernsieht oder Computerspiele spielt. Wenn es Regeln aber so verletzt, dass es dem Ruf der Familie schaden könnte, zögert sie keine Sekunde, ihm Hausarrest zu geben.

Waage-Elternteile und Zuneigung

Solange die Kinder klein sind, kuschelt die Waage gern mit ihnen. Solche Zärtlichkeiten werden weniger, je älter das Kind wird, aber ein liebes Wort oder ein Lächeln hat sie für ihren Nachwuchs eigentlich immer, jedenfalls solange alles in Ordnung ist. Sie setzt Liebesentzug nicht bewusst als Strafe ein, aber der Grad ihrer Zuneigung entspricht normalerweise dem Grad der Kooperationsbereitschaft der Kinder. Solange sie mit ihnen zufrieden ist, können sie auch mit ihrer Zuneigung rechnen. Es macht der Waage Freude, gemeinsam mit ihren Kindern Haustiere und andere kleine Tiere zu streicheln.

Waage-Elternteile und Geld

Die Waage ist normalerweise der Ansicht, dass ein wöchentliches Taschengeld sein muss, und zwar zusätzlich zum Essensgeld, Fahrgeld und zum Budget für Kleidung. Zwar dürfen die Kinder mit dem Geld machen, was sie möchten, doch hat die Waage ein wachsames Auge auf deren Ausgaben. Sie gibt ihren Kindern sehr deutlich zu verstehen, dass man Geld nicht einfach für unsinnige oder schädliche Dinge verschwendet, und kürzt oder streicht das Taschengeld in solchen Fällen.

Waage-Elternteile und Krisen

Da die Waage offen und reizbar ist, neigt sie zu Überreaktionen und löst damit manchmal völlig unnötige Krisen aus. Sie kann so theatralisch sein, dass sie ihren Gefühlen auch in der Öffentlichkeit freien Lauf lässt, etwa im überfüllten Kaufhaus oder mitten auf der Straße, was den Kindern äußerst peinlich sein kann. Sie lernen daher schnell, heikle Themen lieber für sich zu behalten. Deswegen wachsen sie häufig zu unabhängigen, selbständigen Menschen heran, die die Hilfe anderer nur selten beanspruchen.

Festtage und Familientreffen mit Waage-Elternteilen

Bei gesellschaftlichen Ereignissen ist die Waage in ihrem Element. Da ihr das Planen besonders liegt, kann man davon ausgehen, dass sie alles bis ins Detail so organisiert, dass alle Anwesenden, vor allem aber ihre eigenen Kinder, viel Spaß haben. Sie kann sich gut in andere hineinversetzen und weiß, was anderen gefällt und was nicht. Daher freut sich die ganze Familie auf Ereignisse wie Geburtstagsfeiern, Ausflüge, Picknicks oder Grillabende, bei denen die Waage eine entscheidende Rolle spielt.

Für alte Waage-Elternteile sorgen

Solange Sie sicher sein können, dass ein oder zwei gute Freunde in der Nähe sind, müssen Sie sich um die Waage keine Gedanken machen. Zwar kann sie noch lange für sich alleine sorgen, doch ein täglicher Besuch gleichaltriger Freunde lässt sie aufblühen, und das macht sich auch gesundheitlich bemerkbar. In Seniorenzentren, wo sie eine eigene Wohnung hat, aber auch andere treffen kann, wenn sie möchte, fühlt sich die alte Waage besonders wohl. Sie erlebt gern Dinge mit ihren Freunden und erfreut sich besonders an gesellschaftlichen Ereignissen.

DAS WAAGE-GESCHWISTER

Die kleine Waage verlangt nicht nur von den Eltern viel Aufmerksamkeit, sondern auch von Geschwistern. Dies erreicht sie normalerweise durch enorme Aktivität und große Lebendigkeit. Falls ihr Aufmerksamkeit versagt bleibt, benimmt sie sich umso auffälliger. Falls auch das nichts bringt, schmollt sie und wird deprimiert. Sie achtet jedoch immer darauf, was die anderen gerade tun, und so gelingt es ihr meist auch, wahrgenommen zu werden. Die Waage leistet gerne ihren Beitrag zur Gemeinschaft und findet Unternehmungen mit ihren Brüdern und Schwestern wunderbar.

Rivalität und Nähe zum Waage-Geschwister

Die Waage beteiligt sich häufig an Rivalitätskämpfen unter Geschwistern, allerdings meist auf spielerische Art, denn sobald sie einmal die gewünschte Aufmerksamkeit erregt hat, ist sie glücklich und zufrieden. Sie kommandiert ihre Geschwister nicht herum, sondern möchte einfach wahrgenommen werden und an Unternehmungen gleichberechtigt teilhaben. Die Waage ist meist weder ein Anführer noch herrschsüchtig (obwohl sie darauf achtet, sich Gehör zu verschaffen), vor allem nicht bei Entscheidungsfindungen oder der Planung von Festen. Die Waage ist gern Teil einer großen Familie und zeigt offen ihre Zuneigung zu ihren Geschwistern.

Das Waage-Geschwister und alte Probleme

Die Waage kann gut vergessen und vergeben. Sobald ein Thema für sie selbst abgehakt ist, macht sie ohne alle Ressentiments weiter. Sie lebt im Heute und hat weder Zeit noch Lust, sich mit alten Problemen aufzuhalten. Mit Geschwistern, die noch an alten Problemen kauen, können jedoch Probleme auftreten, wenn diese die zwanglose Haltung der Waage falsch verstehen oder verurteilen.

Mit einem entfremdeten Waage-Geschwister umgehen

Die Waage entfremdet sich meist nicht von ihrer Familie, es sei denn, sie wurde verstoßen. Wenn eine entfremdete Waage zurückgeholt werden soll, müssen die Geschwister ihr das Gefühl geben, willkommen zu sein. Die Waage selbst hat kaum das Bedürfnis, den Rest der Familie zurückzuweisen, und ist erleichtert,

STÄRKEN

lebendig
sprühend
beitragend

SCHWÄCHEN

aufmerksamkeits-
heischend
traurig
schmollend

AUFTRETEN

heiter
aktiv
fröhlich

wenn sich Probleme klären und der Streit endet. In der Regel sollte dasjenige Geschwisterkind den Kontakt herstellen, das den Bruch initiiert hatte. Wenn dies gelungen ist, wird sich alles bald normalisieren.

Geldangelegenheiten und das Waage-Geschwister

Die Waage ist der geborene Mediator und Richter, denn sie sucht stets eine gerechte Lösung für alle Beteiligten. In Erbschaftsangelegenheiten und bei allem anderen, was mit dem Tod der Eltern zu tun hat, übernimmt sie gern das Ruder, um heikle Themen zu klären und ein friedliches Ergebnis zu erzielen. Häufig wissen die anderen Geschwister um diese Fähigkeit und bitten die Waage daher, die Führung in solchen Angelegenheiten zu übernehmen oder sie zumindest zu beraten. Wenn sie um ein Darlehen gebeten wird, gibt die Waage ihr Geld gern, aber sie fühlt sich wohler, wenn beide sich auf einen Rückgabetermin einigen können.

Familienfeste und Jubiläen mit dem Waage-Geschwister

Die Waage ist bei diesen Ereignissen gerne dabei und übernimmt bei der Organisation häufig die Führung. Wenn sie etwas älter ist, schätzt sie Familientreffen ganz besonders, denn sie vermisst Geschwister, die weit entfernt wohnen, sehr und genießt es, sie bei solchen Festen zu sehen, ihre Neuigkeiten zu erfahren und in Erinnerungen schwelgen. Auf Feiern ist die Waage in ihrem Element, sie hat ihre wahre Freude an Spielen, gemeinsamen Mahlzeiten und lebhaften Gesprächen.

Urlaub mit dem Waage-Geschwister

Die Waage mag gelegentliche Urlaube mit ihren Geschwistern, freut sich monatelang darauf, träumt, plant und hilft, je näher der Termin rückt. Allerdings ist sie auch schnell enttäuscht, wenn die Eltern aus finanziellen Gründen vom ursprünglichen Plan abrücken oder ihn ganz fallenlassen. Sie ist jedoch erfinderisch genug, um das Beste aus der Situation zu machen und Alternativen zu suchen. Es ist die Spezialität der erwachsenen Waage, den ganzen Clan aus allen Himmelsrichtungen zusammenzutrommeln, sowie alle Ferientermine, Reisepläne und Urlaubsreservierungen zu koordinieren.

DAS WAAGE-KIND

Das Waage-Kind ist zwar gehorsam, aber anspruchsvoll. Eine stets gleichbleibende Forderung von ihm ist es, Zentrum der Aufmerksamkeit zu sein. Es ist wie ein Star, der wahrgenommen, anerkannt und mit elterlicher Liebe überschüttet werden will. Im Gegenzug hat die kleine Waage ihren Eltern aber auch viel zu bieten. Ihr Unterhaltungsprogramm ist nur einer der vielen Vorzüge eines Waage-Kindes. Es singt, tanzt, malt, schreibt, probiert Spiele aus oder erfindet neue. Das Leben mit einem Waage-Kind ist selten langweilig. Es hat kreative Talente, doch sollten diese gelenkt werden, denn sonst geht die Phantasie mit ihm durch.

Persönlichkeitsentwicklung beim Waage-Kind

Die kleine Waage braucht die Führung und die Weisheit ihrer Eltern, um sich gut zu entwickeln. Sie neigt zur Wildheit und zu unkontrolliertem Verhalten, deshalb tun die Eltern ihr keinen Gefallen damit, sie machen zu lassen, was sie will. Mit geduldiger und verständnisvoller Beaufsichtigung meistert die kleine Waage all die Entwicklungsschritte, die für sie eine besondere Herausforderung bedeuten. So kann sie zu einem ausgeglichenen Menschen heranwachsen. Die Alternative wäre ein Kind, das sich permanent auffällig und extrem anarchisch verhält und Autoritätspersonen viel abverlangt.

Hobbys, Interessen und Berufspläne des Waage-Kindes

Egal wie introvertiert oder isoliert die kleine Waage auch wirken mag, verlassen Sie sich darauf, dass ihr Schicksal mit dem anderer Menschen verbunden sein wird. Selbst wenn dies im Grunde für alle Menschen gilt, so hat die Waage doch ein ausgesprochenes soziales Talent. Sie eignet sich deshalb besonders gut als Lehrer, Führungspersönlichkeit und Sozialarbeiter im weitesten Sinne, auch als Psychologe und Berater. Schon als Kind wird sie von anderen Kindern um Rat und Hilfe gebeten. Wenn sie ihren Freunden helfen kann, verschafft ihr das große Befriedigung.

Erziehung des Waage-Kindes

Siehe Persönlichkeitsentwicklung. Die kleine Waage kann mit Strafen gar nicht umgehen und behält manchmal schwere Traumata davon zurück. Die Eltern sollten sie nie anschreien oder schlagen, sondern ruhig, geduldig, entschieden und verständnisvoll versuchen, die Energie der kleinen Waage in geordnete Bahnen zu lenken. Das größte Geschenk, das Eltern ihrem Waage-Kind machen können, ist, ihm Selbstdisziplin beizubringen. Sobald die Waage begreift, dass es ihr selbst mehr bringt, sich etwas abzuverlangen, ist sie auf dem richtigen Weg.

Das Waage-Kind und Zuneigung

So wie sich die Blume dem Licht zuwendet, neigt sich die kleine Waage ihren Eltern zu, um Zärtlichkeit zu erfahren. Regelmäßiger Liebesentzug kann dazu führen, dass sie sich zurückzieht und emotional Schaden nimmt. Ebenso sehr braucht sie auch die Möglichkeit, ihren Eltern ihre Zuneigung zu beweisen. Das Geben und Nehmen von Liebe spielt in ihrem täglichen Leben eine größere Rolle als bei anderen Kindern. Die Eltern sollten sich davor hüten, Liebesentzug als Strafe gegenüber der kleinen Waage einzusetzen, und weder körperlich noch mental ihre Macht ausspielen.

Das Waage-Kind und seine Beziehung zu Geschwistern

Dies ist ein schwieriges Thema, denn die kleine Waage kämpft mit ihren Geschwistern häufig um die Beachtung und Zuwendung der Eltern. Am einfachsten ist es, zuerst der Waage Aufmerksamkeit zu schenken, dann den anderen. Da sie dezidiert versucht, der Liebling der Eltern zu werden (und nicht eher aufhört, bis sie das geschafft hat), müssen die Eltern eine Möglichkeit finden, ihr

STÄRKEN

unterhaltsam
kreativ
erfinderisch

SCHWÄCHEN

bedürftig
unkontrollierbar
egozentrisch

AUFTRETEN

verspielt
heiter
gesellig

Aufmerksamkeit zu widmen, ohne die anderen zu verprellen. Trotzdem sollten nach Möglichkeit alle Kinder gleich behandelt werden.

Das erwachsene Waage-Kind

Im besten Fall wächst die Waage zu einem ausgeglichenen, verantwortungsbewussten und sorgsamen Erwachsenen heran. Wenn ihr bewusste elterliche Führung nicht vergönnt ist, tut sie, was sie will, und gerät leicht außer Kontrolle. Eine solche Waage kann als Erwachsene sprunghaft sein, und es fehlt in ihrem Leben möglicherweise an Stabilität. Im Umgang mit solch einer Waage braucht man viel Geduld und Verständnis. Am besten wartet man, bis sie von selbst kommt und um Hilfe bittet, statt zu versuchen, ihr Leben für sie in die Hand zu nehmen. Dies würde nur noch mehr Unsicherheit und letztlich Bitterkeit zur Folge haben.

Skorpion

GEBURTSDATUM 23. OKTOBER – 21. NOVEMBER

Der Skorpion ist das zweite Wasserzeichen. Er steht unter dem Einfluss des dunklen Planeten Pluto und seines Mitregenten, des kriegerischen Mars. Wie das Tier lässt man auch den Skorpion-Menschen am besten in Ruhe, denn seine Fähigkeit, andere zu verletzen, ist ausgeprägt. Der Skorpion ist ebenso charmant wie aggressiv, und sein Interesse an Sex wie auch seine Talente auf diesem Gebiet sind wohlbekannt. Wie die Jungfrau führt auch er ein verborgenes Leben und pflegt eine geheimnisvolle Aura. Geld und Macht ziehen ihn schicksalhaft an, er muss erst lernen, anderen behutsam und freundlich zu begegnen.

Beruf

SKORPION
23. Oktober –
21. November

STÄRKEN

zielgerichtet
beschützend
stark

SCHWÄCHEN

unflexibel
unversöhnlich
streng

AUFTRETEN

ernsthaft
hart verhandelnd
dominant

DER SKORPION-CHEF

Der Skorpion-Chef ist ein ernsthafter Mensch, er verhandelt knallhart und ordnet dem Erfolg der Firma alles unter. Daher stellt er hohe Anforderungen an seine Angestellten und erwartet, dass sie jederzeit ihr Bestes geben. Entschuldigungen für schlampige oder schludrige Arbeit lässt er nicht gelten, er zieht ein offenes Eingestehen von Fehlern vor. Er ist dominant, hält das Steuer fest in der Hand und lässt nicht zu, dass Kollegen oder Mitarbeiter seine Autorität untergraben. Der Skorpion-Chef steht hinter seinen Mitarbeitern und besteht darauf, dass sie angemessen oder mit einem Extrabonus für ihre Mühe entlohnt werden.

Den Skorpion-Chef um eine Gehaltserhöhung bitten

Am besten wartet man, bis der Skorpion-Chef selbst das Thema anschneidet, denn er hat einen Blick darauf, welcher Mitarbeiter sich besonders anstrengt. Manchmal ergreift er die Initiative, wenn sich das Gespräch um übermäßige Arbeit und deren Entlohnung dreht. Fragen Sie in dieser Situation nicht nach einer Gehaltserhöhung, sondern geben Sie ihm Zeit, selbst darüber nachzudenken. In der Regel kommt der Chef dann innerhalb der nächsten Wochen auf Sie zu. Falls nicht, sollten Sie ihn erst danach kurz daran erinnern, denn meist hat er viel um die Ohren.

Dem Skorpion-Chef schlechte Nachrichten überbringen

Am besten sagen Sie geradeheraus, was los ist, und reden nicht um den heißen Brei herum. Der Skorpion-Chef hat zwar notorisch schlechte Laune und kann auch jähzornig sein, aber er wird nur noch wütender, wenn Sie versuchen, dem Ganzen einen positiven Dreh zu geben. Egal, wer den Schaden tatsächlich verursacht hat, am Ende nimmt der Skorpion-Chef die Schuld auf sich und denunziert keinen seiner Mitarbeiter, wenn er seine Vorgesetzten informiert. In Wahrheit ist er davon überzeugt, dass er für alle schwerwiegenden Fehler die Verantwortung trägt.

Geschäftsreisen und Veranstaltungen
für den Skorpion-Chef planen

Der Skorpion liebt gutes Essen und komfortable, ja sogar luxuriöse Hotels. All dies trägt zu seiner guten Stimmung während der Reise bei, sofern alles andere auch glattläuft. Zu Terminen kommt er stets zu spät, und dann ist es an Ihnen, einen Kunden oder möglichen Geschäftspartner bei Laune zu halten, bevor er sich endlich blicken lässt. Das ist häufig eine geplante Strategie, denn so demonstriert der Skorpion seine Macht, die Situation unter Kontrolle zu haben. Selbstverständlich sollten Sie als Mitarbeiter oder Assistent niemals versuchen, ihren Boss in den Schatten zu stellen.

Entscheidungen und der Skorpion-Chef

Die Entscheidungen des Skorpion-Chefs sind nie vage, doch manchmal dauert es eine Weile, bis sie getroffen sind. Drängen Sie ihn nicht, denn das bringt nichts, sondern macht ihn nur ärgerlich und aggressiv. Sobald er sich zu einem bestimmten Thema eine Meinung gebildet hat und seine Entscheidung gefallen ist, ändert er sie kaum noch und bleibt bei seinem Wort. Interessanterweise lässt er sich aber immer ein kleines Schlupfloch offen. Es ist typisch für den Skorpion, einen Plan B (oder sogar C) in der Tasche zu haben, obwohl er diese so gut wie nie benötigt.

Den Skorpion-Chef beeindrucken oder motivieren

Besonders beeindruckt ist er von Engagement, das nicht mit Blick auf eine materielle Vergünstigung geleistet wird, sondern deshalb, weil die Situation es verlangt. Mitarbeiter, die öfter solchen Einsatz zeigen, beeindrucken ihn am meisten. Im Gegenzug kann es der Skorpion-Chef überhaupt nicht leiden, wenn ein Mitarbeiter sich oder seine Fähigkeiten besonders herausstellen will. Häufig sind es die stillen, bescheidenen Mitarbeiter, die ihn durch unermüdlichen, selbstlosen und loyalen Einsatz besonders beeindrucken.

Dem Skorpion-Chef etwas vorschlagen oder präsentieren

Normalerweise hat der Skorpion-Chef zu allem eine Meinung. Das bedeutet, dass Ihr Vorschlag diese entweder bestätigt oder ihr widerspricht. Wenn Letzteres der Fall ist, müssen Sie damit rechnen, dass es schwer wird, Boden gutzumachen. Im ersten Fall kann es sein, dass der Skorpion Ihnen nur ein Nicken schenkt, ohne Ihre Mühe angemessen zu würdigen. Wirklich gute und umsetzbare Ideen entstehen meist im Streit (seltener in der Diskussion) mit dem Skorpion, wenn es zu einem intellektuellen Wettstreit und einem verbalen Schlagabtausch kommt. Bereiten Sie sich gut vor und verteidigen Sie Ihren Standpunkt vehement.

STÄRKEN

loyal
pflichtbewusst
diskret

SCHWÄCHEN

undurchsichtig
eigenbrötlerisch
aggressiv

AUFTRETEN

selbstbewusst
geheimnisvoll
reserviert

Wenn man ihn machen lässt, schafft der Skorpion alles. Er hat seine eigene Herangehensweise, die andere nicht unbedingt verstehen. Deshalb wirkt er oft geheimnisvoll, nicht besonders gesellig, und ist darauf bedacht, nicht zu viel von seiner Arbeitsweise und seinem Privatleben preiszugeben. Er steht dem Unternehmen loyal gegenüber und ist stets bereit, mehr als nur Dienst nach Vorschrift zu machen. Allerdings wird er angriffslustig, wenn er unangemessen oder unfair behandelt beziehungsweise kritisiert wird, und dann ist er kein einfacher Gegner.

Das Einstellungsgespräch mit dem Skorpion-Bewerber

Der Skorpion gehört nicht zu denen, die lautstark ihr eigenes Loblied singen. Im Gegenteil, während des Vorstellungsgesprächs muss man ihm alles, was über die Informationen in den Bewerbungsunterlagen hinausgeht, aus der Nase ziehen. Er interessiert sich nicht übermäßig für die Arbeitsbedingungen, hat aber einige Standards, die eingehalten werden müssen. Sobald diese erfüllt sind und er feststellt, dass der Job ihm ausreichend Sicherheit und Verlässlichkeit bietet, öffnet er sich etwas, erzählt aber noch immer nicht alles. Es ist eher unwahrscheinlich, dass er sich falsch darstellt oder seine Fähigkeiten überschätzt.

Dem Skorpion-Angestellten schlechte Nachrichten überbringen oder kündigen

Der Skorpion kann sehr aggressiv werden, wenn man ihn beschuldigt, etwas falsch gemacht zu haben oder ihm mit Kündigung droht, vor allem, wenn er seine Aufgaben zur Zufriedenheit erfüllt hat. Mit schlechten Nachrichten kann er recht gut umgehen, deshalb sollten Vorgesetzte und Kollegen nicht um den heißen Brei herumreden. Der Skorpion ist ehrlich genug, seinen Teil der Verantwortung zu übernehmen. Er reagiert eher zurückhaltend, bricht keinen Streit vom Zaun und macht mit wenigen Worten seinen Standpunkt deutlich, doch meist hat er kein großes Bedürfnis, sich zu rechtfertigen. Eine Kündigungsdrohung schüchtert ihn nicht ein.

Geschäftsreisen und Veranstaltungen mit dem Skorpion-Angestellten

Da er seine Privatsphäre sehr schätzt, reist der Skorpion am liebsten alleine. Falls es notwendig ist, dass er mit anderen unterwegs ist, sollte der Reisegefährte nicht ständig reden oder das nach innen gekehrte, ruhige Verhalten des Skorpions stören. Gemeinsames Reisen ärgert den Skorpion, er wird launisch und schweigsam. Wegen des Unterhaltungsprogramms sollte man sich vorher mit dem Skorpion über dessen Vorlieben absprechen und wenn nötig ein wenig recherchieren. Seine engeren Kollegen können ebenfalls mit Hinweisen dienen.

Dem Skorpion-Angestellten Aufgaben zuteilen

Der Skorpion ist ein Spezialist für klar umrissene Aufgaben. Vielseitigkeit und Multitasking liegen ihm dagegen nicht, am besten informieren Sie sich über seine bisherigen Arbeitsgebiete oder fragen ihn direkt, damit Sie für eine bestimmte Tätigkeit den richtigen Mitarbeiter haben. Dieser zeitliche Aufwand lohnt sich, denn wenn der Skorpion genau den richtigen Auftrag erhält, erfüllt er diesen in der Regel besonders gut. Ist er dagegen ungeeignet, verlässt ihn der Mut und er arbeitet aus Niedergeschlagenheit schlecht. Am besten arbeitet er alleine, nicht als Teil eines großen Teams.

Den Skorpion-Angestellten beeindrucken oder motivieren

Er ist am motiviertesten, wenn Anforderungen an ihn gestellt werden, für die er sich kompetent fühlt. Er schätzt die Sicherheit eines Jobs, der ihm liegt und der ihn nicht überfordert oder stresst. Machen Sie nicht den Fehler, ihm mehr Geld dafür zu bieten, dass er eine Aufgabe zu Ende bringt, die ihn gar nicht besonders interessiert. Er wird beeindruckt sein und sich noch mehr ins Zeug legen, wenn Sie Verständnis für ihn haben und ihm (selbst gegen den Willen Ihres Vorgesetzten) keine Arbeiten aufzwingen, die ihm nicht liegen.

Den Skorpion-Angestellten führen oder kritisieren

Nach einer Einarbeitungszeit kann man den Skorpion selbständig seine Arbeit machen lassen. Er mag es nicht, wenn Sie ihm immer wieder über die Schulter schauen, und liefert sehr gute Ergebnisse ab, ohne dass Sie ihn ständig kontrollieren. Das macht ihn nur nervös und schadet der Qualität seiner Arbeit. Der Skorpion kann mit Kritik umgehen, sofern diese im richtigen Ton mit den richtigen Worten geäußert wird. Er ist sehr empfindlich und sollte nie bedroht, beschwatzt oder beschuldigt werden. Sprechen Sie sachlich mit ihm und wählen Sie Ihre Worte sorgfältig, um seine Gefühle nicht zu verletzen, was nur Wut oder Angriffslust zur Folge hätte.

DER SKORPION-KOLLEGE

Der Skorpion neigt dazu, anderen auch bei den schwierigsten und kompliziertesten Aufgaben zu helfen. Er ist Kummer gewohnt und weiß, wie schwer es ist, ein Opfer der Verhältnisse zu sein oder, schlimmer noch, der eigenen Ängste und Befürchtungen. Statt den Kollegen zu bedauern, krempelt der Skorpion die Ärmel hoch und packt mit an. Er kennt keine Angst, und nicht einmal komplexe Aufgaben, die kaum zu bewältigen scheinen, schüchtern ihn ein. Er interessiert sich eher für die Herausforderung, die das Unmögliche an ihn stellt, als für tägliche Routinearbeiten.

Den Skorpion-Kollegen um Rat fragen

Der Skorpion besitzt die Gabe, Ratschläge in wenigen Sätzen zu erteilen. Meist braucht er aber ein bisschen Zeit, um sich alles durch den Kopf gehen zu lassen.

STÄRKEN

hilfsbereit
provokativ
energiegeladen

SCHWÄCHEN

arrogant
schmerzerfüllt
leidend

AUFTRETEN

unterstützend
mitfühlend
herausfordernd

Während dieser Meinungsbildung sollten Sie ihn nicht drängen. Der Skorpion hat ein gutes Gedächtnis und erinnert sich an wichtige Details, die andere vielleicht im Laufe der Jahre vergessen haben. Sein Rat basiert daher häufig auf eigener Erfahrung und auf der von Kollegen. Er kann auch wichtige Informationen liefern, allerdings ist er rhetorisch meist nicht besonders versiert, sodass Sie ganz genau zuhören müssen, um zu verstehen, was er Ihnen sagen will.

Den Skorpion-Kollegen um Hilfe bitten

Wenn der Skorpion davon überzeugt ist, dass *Sie* leiden und *er* in der Lage ist, dieses Leiden zu lindern, hilft er, so gut er kann. Leere Versprechungen macht er nicht. Egal, ob seine Hilfe nun persönlicher oder finanzieller Natur ist – wenn er daran glaubt, tut er sein Möglichstes. Da er eine seltsame Mischung aus Idealist und Pragmatiker, Kreuzritter und Empiriker ist, liefert er eine dezidierte Analyse und dazu den passenden Plan, wie man das Problem lösen könnte. Wenn er sich einmal darauf eingelassen hat, Ihnen zu helfen, gibt er nicht eher auf, bis Sie es geschafft haben.

Geschäftsreisen und Veranstaltungen mit dem Skorpion-Kollegen

Reisen Sie nur dann mit dem Skorpion, wenn Sie mögen. Wenn er nicht nur Ihr Kollege, sondern auch Ihr Freund ist, macht es Spaß, mit ihm unterwegs zu sein. Wenn Sie versuchen, einen Ihnen unbekannten Skorpion zu kontrollieren, stoßen Sie auf Widerstand und oftmals auf die offene Weigerung, Ihren Anordnungen Folge zu leisten. Oder er versinkt in Schweigen und Depressionen. Wenn der Skorpion die Führung übernimmt, kann es passieren, dass Sie das, was er an Kost, Logis und Transportmitteln aussucht, nicht mögen. Das bringt Sie in eine schwierige, ausweglose Situation.

Die Zusammenarbeit mit dem Skorpion-Kollegen

Für seine Kooperationsbereitschaft ist der Skorpion nicht gerade bekannt, denn er ist sehr willensstark und hat meist seine eigenen Vorstellungen davon, wie etwas gemacht werden sollte. Da hilft kein Schmeicheln und kein Drohen, er weicht nicht von seiner Linie ab. Abgesehen davon arbeitet er gut mit anderen zusammen, wenn er vom Erfolg der Methode überzeugt ist. Der Skorpion hält mit seiner Meinung nicht hinterm Berg, aber was er wirklich denkt, verrät er nicht. Er ist für jede Gruppe ein wertvolles Mitglied und sollte immer nach seiner Meinung gefragt werden, überdenken Sie diese aber sehr genau, bevor Sie sie in die Tat umsetzen.

Den Skorpion-Kollegen beeindrucken oder motivieren

Den Skorpion zu motivieren, ist wirklich nicht leicht, denn nicht selten entpuppt sich schon der Versuch als kontraproduktiv. Diese starke Persönlichkeit muss sich selbst motivieren, und das gelingt am besten, wenn man ihn nimmt, wie er ist, und seine Vorschläge sachlich prüft. Darüber hinaus ist der Skorpion nicht leicht zu beeindrucken. Im Großen und Ganzen glaubt er, dass er oder seine Methode weitaus effizienter sind. Allerdings ist er nicht eingebildet und übernimmt sich auch nicht, denn in der Regel kann er seine eigenen Fähigkeiten realistisch einschätzen und weiß, wo er punkten kann.

Den Skorpion-Kollegen überzeugen oder kritisieren

Da der Skorpion beruflich gesehen ein harter Brocken ist, prallt Ihre Kritik an ihm ab. Wenn er jedoch an einem Schwachpunkt getroffen wird, schlägt er manchmal wütend um sich und gibt seinen Gegnern damit mehr von sich preis, als diese erhofft hatten. Wenn er Ihnen zunächst widerspricht, können Sie den Skorpion nur nach und nach, mit Geduld und Hartnäckigkeit umstimmen. Er mag meist keine Veränderungen, aber da er erst über alles nachdenken muss, lässt er sich auch Ihre Meinung noch einmal durch den Kopf gehen. Ob er Ihnen am Ende zustimmt oder nicht, ist unwichtig, denn er wird Ihre Einwände weder ignorieren noch vergessen.

DER SKORPION-KUNDE

Der Skorpion-Kunde weiß ganz genau, was er will, und besteht darauf, genau das von Ihnen zu bekommen. Wenn Sie mit ihm Geschäfte machen wollen, müssen Sie seine Wünsche bis ins letzte Detail erfüllen können. Eine Checkliste ist dabei unerlässlich. Sofern Sie ihn regelmäßig auf dem Laufenden halten, sitzt Ihnen der Skorpion nicht ständig im Nacken und treibt Sie auch nicht zur Eile an, denn es ist ihm lieber, wenn Sie gründlich arbeiten und seinen Ansprüchen gerecht werden. Er lässt allerdings keinen Zweifel daran, wer der Chef ist.

Den Skorpion-Kunden beeindrucken

Dem Skorpion imponieren sowohl Ihre persönlichen Geschäftsergebnisse als auch die Ihrer Firma. Bevor er aber sein hart erarbeitetes Geld in eines Ihrer Angebote steckt, informiert er sich gründlich über Ihre Erfolgsbilanz. Er glaubt nicht alles, was Sie ihm erzählen, und stellt eigene Recherchen an. Darüber hinaus spricht er mit Leuten, mit denen Sie früher zusammengearbeitet haben, um sich über Ihre Verlässlichkeit zu informieren. Wenn Sie keine lange Erfolgsgeschichte aufweisen können, gelingt es Ihnen auch nicht, den Skorpion zu beeindrucken und ihn als Kunden zu gewinnen.

Dem Skorpion-Kunden etwas verkaufen

Wenn Sie diesen ersten Test bestanden haben, müssen Sie ihn nur noch davon überzeugen, dass das, was Sie anbieten, tatsächlich das Beste auf dem Markt ist. Der Skorpion setzt sehr auf Qualität, daher interessieren ihn Ihre Gewinne und Aktienkurse nicht so sehr wie das, was Sie ihm zu bieten haben. Er ist kein Schnäppchenjäger, sondern dann zu investieren bereit, wenn er dafür Qualität plus Leistung erhält. Der Skorpion ist kein Spielertyp, sondern eher sicherheitsorientiert, daher neigt er nicht dazu, in der Produktion oder bei Terminen irgendetwas dem Zufall zu überlassen.

STÄRKEN

zielstrebig
zielbewusst
hilfsbereit

SCHWÄCHEN

gestresst
anspruchsvoll
pingelig

AUFTRETEN

geradeheraus
unmissverständlich
fordernd

SKORPION

Der Skorpion-Kunde und Ihr Äußeres

Er erwartet von Ihnen Verlässlichkeit und Zuverlässigkeit, deshalb sollte Ihr Äußeres konservativ sein sowie beruhigend wirken und nichts Verrücktes oder Außergewöhnliches an sich haben, das ihn irritieren könnte. Wahrscheinlich ist sein eigenes Erscheinungsbild ebenfalls eher traditionell und reserviert, aber von hoher Qualität. Wenn Sie in dieser Hinsicht zueinander passen, haben Sie bereits eine Brücke der Gemeinsamkeit und des Vertrauens geschlagen. Je früher dies geschieht, desto besser, denn dann wird vieles einfacher.

Das Interesse des Skorpion-Kunden wachhalten

Solange Sie messbare Erfolge vorweisen und Ihre Versprechen einhalten können, macht der Skorpion mit Ihnen Geschäfte. Mehr können Sie nicht erwarten, denn er interessiert sich nicht für Sie oder für das, was Sie machen. Das Vertrauen steht an erster Stelle, und sobald Sie das gewonnen haben, wird er Sie nicht mehr ständig nach irgendwelchen Dingen fragen und recherchieren, wie Sie mit dem Projekt vorankommen. Sie sollten froh sein, wenn der Skorpion Desinteresse zeigt, und es als Kompliment ansehen. Versuchen Sie daher nicht, weitere Aufmerksamkeit zu erregen.

Dem Skorpion-Kunden schlechte Nachrichten überbringen

Der Skorpion ist in erster Linie Realist und kann mit schlechten Nachrichten umgehen. Wenn Sie mit ihm eine Art von Solidarität und Vertrauen gefunden haben, können Sie auch widrige Umstände gemeinsam meistern. Das Gefühl, dass »wir« eine Lösung finden müssen, dass »wir« damit fertig werden, macht es erheblich einfacher, alles in Ordnung zu bringen, als eine scharfe Anordnung des Skorpions. Wenn es dennoch so kommt, ist der Skorpion manchmal gnadenlos, ja rachsüchtig und droht mit rechtlichen Schritten oder ähnlichen Maßnahmen. Um Konflikte zu vermeiden, sollten Sie schon in einem frühen Stadium gegenseitiges Vertrauen und Respekt aufbauen.

Den Skorpion-Kunden unterhalten

Selbstverständlich lässt sich der Skorpion von ausgesuchten Speisen, den besten Vergnügungen und überhaupt vom qualitativ Höchsten, das Sie sich leisten können, beeindrucken. Das heißt aber nicht, dass Sie mit Geld nur so um sich werfen sollten, denn Sie würden sich zum Narren machen, wenn Sie ihm etwas als hochwertig anpreisen würden, was tatsächlich minderwertig ist. Geld in einem Restaurant oder Club klug auszugeben, wird er jedoch als Zeichen Ihrer Cleverness in geschäftlichen Dingen auslegen. Wenn er sich wohlfühlt, neigt der Skorpion dazu, sich zu revanchieren, etwa indem er beim nächsten informellen Treffen die Rechnung übernimmt.

DER SKORPION-GESCHÄFTSPARTNER

Der Skorpion kann gut Verantwortung übernehmen, aber Sie sollten darauf achten, dass er die Regie nicht komplett übernimmt. Er kann zwar viel, doch sein Wunsch, dass alles nach seiner Pfeife tanzt, ist ebenso groß. Je nachdem, wie stark die Persönlichkeit des Partners ist, kommt es häufig vor, dass der Skorpion diesen einfach überrennt und das Steuer an sich reißt. Das muss aber nicht immer schlecht sein, beispielsweise, wenn Sie ein eher passiver Mensch sind. Aktivere Zeitgenossen geraten jedoch immer wieder mit dem Skorpion in Konflikt, was eine Menge Zeit und Energie kostet, die anderweitig besser eingesetzt wäre.

Einen Skorpion zum Geschäftspartner machen

Der Skorpion ist eher vorsichtig denn misstrauisch, vertritt aber die Meinung, es sei in beiderseitigem Interesse, einen detaillierten Vertrag aufzusetzen. Darin sollten Vorkehrungen für Problemsituationen getroffen und festgelegt werden, was passiert, wenn etwas schiefgeht. Diese Vereinbarung sollte verständlich und eindeutig formuliert sein. Falls Sie nicht genau wissen, wie dominant der Skorpion ist, sollten Sie Ihre Interessen und Ihren Anteil an der Partnerschaft in dem Vertrag genau festschreiben lassen. Sobald der Vertrag von einem Anwalt aufgesetzt und von beiden Seiten unterschrieben ist, müssen Sie wahrscheinlich nie wieder darüber reden.

Aufgabenverteilung mit dem Skorpion-Geschäftspartner

Bevor jeder von Ihnen mit seiner Arbeit beginnt, sollten Ihre Stärken und Schwächen herausgearbeitet und danach die Aufgaben so verteilt werden, dass ein Erfolg sichergestellt ist. Danach sollten beide Partner ihr Revier sorgsam abstecken und darauf achten, dass sich die Aufgaben nicht überlappen. Tägliche Besprechungen sind nicht erforderlich, es ist jedoch ratsam, sich im Zweiwochenturnus zusammenzusetzen, um abschätzen zu können, ob ein Projekt Forschritte macht und ob Änderungen nötig sind. Der Skorpion ist manchmal sehr zögerlich, manchmal vergeudet er unnötig viel Energie. Sie sollten deshalb ein Auge auf ihn haben.

Geschäftsreisen und Veranstaltungen mit dem Skorpion-Geschäftspartner

Im Allgemeinen ist es das Beste, wenn Sie abwechselnd die Firma nach außen vertreten, je nachdem, wie viel Erfahrung Sie in den verschiedenen Bereichen haben. Gemeinsame Reisen mit dem Skorpion sind meistens weder empfehlenswert noch notwendig, denn es ist dem Unternehmen dienlicher, wenn einer von Ihnen im Hauptquartier bleibt oder sich um andere Projekte kümmert. Der Skorpion amüsiert sich alleine am besten, denn er hat einen sehr eigenen Geschmack, seine Kooperationsbereitschaft hingegen ist nicht sehr stark ausgeprägt. Es kann ziemlich ermüdend sein, auf Reisen Tag für Tag die zweite Geige zu spielen.

STÄRKEN

verantwortungsbewusst
erfahren
zielbewusst

SCHWÄCHEN

einengend
unsensibel
diktatorisch

AUFTRETEN

dominant
befehlend
selbstsicher

Den Skorpion-Geschäftspartner lenken und führen

Einen Skorpion kann man eigentlich gar nicht führen. Mit seiner enormen Energie und seinen starren Ansichten zurechtzukommen, ist ebenfalls schwierig. Statt aber mit fruchtlosen Bemühungen Zeit zu vergeuden, sollten Sie Vereinbarungen treffen, an die sich der Skorpion halten muss. Andererseits müssen Sie gegen seinen Hang zum Diktatorischen ankämpfen, mit dem er Sie zu lenken versucht, wobei sein Rat und seine Führung oftmals hilfreich und ermutigend wirken. Falls aber dem Skorpion ein krasser Fehler unterläuft und er diesen nicht als solchen anerkennt, ist ein Konflikt mit ihm nicht zu vermeiden, wenn die Katastrophe verhindert werden soll.

Auf lange Sicht mit dem Skorpion-Geschäftspartner auskommen

Der Skorpion engagiert sich langfristig und leistet beständig seinen Anteil. Trotzdem kann es sein, dass er Probleme damit hat, wie Sie bestimmte Dinge regeln, und dies auch anspricht. Falls Sie seine Kritik ignorieren, versucht er es so lange, bis Sie zuhören. Da er von Natur aus gerne provoziert, fällt es schwer, ihm so aus dem Weg zu gehen, wie Sie es von anderen gewohnt sind. Falls Sie sich ganz allgemein über seine Arbeitsweise, sein Verhalten oder seine Leistung beschweren wollen, sollten Sie das mit dem nötigen Respekt tun, wenn das Problem auftritt, andernfalls fasst er dies als Angriff auf, der nach einem Gegenschlag verlangt.

Die Trennung vom Skorpion-Geschäftspartner

Der Vertrag mit dem Skorpion muss bis ins letzte Detail erfüllt werden. Im Normalfall sind Klauseln für Schulden, Immobilien, die Aufteilung der Vermögenswerte und Gewinne oder Ähnliches vorhanden. Vermeiden Sie um jeden Preis Streit mit Beschuldigungen und Beschimpfungen, denn ein aggressiver Skorpion ist kein schöner Anblick. Solange alle sachlich, höflich und freundlich bleiben, kann die Partnerschaft zur allseitigen Zufriedenheit aufgelöst werden. Bitte denken Sie daran, dass der Skorpion ein gutes Gedächtnis hat und extrem hartnäckig sein kann. Am besten beseitigen Sie Probleme sofort und schieben wichtige Themen nicht auf.

DER SKORPION-KONKURRENT

Der Skorpion verliert nicht gerne. Sein Siegeswille ist so stark, dass er im Extremfall sogar zu unlauteren Mitteln greift. Die reine Freude des Sieges über einen Kontrahenten kann er nämlich nur nach einem fairen Wettkampf empfinden. Er fühlt sich in der Hitze des Gefechts richtig wohl und entspannt, daraus zieht er auch seine ungeheure Energie. Seine Stärke ist die Taktik, und ein wahrer Skorpion zieht niemals ohne einen ausgeklügelten Plan in den Krieg.

Gegen den Skorpion-Konkurrenten antreten

Als Konkurrent ist der Skorpion ein harter Brocken. Aufgrund seiner Aggressivität müssen Sie genau wissen, wo Sie ihn angreifen können, andernfalls zwingt er Sie in die Knie. Er kann sehr gut abwarten, holt mit unglaublicher Geschwindigkeit zum Schlag aus und verbarrikadiert sich dann. Diese Kombination aus Angriff und Verteidigung ist nur schwer etwas entgegenzusetzen. Bleiben Sie vor allem ruhig und verraten Sie Ihre Schwachstellen nicht durch hastige Aktionen. Achten Sie auf Tricks und Fallen. Schließlich sollten Sie sich auf einen langen, harten Kampf gefasst machen. Bereiten Sie sich ebenso gründlich vor wie er.

Den Skorpion-Konkurrenten ausspielen

Um ihn ausspielen zu können, müssen Sie hart kämpfen, denn Planung und Spielchen sind sein Metier. Machen Sie sich zunächst Ihre eigenen Stärken und seine Schwächen bewusst. Suchen Sie in seiner Herangehensweise nach Schlupflöchern und analysieren Sie bisherige Rückschläge, vielleicht finden Sie dort seine Achillesferse. Bauen Sie Ihre eigenen Stärken so weit aus, dass Ihnen nicht die Puste ausgeht. Erst dann sollten Sie sich mit seinen größten Stärken beschäftigen (um seiner Angriffstaktik und Verteidigungsstrategie zuvorzukommen) und Ihre eigenen Schwachpunkte ausmerzen, die der Skorpion mit Sicherheit findet.

Den Skorpion-Konkurrenten persönlich beeindrucken

Treten Sie dem Skorpion nur entgegen, wenn Sie sich stark genug dafür fühlen. Wenn Sie nett tun oder sich dumm stellen, merkt er das sofort, denn er hat ein gutes Gespür für Verstellungen und Tricks, in die üblichen Fallen tappt er nicht. Er versteht sich auf die Kunst der Kriegsführung und ist am ehesten zu beeindrucken, wenn Sie gelassen und selbstbewusst bleiben. Sobald er Sie als ebenbürtig anerkannt hat, zollt er Ihnen Respekt, indem er mit fairen Mitteln kämpft. Ihr Auftreten sollte nicht einschüchternd wirken, Verführungstechniken können eingesetzt werden, unterschätzen Sie aber nicht das Geschick des Skorpions auf diesem Gebiet.

Den Skorpion-Konkurrenten über- oder unterbieten

Ein Skorpion kann zwar gut bluffen, hat aber so gut wie immer ein Ass im Ärmel. Wenn Sie ihn übertrumpfen wollen, müssen Sie erraten, was er wirklich vorhat, denn er ist ein Geheimniskrämer, der die Katze nicht aus dem Sack lässt. Die beste Art und Weise, seine Strategie zu untergraben, ist, seine Wut zu schüren und ihn aus dem Gleichgewicht zu bringen. Ein wild um sich schlagender Angreifer wirkt zwar einschüchternd, ist aber ungeschützt, wodurch Sie wiederum seine Kräfte unterhöhlen können. Geht er die Sache kaltblütig an, ist er noch viel grausamer. Sein einschüchternder Blick signalisiert Ihnen, dass Sie lieber den Rückzug antreten sollten.

STÄRKEN

streitlustig
akribisch
raffiniert

SCHWÄCHEN

gewissenlos
gemein
verletzend

AUFTRETEN

gründlich
aggressiv
kämpferisch

SKORPION

PR-Krieg gegen den Skorpion-Konkurrenten

PR-Kampagnen gehören nicht zu den Stärken des Skorpions. Falls es zu einem echten Vergleichskampf kommt, müssen Sie mit seinen hochentwickelten Vorbereitungen und einer gnadenlosen Durchführung rechnen. Allerdings kann der Skorpion Unsicherheit zeigen, wenn er ein Gespür für den Zeitgeist entwickeln muss. In Privatgesprächen kann der Skorpion sehr gewinnend sein, doch weiß er nicht so recht, wie man die breite Öffentlichkeit gewinnt oder einen Konkurrenten schlägt, der die Wünsche der Leute kennt. Er folgt zu oft festen Regeln und zeigt nicht die notwendige Flexibilität, um Ihrem spritzigen, ganz anderen Ansatz etwas entgegenzusetzen.

Der Skorpion-Konkurrent und die persönliche Beziehung

Auf persönlicher Ebene ist der Skorpion ein gefährlicher Gegner. Da er seine eigenen Motive und Gefühle sehr genau kennt, kann er seine Widersacher sowohl angreifen als auch anlocken, was diese dann verwirrt zurücklässt. Um sich gute Ergebnisse zu verschaffen, setzt er seinen Charme und seine Anziehungskraft auch schon mal eiskalt und berechnend ein. Vergessen sollte man auch nicht, dass ihm der Ruf eines Verräters vorauseilt. Passen Sie besonders dann auf, wenn er desinteressiert wirkt und es so aussieht, als gäbe er sich keine Mühe. Der Spruch: »Rache ist ein Gericht, das am besten kalt serviert wird«, muss von einem Skorpion stammen.

Liebe

RENDEZVOUS MIT DEM SKORPION

Der Skorpion ist zwar sexuell leicht entflammbar und leidenschaftlich, aber bei der ersten Verabredung kann er sich sehr gut im Zaum halten. Er ist unzweifelhaft verführerisch, spielt aber so subtil mit seiner besonderen Anziehungskraft, dass Ihre Alarmglocken schweigen. Sofern Sie zustimmen, ist der Skorpion immer bereit, noch einen Schritt weiterzugehen. Er möchte Sie sich nur vorher genau ansehen und ist überaus vorsichtig, wenn er etwas von sich preisgeben soll. Machen Sie ihm klar, dass Geben und Nehmen gerade auf diesem Gebiet wichtig sind und eine Beziehung keine Einbahnstraße ist.

Wie man einen Skorpion kennenlernt und anlockt

Sehr wahrscheinlich übernimmt der Skorpion diesen Part. Selbst der zahmste Vertreter signalisiert Ihnen irgendwann, dass Sie sich weiter vorwagen können. Auf diese Weise behält er die Kontrolle, agiert offen, erscheint selbst aber passiv. Gar nicht schüchtern, schlägt der Skorpion vor, einen Termin für das erste Rendezvous auszumachen. Der Ort, den er vorschlägt, ist eher privat, weil er Sie so besser kennenlernen kann. Alles Weitere folgt einem festen Muster mit beharrlichen Anfragen für weitere Treffen – wenn er Sie mag, dann sogar regelmäßig.

Unternehmungen bei der Verabredung mit dem Skorpion

Der Skorpion mag ruhige Essenseinladungen an stilleren Orten. Er liebt gutes Essen und ganz besonders exotische Gerichte. Seine reservierte Haltung sollten Sie nicht als Desinteresse interpretieren, denn häufig möchte er es nur ruhig angehen lassen. Wenn er keine besondere Eile an den Tag legt, wird das manchmal als Schüchternheit verstanden, obwohl er eigentlich recht selbstsicher ist und zudem ein Meister der Verführungskunst, der weiß, wann er zu warten statt zu drängen hat, und sein Netz auf besonders bezaubernde und charmante Weise auswirft.

STÄRKEN

leidenschaftlich
kontrolliert
sexuell

SCHWÄCHEN

verschlossen
neugierig
geheimnisvoll

AUFTRETEN

vorsichtig
feinsinnig
wachsam

Was den Skorpion anmacht und was ihn abschreckt

In den meisten Fällen mag er es nicht, über sich selbst ausgefragt zu werden. Wenn er sich Ihren Fragen verweigert oder sie ignoriert, sollten Sie das Thema fallenlassen. Der Skorpion ist sinnlich, und Düfte machen ihn besonders an, ebenso zarte oder »versehentliche« Berührungen, stumme sexuelle Andeutungen oder unauffällig einladende Blicke. Zwar ist der Skorpion zweifellos ein körperbetonter Mensch, den kultiviertes Verhalten erregt, doch unverhohlene Anspielungen aller Art stoßen ihn ab. Wenn Sie seiner Schweigsamkeit sowie seiner Privatsphäre Respekt zollen und sich nicht an seiner zurückhaltenden Art stören, macht ihn das sehr an.

Beim Skorpion den ersten Schritt machen

Im Allgemeinen dreht der Skorpion es so, dass der erste Schritt von Ihnen kommt. Wenn er interessiert ist, signalisiert er Ihnen weiterzumachen, doch selbst dann sollten Sie kein energisches Vorgehen von ihm erwarten. Ist er jedoch erregt, tritt die wahre Leidenschaft des Skorpions zutage und lässt keinen Zweifel daran, wie stark sexuell er geprägt ist. Stille Wasser sind tief, deshalb sollten Sie sich darauf einstellen, dass seine Sexualität explizit zum Ausdruck kommt, sobald Sie ihm grünes Licht geben.

Den Skorpion beeindrucken

Der Skorpion ist besonders von Ihrem Aussehen beeindruckt, denn er fühlt sich von gutaussehenden, sinnlichen Menschen angezogen, auch wenn er selbst auf den ersten Blick nicht besonders attraktiv ist. Die eigentliche Attraktivität des Skorpions erschließt sich Ihnen erst nach und nach, er erwartet jedoch, von Ihnen von Anfang an fasziniert zu sein. Er nimmt jede noch so kleine Andeutung zu weiteren Intimitäten rasch auf, aber denken Sie daran, dass es zu seiner Taktik gehören könnte, wenn er nicht sofort reagiert. Er hält sich nämlich zugute, seine Gefühle seinem Willen unterordnen zu können.

Den Skorpion nach der Verabredung wieder loswerden

Wenn er Sie sehr attraktiv findet, werden Sie ihn so schnell nicht wieder los. Hartnäckig verfolgt er seine Interessen und erhebt es mitunter sogar zum Fetisch, niemals aufzugeben. Wenn Sie ihm erzählen, Sie hätten eigentlich bereits eine feste Beziehung, stachelt ihn das nur noch mehr an. Er liebt die Herausforderung, und alle Steine, die Sie ihm in den Weg legen, spornen ihn nur weiter an. Meist ist es am besten, ihm nicht direkt einen Korb zu geben, sondern sich behutsam aus der Affäre zu ziehen.

BEZIEHUNG MIT DEM SKORPION

Ein Skorpion ist sowohl eifersüchtig als auch besitzergreifend. Er erwartet, dass Sie sich ausschließlich ihm widmen, und beim leisesten Anzeichen von Interesse an jemand anderem geht er entweder wütend auf Sie los oder zieht sich niedergeschlagen zurück. Der Skorpion ist der Meinung, dass er viel zurückbekommen sollte, weil er viel gibt, und dass Sie sich glücklich schätzen können, mit ihm zusammen zu sein. Da er aber auch ein Beschützer ist, hat er echtes Interesse am Wohlergehen seiner Lieben und leidet still in sich hinein, wenn sie krank oder in Not sind.

Mit dem Skorpion diskutieren

Der Skorpion ist mit dem, was er sagt, im Allgemeinen sehr vorsichtig. Er weiß um die Macht der Worte und ist sich darüber im Klaren, dass jedes davon in einer späteren Diskussion gegen ihn verwendet werden kann. Egal, über welches Thema Sie sprechen, Sie können absolut sicher sein, dass unter der Oberfläche noch sehr viel Unausgesprochenes verborgen ist. Er macht viel lieber Andeutungen als direkte Aussagen, besonders dann, wenn er Druck ausüben will. Seine meist versteckten Drohungen sollten ernst genommen werden, denn seine Worte sind mit Bedacht gewählt.

Mit dem Skorpion streiten

In den meisten Fällen ist es gar nicht der Skorpion, der den Streit anfängt, doch wenn er ausbricht, dann wird er auch zu Ende geführt. Für ihn ist ein Streit nichts anderes als eine Schlacht, die unter allen Umständen gewonnen werden muss. Es ist daher nicht ratsam, einen Streit vom Zaun zu brechen, denn der daraus resultierende emotionale Schaden kann enorm sein. Um eine Diskussion nicht ausarten zu lassen, sind Einfühlungsvermögen und Achtsamkeit gefragt. Eine Möglichkeit wäre, ein wenig herumzualbern und Scherze zu machen, beispielsweise mit Wortspielen und nicht ganz ernst gemeinten Bemerkungen.

Mit dem Skorpion reisen

Der Skorpion ist sehr gut im Planen und arrangiert gern alles im Voraus, aber eben nicht immer. Hier tritt häufig eine eigenartige Form der Passivität zutage, die Sie zwingt, die Initiative zu ergreifen und Ihre eigenen Vorlieben aufs Spiel zu setzen. Das Ganze kann nämlich dazu führen, dass der Skorpion mit geschliffenem Sarkasmus und viel Ironie Ihre Wahl gnadenlos kritisiert oder Sie selbst im Extremfall sogar verhöhnt. Aus diesem Grunde ist es das Beste, wenn Sie darauf bestehen, dass er sich an den Reisevorbereitungen aktiv beteiligt und Ihnen damit für Dispute vor und während der Reise Munition verschafft.

Sex mit dem Skorpion

Der Skorpion ist dafür bekannt, dass er sexuell sehr interessiert sowie leistungsfähig ist. Er bildet sich etwas darauf ein, prahlt aber nicht damit. Meistens zeigt sich das in einem ausgeglichenen Selbstbewusstsein in Bezug auf Sex, denn er weiß, dass er das geben kann, was immer der Partner braucht. Auch seine eigenen Wünsche, die häufig anspruchsvoll sind, äußert er freimütig. Seine absolut unkonventionellen und sogar ausgefallenen Ideen beim Sex sollten Sie nicht überraschen, denn der Skorpion möchte in dieser Hinsicht das gesamte Terrain abdecken und nicht allzu viel der Phantasie seines Partners überlassen.

STÄRKEN

fürsorglich
beschützend
interessiert

SCHWÄCHEN

eifersüchtig
besitzergreifend
zornig

AUFTRETEN

engagiert
ernsthaft
unnahbar

SKORPION

Der Skorpion und Zärtlichkeit

Er ist eher der leidenschaftliche denn der sinnliche Typ, deshalb äußert er seine Gefühle lieber stürmisch. Folglich ist er kein besonders zärtlicher Typ, und seine Zuneigung drückt er oft dadurch aus, dass er Witze macht oder Ihnen nicht ganz ernst gemeinte Beleidigungen an den Kopf wirft. Dass dies seine Art der Zuneigungsbekundung ist, müssen Sie wissen, denn der Skorpion geht davon aus, dass Sie deswegen nicht gekränkt sind. Er geht manchmal ziemlich weit, und wenn Sie nicht zurückschlagen oder ganz ruhig bleiben, werden Sie irgendwann schrecklich wütend sein, was Ihnen am Ende nur noch mehr Spott einbringen wird.

Der Skorpion und Humor

Sein Humor ist recht eigenartig, sich über andere lustig zu machen, gehört einfach dazu. Er spottet mit spitzer Zunge und lässt keinen Zweifel aufkommen, gegen wen es sich richtet. Ist der Skorpion in Fahrt, neigt er dazu, dem anderen (selbstverständlich unabsichtlich) weiter wehzutun, indem er grinst oder lauthals lacht. Der Trick ist, darauf nicht negativ zu reagieren, sondern einfach mitzulachen. Wenn Sie gemeinsam über die gleichen Leute witzeln, können Sie viel Spaß miteinander haben.

EHE MIT DEM SKORPION

STÄRKEN

loyal
häuslich
bewahrend

SCHWÄCHEN

untreu
rebellisch
promiskuitiv

AUFTRETEN

verschlossen
abweisend
individualistisch

LIEBE

Der Skorpion ist seinem Ehepartner gegenüber normalerweise loyal, aber nicht immer treu. Er lehnt es ab, sich von seinem Partner oder gar der Gesellschaft hinsichtlich seiner sexuellen Freiheit irgendetwas vorschreiben zu lassen. Gleichzeitig ist er aber in der Lage, seine ehelichen Verpflichtungen zu erfüllen und eine Art Doppelleben zu führen. Von Natur aus verschlossen, erzählt der Skorpion selbst ihm nahestehenden Menschen nur selten etwas über sein Privatleben. Der Skorpion liebt sein Zuhause und verbringt dort möglichst viel Zeit, daher scheut er keine Investitionen in dessen Behaglichkeit.

Hochzeit und Flitterwochen mit dem Skorpion

Für den Skorpion ist der sexuelle Aspekt der Flitterwochen von besonderer Bedeutung. Das Vergnügen, das er dem Partner bereitet, ist wichtig, aber für ihn selbst nicht unbedingt notwendig. Er betrachtet die Flitterwochen als leidenschaftliches Stillen seines Verlangens. Wenn es also bloß mittelmäßig läuft, reagiert er mitunter hochgradig enttäuscht und niedergeschlagen, versucht diese Gefühle aber zu verbergen. Die Hochzeit ist für ihn im Grunde nur eine Vorspiel für den wichtigeren Teil, die Flitterwochen.

Haushalt und Ehealltag mit dem Skorpion

Der Skorpion ist sich der Wünsche seines Ehepartners nicht immer bewusst. Er scheint selbst im täglichen Zusammensein in seiner eigenen Welt zu leben. Es ist daher häufig schwer, an ihn heranzukommen, und er zieht sich oft zurück, und sei es nur hinter der Zeitung oder einem Buch. Manchmal stellen Sie fest, dass er Ihnen überhaupt nicht zugehört hat. Allerdings hat er währenddessen angeregt auf seine innere Stimme gehört. Grämen Sie sich daher nicht wegen seiner Reaktionen, es hatte überhaupt nichts mit Ihnen zu tun.

Der Skorpion und Geld

Der Skorpion gibt liebend gerne Geld für Lebensmittel und Getränke sowie für teure persönliche Dinge und Haushaltsgegenstände aus. Glücklicherweise hat er ein gutes Händchen fürs Geldverdienen, so dass immer genug vorhanden ist. Dennoch sollten Sie ein Auge auf ihn haben, denn seine Ausgaben können erstens leicht aus dem Ruder laufen, und zweitens wird er von allen möglichen erfolgversprechenden Investitionsplänen geradezu magisch angezogen. Manchmal ist es am besten, wenn Sie Konten und Ausgaben trennen und eine Art Haushaltskasse einführen.

Der Skorpion und Treue

Der Skorpion hat große sexuelle Bedürfnisse. Abgesehen davon fühlt er sich zu Intrigen, heimlichen Affären, versteckten Romanzen und Ähnlichem hingezogen. Selbst wenn Sie Ihren Skorpion sexuell befriedigen können, drängt es ihn vielleicht immer noch dazu, sich ab und zu außerehelich zu engagieren. Er selbst findet, es sei durchaus möglich, Ihnen gegenüber loyal zu sein und ein wenig herumzustreunen, ohne das Gefühl haben zu müssen, er tue etwas Verwerfliches. Obendrein misst er mit zweierlei Maß, denn während er sich ganz selbstverständlich für andere interessiert, besteht er darauf, dass Sie ihm Ihre ungeteilte Aufmerksamkeit schenken.

Der Skorpion und Kinder

Der Skorpion beschützt seine Kinder sehr. Solange sie klein sind, lässt er sie kaum aus den Augen. Zwar wachsen seine Kinder mit einem Gefühl der Sicherheit auf, aber sie werden von ihm dominiert und kontrolliert. Die größte Herausforderung besteht deshalb darin, die Unabhängigkeit seiner Kinder zu fördern, selbst wenn er so ein Aufbegehren gegen seine eigenen Überzeugungen unterstützt. Die Abnabelung ist für den Skorpion häufig genauso schlimm wie für seine Kinder, deshalb sollte er, als der Ältere und Weisere, dafür sorgen, dass sie Verantwortungsgefühl und eine gewisse Reife entwickeln.

Scheidung vom Skorpion

Leider kommen hier oft seine negativen Charakterzüge zum Tragen, vor allem, wenn der Skorpion sich unfair oder schlecht behandelt fühlt. Daneben ist er sehr nachtragend, was dazu führen kann, dass er seinen Ehepartner verletzen oder sich für eine zerbrochene Ehe rächen will. Aus all diesen Gründen ist es ratsam, sich respektvoll zu verhalten und zu versuchen, den schlimmsten Reaktionen, zu denen der Skorpion fähig ist, aus dem Weg zu gehen. Solange die Scheidung läuft, sollten Sie so selten wie möglich Kontakt mit dem Skorpion aufnehmen und das meiste dem Anwalt überlassen.

AFFÄRE MIT DEM SKORPION

In vielen Fällen passt dem Skorpion die Liebhaberrolle wie eine zweite Haut. Durch seine ebenso leidenschaftliche wie geheimnisvolle Art ist er der ideale Kandidat für eine heimliche Affäre. Das bedeutet aber nicht, dass er dieses Potential voll ausschöpft – im Gegenteil. Er lässt sich nur selten und gezielt auf eine Affäre ein – aber dann richtig. Dies verursacht jedoch ebenso viel Schmerz und Leid wie Freude und Ekstase. Sein Partner bescheinigt ihm große Emotionalität, die häufig feurig ausfällt, obwohl er seine Gefühle versteckt und nur in allerintimsten Momenten zeigt.

Mit dem Skorpion anbandeln

Der Skorpion beweist sein Interesse auf subtile Art und Weise. Eine Bemerkung einem gemeinsamen Freund gegenüber, ein flüchtiger Blick oder ein indirektes Kompliment – all dies könnten Zeichen sein. Später fragen Sie sich vielleicht, ob er wirklich Interesse hat oder nicht. Er setzt es auch als Taktik ein, Sie aus dem Gleichgewicht zu bringen, damit Sie Ihre Karten auf den Tisch legen und er sich bedeckt halten kann. Ihnen einen peinlichen Moment oder ein wenig Unbehagen zu bescheren, passt wunderbar in den Skorpion-Plan, denn oft genug geht er in Liebesdingen vor wie in einem Wettstreit. Sie sind sowohl Gegner als auch Pokal.

Wohin mit dem Skorpion-Liebhaber?

Es reizt den Skorpion, Sie bei sich zu Hause zu haben, denn es ist seine Lasterhöhle, sein Schlupfwinkel und sein Netz, in dem er Sie einspinnt und festhält. Faszination ist das Mittel, mit dem der Skorpion Ihre Neugier weckt und Sie drängt, ihn näher kennenzulernen. Verführung gehört zu seinen Spezialitäten, Sie sollten es genießen. Es gibt noch genug Gelegenheit zu hadern, wenn es nicht funktioniert. In dieser Situation kann es passieren, dass Sie der Ungestümere sind. Der Skorpion wird entsprechend reagieren, und Sie werden ein unvergessliches »Erstes Mal« erleben.

Sex in der Affäre mit dem Skorpion

Sich in einen Skorpion zu verlieben, kann süchtig machen. Was auch immer der Skorpion an sich hat, es wäre ein wunderbares Elixier, wenn man es trinken könnte. Wie bei einer Droge, an die man sich gewöhnt, bietet er Ihnen immer höhere Dosen seiner Liebe an, so dass beinahe Entzugserscheinungen entstehen, wenn er Ihnen diese verweigert. Zwar kann es passieren, dass der Skorpion zunächst den Eindruck macht, verklemmt oder zurückhaltend zu sein, doch sobald Sex im Spiel ist, tritt seine Leidenschaft zutage. Bevor Sie solch ein feuriges Begehren entfachen, müssen Sie sich darüber klarwerden, ob Sie das ohne Reue ertragen können.

Die Affäre mit dem Skorpion aufrechterhalten

Normalerweise ist das kein Problem, solange Sie beide wirklich Interesse aneinander haben. Es ist eher ein Problem, sich den Skorpion vom Leib zu halten. Sie sollten damit rechnen, dass er alles so belassen möchte wie es ist. Das gilt vor allem für die heimlichen Treffen und die Weigerung, der Welt Einblick in sein Privatleben zu gewähren. Der Skorpion liebt die Undercover-Kommunikation, um mit Ihnen Kontakt aufzunehmen.

Den Skorpion-Liebhaber unterhalten

Der Skorpion macht unmissverständlich klar, wo seine Vorlieben liegen, und es ist unglaublich einfach, ihn zu unterhalten. Allerdings kann das bedeuten, dass Ihre eigenen Bedürfnisse auf der Strecke bleiben. Wenn Sie also für die Freizeitgestaltung sorgen, sollten Sie darauf achten, dass niemand zu kurz kommt. Sie spielt sich ohnehin im Privaten ab, denn er scheut die Öffentlichkeit. Intime Abendessen, die er Ihnen kocht, ersetzen Restaurantbesuche, und CDs sowie DVDs sind der Ersatz für Konzert- und Kinobesuche.

Die Affäre mit dem Skorpion beenden

Leider ist die Trennung oft genauso leidenschaftlich wie der Beginn der Affäre. Sie ist nicht unbedingt dramatisch, aber äußerst gefühlsgeladen und für beide Seiten schmerzhaft. Das Problem ist, dass sowohl die Affäre wie auch die Trennung Narben hinterlassen kann, die nur langsam verheilen. Das wiederum verfinstert Ihre künftigen Affären oder Ihre Bereitschaft, je wieder eine einzugehen. Verbitterung ist die übliche Folge. Wenn Sie dagegen ankämpfen möchten, ist es wichtig, dass Sie die positiven Seiten nicht vergessen und sich nicht von den negativen Gefühlen einfangen lassen.

DER SKORPION-EX

Es ist nicht leicht, mit dem Skorpion-Ex auszukommen. Sein Bedürfnis, sich an Ihnen für vergangene Taten (vor allem für Kratzer an seinem gewaltigen Ego) zu rächen, ist legendär. Sie werden auf eine harte Probe gestellt und müssen überlegen, ob Sie sich defensiv verhalten oder lieber einen Gegenangriff starten. In jedem Fall aber müssen Sie sich eine Strategie zurechtlegen, am besten gemeinsam mit Ihrer Familie, einem Anwalt oder einem Freund. Diese Menschen können Druck auf den Skorpion ausüben, so dass er sich benimmt, und ihm deutlich machen, dass es vorteilhafter wäre, zu kooperieren und zu verhandeln.

Freundschaft mit dem Skorpion-Ex

Normalerweise ist nach der Trennung jede Art von Freundschaft ausgeschlossen; das Äußerste, womit Sie rechnen können, ist ein Ende der Feindseligkeiten und ein unsicherer Waffenstillstand. Leider vergibt und vergisst ein Skorpion so gut wie nie. Sobald Sie auch nur die kleinste Schwäche zeigen, reagiert er mit Verachtung und Bestrafung. Er handelt nach dem Motto: »Wie man sich bettet, so liegt man.« Mit anderen Worten: Von ihm können Sie keine Hilfe erwarten. Nur wenn noch finanzielle Dinge geregelt werden müssen, ist er gezwungen zu kooperieren.

Der Skorpion-Ex und Versöhnung

Eine Versöhnung ist nicht ratsam, denn nur allzu oft drängt es ihn, Sie zu verletzen, und wenn Sie wieder engen Kontakt mit ihm haben, wird das für ihn leichter. Außerdem mag es notwendig sein, dass Sie Abstand gewinnen möchten, um Ihr eigenes psychisches und emotionales Gleichgewicht wiederzufinden. Es spricht nichts dagegen, ab und an mit ihm über Ihre Beziehung zu sprechen. Hüten Sie sich aber vor Andeutungen, dass eine Versöhnung vielleicht ganz angenehm sein könnte. Da der Skorpion sehr charmant sein kann, müssen Sie hier sehr viel Selbstbeherrschung aufbringen.

Mit dem Skorpion-Ex über alte Probleme sprechen

Der Skorpion weiß sehr gut, was vorgefallen ist und braucht seiner Ansicht nach keine Erinnerung daran. Er empfindet das so, als würde Salz in eine Wunde gerieben. Zunächst rätselt er, welches Ziel Sie damit verfolgen, und dann argwöhnt er, dass er in Ihren Zukunftsplänen noch eine Rolle spielt. Falls Sie Erinnerungen aufwärmen und sich ungezwungen mit ihm darüber unterhalten oder scherzen wollen, sollten Sie vorsichtig sein, denn das funktioniert nur, wenn der Skorpion in der richtigen Stimmung ist.

Dem Skorpion-Ex seine Zuneigung zeigen

Auf Ihre Zuneigungsbeweise mag der Skorpion positiv reagieren, doch falls Sie eine eindeutig sexuelle Richtung einschlagen, könnte es sein, dass Sie schnell bedauern, damit angefangen zu haben. Vergessen Sie nicht, dass der Skorpion Sex als *sein* Hoheitsgebiet betrachtet und über alle Mittel verfügt, dies gegen Sie zu verwenden. Am besten verhalten Sie sich zurückhaltend, respektvoll und sachlich. Ab und zu eine sanftere Tonlage oder ein liebevoller Blick ist das Äußerste, das Sie sich erlauben sollten.

Die gegenwärtige Beziehung zum Skorpion-Ex definieren

Die Beziehung an sich sollten Sie mit ihm nicht debattieren, sondern nur Ihre persönliche Sichtweise darstellen, dabei ruhig und fair bleiben und ihn bitten, dasselbe zu tun. Sprechen Sie möglichst nur über Berufliches oder finanzielle Dinge sowie Familienangelegenheiten. Versuchen Sie nicht, ihn von der Familie fernzuhalten, sondern beziehen Sie ihn ein. Auf diese Weise erreichen Sie eine gewisse Stabilität und verhindern, dass die Emotionen überkochen. Manchmal kann auch ein gemeinsamer Freund als Mittler fungieren und helfen, die gegenwärtige Beziehung zu klären und schwierige Situationen zu entschärfen.

Gemeinsames Sorgerecht mit dem Skorpion-Ex

Sie sollten sich beide davor hüten, die Kinder als Waffen gegeneinander einzusetzen. Es ist vermutlich ohnehin am besten, wenn die Sorgerechtsfrage durch einen Rechtsbeistand oder vor Gericht geregelt wird. Die Kinder sollten niemals gezwungen werden, Partei zu ergreifen. Sie sind es vielleicht, die dafür sorgen, dass alles friedlich verläuft, und zur Lösung von Problemen beitragen, die sich zwischen den getrennten Eltern ergeben. Oft verstehen die Kinder wesentlich besser mit dem Skorpion umzugehen als der andere Elternteil.

SKORPION

23. Oktober–
21. November

STÄRKEN

wählerisch

amüsant

feierlustig

SCHWÄCHEN

reizbar

emotional labil

launisch

AUFTRETEN

kraftvoll

nachdenklich stimmend

defensiv

Freunde & Familie

DER SKORPION-FREUND

In der Wahl seiner Freunde ist der Skorpion sehr eigen, Sie sollten sich geehrt fühlen, wenn Sie zu den Auserwählten gehören. Freunde sind seine stille Reserve für die schönsten Momente. Die meiste Zeit über herrscht Funkstille, aber wenn er sich amüsieren will, ruft er sie an. Er ist ein wunderbarer Begleiter, aber seine Freundschaften finden oftmals nur zu seinen Bedingungen statt. Flexible Menschen kommen am besten mit ihm aus, denn sie passen sich seinen Stimmungen und seiner Gefühlslage schneller an.

Einen Skorpion-Freund um Hilfe bitten

Da der Skorpion nicht so schnell um Hilfe bittet, ist er davon überzeugt, dass auch Sie ihn nicht oft brauchen. In ernsten Situationen können Sie jedoch auf ihn zählen. In Notlagen bleibt er ruhig und rettet damit seinen Freunden mitunter das Leben, manchmal sogar im wahrsten Sinne des Wortes. Sobald er in Ihrer Stimme einen ernsten Unterton vernimmt, eilt er Ihnen zu Hilfe und greift notfalls auch diejenigen an, die Sie bedrohen. Sie sollten sich deshalb genau darüber im Klaren sein, was auf Sie zukommt, bevor Sie diese Maschinerie in Gang setzen.

Mit dem Skorpion-Freund kommunizieren und in Kontakt bleiben

Der Skorpion-Freund ist pflegeleicht. Auch nach langen kontaktlosen Phasen freut er sich im Allgemeinen sehr, von Ihnen zu hören. Da er Ihre Aufmerksamkeit aber im Grunde gar nicht braucht, sollten Sie ihn auch nicht ständig mit Anrufen behelligen. Meist irritiert ihn das und stört seine Ruhe. Wenn es irgendetwas gibt, das er Ihnen mitteilen möchte, meldet er sich. Zwar ist der Skorpion meist verschlossen und introvertiert, aber trotzdem ein kommunikativer Mensch, der anderen seine nachdenklich stimmenden Gedanken in wenigen Worten nahebringt.

Vom Skorpion-Freund Geld borgen

In vielerlei Hinsicht ist er heikel, aber wenn es darum geht, sein Geld mit nahestehenden Menschen zu teilen, ist er erstaunlich freigebig. Er hasst Geiz und Kleinkrämerei und bezahlt ein gemeinsames Abendessen lieber selbst, als alles umständlich auseinanderzuklamüsern. Er geht übrigens davon aus, dass Sie ihm ebenfalls aushelfen, wenn er darauf angewiesen ist, und bittet bisweilen wie nebenbei darum. Der Skorpion kann gut mit Geld umgehen; er verdient gut, legt es gut an und gibt es gut aus.

Den Skorpion-Freund um Rat fragen

Der Skorpion will über ihr Problem erst nachdenken, bevor er Ihnen einen Rat gibt. Mit seiner überlegten Art ist er nicht dafür geschaffen, schnelle und oberflächliche Ratschläge zu erteilen. Sie sollten ihn auch nicht daran erinnern, er kommt auf Sie zu, wenn er eine befriedigende Antwort gefunden hat. Er sieht sich selbst als geerdeten Menschen mit einem fundierten Wissen über die menschliche Psyche, aber auch darüber, wie die Welt funktioniert. Dennoch sollten Sie seinen Rat nicht blind befolgen, denn er könnte sich auch als kontraproduktiv erweisen.

Einen Skorpion-Freund besuchen

Der Skorpion bekommt gern Besuch von seinen Freunden. Normalerweise gibt es vieles, was er mit Ihnen gemeinsam hat, neben allerlei Gesprächsthemen selbstverständlich genussvoll essen und trinken. Regelmäßig mit dem Skorpion essen zu gehen, kann sehr viel Spaß machen, aber teuer werden, denn er hat einen guten Geschmack und einen hohen Qualitätsanspruch. Er kommt zwar hin und wieder auch zu Ihnen, aber in seinen eigenen vier Wänden fühlt er sich wohler. Dass Sie sich dort ebenfalls wohlfühlen, ist für ihn von höchster Wichtigkeit.

Feste und Freizeit mit dem Skorpion-Freund

Für den Skorpion sind Feiern und gemeinsame Unternehmungen besondere Anlässe, die man sich nicht jeden Tag gönnt. Er schwelgt in Vorfreude, und wenn er ein Sportereignis, ein Konzert oder eine Show besucht, will er Karten für die besten Plätze und geht davon aus, dass Sie dasselbe möchten. Er ist meist sehr sachkundig und teilt sein Wissen gerne mit, so dass er dabei häufig die Rolle des Fremdenführers übernimmt. Wenn Sie ihn begleiten, ist es unerlässlich, dass Sie ihm die Führung überlassen und seine Begeisterung teilen.

DER SKORPION-MITBEWOHNER

Die Privatsphäre steht für den Skorpion an erster Stelle. Das gilt nicht nur für sein eigenes Zimmer, mitunter betrachtet er Ihre gesamte WG als seinen privaten Rückzugsort, in dem Sie nur der niedrigeren Mietkosten wegen wohnen. Gemeinschaft ist damit nur schwer vereinbar. Außerdem neigt der Skorpion dazu, seine Umgebung zu kontrollieren, zu besonders empfindlichen Zeiten mischt er

STÄRKEN

fürsorglich
unterstützend
engagiert

SCHWÄCHEN

zurückgezogen
unkommunikativ
verschlossen

AUFTRETEN

zurückhaltend
introvertiert
beherrschend

sich in Ihren Medienkonsum ein: Er besteht darauf, dass die Anlage oder der Fernseher leiser gestellt werden. Oder er verlangt, dass Sie aufhören, ihn vollzuquasseln und ihn in Ruhe lassen. Als notorischer Morgenmuffel braucht er erst mal einen Kaffee, um in die Gänge zu kommen.

Mit dem Skorpion-Mitbewohner finanzielle Verantwortung teilen

Es ist schwierig, den Skorpion auf seinen Anteil an den Kosten anzusprechen, selbst wenn er genug Geld hat. Am schwierigsten ist es, ihn zum Reden zu bringen oder Ihre Fragen zu beantworten. Das Problem ist, dass der Skorpion nur dann etwas macht, wenn er wirklich dazu bereit ist. Er hasst es, zu etwas gedrängt zu werden. Wenn er gute Laune hat, legt er seinen Anteil einfach in bar an einen abgesprochenen Ort und überlässt es Ihnen, wofür Sie ihn verwenden. Abgesehen von einer kurzen Bemerkung, dass er bezahlt habe, werden Sie nichts mehr dazu hören.

Der Skorpion-Mitbewohner und das Putzen

Der Skorpion ist nicht gerade für sein großes Interesse am Putzen bekannt, obwohl er in dieser Hinsicht eigentlich sehr tüchtig ist. Er erklärt sich oft bereit, beim Putzen der gemeinsamen Räume zu helfen, schreckt aber davor zurück, sein eigenes Zimmer etwas vorzeigbarer zu machen. Sein Zimmer ist sein privater Schlupfwinkel, wo Sie nicht willkommen sind, und er mag es gar nicht, wenn seine Privatgemächer kontrolliert werden. Sie werden sich einfach damit abfinden müssen, dass seine Tür geschlossen ist, egal, ob er zu Hause ist oder nicht.

Der Skorpion-Mitbewohner und Besuch

Der Skorpion hat nicht oft Übernachtungsbesuch, aber es gibt Zeiten, da möchte er gerne, dass sein bester Freund oder ein Familienmitglied bei ihm übernachtet. Er geht übrigens davon aus, dass diese Besucher jederzeit willkommen sind und Sie für deren Wohlergehen sorgen. Gehen Sie in dieser Zeit bloß nicht in sein Zimmer, denn bei Menschen, die ihm »gehören«, ist er sehr besitzergreifend. Der Skorpion nimmt sich die Freiheit, gelegentlich Übernachtungsbesuch einzuladen oder ein Date mitzubringen, ohne Ihnen im Gegenzug das Gleiche zuzugestehen.

Der Skorpion-Mitbewohner und Partys

Der Skorpion ist zwar kein besonders geselliger Typ, aber trotzdem macht es ihm Spaß, hin und wieder eine Party zu geben. Manchmal lässt er Sie mitorganisieren und gesteht Ihnen ein Mitspracherecht bei der Gästeliste zu. Er wird aber sauer, wenn Ihr Sozialleben allzu aktiv ist, und macht Ihnen deutlich klar, dass er seine Privatsphäre benötigt. Mit grimmigem Gesicht und Türenschlagen trägt ein genervter Skorpion nicht zur guten Laune bei. Sie sollten deshalb Verständnis für sein Rückzugsbedürfnis haben und ihm nicht das Gefühl vermitteln, auf einem Bahnhof zu leben.

Der Skorpion-Mitbewohner und die Privatsphäre

Eigenartigerweise besteht der Skorpion häufig gar nicht auf seiner Privatsphäre, wenn Sie beide alleine sind und sich gut verstehen. Das ist übrigens ein sicherer Indikator dafür, dass Sie ihm so nahestehen, dass er Sie nicht als Eindringling empfindet. Die Tatsache, dass er Sie beide als Einheit betrachtet, ist für einen derart zurückgezogenen Menschen ein Kompliment, das sich aber als doppelbödig herausstellen und ein Anzeichen dafür sein kann, dass er Sie besitzen und kontrollieren will. Das kann so weit gehen, dass Sie Ihre Privatsphäre ihm gegenüber schützen müssen, was er Ihnen jedoch manchmal nicht gern zugesteht.

Mit dem Skorpion-Mitbewohner Probleme besprechen

Man kann mit dem Skorpion sehr gut persönliche Gespräche führen. Sie sind häufig hilfreich, nicht nur durch den Rat, den er erteilt, sondern auch als Zeichen Ihrer beiderseitigen Verbundenheit. Er selbst kommt kaum wegen eines Problems zu Ihnen (sofern es nicht mit Ihnen zu tun hat), aber er kann gut zuhören, wenn jemand in Schwierigkeiten steckt. Im Hinblick auf Aufgabenverteilungen, Finanzen und Übernachtungsbesuch sind Gespräche und Diskussionen schwierig. Selbst wenn Sie sich zu einem offenen Gespräch verabredet haben, kann es passieren, dass er entweder viel zu spät kommt oder sich gar nicht blicken lässt.

DER SKORPION-ELTERNTEIL

Der Skorpion erzieht seine Kinder nach sehr strengen Maßstäben. Er hat genaue Vorstellungen von Erziehung, die er ohne Abweichung kompromisslos anwendet. Er ist seinen Kindern gegenüber äußerst direkt und besteht darauf, dass Hausaufgaben sowie kleine Pflichten ohne Murren erledigt werden und bei familiären Verpflichtungen alle anwesend sind. Der Skorpion ist sehr stolz auf seine Kinder und möchte, dass sie immer und überall einen guten Eindruck machen. Er betrachtet das Verhalten seiner Kinder als Spiegel seiner erzieherischen Fähigkeiten, und da ist ihm sein guter Ruf wichtig. Aufgrund seines hohen Anspruchs ist es in der Regel besser, wenn nur ein Elternteil ein Skorpion ist.

Der Erziehungsstil von Skorpion-Elternteilen

Der Skorpion kann sehr streng sein. Er macht seinen Kindern unmissverständlich klar, dass er es vorziehen würde, sie nicht zu bestrafen. Er stellt es ihnen frei, sich entweder an die Regeln zu halten und nicht bestraft zu werden oder andernfalls eine Strafe in Kauf zu nehmen. Ohne weitere Vorwarnung wird dann aus einem großen Arsenal von Bestrafungsmethoden ausgewählt, von Hausarrest über finstere Blicke bis hin zum Klaps auf den Hintern oder knappen Befehlen. Bei schwereren Vergehen werden komplexere und längerfristige Strafen verhängt, die das zugrundeliegende Problem korrigieren sollen.

STÄRKEN

fürsorglich
Rat gebend
ermunternd

SCHWÄCHEN

übermäßig fürsorglich
herrschsüchtig
unflexibel

AUFTRETEN

nachdrücklich
anspruchsvoll
stolz

Skorpion-Elternteile und Zuneigung

Der Skorpion kann seinen Kindern gegenüber sehr zärtlich sein, doch meist nur, wenn diese sich auch entsprechend benehmen. Er geht sehr polarisierend damit um und setzt Zuneigung als Belohnung ebenso ein wie Strafe als erzieherische Maßnahme. Eine scherzhafte Drohung oder vorgetäuschten Ärger benutzt der Skorpion, um seine Zuneigung zu zeigen. Wenn der Blick des Skorpions sich verfinstert, wissen die Kinder sofort, ob ein Donnerwetter oder Gelächter folgt.

Skorpion-Elternteile und Geld

Geld ist dem Skorpion sehr wichtig, und deshalb nimmt er sich Zeit, seinen Kindern den richtigen Umgang damit zu erklären. Er ist häufig etwas knickerig, deshalb fällt auch das Taschengeld nicht besonders großzügig aus. Er vertritt die Meinung, die Kinder könnten sich durch kleine Jobs im Haushalt oder durch Babysitten, Zeitungenaustragen, Gartenarbeiten und Ähnliches das Taschengeld aufbessern. Manchmal hält er sie auch dazu an (oder verlangt es sogar), das Geld auf ein Konto einzuzahlen, damit sie sich später etwas leisten können.

Skorpion-Elternteile und Krisen

In Krisensituationen steht der Skorpion immer hinter seinen Kindern. In Situationen, wo ein Kind aber definitiv einen Fehler begangen und jemand anderem wehgetan hat, muss es damit rechnen, dass er zu harten Ermahnungen und Strafen greift. Weil der Skorpion mit so großer Strenge reagiert, wird das Leben für alle Beteiligten angenehmer, wenn es so selten wie möglich zu solchen Krisen kommt. Falls die Krisensituation den Skorpion selbst trifft, geht er davon aus, dass die gesamte Familie mit Unterstützung und Verständnis reagiert, andernfalls bekommt sie später die Quittung dafür – in Form von Wutausbrüchen, Beschuldigungen und Ablehnung.

Festtage und Familientreffen mit Skorpion-Elternteilen

Je nachdem, wie stark er beruflich eingespannt ist, engagiert sich der Skorpion bei solchen Ereignissen mit Haut und Haaren oder überhaupt nicht. Er hat zwar Freude an Festtagen und Familientreffen, aber im Grunde haben sein Beruf, seine Arbeiten zu Hause und Verpflichtungen seinen Freunden gegenüber Vorrang. Manch ein Familienmitglied ist vielleicht verärgert oder beleidigt, wenn es erst an zweiter Stelle steht, aber der Skorpion betrachtet dies nicht als sein Problem. Wenn er sich entschließt, bei der Planung mitzumachen, ist sein Engagement hundertprozentig. Er ist manchmal kontrollierend und arrogant, aber stets kompetent.

Für alte Skorpion-Elternteile sorgen

Der alte Skorpion bittet seine Familie meist, ihm nur beim Notwendigsten zu helfen und ihm alles Übrige selbst zu überlassen. Sofern er über eine ausreichende Rente verfügt, reicht es, wenn man ihn beim Einkaufen und Putzen unterstützt. Wenn es ihm gesundheitlich schlechter geht, ist ihm in Fragen der Hygiene und

Krankengymnastik professionelle Hilfe lieber als seine Familie. Der Skorpion möchte seine Enkelkinder regelmäßig sehen und freut sich sehr, wenn sie bei Besuchen mitkommen. Ab und zu ist er bereit, Sie zu besuchen, allerdings nur dann, wenn Sie für seine Hin- und Rückfahrt sorgen.

DAS SKORPION-GESCHWISTER

Der Skorpion verschafft sich überall Gehör. Dafür würden schon seine ausgeprägten Vorlieben und Abneigungen reichen, aber gepaart mit aggressivem und kontrollierendem Charakter wird daraus eine Macht, an der kein Weg vorbeiführt. Er behält seine Ansprüche und Vorbehalte selten für sich, sondern teilt sie seinen Geschwistern stets mit. Seine Position in der Familie ist von größter Bedeutung. Ist der Skorpion der Älteste, neigt er dazu, seine Geschwister tyrannisch zu beherrschen, während er als jüngstes Kind ein geradezu sonniges Gemüt aufweist. Als Mittelkind leidet er besonders dann, wenn er zurückgewiesen oder ignoriert wird.

Rivalität und Nähe zum Skorpion-Geschwister

Vor allem, wenn er der Jüngere ist, entwickelt der Skorpion manchmal große Rivalität zu seinen Geschwistern. Nichts ist für ihn schwerer zu ertragen, als gegen Geschwister zu verlieren. Derartige Erfahrungen können dazu führen, dass er noch als Erwachsener bestrebt ist, an der Spitze zu stehen, koste es, was es wolle. Andererseits kann der Skorpion auch eine sehr enge Beziehung zu seinen Geschwistern knüpfen, die bis ins Erwachsenenleben hinein besteht. Daraus resultiert häufig ein interessantes Mischverhältnis aus Rivalität und Nähe.

Das Skorpion-Geschwister und alte Probleme

Der Skorpion hat ein gutes Gedächtnis. Das kann ihm in psychologischer Hinsicht einige Probleme bereiten, da er weder vergeben noch vergessen kann. Zwar kann man alte Angelegenheiten ansprechen, doch die eigentliche Schwierigkeit besteht darin, dass er lernen muss, mit den in seinem Gedächtnis abgespeicherten Ereignissen umzugehen. Wenn er das nicht alleine schafft, dann vielleicht mit Hilfe eines Psychologen. Schon der Wunsch, solche Vorkommnisse hinter sich zu lassen, ist für ihn ein positiver Schritt. Sobald er den gemacht hat, können Sie langsam und behutsam die Probleme ad acta legen. Das kann als großer Triumph im Leben eines Skorpions verbucht werden.

Mit einem entfremdeten Skorpion-Geschwister umgehen

An einen Skorpion, der sich von der Familie entfremdet hat, ist nur schwer heranzukommen. Sie müssen immer wieder behutsame Versuche starten, denn wenn Sie ihn zu oft behelligen, ist er verärgert, oder es verstärkt seine Weigerung, zu reagieren. Mit einer sanften Hartnäckigkeit unter Berücksichtigung seiner Gefühle können Sie ihn schließlich aufs richtige Gleis bringen. Untergründig verspürt der Skorpion häufig ein unausgesprochenes Verlangen, seine Geschwis-

---

STÄRKEN

stark
individualistisch
achtsam

SCHWÄCHEN

leidend
nachtragend
aggressiv

AUFTRETEN

überwachend
unverblümt
anspruchsvoll

SKORPION

ter wirklich zu lieben, von ihnen geliebt zu werden und in den Schoß der Familie zurückzukehren (selbst wenn er das nie im Leben zugeben würde).

Geldangelegenheiten und das Skorpion-Geschwister

Der Skorpion verlangt in der Regel nicht mehr als das, was ihm seiner Meinung nach rechtmäßig zusteht. Wenn er unfair oder unehrlich behandelt wird, geht er zum Angriff über und überlässt dem Feind aus der eigenen Familie keinen Meter Boden. Abgesehen von dem Bedürfnis, fair behandelt zu werden, wendet er seine moralischen Wertvorstellungen auch auf andere Familienmitglieder an, deren Rechte missachtet wurden, und springt für sie in die Bresche. Da er in solchen Dingen nicht so schnell aufgibt, können sich Erbschaftsstreitigkeiten jahrelang hinziehen. Grundsätzlich kann man sagen, dass der Skorpion seinen Geschwistern falls nötig immer finanziell aushilft.

Familienfeste und Jubiläen mit dem Skorpion-Geschwister

Der Skorpion nimmt gern an Familientreffen und -feierlichkeiten teil. Wenn es sein voller Terminplan erlaubt, verbringt er mit seinen Geschwistern auch gern die Feiertage, besonders dann, wenn sich deren Kinder mit seinen eigenen gut vertragen. Er fühlt sich geborgen und scheut weder Kosten noch Mühen, um dafür zu sorgen, dass Feste und Feiertage ein Erfolg werden. Man kann ein derartiges Engagement regelmäßig von ihm erwarten, allerdings nicht häufiger als zwei- oder höchstens dreimal im Jahr.

Urlaub mit dem Skorpion-Geschwister

Der Skorpion fährt in der Regel lieber mit seinen Freunden in den Urlaub als mit seinen Geschwistern. Bei Ferien, die länger als zwei Wochen dauern, können alte Animositäten und Konflikte wieder an die Oberfläche kommen und zu größeren Verwerfungen führen. Geschwister sollten das bedenken und versuchen, sich in Bezug auf Urlaub auf nichts festlegen zu lassen. Bei Fahrten, die nur wenige Tage dauern und nicht allzu regelmäßig stattfinden, wird jeder seinen Spaß haben, sofern jeglicher Streit vermieden wird, denn der kann allen gründlich die Laune verderben.

DAS SKORPION-KIND

Sofern er fair behandelt und nicht ausgenutzt wird, kann der kleine Skorpion der Sonnenschein der Familie sein. Er liebt seine Freunde mehr als alle anderen Menschen auf der Welt und teilt diese auch ohne Neid mit seinen Geschwistern. Die Eltern erleben den kleinen Skorpion als pflichtbewusst, achtsam, lebhaft und mitfühlend. Häufig übernimmt er die Führungsrolle, wenn ein Elternteil abwesend ist, oder wird zur treibenden Kraft, die für ein Zusammengehörigkeitsgefühl sorgt und die Eltern unterstützt. Nichts macht ihm mehr Spaß, als mit Erwachsenen und anderen Kindern herumzualbern.

Persönlichkeitsentwicklung beim Skorpion-Kind

Der kleine Skorpion zeigt häufig sehr früh gut entwickelte oder ausgeprägte Charakterzüge. Bereits im Alter von ein bis zwei Jahren treten diese zutage und bleiben ein Leben lang so bestehen. Seine Entwicklung zu beobachten, kann eine faszinierende Erfahrung sein, denn seine Gefühle sind sehr stark und die Feinheiten seiner psychologischen Entwicklungsphasen komplex. Für Lehrer, Eltern, andere Familienmitglieder und Freunde ist es eine echte Herausforderung, ein gutes Verhältnis zum Skorpion zu behalten. Sie müssen erst lernen, mit einer so starken Persönlichkeit umzugehen, um beim Versuch, ihn zu stoppen, keine Energie zu vergeuden.

Hobbys, Interessen und Berufspläne des Skorpion-Kindes

Der Skorpion interessiert sich häufig für Dinge, die Körper und Geist beanspruchen. Er sucht die Herausforderung, hat aber an üblichen Unternehmungen ebenso große Freude. Wenn ihm über längere Zeit einfache, sinnliche Freuden versagt bleiben, schlaucht ihn das und macht ihn unglücklich. Deshalb sollte er stets eine Belohnung in Form von Süßigkeiten, Lieblingsessen oder einem kleinen Geschenk bekommen. Ein geeigneter Berufsweg sollte für den Skorpion Herausforderungen bieten sowie eine angemessene Vergütung und eine angenehme Arbeitsatmosphäre.

Erziehung des Skorpion-Kindes

Der kleine Skorpion reagiert auf disziplinarische Maßnahmen von Lehrern, Eltern und anderen Familienmitgliedern überhaupt nicht positiv. Er weiß häufig sehr genau, was richtig und was falsch ist, so dass er das Gefühl hat, erzieherische Maßnahmen seien nicht notwendig. Es ist richtig, dass er sich selbst viel härter bestrafen kann, als jeder Erwachsene dies tun würde, und an den Fehlern, die er begangen hat, leidet er sehr, vor allem, wenn er andere verletzt oder unfair behandelt hat. Der kleine Skorpion kann Schmerzen, Beschuldigungen und Einsamkeit besser aushalten als die meisten anderen, selbst dann, wenn diese Strafen vollkommen unfair sind.

Das Skorpion-Kind und Zuneigung

Der Skorpion verteilt gerne Liebesbeweise und empfängt sie ebenso gern. Er ist aber wählerisch, und auch die Form, in der er seine Zuneigung ausdrückt, ist ungewöhnlich. Ein erwachsener Skorpion empfindet mitunter sogar für seine Gegner Zuneigung, ein Zug, der bereits in der Kindheit bei Wettkämpfen und Streitereien zutage tritt. Manchmal hat es damit zu tun, dass er diejenigen, die seiner starken Persönlichkeit standhalten, respektiert, so dass die Zuneigung, die er für seinen Widersacher empfindet, Ausdruck seines Respekts ist. Manchen Menschen gegenüber ist er zärtlich, zu anderen reserviert, denn der kleine Skorpion muss erst eine tiefergehende Beziehung aufbauen, bevor er Nähe akzeptiert.

STÄRKEN

charmant
pflichtbewusst
lebhaft

SCHWÄCHEN

schnell beleidigt
streitsüchtig
unglücklich

AUFTRETEN

unterstützend
hilfsbereit
motiviert

Das Skorpion-Kind und seine Beziehung zu Geschwistern

Wenn der Skorpion die Führungsrolle übernimmt, ist es wichtig, dass damit auch ein gewisser Respekt vonseiten der Eltern und Geschwister einhergeht. Mitunter geht seine Führung in der Familie aber so weit, dass er mit den Eltern wetteifert. Es mag nötig sein, dass die Eltern erzieherische Maßnahmen gegen den Skorpion ergreifen, weil dieser sich als Vertreter aller Geschwister fühlt. In diesem Fall muss der heranwachsende Skorpion bereits früh eine verantwortungsvolle und erwachsene Rolle übernehmen, was dazu führen kann, dass ihm eine unbeschwerte Kindheit versagt bleibt.

Das erwachsene Skorpion-Kind

Wie oben erwähnt, kann es vorkommen, dass ein Skorpion-Kind sehr früh erwachsen wird. Bereits als Teenager ist es sehr reif und behält die Charakterzüge, die sich dann entwickeln, noch als Erwachsener bei. In der Auseinandersetzung mit dem Skorpion-Kind stellen die Eltern häufig erstaunt fest, dass sie einem kleinen Erwachsenen gegenüberstehen, einem ebenbürtigen Gegner. Reife ist ein natürlicher Zustand für den Skorpion, denn sie passt zu seiner Ernsthaftigkeit, seiner großen Emotionalität und seiner realistischen Weltsicht.

Schütze

GEBURTSDATUM 22. NOVEMBER – 21. DEZEMBER

Der Schütze ist ein bewegliches Feuerzeichen, das unter dem Einfluss des optimistischen und aufgeschlossenen Planeten Jupiter steht. Der Schütze-Geborene hat meistens ein extrem positives Weltbild und ist davon überzeugt, dass alles im Leben möglich ist, solange man daran glaubt und sich dafür einsetzt. Er ist ein Idealist, der von Menschen, mit denen er zu tun hat, Moral und Ehrlichkeit erwartet. Er bewertet die Menschen vor allem nach ihren Beweggründen und weniger nach dem, was sie erreicht haben. Der Schütze ist ein geborener Beschützer der Schwächeren und der Held der Underdogs.

SCHÜTZE
22. November–
21. Dezember

STÄRKEN

intuitiv
stark
schnell

SCHWÄCHEN

unkommunikativ
vage
wenig einfühlsam

AUFTRETEN

unabhängig
individualistisch
impulsiv

Beruf

DER SCHÜTZE-CHEF

Wegen seiner großen Unabhängigkeit und seinem Individualismus eignet sich der Schütze nicht immer für die Rolle des Chefs, er neigt nämlich dazu, plötzlich und schlagartig eine eigene Richtung einzuschlagen. Und das unter Volldampf, so dass seine Angestellten Mühe haben mitzukommen. Hinzu kommt, dass er sich nicht immer ausreichend Zeit nimmt, ihnen all das klar darzulegen, was er denkt, und davon ausgeht, dass sich seine Aktionen selbst erklären. Er ist kein Teamplayer, sondern übernimmt das Kommando und folgt dann seinem Bauch, statt eine klare Strategie zu entwickeln und Pflichten sorgfältig zu verteilen.

Den Schütze-Chef um eine Gehaltserhöhung bitten

Der ergebnisorientierte Schütze-Chef interessiert sich vermutlich nicht besonders für Ihre Arbeitsweise und nimmt sich auch nicht die Zeit für Besprechungen. Es ist daher an Ihnen, den Chef anzusprechen und ihm Ihre Ansichten darzulegen. Halten Sie engen Kontakt zu seinem Sekretariat, um herauszufinden, wann in seinem turbulenten Zeitplan ein günstiger Moment ist. Vergeuden Sie die wertvolle Zeit Ihres Chefs nicht mit leerem Geschwätz, sondern erklären Sie Ihren Standpunkt klar und präzise. Zu einem späteren Zeitpunkt können Sie ihn dann um eine Gehaltserhöhung bitten, wenn Sie sich diese wirklich verdient haben.

Dem Schütze-Chef schlechte Nachrichten überbringen

Der Schütze neigt dazu, schnell an die Decke zu gehen, wenn er eine schlechte Nachricht hört. Versuchen Sie nicht, ihn zu beruhigen, sondern lassen Sie ihn seinem Ärger Luft machen. Er beschuldigt möglicherweise Sie oder will mit Ihnen die Sachlage diskutieren, um gemeinsam Entscheidungen zur Schadensbegrenzung zu treffen. Es kann sein, dass in solchen Krisensituationen eine Bindung zum Schütze-Chef entsteht und Sie als Überbringer der schlechten Nachrichten dennoch positive Ergebnisse erzielen können. Falls dieser Plan gelingt, wird der Schütze Sie in Zukunft häufiger befragen und vielleicht sogar Ihren Rat suchen.

Geschäftsreisen und Veranstaltungen
für den Schütze-Chef planen

Aufgrund seines dynamischen und rastlosen Naturells verbringt der Schütze-Chef viel Zeit auf Reisen, erwartet jedoch nicht, ständig umsorgt oder unterhalten zu werden. Er bleibt auch nicht lange an einem Ort, deshalb muss sein Zeitplan effizient ausgearbeitet werden. Der Schütze-Chef muss nur zum richtigen Zeitpunkt am richtigen Ort sein, um seine Blitze zu schleudern und dann zum nächsten Programmpunkt überzugehen. Er muss nicht komfortabel und bestimmt nicht luxuriös untergebracht sein. Denken Sie aber daran, dass er während der Fahrt und in seinem Hotel arbeiten möchte, und sorgen Sie für Lademöglichkeiten und schnellen Internetzugang.

Entscheidungen und der Schütze-Chef

Der Schütze-Chef ist für seine schnellen Entscheidungen bekannt. Manchmal bleibt er dabei, manchmal nicht. Eine Entscheidung ist für ihn nicht unbedingt bindend, sondern hat eher den Status eines Versuchs, der verändert oder verworfen werden kann, wenn es nicht funktioniert. Sie sollten sich daher nicht so sehr ärgern, wenn er eine Entscheidung trifft, die Sie für falsch halten, denn in ein paar Tagen, Wochen oder Monaten sieht er klarer und ändert seine Pläne so, dass sie den Ihren recht nahekommen. Argumentieren Sie nicht gegen den Schütze-Chef, sondern beweisen Sie Geduld. Abwarten und Tee trinken, lautet die Devise.

Den Schütze-Chef beeindrucken oder motivieren

Man kann den Schütze-Chef am besten dadurch beeindrucken, dass man *nicht* versucht, seine Aufmerksamkeit um jeden Preis zu erlangen, sondern indem man gute Ergebnisse erzielt. Wenn er sich für Ihre Arbeit interessiert, vor allem, wenn er nach den Methoden fragt, die Sie angewendet haben, sollten Sie ihm Ihre Herangehensweise genau erklären. Wenn er nämlich feststellt, dass Sie auf derselben Wellenlänge sind, bewertet er auch Ihre Fähigkeiten positiv und entscheidet vielleicht sogar, Sie mit einem Großprojekt zu betrauen, auf das all Ihre Kollegen bereits spekuliert haben.

Dem Schütze-Chef etwas vorschlagen oder präsentieren

Im Allgemeinen ist der Schütze-Chef kein geduldiger Mensch, deshalb sollten Sie Ihre schriftlichen wie mündlichen Ausarbeitungen knapp und präzise gestalten. Er ist vielleicht nicht einmal die ganze Zeit über dabei, eventuell kommt er zu spät, huscht um den Konferenztisch (setzt sich hoffentlich kurz) und schnappt auf dem Weg zur Tür ein paar Ihrer Worte auf. Vielleicht legen Sie für die kurze Zeit seiner Anwesenheit Ihren vorbereiteten Text beiseite und wenden sich mit Ihren Ausführungen besonders an ihn. Der Enthusiasmus und der Optimismus Ihrer Ausarbeitungen verfehlen ihre Wirkung auf ihn nicht.

STÄRKEN

vielseitig
fleißig
engagiert

SCHWÄCHEN

voreilig
rebellisch
seltsam

AUFTRETEN

lebhaft
schnell
aufmerksam

DER SCHÜTZE-ANGESTELLTE

Der Schütze arbeitet fleißig und mit Hingabe, aber Sie sollten ihn im Auge behalten, denn mitunter folgt er einem plötzlichen Impuls und sprintet in eine ganz eigene Richtung. Häufig bleibt er seinem Team oder seiner Firma so lange treu, bis er genug Erfahrung gesammelt hat, um auf eigenen Füßen zu stehen. Die Ereignisse, die schließlich zu seinem unvermeidlichen Abgang führen, sind ungeplant und nicht von ihm in Gang gesetzt worden. Das Schicksal schlägt zu und versetzt ihm den notwendigen Schub, seinen Weg zu gehen. Der Schütze ist ein guter Springer und kann zeitweise sogar seinen Teamleiter vertreten.

Das Einstellungsgespräch mit dem Schütze-Bewerber

Den Schützen muss man nehmen, wie er ist, denn keine Erklärung oder Anweisung reicht aus, um sein individualistisches Temperament zu zügeln. Da er so vielseitig ist (was sein Lebenslauf oft auch verrät), ist er ein wertvoller Multitasker, der zeitlich begrenzte Zusatzaufgaben übernehmen kann. Obwohl er sich schnell langweilt, ist der Schütze durchaus in der Lage, über einen langen Zeitraum hinweg die gleichen Aufgaben gut zu erledigen. Das bedeutet aber auch, dass er noch sehr viel positiver reagiert, wenn Sie ihm einen Job anbieten können, der sowohl interessant als auch aufregend ist *und* seine Eigeninitiative verlangt.

Dem Schütze-Angestellten schlechte Nachrichten übermitteln oder kündigen

Da er optimistisch und positiv eingestellt ist, kann er Kritik und Anschuldigungen nicht gut vertragen. Wenn die schlechte Nachricht direkt mit seiner Arbeit zusammenhängt, macht ihn das unglücklich und niedergeschlagen. Falls der Fehler bei anderen lag, ist er sofort bereit, einzuspringen und die Sache zu korrigieren. Wird ihm unberechtigterweise gekündigt, besteht er darauf, die Angelegenheit mit seinem Chef auszudiskutieren. Der Schütze bemüht sich aktiv um ein gutes Zeugnis, das er beim nächsten Arbeitgeber vorweisen kann.

Geschäftsreisen und Veranstaltungen mit dem Schütze-Angestellten

Mit einem solchen Energiebündel mitzuhalten, kann ziemlich anstrengend sein, deshalb reist der Schütze am besten alleine, obwohl er gern Begleitung hat, jedenfalls so lange, wie er nicht zurück- oder aufgehalten wird. Der Schütze lässt sich gern von anderen unterhalten, aber da sein Geschmack in dieser Hinsicht sehr speziell ist, sollte man ihm die Auswahl des Zeitvertreibs überlassen. Er braucht beim Planen und Organisieren von Festen nur wenig Hilfe, doch seine Methoden sind häufig recht undurchsichtig.

Dem Schütze-Angestellten Aufgaben zuteilen

Achten Sie darauf, dass der Schütze Ihnen wirklich gut zuhört und versteht, was Sie von ihm erwarten. Ansonsten marschiert er aus dem Raum und macht alles so, wie er es möchte. Bestehen Sie darauf, dass er sich Ihre Vorgaben notiert (im

Extremfall sogar unterschreibt). Fordern Sie ihn auf, Ihre Ausführungen noch einmal zu wiederholen, damit Sie wissen, ob er wirklich zugehört hat. Gestehen Sie ihm in ein oder zwei Punkten Änderungen zu, denn langfristig fühlt er sich dann aufgrund seiner ungewöhnlichen, aber oft hilfreichen Vorschläge akzeptiert und geschätzt.

Den Schütze-Angestellten beeindrucken oder motivieren
In vielen Fällen ist der Schütze eher von dem beeindruckt, was Sie vorhaben, als von dem, was Sie erreicht haben, vor allem, wenn Letzteres nicht ganz zufriedenstellend war. Sein moralischer Ansatz ist Ausdruck seines klaren Denkens, seiner lauteren Motive und seiner Ehrlichkeit. Der Schütze schätzt es, nicht nur sich selbst, sondern auch anderen gegenüber ehrlich zu sein. Nichts enttäuscht ihn mehr als ein Chef, der sich selbst etwas vorgaukelt oder in einer Art Phantasiewelt lebt. Am meisten beeindrucken ihn Taten, die rasch und effizient ausgeführt wurden.

Den Schütze-Angestellten führen oder kritisieren
Beim Schützen ist ein geübter Umgang erforderlich, denn sonst erregt man schnell seinen Widerwillen oder Widerstand. Denken Sie daran, dass er meist eine sehr klare Vorstellung davon hat, was wie getan werden muss. Wenn Sie ihn ständig kritisieren und korrigieren, nimmt ihm das die Begeisterung und schmälert seine Leistung. Ein entmutigter, nicht ausreichend gewürdigter Schütze ist ein trauriger Anblick, und Sie werden es später möglicherweise bedauern, ihm nicht mit mehr Mitgefühl und Verständnis begegnet zu sein. Darüber hinaus verlieren Sie vielleicht einen wertvollen Verbündeten oder Helfer, der Sie in Zeiten der Not unterstützt hätte.

DER SCHÜTZE-KOLLEGE

Der Schütze-Kollege ist zwar nicht immer glücklich damit, in bestimmten Unternehmensstrukturen zu arbeiten, aber den Kollegen gegenüber ist er eigentlich immer freundlich und kooperativ. Mit einem netten Wort und einem Lächeln kann man bei ihm immer rechnen. Sein Optimismus ist unverkennbar, aber wenn es ihm wirklich dreckig geht, zeigt sich das auch äußerlich. Er ist fleißig, und seine Kollegen können sich darauf verlassen, dass man in schwierigen Situationen auf ihn zählen kann. Sein erster Impuls ist es jedoch, Probleme alleine zu lösen, statt in Rettungsaktionen Teamgeist zu beweisen.

Den Schütze-Kollegen um Rat fragen
Der Schütze verbringt viel Zeit damit, sich über Dinge Gedanken zu machen. Er denkt daher immer noch ein wenig über das nach, was Sie gesagt haben, und erteilt Ihnen einen Rat, wenn er ausreichend Zeit dafür gehabt hat. Er gibt einem Sachverhalt häufig eine andere Wendung, denn er hat eine gänzlich andere Sichtweise als die meisten Leute. Eine positive Richtungsänderung hilft

STÄRKEN

hilfsbereit
freundlich
optimistisch

SCHWÄCHEN

impulsiv
frustriert
schlampig

AUFTRETEN

durchschaubar
direkt
entgegenkommend

Ihnen, Mut und Hoffnung zu schöpfen, eine negative soll Sie vor Selbstbetrug und falschem Optimismus schützen. Bitten Sie den Schützen nicht um seinen Rat, wenn Sie nicht bereit sind, der Wahrheit ins Auge zu sehen, denn die steht bei ihm an erster Stelle.

Den Schütze-Kollegen um Hilfe bitten

Der Schütze lässt seinen Worten immer Taten folgen. Er handelt schnell und ist bereit, sich für Sie einzusetzen, wenn er das Gefühl hat, dass Sie unfair behandelt werden oder er Sie als Freund betrachtet. Er verteidigt die Außenseiter und hat kein Problem damit, an Ihrer Seite gegen immense Widerstände zu kämpfen. Seine unerschöpfliche Energie kann Ihnen Auftrieb geben, und ein so treuer Kollege an der Seite verleiht Ihnen mehr Kraft zum Kämpfen. Sobald die Probleme gelöst sind, zieht er sich zurück, denn er will Sie nicht kontrollieren oder beeinflussen.

Geschäftsreisen und Veranstaltungen mit dem Schütze-Kollegen

Sofern Sie sich ohnehin gut verstehen, kann es sehr viel Spaß machen, mit ihm zu reisen. Seinen Lieblingskollegen gegenüber ist er extrem freundlich und aufgeschlossen, deshalb kann seine freundliche und positive Art jede Reise und jede Veranstaltung zu einem unvergesslichen Erlebnis machen. Er ist eine angenehme Reisebegleitung, der Sie machen lässt und keine übermäßig hohen Ansprüche stellt. Wenn Sie sich vor der Reise noch nicht sehr gut kannten, sind Sie danach wahrscheinlich gute Freunde. Es dauert allerdings eine Weile, bis Sie sich an seine interessante, aber eigenartige Art zu denken und zu handeln gewöhnt haben.

Die Zusammenarbeit mit dem Schütze-Kollegen

Zwar verhält er sich größtenteils recht kooperativ, aber sein ausgeprägter Individualismus und seine impulsive Art führen häufig dazu, dass er Unternehmenskonventionen bricht und die üblichen Wege verlässt. Mit anderen Worten: Bis irgendwo eine Arbeitsgruppe für ein bestimmtes Problem zusammengestellt worden ist, hat sich der Schütze bereits ein Bild gemacht und das Problem aus der Welt geschafft. Schützen fällt es häufig schwer, sich in Teams mit einer kleineren Rolle zufriedenzugeben, vor allem wenn er genau weiß, wie er das Problem lösen könnte. Teamgeist muss er erst erlernen, aber er passt sich schnell an.

Den Schütze-Kollegen beeindrucken oder motivieren

Wenn der Schütze an ein Projekt glaubt, ist er hoch motiviert und gibt sein Bestes. Wenn er jedoch Zweifel hat, verschwendet er nicht allzu viel Energie darauf und verzögert mit seiner kritischen Haltung viele Arbeiten. Gerade im Umgang mit einem aufsässigen Schützen ist Motivation wichtig, denn seinen Hang zur Dickschädeligkeit können Sie bremsen, indem Sie ihn mit Logik und erfolgreichen Methoden beeindrucken. Er betrachtet Ihre Motive jedoch immer mit einer gewissen Skepsis, und das Gefühl, Sie seien trotz Ihres Erfolgs nicht ehrlich zu ihm, macht ihm zu schaffen.

Den Schütze-Kollegen überzeugen oder kritisieren

Mit konstruktiver Kritik kann er gut umgehen, wenn diese hilft, ein Problem zu lösen. Guten Tipps gegenüber ist er stets offen, probiert aber selbst aus, ob sie funktionieren. Überzeugen können Sie ihn am ehesten, wenn Sie wissen, wann und wie Sie ihn ansprechen müssen. Wird er gedrängt oder soll er auf Befehl zuhören, weigert er sich halsstarrig. Der beste Moment ist häufig dann, wenn er nicht voll konzentriert arbeitet, also in der Kaffeepause oder beim zwanglosen Treffen nach Feierabend. Sobald er entspannt ist, ist er eher bereit, sich überzeugen zu lassen oder einen anderen Standpunkt anzuhören.

DER SCHÜTZE-KUNDE

Der Schütze-Kunde ist extrem ergebnisorientiert, wie das Ergebnis zustande kommt, interessiert ihn nicht. Jeglicher Schnickschnack, alle Vergünstigungen, die Sie ihm anbieten, um ihn als Kunden zu gewinnen, sowie alle Geschenke betrachtet er mit Argwohn. Das ist auch der Grund, warum er durchsichtige Versprechungen und Garantien ablehnt. Reden beide Klartext, bahnen sich sein Optimismus und Idealismus stets den Weg. Der Schütze zieht eine positive Einstellung immer einer negativen oder ängstlichen vor, alles andere ist ihm egal.

Den Schütze-Kunden beeindrucken

Sie beeindrucken ihn, wenn Sie das ganze Ausmaß seines Projekts erfassen. Trivialität, Kleinlichkeit und Pingeligkeit sind ihm zuwider, denn das große Ganze ist ihm wichtig. Verstricken Sie sich immer wieder in Kleinigkeiten und verlangsamen damit das gesamte Projekt, macht ihn das furchtbar ungeduldig. Sie sollten aber auch nicht kopflos drauflosstürmen, denn trotz seiner positiven Denkweise drängt er Sie nicht, wichtige Entscheidungen überstürzt zu treffen oder Ihren kritischen Blick auszuschalten. Der Schütze weiß, dass hinter jeder Ecke eine Gefahr lauern kann, und ist davon überzeugt, dass man sich dagegen wappnen muss.

Dem Schütze-Kunden etwas verkaufen

Versuchen Sie nicht, dem Schützen etwas zu verkaufen, nur um Ihre Produkte oder Dienstleistungen an den Mann zu bringen. Er will lediglich, dass seine Wünsche mit so wenig Aufwand wie möglich erfüllt werden. Vor allem aber verlangt er von Ihnen Ehrlichkeit. Er lässt sich häufig auch bestätigen, dass Sie moralisch integer handeln, die Gesetze achten und sich korrekt verhalten. Sein guter Name und Ruf sind ihm wichtig, und er möchte beides nicht in Misskredit bringen, nur weil er mit Ihnen geschäftliche Beziehungen pflegt.

Der Schütze-Kunde und Ihr Äußeres

Ihr Aussehen ist ihm nicht halb so wichtig wie sein eigenes. Er weiß sehr genau, wie er aussieht und welchen Eindruck er macht, deshalb möchte er, dass sein Ge-

---

STÄRKEN

positiv
idealistisch
natürlich

SCHWÄCHEN

argwöhnisch
unnachgiebig
unrealistisch

AUFTRETEN

geradeheraus
ehrlich
locker

schmack bei der Kleidung und seine zeitgemäßen Einstellung anerkannt werden. Versuchen Sie auf gar keinen Fall, ihn mit teuren Outfits oder prätentiösem Gebaren zu beeindrucken. Meist tritt er ganz natürlich und locker auf. Fehlt Ihnen alles Elitäre oder Steife und herrscht auf beiden Seiten Natürlichkeit vor, dann ist das schon die halbe Miete.

Das Interesse des Schütze-Kunden wachhalten

Der Schütze hat häufig eine Schwäche für technische Details, für Rätsel, Wortspiele und Witze oder Reime. Aufgrund seines Individualismus (und weil er diesen auch bei anderen schätzt) begrüßt er es, wenn Sie Sachverhalte unkonventionell darstellen. Auch Dinge, die auf unübliche Art und Weise erfolgreich sind, heißt er gut. Sobald er von Ihrer Arbeitsweise begeistert ist, ist er schneller bereit, finanzielle Verpflichtungen einzugehen, die Ihr Projekt sichern und Profite bringen. Vermeiden Sie traurige Themen oder solche, die ihn aus der Fassung bringen.

Dem Schütze-Kunden schlechte Nachrichten überbringen

Er will keine schlechten Nachrichten hören. Sein natürlicher Optimismus und Idealismus verträgt Misserfolge sehr schlecht, denn dann sieht er seine Träume platzen. Da er hart im Nehmen ist, zieht er vielleicht einen Plan B aus der Tasche oder schlägt einen ganz neuen Weg vor, um das Ganze doch noch zum Erfolg zu führen. Möglicherweise können Sie ihn davon überzeugen, die Ausgaben zu reduzieren und ein Projekt auf eine vernünftige Größe zurückzufahren. Mitunter versteht er dann, dass sein großartiger Plan auf Eis gelegt wird. Im Allgemeinen fällt der Schütze immer auf die Füße und überlebt auch die größten Katastrophen.

Den Schütze-Kunden unterhalten

Der Schütze arbeitet und feiert viel. Während der Arbeitszeit gönnt er sich kein Vergnügen, aber danach ist er für gutes Essen, guten Wein, ein gutes Gespräch, einen langen Spaziergang oder sportliche Aktivitäten immer zu haben. Versuchen Sie nicht, sich sein Interesse an Ihrer Firma mit Unterhaltungsprogrammen zu erkaufen. Eine solche Behandlung ist ihm eher peinlich und er findet sie unmoralisch. Ihre Persönlichkeit, Ihre Ideen und Ihre Firma sind ihm Vergnügung genug, in dieser Hinsicht ist er also ein sehr preiswerter Kunde.

DER SCHÜTZE-GESCHÄFTSPARTNER

Um mit dem Schützen eine funktionierende geschäftliche Partnerschaft einzugehen, ist es wichtig, dass Sie sich auf persönlicher Ebene gut verstehen. Der Schütze möchte, dass alles leicht sowie stressfrei funktioniert, und schätzt den täglichen Kontakt mit Ihnen. Wie eine Ehe kann diese Partnerschaft viel Freude bereiten, aber auch eine Herausforderung sein. Der Schütze besteht auf ehrenhaften und ehrlichen Absichten, egal wie widrig die Umstände sind. Sie können ihm stets Ihr Herz ausschütten, obwohl das gar nicht notwendig ist, wenn es auf sachlicher wie direkter Ebene gut läuft.

Einen Schützen zum Geschäftspartner machen

Alles sollte offen dargelegt und gründlich besprochen werden, Mehrdeutigkeit oder versteckte Absichten sollten Sie vermeiden. Das verschafft Ihnen einen guten Start und gibt Ihnen klare Anhaltspunkte, an denen Sie sich in Zukunft orientieren können. Ein weiterer Grund ist, dass der Schütze gerne seine Meinung ändert, ohne sich dessen bewusst zu sein. Gleichzeitig besteht er darauf, dass Sie sich an Ihre ursprünglichen Versprechen halten. Aus diesem Grunde sollte ein Anwalt einen verbindlichen Vertrag aufsetzen, der von beiden Seiten unterschrieben wird.

Aufgabenverteilung mit dem Schütze-Geschäftspartner

Der Schütze ist sehr vielseitig, neigt aber zur Oberflächlichkeit, da er sich zu viele Dinge gleichzeitig aufhalst. Es kann notwendig sein, seine zuweilen irrlichternde Energie in Bahnen zu lenken und zu strukturieren. Wenn Ihnen das gelingt, verwendet er seine schier unendlichen Energiereserven für jede Aufgabe, die es zu erledigen gilt. Da er sich aber schnell langweilt, sollten Sie darauf achten, dass sein Aufgabenbereich interessant und abwechslungsreich ist. Es gehört zu seinen Spezialitäten, über den Tellerrand hinauszusehen, aber seinen eher unrealistischen Tendenzen müssen Sie Grenzen setzen.

Geschäftsreisen und Veranstaltungen mit dem Schütze-Geschäftspartner

Obwohl er eine angenehmer Mitreisender ist, hängt er mit großer Liebe an der Heimatbasis, wo er sich seinen eigenen Arbeitsplatz geschaffen hat und sich wohl damit fühlt, diese Arbeit so gut wie möglich zu erledigen. Es ist am besten, wenn man ihn alleine reisen und sein Unterhaltungsprogramm selbst organisieren lässt, denn sein Geschmack ist sehr eigen. Er bricht höchstens einen Streit vom Zaun, wenn er gezwungen ist, Dinge auf andere Weise zu tun, als er es gewohnt ist. Der Schütze muss den Freiraum haben, eigene Entscheidungen zu treffen, vor allem die, aus der Tür zu treten und sich ins Auto zu setzen, wenn ihm danach ist.

Den Schütze-Geschäftspartner lenken und führen

Selbst wenn es schwierig ist, so kann man den Schützen doch auf ganz subtile Weise führen und lenken, indem man ihm zwar die großen Entscheidungen überlässt, aber im richtigen Moment da ist, um ihm den entscheidenden Stups zu geben. Häufig reicht ein beiläufiger Kommentar bereits aus, denn das, was Sie gesagt haben, lässt er sich später noch einmal durch den Kopf gehen. Da er ein philosophischer Mensch ist, braucht der Schütze ausreichend Muße, um über Ihre Beobachtungen nachzudenken und seine einzigartigen Antworten zu formulieren, die in der Regel mit einer gänzlich neuen und leistungsfähigeren Herangehensweise verbunden sind.

STÄRKEN

ehrlich
ethisch
geradeheraus

SCHWÄCHEN

wertend
gestresst
aufgebracht

AUFTRETEN

offen
lebhaft
tüchtig

SCHÜTZE

Auf lange Sicht mit dem Schütze-Geschäftspartner auskommen

Langfristig besteht er darauf, dass Sie immer Ihre Versprechungen einhalten und sich voll und ganz auf die gemeinsame Arbeit konzentrieren. Sobald er auch nur den leisesten Verdacht hegt, dass Sie nachlassen oder sich zurückziehen, wird er nervös und aufgeregt. Dann lässt er bei Wutausbrüchen auch schon mal Anschuldigungen los. Alles, was er langfristig von einem Partner erwartet, ist, dass dieser ehrenhafte Absichten hat, sich der Firma widmet, Erfolge erzielt und seine Energieleistung sowie seine Führung konstant bleiben. Tagträumereien, unnötige Ansprüche und ständige Ausreden regen ihn dagegen auf.

Die Trennung vom Schütze-Geschäftspartner

Wenn der Schütze das Gefühl hat, Sie hätten unehrenhaft gehandelt, kann die Trennung sehr kompliziert werden. Bei der Aufteilung von Vermögenswerten und Besitz neigt er aber nicht zum Egoismus, denn er ist stolz auf seine Ehrlichkeit und Fairness. Falls Sie versuchen sollten, sich einen unfairen Anteil der Beute zu sichern, setzt er sich erbittert zur Wehr. Sind Schulden angefallen, besteht er darauf, dass diese bis auf den letzten Cent zurückgezahlt werden und Sie die Verantwortung gemeinsam tragen. Im Guten auseinanderzugehen ist nicht immer möglich, aber aus Sicht des Schützen immer erstrebenswert.

DER SCHÜTZE-KONKURRENT

Er kann Sie mit seiner schier unerschöpflichen Energie auslaugen. Um mit ihm mithalten zu können, müssen Sie stets wachsam sein. Da er häufig von mehreren Seiten gleichzeitig angreift, versucht er seinem Angebot einen Vorteil zu verschaffen und somit auch die Leistungen Ihres Unternehmens mit unterschiedlichen Methoden zu schmälern. Allerdings hat der Schütze nicht immer genügend Ausdauer, um das lange durchzuhalten. Er ist in seinen Launen wie in seinen Arbeitsweisen wankelmütig, ändert häufig den Schwerpunkt seiner Kampagne und zwingt dadurch auch Sie, auf mehr als nur ein Pferd zu setzen.

Gegen den Schütze-Konkurrenten antreten

Er scheint sich häufig mehr mit dem Planen und den Grundlagen zu beschäftigen als mit finanziellem Erfolg. Der Schütze legt ständig neue Ideen auf den Tisch, die nicht immer sinnvoll sind oder funktionieren. Der Prozentsatz seiner erfolgreichen Ideen ist zwar nicht hoch, aber effektiv und entmutigend. Das Schwierigste im Konkurrenzkampf gegen den Schützen ist, seinen plötzlichen Attacken standzuhalten. Bleiben Sie ruhig und reagieren Sie nicht auf jede einzelne seiner Offensiven, denn einige davon lässt er ohnehin bald fallen.

Den Schütze-Konkurrenten ausspielen

Die beste Methode ist, ihn bei der Verwirklichung seiner vielen Ideen Zeit, Geld und Energie vergeuden zu lassen. Sie selbst lehnen sich zurück und reagieren nur auf die wirklich guten Vorstellungen. So sollten Sie auch mit Ihren Bemühungen umgehen und sich auf einen oder zwei Bereiche konzentrieren, so dass Sie nur sporadisch schweres Geschütz auffahren müssen. Mit solchen Überraschungsangriffen zwingen Sie den Schützen in die Verteidigung. Diese Position ist ihm gar nicht angenehm und bringt ihm selten Erfolg.

Den Schütze-Konkurrenten persönlich beeindrucken

Für Betrug, Unehrlichkeit und Manipulationen hat der Schütze nur Verachtung übrig. In einem fairen Kampf kommt man mit ihm meist besser zurecht, als wenn Sie ihn mit unehrlichen Arbeitsweisen bereits wütend gemacht haben. Das Gleiche gilt auch für Ihr Auftreten, denn es sollte niemals provokativ sein. Häufig scheint sich der Schütze ausschließlich für das Siegen an sich und das Bewahren seiner Ideale zu interessieren, deshalb sollten Sie Boden gutmachen können, wenn es um die finanzielle Seite geht, und ihn immer wieder mit Ihrer praktischen, cleveren und wohlüberlegten Vorgehensweise beeindrucken.

Den Schütze-Konkurrenten über- oder unterbieten

Da sich der Schütze mit Begeisterung in eine Vielzahl von Aktionen stürzt, können Sie ihn sich an immer neuen Angeboten austoben lassen. Spielen Sie beim Kampf um mehr Kunden nicht mit und warten Sie am besten ab, wie er sich verzettelt und Verpflichtungen eingeht, die er gar nicht erfüllen kann. Wollen Sie ihn in einem Angebotskrieg besiegen, sollten Sie Ihr ganzes Engagement auf einige wenige Aktionen konzentrieren und ihn in einem Überraschungsmoment über- oder unterbieten. Das führt oft dazu, dass er sich zurückzieht und auf einem Gebiet angreift, das Ihnen ohnehin nicht besonders am Herzen liegt.

PR-Krieg gegen den Schütze-Konkurrenten

Versuchen Sie seine Kampagnen zu durchlöchern, indem Sie darlegen, wie unrealistisch seine Anpreisungen sind, da seine Produkte oder Dienstleistungen noch nicht ausgereift sind. Wenn Sie unterstreichen, wie wenig er sich in den letzten Jahren um seine Kunden gekümmert hat, kann das seine Versprechungen untergraben. Unterstreichen Sie die Zuverlässigkeit und Verlässlichkeit Ihres eigenen Unternehmens, zeigen Sie, dass Sie hinter Ihrem Produkt stehen und wie gut man sich auf Sie verlassen kann. Beweisen Sie anhand von Beispielen, wie sehr sich Ihre Firma in den letzten Jahren für ihre Kunden eingesetzt hat.

Der Schütze-Konkurrent und die persönliche Beziehung

Ein Wechsel von der geschäftlichen auf die persönliche Ebene kann den Schützen durchaus verunsichern. Da er auf dem Gebiet der zwischenmenschlichen Kommunikation nicht besonders versiert ist, können Sie ihn ausspielen, indem Sie zu Ihren Kunden eine persönliche Beziehung aufbauen. Sobald er Achtung vor Ihrer sozialen Kompetenz hat, verschanzt er sich hinter seiner Sachlichkeit und konzentriert sich darauf, immer neue Köder für die Kunden auszuwerfen. Am besten gehen Sie aufgeschlossen auf die anderen zu, denn ausschlaggebend ist eine lockere, menschliche Haltung. Der Schütze wird Schwierigkeiten haben, Ihre Methoden zu verstehen und ihnen etwas entgegenzusetzen.

SCHÜTZE

22. November –
21. Dezember

Liebe

STÄRKEN

charmant
humorvoll
aufmerksam

SCHWÄCHEN

provozierend
testend
launisch

AUFTRETEN

berührungsfreudig
anregend
dynamisch

RENDEZVOUS MIT DEM SCHÜTZEN

Der Schütze ist beim ersten Treffen vielleicht ein bisschen reserviert, aber sehr charmant. Er nimmt sich gern Zeit, Sie genau unter die Lupe zu nehmen, und es gehört zu seinen besonderen Stärken, seine Beobachtungen sowie Fragen mit Humor und einem Augenzwinkern zu würzen. Manchmal wird aus seinen Neckereien auch für Sie unangenehmer Ernst. Sind Sie dann eine Weile still, wechselt er das Thema. Er ist ständig in Bewegung, und Sie müssen fix sein, um mit ihm mithalten zu können. Plötzliche Meinungswechsel teilt er oft nur durch Gesten mit.

Wie man einen Schützen kennenlernt und anlockt

Der Schütze macht im Allgemeinen alles mit, deshalb ist es nicht besonders schwer, sein Interesse zu wecken. Ihn festzuhalten ist dagegen schon schwieriger. Da er von Natur aus wankelmütig ist und nur sehr ungern Verpflichtungen eingeht, ist eine gewisse Unsicherheit in der ersten Zeit der Beziehung vorprogrammiert. Sie können aber dafür sorgen, dass sich der Schütze stärker für Sie interessiert, wenn Sie sich mit einer geheimnisvollen Aura umgeben, denn er ist wie ein Detektiv, dem es Spaß macht, Geheimnisse ans Licht zu bringen.

Unternehmungen bei der Verabredung mit dem Schützen

Normalerweise kommt der Schütze mit dem Vorschlag, irgendetwas zu »unternehmen«. Als körperbetonter Mensch schlägt er typischerweise eine anstrengende Tätigkeit vor, denn damit kann er gleich testen, ob Sie mit ihm mithalten können. Bestehen Sie den Test, haben Sie gleichzeitig auch sein Interesse geweckt, und er möchte Sie weiterhin regelmäßig treffen. Nach einem langen Spaziergang oder sportlichen Aktivität können Sie sich dann in Ruhe zusammensetzen, sich näher kennenlernen und dann auch viel Spaß zusammen haben.

Was den Schützen anmacht und was ihn abschreckt

Es macht ihn an, wenn Sie mit ihm Schritt halten können, und wenn nicht, törnt ihn das ab. Er ist so optimistisch und gutgelaunt, dass ihm alle negativen Bemerkungen die Lust nehmen, abgesehen von ironischen Kommentaren, mit denen Sie ihn beeindrucken können. Manchmal misst er auch mit zweierlei Maß, beispielsweise wenn er Sie kritisiert, sich aber gleichzeitig alle Kritik an ihm selbst verbittet. Und weil er so körperbetont ist, regt ihn Ihr Aussehen auch dann an, wenn er Sie nicht total unattraktiv findet.

Beim Schützen den ersten Schritt machen

Im Allgemeinen ist es weder notwendig noch besonders ratsam, auf den Schützen zuzugehen. Denn wenn er Sie mag, zögert er keine Sekunde, selbst den ersten Schritt zu tun, falls er sich aber nicht sehr zu Ihnen hingezogen fühlt, schreckt ihn jeglicher Annäherungsversuch Ihrerseits nur noch mehr ab. Am besten warten Sie einfach ab und überlassen ihm den Fall. Bei beiderseitigem Interesse müssen Sie allerdings damit rechnen, dass der Schütze gleich alles will und alles gibt.

Den Schützen beeindrucken

Beeindrucken können Sie ihn mit Ihrer natürlichen Art, vor allem aber mit eindeutigen Absichten. Jede Form von Verlogenheit oder Künstlichkeit ist ihm zuwider, deshalb reagiert er manchmal auch auf Charakterzüge oder Vorschläge positiv, die er nicht unbedingt teilt, denn er respektiert Offenheit und Ehrlichkeit. Ihm Komplimente zu machen, ist überhaupt nicht notwendig, im Gegenteil: Schmieren Sie ihm Honig um den Bart, wird er eher misstrauisch. Das größte Kompliment, das Sie ihm machen können, ist, super auszusehen, gute Gespräche zu führen und ihn stolz zu machen, sich mit Ihnen in der Öffentlichkeit zeigen zu können.

Den Schützen nach der Verabredung wieder loswerden

Da seine Gefühle schnell verletzt sind, ist es nicht besonders schwierig, ihn wieder loszuwerden. Passt ihm eine Bemerkung ganz und gar nicht, ist er sogar imstande, einfach auf dem Absatz kehrtzumachen. Der Schütze neigt im Übrigen dazu, an die Decke zu gehen, und sollten Sie dies bereits miterlebt haben, werden Sie das Gefühl nicht los, auf einem Pulverfass zu sitzen. Wenn er Sie wirklich mag, macht er Sie auf diese Eigenart aufmerksam, aber dann wird es schwieriger, ihn loszuwerden, denn sein Stolz leidet sehr darunter. Dennoch hat er für Ihren Wunsch, allein zu sein, Verständnis und fühlt sich nicht zurückgesetzt.

BEZIEHUNG MIT DEM SCHÜTZEN

Der Schütze ist leidenschaftlich und intensiv, aber er kann auch sehr entspannt sein und die Freuden des Lebens genießen. Mit seiner positiven Ausstrahlung sowie seiner unerschöpflichen Energie holt er das Beste aus jeder Situation und auch aus Ihnen heraus. Mit Enttäuschungen kann er dagegen nicht besonders gut umgehen. Er versinkt in Depressionen, wenn die Beziehung scheitert. Bei Zurückweisungen leidet seine positive Ausstrahlung. Dann ist er verzweifelt und

STÄRKEN

leidenschaftlich
fröhlich
positiv

SCHWÄCHEN

schnell enttäuscht
hoffnungslos
sorglos

AUFTRETEN

optimistisch
abgeklärt
lernbereit

fühlt sich überflüssig. Seine Stimmung bessert sich aber schnell wieder, seine Abgeklärtheit sorgt dafür, dass er es in Zukunft besser macht.

Mit dem Schützen diskutieren

Der Schütze liebt philosophische Diskussionen, denn er kann ebenso viel dazu beitragen wie daraus lernen. Hohle Phrasen interessieren ihn jedoch überhaupt nicht, er ist so handlungsbetont, dass er Taten stets höher einschätzt als Worte. Der Schütze ist immer offen für den Standpunkt anderer, im Allgemeinen hat er jedoch eine sehr feste Meinung. Er geht auch davon aus, dass Sie ihm sehr gut zuhören, und wird sehr ärgerlich, wenn Sie ihm nicht genügend Aufmerksamkeit schenken.

Mit dem Schützen streiten

Der Schütze gibt nicht so leicht auf, und deshalb pocht er manchmal tage-, wochen- oder sogar monatelang unerbittlich auf seinen Standpunkt. Damit will er sowohl seinen Siegeswillen unter Beweis stellen als auch seinem moralischen Anspruch Ausdruck verleihen, denn den hält er stets für wahr und der Sache dienlich. Er ist davon überzeugt, dass er imstande ist, alles richtigzustellen, wenn Sie ihm nur die Gelegenheit dazu geben. Allzu oft möchte der Partner dann lieber alleine gelassen werden, das aber kann der Schütze nur schwer akzeptieren.

Mit dem Schützen reisen

Interessanterweise ist der Schütze ein Stubenhocker, der es sich lieber zu Hause gemütlich macht. Entschließt er sich dann aber zum Losziehen, ist er so schnell weg wie der Blitz. Es kann dann mitunter schwierig sein, mit dem Schützen Schritt zu halten, vor allem, wenn er sich etwas Bestimmtes in den Kopf gesetzt hat. Er ist so sehr darauf erpicht, sein Ziel zu erreichen, dass er keinerlei Rücksicht auf Sie nimmt. Wenn Sie lernen, die Warnzeichen zu erkennen, die auf seine Reiselust hindeuten, und sich ebenfalls bereitmachen, haben Sie gute Chancen, nicht abgehängt zu werden.

Sex mit dem Schützen

Er ist eher leidenschaftlich als sinnlich, weshalb er sich weder für das Vor- noch das Nachspiel viel Zeit nimmt. Er ist direkt, glühend und überwältigend, Sie dürfen mit einem hohen Grad der Erregung rechnen. Befriedigung ist bei derart frenetischen Aktivitäten nicht immer gegeben (für keinen von beiden), aber meistens behalten Sie diese Erlebnisse trotzdem in bleibender Erinnerung. Zu den besonderen Eigenschaften des Schützen gehören spontane Gefühlsäußerungen. Fades oder vorhersehbares Verhalten kann ihn schnell abtörnen oder auch dazu verleiten, Ihre Abwehr mit extremer sexueller Erregung durchbrechen zu wollen.

Der Schütze und Zärtlichkeit

Er ist zwar recht zärtlich, hat aber seine ganz eigene Art, dies zu zeigen. Alles Körperliche findet er vollkommen natürlich und mag es, mit seinen Freunden auf Tuchfühlung zu sein. Mit seiner oder seinem Liebsten hält der Schütze allerdings nicht so gerne Händchen, er vermeidet sogar kleine Berührungen und sonstige Zärtlichkeiten und verschiebt den Körperkontakt lieber auf später, wo er seine sexuelle Erregung zeigen kann. Er beweist seine Zuneigung lieber durch Blicke, ein Lächeln oder Schmunzeln. Er ist sehr tierlieb und findet es manchmal einfacher, seinem Haustier gegenüber Zuneigung auszudrücken als seinem Partner.

Der Schütze und Humor

Er albert gerne herum und liebt es, sich über andere lustig zu machen oder amüsante Geschichten zu erzählen. Er ist ganz in seinem Element, wenn Sie gemeinsam mit anderen feiern, denn dann wird er recht lebhaft und geht ganz aus sich heraus. Er gehört nicht immer zu denen, die sich in den Vordergrund drängen, sondern ist eher derjenige, der schlagfertig die ursprüngliche Aussage in ein ironisches und geistreiches Licht stellt. Er lacht gerne, und wenn es lauthals ertönt, ist das ein Zeichen dafür, dass er sich gut amüsiert.

EHE MIT DEM SCHÜTZEN

Der Schütze ist ein ausgezeichneter Ehepartner, aber da er sich sehr auf seinen Beruf konzentriert und das Bedürfnis hat, der Welt (oder zumindest seinem Umfeld) seinen Stempel aufzudrücken, ist er nur selten zu Hause. Das bürdet dem Partner eine große Verantwortung auf, alles sehr gut im Griff zu haben. Wenn Sie und Ihr Schütze beruflich und gesellschaftlich sehr eingespannt sind, ist es vermutlich sinnvoll, eine Hausangestellte zu beschäftigen. Kinder sind für den Schützen übrigens ein Argument, mehr Zeit im eigenen Heim zu verbringen, denn er will deren Erziehung und Ausbildung ehrgeizig fördern.

Hochzeit und Flitterwochen mit dem Schützen

Weder Hochzeit noch Flitterwochen sind dem Schützen in der Regel besonders wichtig. Da sein Terminplan eng ist, hat er häufig direkt nach der Eheschließung keine Zeit für Flitterwochen, sondern plant sie für später im Jahr oder sogar erst im darauffolgenden. Zwar akzeptiert er die traditionelle Zeremonie, aber wenn es nach ihm ginge, würde ein kurzer Auftritt im Standesamt ohne viel Tamtam vollkommen ausreichen. Wenn aber das Herz seines Partners an einer großen Familienfeier hängt, spielt der Schütze pflichtbewusst mit und kann sich sogar eine gewisse Begeisterung abringen.

Haushalt und Ehealltag mit dem Schützen

Rechnen Sie bitte nicht damit, dass der Schütze oft zu Hause sein wird. Er hat durch seinen engen Zeitplan etwas von einem Besucher, der kurz hineinstürmt und ebenso schnell wieder weg ist. Da der Schütze extrem unabhängig ist, müssen Sie ihn auf bestimmte Zeitpläne und Verantwortlichkeiten regelrecht festnageln. Als großer Zauderer schiebt er das Putzen und Aufräumen der Arbeits- und

STÄRKEN

fähig
ehrgeizig
aktiv

SCHWÄCHEN

abwesend
desinteressiert
mit sich selbst beschäftigt

AUFTRETEN

geradeheraus
lebhaft
zielorientiert

Wohnräume gerne so lange wie nur eben möglich hinaus. Es kann aber genauso gut sein, dass das kein Beweis für eine Verzögerungstaktik ist, sondern lediglich zeigt, wie wenig Bedeutung diese Tätigkeiten für ihn haben.

Der Schütze und Geld

Der Schütze ist weder für Geiz noch für enormes Sparen berühmt. Er gibt sein Geld aus, sobald er es in der Hand hat, beinahe so, als wolle er verhindern, dass es ein Loch in seine Taschen brennt. Ist er knapp bei Kasse, kommt er auch mit sehr wenig aus. Sparsam ist der Schütze nur dann, wenn es absolut notwendig ist, und er ist am glücklichsten, wenn er nicht mit jedem Cent rechnen muss. Er hat Spaß daran, Geld leicht und unkompliziert zu verdienen und gleich wieder auszugeben. Er steckt sein Geld aber lieber in Bekleidung oder Sportgeräte als in einen Urlaub oder Computersoftware.

Der Schütze und Treue

Der Schütze ist erstaunlich treu. Falls er ausnahmsweise doch fremdgeht, quält ihn das sehr, und er muss mit großen Schuldgefühlen fertigwerden, bevor er seinem Partner die Affäre offen eingestehen kann. Wenn er das schließlich schafft, platzen die Gefühle nur so aus ihm heraus. Ehrlichkeit ist dem Schützen sogar so wichtig, dass er es für besser hält, manches aus Rücksicht auf seine Familie unter der Decke zu halten. Der Schütze kann weder Geheimnisse für sich behalten noch mit verbotenen Affären umgehen und sollte diese deshalb tunlichst vermeiden.

Der Schütze und Kinder

Einer der größten Fehler, die der Schütze machen kann, sind zu hohe Anforderungen an seine Kinder und sein übermäßiger Ehrgeiz. Der Schütze steht seinen Kindern sehr nahe und neigt häufig dazu, deren schulische Laufbahn streng zu überwachen, und zwar selbst dann, wenn er seine Kinder dazu erzogen hat, eigenständig zu denken, und ihnen Freiräume zugestanden hat. Der Schütze sollte so klug sein, Rebellionen seiner Kinder zu vermeiden, indem er nicht über sie richtet und sie nicht überwacht. Er muss es nur versuchen, dann wird ihm das auch gelingen.

Scheidung vom Schützen

Manchmal lässt sich der Schütze einzig aus dem Grund scheiden, weil er frei sein möchte; es müssen noch nicht einmal negative Gefühle seinem Partner gegenüber im Spiel sein. Einzig seine Intuition sagt ihm, dass es an der Zeit sei, sich der eigenen Selbstentfaltung zu widmen, und noch nicht einmal das Pflichtgefühl seinen Kindern gegenüber kann ihn davon abhalten. Auch seinem Partner gegenüber hat er keine großen Skrupel, denn er ist davon überzeugt, dass dieser das durchaus überleben wird. Für den Schützen ist eine Scheidung einfach ein Teil des Lebens, ebenso wie die Hochzeit.

AFFÄRE MIT DEM SCHÜTZEN

Der Schütze ist oft leichte Beute für den, der das sexuelle Abenteuer sucht, vor allem, weil er so verständnisvoll ist. Hat er das Gefühl, jemand fühle sich einsam, begegnet ihm der Schütze auf die gleiche Weise, wie er es bei einem in Not geratenen Tier tun würde. Aufgrund seines großen Einfühlungsvermögens spürt er förmlich das Leid derer, die er liebt, und reagiert mit Zuneigung und Unterstützung. Der Sex folgt solchen Gefühlen in der Regel auf dem Fuß, und der Schütze ist mehr der Gebende denn der Nehmende. Engagiert er sich in einer Affäre, ist er sensibel und entgegenkommend, zeigt aber große Härte seiner Familie gegenüber, da er diese vernachlässigt oder verlässt.

Mit dem Schützen anbandeln

Das Anbandeln findet häufig durch Zufall oder durch gemeinsame Freunde statt. Da er einen sechsten Sinn für die Unglücklichen hat, kann er nicht widerstehen, sich für sie zu interessieren. Dieses »Beschäftigen« ist jedoch weniger ein Gewohnheitsmuster des Schützen, sondern findet nur wenige Male in seinem Leben statt. (Noch seltener allerdings geht der Schütze eine Affäre mit jemandem ein, der glücklich und zufrieden ist.) Zwar signalisiert er auch seine eigenen Bedürfnisse, doch meist leidet der Schütze still an seiner Ehe oder seinem Singledasein und läuft niemandem hinterher, um sein Herz auszuschütten.

Wohin mit dem Schütze-Liebhaber?

Im Allgemeinen fühlt sich der Schütze bei Ihnen zu Hause wohler, zumindest in der Anfangsphase. Da er sich selbst als Gebender und Helfender sieht, betrachtet er sein erstes Eintreffen bei Ihnen als eine Art Hausbesuch. Das Bedürfnis des Schützen, anderen beizustehen, ist derart groß, dass er sich kaum zurückhalten kann, das Leben und die Umgebung desjenigen aufzuheitern, den er liebt, egal, ob mit oder ohne Sex. Häufig braucht es aber mehrere Besuche, bis die Leidenschaft tatsächlich zu lodern beginnt.

Sex in der Affäre mit dem Schützen

Sobald der Schütze Gefühle investiert, gibt er alles. Wenn er aber schlecht behandelt wird, hört er auch auf zu helfen und versucht seine Würde zu bewahren, selbst wenn er am Ende ein wenig gerupft dasteht. Sein verletzter Stolz führt dann mitunter dazu, dass er sich gleich in die nächste Affäre stürzt, damit er sich wieder gebraucht und geschätzt fühlen kann. Es ist oft nicht der Sex an sich, der den Schützen dazu bringt, sich auf Sex in einer Affäre einzulassen, sondern es sind eher komplexe emotionale und sogar moralische Beweggründe.

Die Affäre mit dem Schützen aufrechterhalten

Der Schütze bleibt gegenüber demjenigen, dem er geholfen hat, so lange loyal, solange diese Person sich nicht verletzend verhält. Geschätzt zu werden ist dem Schützen immens wichtig, und wenn man ihm dies mit kleinen Gesten zeigt, ist dies die beste Methode, ihn zu halten. Er ist ein sehr guter Beobachter, der ganz

STÄRKEN

einfühlsam
mitfühlend
liebevoll

SCHWÄCHEN

vernachlässigend
abtrünnig
verletzend

AUFTRETEN

sexorientiert
entgegenkommend
anspielungsreich

SCHÜTZE

genau erkennt, wann man ihm etwas vormacht und wann man tatsächlich meint, was man sagt. Ehrlichkeit ist daher die beste Devise. Seine Opferbereitschaft kann allerdings auch der Hauptgrund für den Fortbestand der Affäre sein, bis er das Gefühl hat, dass Sie ihn nicht mehr brauchen.

Den Schütze-Liebhaber unterhalten

Er mag es, verwöhnt und unterhalten zu werden, wobei ein Essen bei Kerzenschein und andere romantische Einfälle ganz oben auf seiner Prioritätenliste stehen. Der Schütze lässt sich von Unternehmungen, die einen Hauch von Abenteuer und Geheimnis in sich tragen, magisch anziehen. Er findet Ihr Zuhause vermutlich besonders interessant, durchstöbert Ihre Bücherregale und persönlichen Gegenstände, um Sie besser kennenzulernen. Sie müssen ihn lediglich umherwandern lassen, das ist ihm schon Entertainment genug. Es kann sein, dass er Ihnen bei seinem ersten Besuch bereits ein wenig beim Aufräumen hilft.

Die Affäre mit dem Schützen beenden

Sobald Sie dem Schützen signalisieren, dass Sie ihn nicht mehr brauchen, ist er weg. Er hat seinen Job erledigt und kann sich nun nach einer anderen armen, geschundenen Seele umsehen, wobei dann Sex nicht unbedingt Teil des Geschäfts ist. Sollten Sie sich aber entschließen, mitten in der Affäre zu einem anderen Partner überzulaufen, sorgt der verletzte Stolz des Schützen sehr schnell für das Ende der Beziehung. An einem solchen Scheideweg kehrt er häufig zu seinem Partner zurück und schenkt wieder seiner Familie sowie seinem Freundeskreis seine Aufmerksamkeit.

DER SCHÜTZE-EX

Emotional gesehen ist der Schütze eher kühl und neigt deshalb auch nicht dazu, seine Gefühle offen zu zeigen, sofern keine Anfeindungen und Animositäten zutage treten. Er betrachtet die gegenwärtige Situation sachlich und schaut weder mit Nostalgie in die Vergangenheit noch blickt er mit allzu großen Hoffnungen in die Zukunft. Er lässt zwar grundsätzlich mit sich reden, aber emotionalen Abhängigkeiten geht er aus dem Weg, indem er solche kurz und höflich gestaltete Treffen nicht zu häufig stattfinden lässt. Der Schütze ist überzeugt, dass bei beiderseitigem guten Willen alles zur Zufriedenheit erledigt werden kann.

Freundschaft mit dem Schütze-Ex

Sie wird zwar nicht besonders warm ausfallen, doch kann sich eine freundschaftliche Beziehung in Hinblick auf Kinder, Familienangelegenheiten und Finanzen als sinnvoll erweisen. Wenn die Beziehung gut funktioniert, kann sie Spannungen entschärfen und alte Probleme glätten. Hat der Schütze einen neuen Partner, kann es komplizierter werden, dann müssen Sie mehr Verständnis und Respekt aufbringen, um die Freundschaft intakt zu halten. Der Schütze ist mitunter enorm passiv und reagiert eher auf Ihre Vorschläge, als dass er selbst in Aktion tritt. Üben Sie keinen Druck auf ihn aus, denn er muss das Gefühl haben, sich frei entscheiden zu können.

Der Schütze-Ex und Versöhnung

Eine Versöhnung ist grundsätzlich möglich, doch braucht man dafür viel Verständnis und Geduld. Haben Sie den Stolz und die Ehre des Schützen auf eine harte Probe gestellt oder gar beschädigt, akzeptiert er Ihr Versöhnungsangebot nicht ohne weiteres. Egal, wie oft Sie sich entschuldigen oder ihm etwas versprechen, er lässt sich nur schwer von Ihren guten Absichten überzeugen. Stattdessen wartet er ab und beobachtet, ob Sie wirklich aufrichtig sind. Es ist nicht ungewöhnlich, dass es ein bis zwei Jahre oder sogar länger dauert, bis er einen Entschluss gefasst hat. Sie müssen aber ebenfalls warten können und mitfühlend sein, wenn er keine Entscheidung treffen kann oder will.

Mit dem Schütze-Ex über alte Probleme sprechen

Gehen Sie es langsam an. Wenn alte Probleme gewälzt werden, ist der Schütze schnell emotional aufgewühlt. Dies kann dann alles Positive, was Sie erreicht haben, schnell wieder zunichte machen. Treten Sie lieber schnell den Rückzug an und wechseln Sie das Thema, wenn Sie sehen, dass sich ein Gewitter zusammenbraut. Falls Sie bestimmte Themen mit ihm diskutieren müssen, sollten Sie dies am besten schriftlich, eventuell per E-Mail tun und ihn bitten, ebenso zu antworten. Bringen Sie das, was Sie zu sagen haben, unmissverständlich vor und vermeiden Sie Schuldzuweisungen. Hören Sie sich gut an, was der Schütze Ihnen zu sagen hat!

Dem Schütze-Ex seine Zuneigung zeigen

Bringen Sie Ihre Zuneigung offen zum Ausdruck, ernten Sie vermutlich Ablehnung. Sollte es ihm gelingen, sein Schweigen zu brechen, und Sie feststellen, dass seine Fassade bröckelt, können Sie das bereits als Zeichen seiner Zuneigung werten. Sie sollten jetzt aber nicht überreagieren. Sieht er Ihnen tief in die Augen oder nimmt er Ihre Hand, müssen Sie damit rechnen, dass er Sie lediglich auf die Probe stellt. Es kommt auch vor, dass er versucht, Sie zu manipulieren, indem er Gefühle ausdrückt, die er im Grunde nicht verspürt, doch instinktiv (und manchmal unbeabsichtigt) als Kontrollstrategie verwendet.

Die gegenwärtige Beziehung zum Schütze-Ex definieren

Zwar mag der Schütze gewissen Regelungen zustimmen, doch sollten Sie nicht erwarten, dass er sich auch daran hält. Wenn es um Gefühle geht (einschließlich Romantik, Sex und Liebe), ist er extrem unberechenbar und impulsiv. Der Schütze kann nur bis zu einem gewissen Grade Ruhe bewahren und seine Gefühle unter Kontrolle halten. Oft brechen seine brodelnden Empfindungen vulkanartig aus ihm heraus. Antworten Sie nicht mit derselben Intensität, denn alles Unausgegorene, was in dieser Situation gesagt wird, bedauern Sie möglicherweise später beide.

STÄRKEN

höflich
aufrichtig
wohlmeinend

SCHWÄCHEN

kalt
emotionslos
brüsk

AUFTRETEN

umgänglich
sachlich
unverblümt

SCHÜTZE

Gemeinsames Sorgerecht mit dem Schütze-Ex

Der Schütze-Ex hat meist genug mit seinem eigenen Leben zu tun, um Zeit dazu zu haben, sich auch noch um die Kinder zu kümmern. Das vereinfacht die Sorgerechtsregelung. Selbst wenn ihm das Sorgerecht zugesprochen wurde, nimmt er Ihr Angebot, die Kinder am Wochenende oder bei besonderen Gelegenheiten zu sich zu nehmen und sie gelegentlich von der Schule abzuholen, immer gerne an. Es kann durchaus sein, dass er sich dadurch besänftigen lässt und sein Groll Ihnen gegenüber schwindet, sobald Sie ihm Ihren guten Willen zeigen und ihm regelmäßig freiwillig sowie großmütig finanziell oder logistisch unter die Arme greifen.

Freunde & Familie

SCHÜTZE
22. November –
21. Dezember

DER SCHÜTZE-FREUND

Es macht immer Spaß, mit dem Schützen zusammen zu sein. Im Allgemeinen ruft er Sie an, wenn er nicht alleine ausgehen will. Er gehört nämlich nicht zu denen, die ständig jammern oder sich Hilfe holen, im Gegenteil, der Schütze ist stets fröhlich und behält seine Probleme meist für sich. Als Freund sollten Sie ihn ab und zu auffordern, über seine Probleme zu sprechen, denn wenn er seine Gefühle unterdrückt und Sorgen in sich hineinfrisst, wird er irgendwann depressiv. Manchmal ist er aber auch allzu optimistisch, dann müssen Sie ihn wieder auf den Boden der Tatsachen zurückholen, selbst wenn das schmerzhaft für ihn ist.

Einen Schütze-Freund um Hilfe bitten

Der Schütze ist immer zur Hilfe bereit, sofern Sie ihn erwischen. Wenn Sie ihm irgendwann per Anrufbeantworter, E-Mail oder SMS eine Nachricht hinterlassen haben, und er um Ihre Schwierigkeiten weiß, steht er plötzlich vor Ihrer Tür. Sobald er sich davon überzeugt hat, dass Ihre missliche Lage tatsächlich so groß ist, wie Sie sagen, ist er bereit, beinahe unbegrenzt zu helfen. Haben Sie die Krise aber überwunden, ist der Schütze allerdings schnell wieder aus Ihrem Leben verschwunden.

Mit dem Schütze-Freund kommunizieren und in Kontakt bleiben

Der Schütze hat normalerweise selten das Bedürfnis, permanent Kontakt zu halten. Er glaubt fest an seine Freundschaften und sieht nicht ein, warum er Ihnen und sich immer wieder aufs Neue bestätigen sollte, was er für Sie empfindet. In schöner Regelmäßigkeit aber plant der Schütze ein Treffen mit Ihnen ein, damit Sie Klatsch und Tratsch sowie Neuigkeiten über gemeinsame Bekannte austauschen können. In Bezug auf zwischenmenschliche Beziehungen ist der Schütze ein Gewohnheitstier, und Sie können sich einmal pro Monat auf ein Treffen oder irgendwelche Unternehmungen einstellen, wenn dies in seinen Terminplan passt.

STÄRKEN

lustig
fröhlich
unabhängig

SCHWÄCHEN

unrealistisch
überoptimistisch
verklemmt

AUFTRETEN

selbstbewusst
interessiert
engagiert

Vom Schütze-Freund Geld borgen

Die finanzielle Lage Ihres Schütze-Freundes ist vermutlich mal gut und mal schlecht. Er ist zwar ein großzügiger Mensch und teilt sein letztes Hemd mit Ihnen, aber wahrscheinlich ist er ebenfalls gerade pleite, wenn Sie Geld brauchen. Falls Sie aber nicht wissen, dass er knapp bei Kasse ist, kann die Erfahrung, von ihm einen Korb zu bekommen (beziehungsweise die Enttäuschung, Ihnen nicht helfen zu können) für Sie beide peinlich sein. Hat er jedoch Geld, gibt er es Ihnen, ohne nach der Rückzahlung zu fragen. Kleinere Beträge vergisst er meistens mit der Zeit, aber Sie sollten sie ihm dennoch rasch zurückzahlen und seine Gutmütigkeit nicht ausnutzen.

Den Schütze-Freund um Rat fragen

Er erteilt gerne Ratschläge und neigt dazu, das kurz und bündig zu machen, statt lang und breit zu erklären oder Sie ständig daran zu erinnern. Er findet, dass es Ihre Sache ist, ob Sie den Rat befolgen oder nicht. Falls Sie es nicht tun, ist er nicht verletzt, aber wenn Sie immer wieder in ähnliche Schwierigkeiten geraten, verliert er irgendwann die Lust. Er ist davon überzeugt, dass es für viele Ihrer Probleme eine einfache Lösung gibt, und hat das Gefühl, dass Sie sich den Ärger selbst einbrocken, indem Sie manches komplizierter machen, als es ist.

Einen Schütze-Freund besuchen

Da der Schütze fast ständig auf Achse ist, trifft man ihn nur selten zu Hause an. Sobald er es sich aber gemütlich gemacht hat, sind ihm auch seine Freunde stets willkommen. Auf dem Festnetz erreichen Sie ihn allerdings fast nie, viel wahrscheinlicher ist es, dass Sie ihn per Handy erwischen. Sie können ihn deshalb auch eher zwischen zwei Terminen in einer Kneipe oder einem Café treffen. Am besten halten Sie diese Treffen recht kurz. Möchten Sie länger mit ihm reden, sollten Sie ihn zu sich nach Hause einladen. Kalkulieren Sie ein, dass er eine lang im Voraus geplante Verabredung verschiebt, weil ihm etwas Wichtiges dazwischengekommen ist.

Feste und Freizeit mit dem Schütze-Freund

Der Schütze liebt Geburtstagsfeste und Feiertagsaktivitäten. Er veranstaltet solche Feiern gerne bei sich zu Hause, nimmt aber auch lange Wege in Kauf, wenn er woanders eingeladen wird. Seine Rolle bei der Vorbereitung besteht oftmals darin, Dinge abzuholen und im letzten Moment noch Sachen zu besorgen, die vergessen worden sind. Feste im kleinen Kreis sind ihm lieber als große Veranstaltungen, denn er verbringt gerne mit ein paar guten Freunden einen ruhigen oder je nach Laune auch ausgelassenen Abend. Wenn er gerade flüssig ist, übernimmt er auch gerne die Rechnung – seine Großzügigkeit ist bekannt.

DER SCHÜTZE-MITBEWOHNER

Seine überschäumende Begeisterung kann Sie wirklich fertigmachen. Hat er Quasselwasser getrunken, suchen Sie verzweifelt nach dem Knopf zum Abschalten. Dankenswerterweise ist er ohnehin meistens unterwegs, dann haben Sie ein wenig Zeit, um sich von seinen Auftritten zu erholen. Es fällt ihm mitunter nicht leicht, mit Kritik seitens des Vermieters oder von Ihnen umzugehen. Er versinkt in Niedergeschlagenheit, wenn seine Erwartungen nicht erfüllt werden oder er über etwas enttäuscht ist. Manchmal vergisst er einfach, seinen Mietanteil und die sonstigen Kosten zu bezahlen. Erinnern Sie ihn daran, er nimmt Ihnen das nicht übel.

Mit dem Schütze-Mitbewohner finanzielle Verantwortung teilen

Der Schütze hat die besten Vorsätze und willigt ein, alle finanziellen Verpflichtungen mit Ihnen zu teilen. Es ist ihm allerdings nicht immer möglich, diese auch tatsächlich einzulösen, vor allem, wenn er den Job wechselt, was häufiger vorkommt. Der Schütze bekommt es mit der Angst zu tun, wenn das Monatsende naht und er vollkommen pleite ist. Dann lässt er Sie auch von seinen Sorgen wissen, bittet Sie gezwungenermaßen, ihm das Geld vorzustrecken, und verspricht, es so bald wie möglich zurückzuzahlen. Wenn er aber Arbeit und Geld hat, begleicht er seine Rechnungen pünktlich.

Der Schütze-Mitbewohner und das Putzen

Der Schütze ist weder für seine besonderen Fähigkeiten beim Putzen bekannt noch für seinen Ordnungswahn. Er hat eine ganz eigene Art aufzuräumen und präsentiert Ihnen stolz das Ergebnis, während Sie staunend feststellen, wie wenig Ordnung er wirklich geschaffen hat. Seine Art sauberzumachen mag zwar befremdlich sein, doch wenn er sich einmal dazu entschlossen hat, dann schafft er auch etwas. Sie dagegen stehen vor der großen Herausforderung, den optimalen Zeitpunkt abzupassen, um ihn an den Putzplan zu erinnern. Seien Sie gewarnt: Ordnung steht für ihn nicht an erster Stelle.

Der Schütze-Mitbewohner und Besuch

Der Schütze zeigt sich Ihren Gästen sehr entgegenkommend und versucht, es ihnen so bequem wie nur möglich zu machen. Seine überschäumende Energie erleichtert es allerdings nicht allen, sich wie zu Hause zu fühlen, und selbst der phlegmatischste Mensch wird irgendwann von seiner Hektik aufgescheucht. Er kann Ihren Gästen gegenüber auch schon mal provozierend auftreten, macht das aber nicht aus Bosheit, sondern aus dem Bedürfnis heraus, sie zu testen, ob man ihnen trauen kann. Er besitzt nämlich eine gute Menschenkenntnis und riecht Unehrlichkeit schon meilenweit gegen den Wind. Außerdem kann er es sich nicht verkneifen, aufgeblasenen Zeitgenossen spitze Bemerkungen an den Kopf zu werfen.

STÄRKEN

begeistert
optimistisch
großzügig

SCHWÄCHEN

geschwätzig
unachtsam
vergesslich

AUFTRETEN

hektisch
erwartungsvoll
versöhnlich

Der Schütze-Mitbewohner und Partys

Der Schütze schätzt es sehr, Partys zu geben, entweder mit Ihnen zusammen oder, falls Sie abwesend sind, auch alleine. Das einzige Problem besteht oft darin, dass er sich selbst in den Mittelpunkt stellt, vor allem, wenn er schon ein paar Gläser getrunken hat oder sich von seiner eigenen Begeisterung forttragen lässt. Irgendetwas läuft dann garantiert aus dem Ruder. Das Lachen des Schützen ist aber hochgradig ansteckend und einfach unwiderstehlich. Im Allgemeinen ist der Schütze nicht eher zufrieden, bis jeder seinen Spaß hat. Am nächsten Morgen erinnert er sich nur noch vage an seine Aktionen.

Der Schütze-Mitbewohner und die Privatsphäre

Der Schütze selbst beansprucht häufig gar keine Privatsphäre, denn erstens genießt er zu Hause vor allem die gesellige Atmosphäre und zweitens kann er sich auch dann konzentrieren, wenn um ihn herum das pralle Leben tobt. Normalerweise wird er nur nervös, wenn das Leben tagelang still vor sich hin plätschert. Privatsphäre ist für ihn etwas, das er sich nicht nehmen muss, sondern etwas, das er mit Ihnen und Ihren Freunden teilen kann. Erzählen Sie ihm aber nicht alles, denn er ist imstande, Ihre Wünsche und Geheimnisse mit allen anderen zu teilen, um Ihnen dann zu sagen, Sie sollten nicht so verschlossen sein.

Mit dem Schütze-Mitbewohner Probleme besprechen

Im Allgemeinen hört sich der Schütze alles willig an. Er ist ein guter Zuhörer, der aber nicht sofort eine Lösung aus dem Ärmel zaubert, sondern erst nach einer ganzen Weile plötzlich eine Idee hat. Hüten Sie sich davor, diese Einfälle wortwörtlich zu befolgen, denn allzu oft gibt er nur seinen eigenen, recht eigenartigen Standpunkt wieder, statt sich zu überlegen, wie Sie Ihr Problem lösen können. Fühlen Sie nicht verpflichtet, seinen Rat zu befolgen, denn er ist nicht beleidigt, wenn Sie es nicht tun, sondern ist im Grunde der Ansicht, dass Sie sich selbst um Ihre Probleme kümmern müssen.

DER SCHÜTZE-ELTERNTEIL

Der Schütze ist seinen Kindern gegenüber sehr großzügig. Nicht aus Verantwortungsgefühl, sondern aus Hingabe und Liebe bereichert er das Familienleben häufig durch Haustiere und sein Bedürfnis, der Familie ein schönes Nest zu bauen. Allerdings scheitert er trotz der engen Eltern-Kind-Beziehung häufig in seiner Ehe. Allzu oft liegt das an seinem Anspruch und seiner Unfähigkeit, über Jahre hinweg Kompromisse einzugehen, sowie an seiner natürlichen Rastlosigkeit, die ihn auf Abwege bringen kann. Wenn er es sich in den Kopf gesetzt hat, vorzeitig von Bord zu gehen (entweder um sein Leben neu zu ordnen oder wegen eines neuen Partners), tut er dies auch ohne Reue und Tränen.

Der Erziehungsstil von Schütze-Elternteilen

Wenn die Kinder ungebührliches oder unehrliches Verhalten an den Tag legen, kann der Schütze sehr streng mit ihnen sein. Wenn Sie einfach nur gegen seinen Willen handeln, ärgert ihn das nicht, denn er bewundert den Mut und die Individualität seiner Kinder. Der Schütze bestraft seine Kinder nur selten. Zu körperlichen Züchtigungen greift er nur dann, wenn er bis aufs Blut gereizt wurde. Er hat die Angewohnheit, ganz still zu werden, wenn er wütend ist, was seine Kinder als viel brutaler empfinden als einen Klaps. Weitere schlechte Angewohnheiten sind: auf moralische Verpflichtungen zu pochen oder die Mitleidsnummer zu fahren.

Schütze-Elternteile und Zuneigung

Der Schütze kuschelt gern mit Haustieren und natürlich auch mit seinen Kindern. Als körperbetonter Mensch mag er Köperkontakt mit seinen Lieben und glaubt, dass Umarmungen ein wichtiger Bestandteil des täglichen Lebens sind. Er selbst braucht nicht viele Zuneigungsbeweise, sondern sieht sich mehr als Gebender. Abgesehen von den eigentlichen Kuschelzeiten wirkt er erstaunlich kühl, es ist kaum zu glauben, wie zärtlich er sein kann. Der Schütze zeigt seine Zuneigung nämlich auch durch familieninterne Vertrautheiten wie Witze, Neckereien und liebevollen Spott.

Schütze-Elternteile und Geld

Lieber würde er selbst hungern oder sich weniger gönnen, als seinen Kindern Dinge zu verweigern, die sie benötigen. Er überhäuft seine Kinder nicht unbedingt mit Geschenken oder gibt ihnen alles, was sie wollen. Er zeigt seine Großzügigkeit viel lieber in Bereichen, die den Charakter festigen oder lehrreich sind. Der Schütze will nur das Beste für seine Kinder und zeigt hier seine wahren Beweggründe: Er möchte, dass sie gesellschaftlich vorankommen und Erfolg haben. Diese Wünsche sollten allerdings nicht außer Kontrolle geraten, denn sie berauben das Kind sonst seiner Eigeninitiative und seines Selbstwertgefühls.

Schütze-Elternteile und Krisen

Der Schütze kann Krisen ebenso gut meistern wie hervorrufen. Manchmal ist genau das der Grund, weshalb er nicht erkennt, wieso es überhaupt zur Krisensituation gekommen ist, und er dadurch die entstandene Krise auch nicht bewältigen kann. So mancher Schütze schießt leider weit übers Ziel hinaus, wenn er seinen Kindern zu Hilfe eilt. Zum Teil liegt das an seinem schlechten Urteilsvermögen, aber auch an seinem sensiblen Nervenkostüm, das leicht gestört wird. Auch dann ruhig zu bleiben, wenn man unter Strom steht, ist für den Schützen ein schweres Unterfangen.

Festtage und Familientreffen mit Schütze-Elternteilen

Versteht er sich gut mit seinen Geschwistern, kann er dieses Gefühl bei Familientreffen auch an seine Kinder sowie seine Nichten und Neffen weitergeben. Das Problem besteht häufig darin, dass Neffen und Nichten sich über ein Wiedersehen

STÄRKEN

großzügig
liebevoll
natürlich

SCHWÄCHEN

unzufrieden
wankelmütig
abgelenkt

AUFTRETEN

engagiert
temperamentvoll
hektisch

SCHÜTZE

freuen, die Elterngeneration diese Freude jedoch nicht teilt. Häufig ist daran das jahrelange kompromisslose Verhalten des Schützen schuld. Allzu oft fühlt sich der Schütze bei Familientreffen dann als Fremdkörper, und wenn Ressentiments oder Ärger hinzukommen, bereitet dies den Kindern Probleme, die sich, bevor das Gewitter unter den Erwachsenen aufzog, recht wohl gefühlt haben.

Für alte Schütze-Elternteile sorgen

Der Schütze wird mit dem Alter immer kleinlicher und sonderbarer. Er ist schwer zufriedenzustellen und verweigert jegliches Eindringen in seine Privatsphäre, vor allem bei Angeboten, im Haushalt zu helfen. Der alte Schütze zeigt überdeutlich, dass die anderen sich zurückhalten sollen. Gehen diese nicht darauf ein, bricht er unter Umständen den Kontakt ganz ab. Sich um einen alten Schützen zu kümmern, erfordert viel Taktgefühl, damit man ihn nicht in Rage bringt. Häufig ist es das Beste, ihn in Ruhe zu lassen, aber darauf zu achten, dass er alles hat, was er braucht, und seine Sicherheit gewährleistet ist.

DAS SCHÜTZE-GESCHWISTER

Oft fühlt sich der Schütze als Sonderling der Familie. Für die Geschwister ist es häufig schwierig, mit ihm zurechtzukommen. Die Beschützerinstinkte der Älteren werden nicht gewürdigt oder abgewiesen, und sein Drang, besser zu sein als die Jüngeren, geht mit einem Hang zur Vorherrschaft einher. Der Schütze ist von den anderen so grundverschieden, dass er in der Regel abseits steht und sogar anders aussieht als seine Geschwister. Seine Individualität verdient Respekt, und für seine ungewöhnliche Art, Konflikte zu lösen, sollte man ihm genügend Raum zugestehen.

Rivalität und Nähe zum Schütze-Geschwister

Der Schütze gibt bei einem Streit unter Geschwistern kaum nach, auch dann nicht, wenn alle um die Aufmerksamkeit der Eltern buhlen. Ihm liegt weniger daran, der Liebling zu sein, als einfach nur den Wettstreit zu gewinnen. Im Kräftemessen ist der Schütze selbstbewusst und aggressiv, in der Familie und unter Freunden dagegen zuweilen still oder sogar schüchtern. Er versucht nur selten, die Aufmerksamkeit auf sich zu lenken, spielt zufrieden alleine und versinkt in seiner Phantasiewelt. Wenn er es einem Lieblingsgeschwister erlaubt, an seinen ausgedachten Geschöpfen teilzuhaben, ist das ein großes Kompliment.

Das Schütze-Geschwister und alte Probleme

Der Schütze kann sehr unversöhnlich sein, manchmal erinnert er sich ein Leben lang an Beleidigungen durch seine Geschwister. Haustieren oder vernachlässigten Tieren gegenüber ist er extrem fürsorglich und verurteilt jede Art von Grausamkeit. Wenn der Schütze das Gefühl hat, er selbst sei das Opfer elterlicher Gewalt oder Vernachlässigung, so neigt er dazu, still zu leiden und die Schuld auf sich zu nehmen, um seine Geschwister zu schützen. Einen solchen Vorfall

STÄRKEN

außergewöhnlich
einzigartig
selbstsicher

SCHWÄCHEN

merkwürdig
abgesondert
seltsam

AUFTRETEN

kühn
waghalsig
herausfordernd

FREUNDE & FAMILIE

trägt er allerdings noch weit bis ins Erwachsenenalter mit sich herum, und wird er an den Vorfall erinnert, bringt dies die Familie aus dem Gleichgewicht.

Mit einem entfremdeten Schütze-Geschwister umgehen

Einen der Familie entfremdeten Schützen in eine sportliche Aktivität zu verwickeln, ist normalerweise der beste Weg, ihn zurückzuholen. Versprechungen oder Erinnerungen an vergangene Freuden erweisen sich meist als wirkungslos. Willigt der Schütze ein, mit den anderen einen Tag am Strand zu verbringen oder zu einer Sportveranstaltung mitzugehen, könnte dies der erste Schritt zur Versöhnung und schließlich auch zur Vergebung sein. Der Schütze mag negative Gefühle nicht und ist im Grunde froh, sie ablegen zu können, seine Würde zu bewahren und trotzdem weder Schuld einzugestehen noch sich entschuldigen zu müssen.

Geldangelegenheiten und das Schütze-Geschwister

Da der Schütze viel Wert auf Fairness und Ehrlichkeit legt, besteht er bei Erbschaftsangelegenheiten darauf, dass alle Beteiligten anständig behandelt werden. Er neigt dazu, für die Rechte seiner Geschwister ebenso einzutreten wie für seine eigenen. Leider kann es auch passieren, dass er aufgrund seiner moralischen Grundsätze etwas verdammt und alles nur schwarz-weiß sieht, womit er sich wertvollen Bindungen zu anderen wieder verschließt. Was er lernen muss, ist, die Situation und den Standpunkt anderer zu akzeptieren und zu verstehen.

Familienfeste und Jubiläen mit dem Schütze-Geschwister

Der Schütze nimmt gerne ein- oder zweimal im Jahr an netten Familienfeiern teil, ist durchaus gastfreundlich und freut sich darauf, alle zu sich nach Hause einzuladen. Er gibt sich dann große Mühe, jeden zufriedenzustellen. Allerdings verpflichtet er sich nicht gern, öfter (beispielsweise einmal im Monat) anwesend zu sein, denn seine Freiheit und sein Privatleben sind ihm sehr wichtig. Abgesehen davon treten alte Probleme sehr viel eher wieder zutage, wenn man sich häufiger sieht, und der Schütze erweist sich dann als leicht reizbar.

Urlaub mit dem Schütze-Geschwister

Der Schütze macht am liebsten mit seinen Freunden Urlaub oder später mit seiner eigenen Familie. Daher sollte man ihn gar nicht erst in seine eigenen Ferienpläne mit einbeziehen. Statt fern der Heimat mit einem nörgeligen Schützen festzusitzen, sollte man ihn lieber im Sommer zu einem größeren Fest oder einem Grillabend einladen. Dann aber müssen Sie auf seine Ernährungsgewohnheiten achten, denn viele Schützen sind Vegetarier. Seine Tierliebe und seine Abneigung Fleisch zu essen, liegen in der Regel eng beieinander.

STÄRKEN

draufgängerisch
strebsam
unbesiegbar

Es kann schwierig sein, den kleinen Schützen unter Kontrolle zu halten. Er liebt die Freiheit mehr als alles andere, bricht jede erdenkliche Regel und springt über alle Hindernisse, die man ihm in den Weg stellt – es sei denn, er hat Eltern, die wie ein Fels in der Brandung stehen. In diesem Fall entstehen aber unweigerlich langandauernde Grabenkämpfe, welche die gesamte Familie beeinträchtigen. Als Eltern sollte man dem kleinen Schützen nicht nur Freiraum geben, sondern ihn nach langem Kampf auch gewinnen lassen. Der Schütze strebt nach Herausforderungen und ist stolz, wenn er einen Sieg errungen hat.

SCHWÄCHEN

feindselig
rebellisch
unachtsam

Persönlichkeitsentwicklung beim Schütze-Kind

Der kleine Schütze muss sorgfältig durch seine Entwicklungsphasen begleitet werden. Wird er an einem entscheidenden Punkt blockiert, kann es sein, dass er schwere psychische Schäden davonträgt, die seine Persönlichkeitsentfaltung bis ins Erwachsenenalter hemmen. Es erfordert viel Geduld und Verständnis, den kleinen Schützen bei seiner Entwicklung zu begleiten, und spontane Antworten auf seine provokanten Aktionen sollte man sich verkneifen. Seine rebellische Art ist nämlich manchmal Ausdruck seines Unverstandenseins. Seine Eltern sollten dies berücksichtigen, statt nur auf seine Äußerungen zu reagieren.

AUFTRETEN

quirlig
kampflustig
beharrlich

Hobbys, Interessen und Berufspläne des Schütze-Kindes

Der kleine Schütze hat recht ungewöhnliche Interessen, über die man sich aber nicht lustig machen sollte, selbst wenn man sie nicht ernst nimmt. Abgesehen von Berufswünschen wie Feuerwehrmann, Sportler oder Schauspielerin, die Kinder äußern, erträumt sich der Schütze die absurdesten Berufe, die häufig in Beziehung zu seinem Lieblingshobby stehen. Lachen Sie nicht über seine Wahl, denn er meint es ernst, und es fällt ihm schwer, Ihren Spott zu vergessen. Als Jugendlicher ändert der Schütze seine Berufswünsche meist und entschließt sich häufig für einen realistischeren Beruf, in dem er oft sehr erfolgreich ist.

Erziehung des Schütze-Kindes

Körperliche Züchtigung des Schütze-Kindes sollten Sie unter allen Umständen vermeiden. Normalerweise reichen eine kurze Warnung oder ein entsprechender Blick aus, Ihre Position klarzumachen. Geeignete Disziplinarmaßnahmen, die seine Wildheit bändigen, sind am besten feste Strukturen und Regeln, die ihm erklärt werden. Wenn er einverstanden ist, befolgt sie der kleine Schütze mit Engagement, und von Rebellion ist nicht mehr die Rede. Sieht er sie aber als Willkür an, müssen Sie mit den schlimmsten Reaktionen rechnen. Der Schütze schreckt vor keiner Konfrontation mit seinen Eltern zurück, sondern genießt diese sogar. Geben Sie ihm daher keine Gelegenheit, aus dem Ruder zu laufen.

Das Schütze-Kind und Zuneigung

Den kleinen Schützen dürstet es nach Zuneigung. Wenn er sie erfährt, blüht er auf und gibt sie zurück. Da er aber Verlogenheit hasst, schreckt er vor gespielter Elternliebe in der Öffentlichkeit zurück. Wenn Sie nicht auf peinliche Weise demaskiert werden möchten, sollten Sie solches Verhalten vermeiden. Sein Bedürfnis nach Zuwendung ist ebenso groß wie der Mangel, den er verspürt, wenn ihm diese versagt bleibt. Kühle, kritische oder zu anspruchsvolle Eltern, die ihm ihre Liebe vorenthalten oder sie als Waffe einsetzen, können dem sensiblen Schützen schweren psychischen Schaden zufügen. Das Gleiche gilt für Vernachlässigung, die einer Misshandlung gleichkommt.

Das Schütze-Kind und seine Beziehung zu Geschwistern

Der kleine Schütze braucht keine Spezialbehandlung, er möchte nur dieselben Möglichkeiten haben wie alle anderen. Falls die Geschwister mit den Eigenschaften des Schützen nicht umgehen können, sollten sie auch nicht dazu gezwungen werden. Man kann die Kinder auf subtile Weise dazu bringen, friedlich mit dem Schützen zusammenzuleben, damit eine heikle Situation nicht weiter eskaliert. Es kann sich zu einer regelmäßigen Beschäftigung der ganzen Familie auswachsen, die Streitereien zwischen dem Schützen und den anderen zu schlichten, aber immerhin zu einer, die sich auszahlt und irgendwann den allgemeinen Stresspegel senkt.

Das erwachsene Schütze-Kind

Dem willensstarken Schützen sollte man mit Respekt für seinen ungewöhnlichen Lebensstil begegnen. Wenn Sie vorgefasste Meinungen über ihn haben, könnte das Ärger geben. Fragen Sie ihn, ob ihm das, was Sie vorhaben, wirklich passt. Ihre Fragen sollten ganz direkt und nicht defensiv gestellt werden. Wenn Sie einen Ausflug planen, können Sie einen unverbindlichen Vorschlag machen, den er sich durch den Kopf gehen lassen kann, und dann übertragen Sie ihm die Ausführung. Der Stolz, den er noch als Erwachsener empfindet, wenn er ein Treffen auf einen Kaffee oder zu einem Spaziergang zur Zufriedenheit aller organisiert hat, öffnet die Tür für weitere Gespräche.

Steinbock

GEBURTSDATUM 22. DEZEMBER – 20. JANUAR

Der Steinbock steht unter dem Einfluss des Schicksalsplaneten Saturn und ist ein ernsthafter, ehrgeiziger Mensch, den man nicht unterschätzen sollte. Die vorherrschende Erdverbundenheit dieses Zeichens sorgt dafür, dass er verantwortungsvoll ist und in jedweder Gruppenkonstellation eine dominante sowie anspruchsvolle Rolle spielt. Er muss hin und wieder aufgeheitert werden, um sich selbst nicht allzu ernst zu nehmen. Wenn es ihm gelingt, sich zu entspannen, kann er sich an sehr vielen Dingen erfreuen. Menschen, die ihn näher kennen, schätzen seine praktischen und pragmatischen Ansichten.

Beruf

STEINBOCK

22. Dezember –
20. Januar

DER STEINBOCK-CHEF

Der Steinbock ist ein dominanter Mensch, und deshalb verlangt ein in diesem Zeichen geborener Chef unbedingten Gehorsam. Hinzu kommt, dass er darauf besteht, seine Leitungsfunktion zu behalten, und unter keinen Umständen zulässt, dass irgendjemand seine Autorität untergräbt. Versuchen Sie nie, besser zu sein als der Chef, lautet die goldene Regel beim Steinbock. Er hat keinen großen Drang, immer höher aufzusteigen, und hält so lange wie möglich an seiner Sprosse auf der Karriereleiter fest.

Den Steinbock-Chef um eine Gehaltserhöhung bitten

Der Steinbock erwartet, dass Sie Daten und Fakten mitbringen, die deutlich belegen, wie unverzichtbar Ihre Leistungen sind, wie viel Fleiß und Eigeninitiative in Ihrer Erfolgsbilanz steckt und wie Sie gleichzeitig die Firmenrichtlinien einhalten können. Machen Sie ihm lieber keine großartigen Versprechungen hinsichtlich zukünftiger Leistungen, derartige Äußerungen tut der Steinbock ohnehin als Wunschdenken ab. Wenn dieser pragmatische Mensch davon überzeugt ist, dass Ihre Bitte um eine Gehaltserhöhung gerechtfertigt ist, denkt er ernsthaft darüber nach und lässt Sie rasch wissen, wie seine Entscheidung ausgefallen ist.

Dem Steinbock-Chef schlechte Nachrichten überbringen

Falls Sie derjenige sind, der für den Misserfolg oder das Scheitern verantwortlich ist, sollten Sie sich darauf gefasst machen, dass er hart mit Ihnen ins Gericht geht und Ihre Entschuldigungen nicht hören will. Falls Sie andererseits aber über etwas berichten, an dem Sie nur geringen oder gar keinen Anteil hatten, können Sie sowohl Ihre Loyalität der Firma gegenüber wie auch Ihr Bemühen, die Sachlage zu korrigieren, unter Beweis stellen. Sofern das gescheiterte Projekt noch zu retten ist, könnten Sie anbieten, die Schadensbegrenzung selbst in die Hand zu nehmen.

STÄRKEN

dominant
entschlossen
selbstsicher

SCHWÄCHEN

unsensibel
unachtsam
dickköpfig

AUFTRETEN

autoritär
befehlend
entschieden

Geschäftsreisen und Veranstaltungen
für den Steinbock-Chef planen

Zwar amüsiert sich der Steinbock gerne, aber er ist ein sparsamer Mensch, der weder für sich noch für andere gerne viel Geld für Vergnügungen ausgibt. Er mag gutes Essen und gute Getränke, deshalb sollte man dem Appetit des Steinbocks mit großen Portionen von vorzüglichen Speisen und Spitzenweinen Rechnung tragen. Es ist vollkommen unerheblich, ob das Restaurant zu den »In«-Lokalitäten zählt. Zum Übernachten benötigt der Steinbock lediglich Mittelklassehotels oder solche, die minimal über dem Durchschnitt liegen. Schwimmt die Firma nicht gerade im Geld, besteht auch keine Notwendigkeit, ihn in der ersten Klasse reisen zu lassen.

Entscheidungen und der Steinbock-Chef

Der Steinbock besteht darauf, dass ihm selbst alle wichtigen Entscheidungen überlassen werden, und er erwartet, dass man seine Anweisungen nicht hinterfragt. Andererseits schätzt er es, wenn Sie auf seine Aufforderung hin Initiative zeigen. Allerdings erwartet er, dass Sie im Grunde ganz genauso entscheiden, wie er es getan hätte. Daher sollten Sie vorher wissen, was Ihr Chef denkt und wie er vorgehen würde. Sie müssen also versuchen, ganz wie er zu handeln. Der Steinbock erwartet unerschütterliche Loyalität, aber auch weitreichendes Verständnis für seine Einstellung.

Den Steinbock-Chef beeindrucken oder motivieren

Ein so pragmatischer und praktischer Mensch lässt sich nur von messbaren Ergebnissen beeindrucken. Dabei ist es langfristig unwichtig, ob diese nun bescheiden oder spektakulär sind, denn er neigt dazu, stetiges Wachstum einem steilen Anstieg vorzuziehen, den er mit Argwohn betrachtet. Hektische Betriebsamkeit Ihrerseits motivieren ihn kein bisschen, sondern einzig gute, solide Argumente, mit denen Sie Ihre Ideen vorbringen. Sobald er sicher ist, dass er Ihrem Urteil vertrauen kann, reagiert er positiv auf Ihre Vorschläge und ist entsprechend motiviert, diese vollkommen zu unterstützen.

Dem Steinbock-Chef etwas vorschlagen oder präsentieren

Wenn Sie dem Steinbock etwas präsentieren, sollten Sie sich genügend Zeit dafür nehmen und nicht über Details hinweghuschen. Hat er Sie gebeten, eine Präsentation vorzubereiten, nimmt sich der nachdenkliche Steinbock die Zeit, Ihnen sehr genau zuzuhören. Gelingt es Ihnen, andere dadurch zu überzeugen, wertet er das als gemeinsamen Erfolg und als Beweis dafür, wie gut Sie beide zusammenarbeiten. Der Steinbock ist immer dann besonders glücklich, wenn er seine besten Mitarbeiter damit belohnen kann, dass ihre Vorschläge und Pläne umgesetzt werden.

DER STEINBOCK-ANGESTELLTE

Der typische Steinbock-Angestellte ist engagiert und fleißig, aber auch sehr ehrgeizig. Sein Ziel ist es meist, die Erfolgsleiter Stück für Stück immer weiter heraufzusteigen. Dem Unternehmen gegenüber ist er deshalb nur bis zu einem gewissen Grade loyal und stets auf seinen eigenen Vorteil bedacht. Normalerweise ist er immer zur richtigen Zeit am richtigen Ort und passt sich seiner neuen Position schnell an. Er leistet sehr gute Arbeit, und das, was ihm an Ideen fehlt, macht er durch Fleiß wett.

Das Einstellungsgespräch mit dem Steinbock-Bewerber

Es ist nicht nötig, den Steinbock auf Herz und Nieren zu prüfen. Wahrscheinlicher ist, dass er das bereits im Vorfeld mit Ihnen gemacht hat, um sich über Ihren Charakter und Ihre Erfahrungen zu informieren. Seine Bewerbungsunterlagen erfüllen meist Ihre Anforderungen, ebenso seine Fähigkeiten und sein Werdegang, denn der Steinbock bewirbt sich nicht auf eine Stelle, die er sich erträumt, sondern auf Jobs, von denen er sich sicher ist, dass er sie ausführen kann. Als Realist ist er sich seiner Konkurrenten besser bewusst als andere und weiß genau, was man tun muss, um bei einem Bewerbungsgespräch einen guten Eindruck zu hinterlassen.

Dem Steinbock-Angestellten schlechte Nachrichten überbringen oder kündigen

Versuchen Sie niemals, dem Steinbock ausgerechnet an einem Tag, an dem er ohnehin niedergeschlagen ist oder sich unwohl fühlt, eine schlechte Nachricht zu überbringen. Falls Sie das dennoch tun, können Sie beobachten, wie er den Kopf hängen lässt und die Schultern nach unten sinken. Ihm in einer solchen Situation zu kündigen, kann sogar zu einer Krise führen. Ist er in einer einigermaßen normalen Verfassung, und man sagt ihm dann, er habe Mist gebaut, neigt er zum Gefühlsausbruch. Er leugnet, argumentiert vehement und fängt schließlich an zu brüllen – dann wird es schwierig, ihn zu beruhigen. Normalerweise endet dieser Auftritt damit, dass er aus dem Raum stürmt und die Türen knallt.

Geschäftsreisen und Veranstaltungen mit dem Steinbock-Angestellten

Der Steinbock ist ein sinnlicher Mensch, der auf Reisen und bei der Abendgestaltung Bequemlichkeit und Luxus schätzt. Allerdings ist er sparsam und trennt sich nur schwer von seinem Geld, es sei denn, das Essen und der Wein sind etwas Besonderes für ihn. Sind die Spesen beschränkt, kommt der Steinbock auch mit wenig aus und beklagt sich selbst dann nicht, wenn er keinen Spaß an der Sache hat. Wenn es aber an Sauberkeit und Hygiene mangelt, macht er auf dem Absatz kehrt und sucht sich ein besseres, nur unwesentlich teureres Quartier. Falls das Budget der Firma allerdings hoch ist, hat der Steinbock auch keine Scheu, das zu genießen.

STÄRKEN

engagiert
beharrlich
fleißig

SCHWÄCHEN

überehrgeizig
illoyal
egoistisch

AUFTRETEN

ambitioniert
aufstiegsorientiert
unbeugsam

STEINBOCK

Dem Steinbock-Angestellten Aufgaben zuteilen

Der Steinbock kann gut angeleitet werden. Er notiert sich, was von ihm verlangt wird und wie die Regeln der Firma oder der Abteilung am besten zu befolgen sind. Bevor er sich in die Arbeit stürzt, möchte er gut vorbereitet sein und besteht darauf, zuvor eingehend informiert und eingewiesen zu werden. »Scheitern« gehört zu den Begriffen, die im Wortschatz des Steinbocks keinen Platz haben, und er hat auch keinerlei Interesse daran, etwas erst im dritten oder vierten Anlauf hinzubekommen. Probleme entstehen aus seiner Neigung zum Workaholic, zum Teil aber auch daraus, dass er sich selbst enorm unter Druck setzt.

Den Steinbock-Angestellten beeindrucken oder motivieren

Der Steinbock ist immer von guter, solider, pragmatischer und praktischer Gedankenführung beeindruckt. Wenn der Chef in einer Führungsentscheidung Klugheit beweist, punktet er beim Steinbock. Und er respektiert einen Chef, der in der Lage ist, ohne großes Theater die Ärmel hochzukrempeln, und mit ihm Seite an Seite arbeitet. Kann er seinen Chef nicht nur als Kollegen, sondern auch als Freund betrachten, legt er sich ganz besonders ins Zeug. Häufig hat der Steinbock auch in seiner Freizeit Kontakt zu seinen Arbeitskollegen, wodurch ihm Gremienarbeit besonders leichtfällt.

Den Steinbock-Angestellten führen oder kritisieren

Das Führen und Kritisieren des Steinbocks ist eigentlich kein Problem, solange zwei Dinge garantiert sind: Erstens, dass all seine Verantwortlichkeiten von Anfang an klar definiert sind, und zweitens, dass man ihm ganz deutlich sagt, was man von ihm erwartet. Falls Ersteres zu uneindeutig formuliert ist und Letzteres sich als Wunschdenken entpuppt, bricht der Steinbock abrupt ab und bittet darum, dass diese zwei Punkte erst vollkommen geklärt werden, bevor er weitermacht. Wenn Sie ihm an diesem Punkt Geduld entgegenbringen, zahlt sich das später aus.

DER STEINBOCK-KOLLEGE

Der Steinbock-Kollege ist solide und verlässlich. Er bildet den Grundstock seines Teams und ist in der Lage, über Jahre hinweg zufriedenstellende oder sogar sehr gute Leistungen zu erbringen. Er ist alles andere als humorlos, genießt die Kontakte am Arbeitsplatz und erzählt ab und an einen Witz oder eine lustige Geschichte, um beachtet zu werden. Ganz besonders mag er Betriebsfeiern, Feste und andere Ereignisse, die ihm Gelegenheit geben, im Gemeinschaftsgefühl zu schwelgen. Sehr häufig hat der Steinbock unter den Kollegen einen besten Freund, mit dem er sich auch privat trifft, falls die Zeit es erlaubt.

Den Steinbock-Kollegen um Rat fragen

Der Steinbock nimmt Ratschläge sehr ernst. Wenn er der Ansicht ist, dass er nicht helfen kann, lehnt er es gänzlich ab, einen Rat zu erteilen. Er hat sich vermutlich bereits den Ruf erworben, kluge Ratschläge zu geben, es kann daher nichts schaden, ihn in schwierigen Situationen ein bisschen zu drängen. Im Grunde betrachtet der Steinbock Ihr unablässiges Bemühen als Kompliment und willigt normalerweise ein, seine Weisheiten über die Lösung des Problems zur Verfügung zu stellen. Seine Herangehensweise ist konservativ, daher können Sie seinem Urteil vertrauen und seinen Rat befolgen.

Den Steinbock-Kollegen um Hilfe bitten

Der Steinbock ist bereit, mit Wort und Tat zu helfen, sofern er davon überzeugt ist, dass derjenige, der ihn um Hilfe bittet, tatsächlich Unterstützung braucht, und dass es sich um jemanden handelt, dem es zum eigenen Wohle und dem der Abteilung beizuspringen lohnt. In der Tat fühlt sich der Steinbock wohler, im beruflichen Bereich zu helfen, als jemandem persönlich zur Seite zu stehen. Aus diesem Grunde stellt er häufig auch das Wohl der Gruppe über seine persönlichen Interessen und über die anderer.

Geschäftsreisen und Veranstaltungen mit dem Steinbock-Kollegen

Reisen und Zerstreuungen gehören zu den Dingen, die dem Steinbock die Gelegenheit geben, aus sich herauszugehen und seine soziale Seite zu genießen. Die Teilnahme an solchen Unternehmungen ist für seine gute Laune förderlich und steigert seinen Willen, diese erfolgreich zu gestalten. Da er weder pingelig noch schwierig ist, braucht er keine Vergünstigungen, sondern achtet darauf, mit dem Reisekostenbudget der Firma vernünftig und sparsam umzugehen. Im Allgemeinen kann man davon ausgehen, dass der Steinbock immer versucht, auch aus einer schwierigen Situation das Beste zu machen.

Die Zusammenarbeit mit dem Steinbock-Kollegen

Der Steinbock findet es nicht immer einfach, mit anderen zusammenzuarbeiten, vor allem dann, wenn er mit deren Ansichten oder Arbeitsweisen nicht einverstanden ist, weil er diese für nicht angemessen hält. Es kann vorkommen, dass er sich in seinem Team grundsätzlich wohlfühlt, zwei oder drei Kollegen ihn aber so massiv ärgern, dass es hin und wieder zu scharfen Auseinandersetzungen kommt. Er ist selbst kein Störenfried, fühlt sich aber von schillernden Gestalten genervt, die um Aufmerksamkeit buhlen und deshalb gelegentlich für Unruhe sorgen.

Den Steinbock-Kollegen beeindrucken und motivieren

Chefs und Kollegen, die beständig gute Arbeit machen, beeindrucken ihn am meisten. Ebenso beeindruckt ihn die große Leistungsbereitschaft derjenigen, welche die Bedürfnisse der Firma über ihre eigenen stellen. Der Steinbock ist besonders dann motiviert, wenn er sieht, dass alle engagiert arbeiten und an einem Strick ziehen. Ist seine beständige und große Energie erst einmal geweckt, erweist sie sich als beinahe unerschöpflich. Es kann sich daher für das Unternehmen auszahlen, den Steinbock zu motivieren. Will er gewinnen, steht ihm nur wenig im Weg, und er gibt nicht auf, bis er sein Ziel erreicht hat.

STÄRKEN

entgegenkommend
treu
sozial

SCHWÄCHEN

langweilig
verständnislos
leicht zu übersehen

AUFTRETEN

solide
verlässlich
selbstlos

STEINBOCK

Den Steinbock-Kollegen überzeugen oder kritisieren

Am besten benutzt man eine abgeschwächte Form der Kritik und eine subtile Herangehensweise, denn eine unverblümte Kritik fasst er möglicherweise als Angriff auf. Das kann dazu führen, dass er sich auf die Hinterbeine stellt und allen Ihren Bemühungen störrisch trotzt. Obwohl er ernsthaft und pragmatisch auftritt, möchte der Steinbock umgarnt, gewonnen und gebauchpinselt werden. Die Aufgabe, ihn wirklich zu überzeugen und zu kritisieren, sollte man den wenigen Menschen im Team überlassen, die ihn bezaubern können, denn diese Menschen wissen genau, wann und wie man den Steinbock ansprechen muss.

DER STEINBOCK-KUNDE

Bereits beim ersten Treffen macht der Steinbock deutlich, was er will. Er ist selbstsicher, geht gezielt vor und hat ein sehr klares Bild von dem vor Augen, was Sie für ihn bewerkstelligen sollen. Was aber für ihn tatsächlich sinnvoll ist, kann er sich manchmal nicht recht vorstellen, und genau hier können Ihr analytischer Scharfsinn und Ihre Intuition weiterhelfen. Auf diese Weise unterstützen Sie ihn, mehr zu erreichen, als er je für möglich gehalten hätte. Der Steinbock ist übrigens so lange offen für Ihre Vorschläge, solange Sie diese interessant, unaufdringlich und nicht provozierend vorbringen.

Den Steinbock-Kunden beeindrucken

Der Steinbock-Kunde ist beeindruckt, wenn Sie der Vermarktung seines Produkts einen neuen Kick geben, auf den er selbst noch nicht gekommen ist. Er ist ehrgeizig und immer auf der Suche nach neuen Wegen, die ihn weiterbringen. Allerdings muss man stets daran denken, dass er tief in seinem Inneren sehr konservativ ist. Sie sollten deshalb darauf achten, dass das, was Sie sagen, immer mit harten Fakten untermauert wird und Ihr Ansatz pragmatisch ist. Auch vollkommen abseitige Ideen hört er sich mit Interesse an, allerdings nur, sofern sie vor allem in finanzieller Hinsicht eine solide Grundlage haben.

Dem Steinbock-Kunden etwas verkaufen

Lassen Sie Ihre Vorschläge für sich selbst sprechen und verschnörkeln Sie sie nicht noch zusätzlich. Der Steinbock ist ein geradliniger Mensch, der erwartet, dass Sie Konzepte aus dem Ärmel schütteln können. Er macht sofort klar, ob er etwas gut oder schlecht findet, aber es ist ebenfalls typisch, wenn er um Zeit bittet, um sich alles noch einmal durch den Kopf gehen zu lassen. Als extrem nachdenklicher Mensch meint der Steinbock genau das, was er sagt, etwa, sich nach einer bestimmten Zeitspanne wieder bei Ihnen zu melden. Auch sind seine Antworten stets eindeutig, auf Ihr Angebot gibt es entweder ein klares Ja oder Nein.

Der Steinbock-Kunde und Ihr Äußeres

Ihr Aussehen ist ihm nicht besonders wichtig, denn ihn interessiert das, was Sie zu verkaufen haben. Im Grunde kommt es ihm viel mehr darauf an, was er selbst zu sagen hat, und er erwartet, dass Sie ihm genau zuhören. Sie sollten offen und aufmerksam wirken und dies mit sorgfältig eingestreuten Fragen unterstreichen. Tun Sie so, als seien Sie ein Reporter beim Interview. Mit anderen Worten: Unterwerfen Sie sich ihm nicht, sondern überlassen Sie ihm lediglich die Gesprächsführung, schieben Sie ihn nur ab und zu wieder in die richtige Richtung, damit alles Wichtige besprochen wird und Sie beide etwas von dem Gespräch haben.

Das Interesse des Steinbock-Kunden wachhalten

Das Interesse, das der Steinbock für Sie aufbringt, entspricht dem Umfang, in dem Sie sich für ihn interessieren. Nichts schreckt ihn mehr ab, als wenn ihm jemand gegenübersitzt, der ihn langweilig findet und bei seinen Ausführungen fast einschläft. Wenn Sie ihm aber aufmerksam zuhören, führt das dazu, dass er Ihre Dienste in Anspruch nimmt und er sich bei seinen Überlegungen besondere Mühe gibt, damit ein künftiges Projekt erfolgreich wird. Sobald Sie beide den Auftrag formuliert haben, sollten Sie keine Sekunde zögern, dem Steinbock zu zeigen, dass Sie die gemeinsamen Pläne sofort und effektiv umsetzen.

Dem Steinbock-Kunden schlechte Nachrichten überbringen

Da er im Berufsleben meistens total sachlich ist, kann man dem Steinbock eine schlechte Nachricht überbringen, ohne dass er aus dem Gleichgewicht gerät. Oft hat er das bereits geahnt, denn er beobachtet den Fortgang seiner Projekte auch aus der Ferne. Er hat vermutlich schon einen Alternativplan in der Tasche, den er sofort präsentiert, das enthebt Sie der Verantwortung, das Pech zu erklären oder sich für den Misserfolg zu entschuldigen. Statt auf der Stelle vom Auftrag zurückzutreten, gibt er Ihnen das Gefühl, akzeptiert zu sein, und gesteht Ihnen eine zweite Chance zu.

Den Steinbock-Kunden unterhalten

Da er in seinem Beruf ernsthaft auftritt, möchte er gern auf angenehme Weise Dampf ablassen. Viel arbeiten und ausgiebig feiern ist seine Devise, deshalb sollten Sie darauf achten, ihm eine Art der Zerstreuung zu bieten, die ihn wirklich umhaut. Vergessen Sie auch die sinnlichen Genüsse nicht und überraschen Sie ihn mit einer eindrucksvollen Kombination von Speisen, Getränken, Musik, Tanz und amüsanten Aktivitäten. Wenn Sie auf dem Unterhaltungssektor alle Register ziehen, werden Sie greifbare Erfolge erzielen, mitunter auch in Form eines sehr viel engeren Verhältnisses beim nächsten beruflichen Treffen.

DER STEINBOCK-GESCHÄFTSPARTNER

Der Steinbock legt positive wie negative Eigenschaften an den Tag, über die Sie sich Gedanken machen sollten, bevor Sie eine Partnerschaft mit ihm eingehen. Er ist bienenfleißig, und Sie können sich darauf verlassen, dass er stets gute Arbeit bringt, wenn auch keine spektakulären Leistungen. Er gehört nicht zu den einfallsreichsten und schillerndsten Personen, ist nicht besonders flexibel oder vielseitig, aber effektiv, sobald er sich in einem bestimmten Bereich eingerichtet hat und die unterschiedlichen Arbeiten anderer überwachen und verwalten kann. Er ist ein sehr guter Buchhalter, der stets darauf achtet, dass die Zahlen ganz genau stimmen.

Einen Steinbock zum Geschäftspartner machen

Meistens besteht der Steinbock darauf, dass Sie sich erst einmal zusammensetzen und sowohl die Firmenstruktur wie auch die Rollenverteilung genau festlegen. Bevor er Ihr Partner wird, wird der Steinbock Sie und Ihre Erfolgsbilanz einer eingehenden Prüfung unterziehen. Ist er von Ihrer Zuverlässigkeit absolut überzeugt, willigt er ein, einen festen Partnerschaftsvertrag aufzusetzen, der Sie beide geradezu symbiotisch aneinanderbindet. Da ein solcher Vertrag meist kaum Spielraum lässt, sollten Sie ihn aufmerksam durchlesen, bevor Sie unterschreiben.

Aufgabenverteilung mit dem Steinbock-Geschäftspartner

Der Steinbock kann seine Stärken und Schwächen in der Regel sehr gut einschätzen und hat eine genaue Vorstellung davon, welche Aufgaben ihm am besten liegen. Sie tun gut daran, sich seine Ausführungen anzuhören und dann diejenigen Arbeiten zu übernehmen, die noch übrig sind. Es können allerdings Probleme mit den unverteilten Bereichen entstehen, die keiner von Ihnen gerne erledigt. Möglicherweise ist es dann notwendig, eine weitere Person hinzuzuziehen, die diese Tätigkeiten übernimmt, aber nicht als Partner einsteigt. Sofern klar umrissen ist, wer was macht, können Sie bestimmte Aufgaben auch gemeinsam übernehmen.

Geschäftsreisen und Veranstaltungen mit dem Steinbock-Geschäftspartner

Beides kann recht entspannend sein, denn der Steinbock hat sehr viel Sinn für Praktisches und ist wirklich gut darin, Veranstaltungen und Reisen durchzuführen. Sie können auf einer Dienstreise davon ausgehen, dass nur wenig dem Zufall überlassen bleibt. Das kann gut, aber auch schlecht sein, denn manchmal würden Sie vielleicht gerne Ihrem Gefühl folgen und spontan etwas unternehmen, der Steinbock möchte aber an dem ursprünglichen Plan festhalten. Sie werden sich Möglichkeiten schaffen müssen, Ihren eigenen Impulsen zu folgen und alleine etwas zu unternehmen, ohne den Steinbock zu beleidigen oder im Regen stehen zu lassen.

Den Steinbock-Geschäftspartner lenken und führen

Ändern Sie laufend Ihre Pläne oder sind Sie allzu einfallsreich, wird es schwierig, den Steinbock bei der Stange zu halten. Die beste Kontrolle ist, ihn an bestimmte vereinbarte Details zu binden und so lange wie möglich in seiner Nähe zu bleiben. Seltsamerweise kann auch der Steinbock sprunghaft sein, vor allem dann, wenn er emotional aufgewühlt ist. Hier können Sie aber dafür sorgen, dass er sich wieder beruhigt und in die richtige Spur zurückfindet, indem Sie ruhig, aber bestimmt an Regelungen erinnern. In den meisten Fällen ist es aber gar nicht notwendig, den Steinbock anzuleiten oder zu führen.

Auf lange Sicht mit dem Steinbock-Geschäftspartner auskommen

Sobald der Steinbock sicher ist, dass er Ihnen vertrauen kann, und Sie sich auch bei laufendem Betrieb als geeignet erwiesen haben, überlässt er Ihnen die Führung in Ihrem Bereich. Hin und wieder schaut er Ihnen kritisch auf die Finger, doch normalerweise nur dann, wenn die finanzielle und wirtschaftliche Lage Ihrer Firma geprüft und bewertet wird. Spannungen können dann entstehen, wenn Sie ihn drängen, rasche Entscheidungen zu treffen oder die grundlegende Struktur beziehungsweise Richtung der Firma zu ändern. Abgesehen davon läuft alles friedlich, sofern solide und positive (wenn auch unspektakuläre) Ergebnisse zu erwarten sind.

Die Trennung vom Steinbock-Geschäftspartner

Die Auflösung Ihrer Partnerschaft wird zum Zeitpunkt der tatsächlichen Trennung längst eine ausgemachte Sache sein. Der Steinbock ist an allererster Stelle Realist, deshalb sieht er auftretende Schwierigkeiten ganz klar und macht sich keine Illusionen, wenn Ihre Beziehungen auf dem absteigenden Ast sind. Das Problem ist, dass er seine Gedanken nicht immer mit Ihnen teilt und sich so verhält, als wäre alles in Ordnung. Aber eines Tages lässt er die Bombe platzen und teilt Ihnen mit, dass alles nicht mehr funktioniert. Zu diesem Zeitpunkt hat er in aller Regel bereits einen Plan, wie die Trennung am besten vollzogen werden kann.

DER STEINBOCK-KONKURRENT

Sie können sich darauf verlassen, dass der Steinbock Sie für Ihr Geld hart arbeiten lässt. Er ist hartnäckig und lässt sich auch über Jahre nicht in die Knie zwingen. Machen Sie nicht den Fehler zu denken, er könne Ihre raschen und unerwarteten Vorstöße nicht kontern. Selbst wenn ihn ein solcher Aufprall kurz aus der Bahn wirft, kann er, sobald er erkennt, was Sie vorhaben, noch eine beeindruckende Verteidigung aufbauen. Er besitzt große analytische Fähigkeiten, und setzt sie unter anderem dazu ein, Ihre Kampagnen detailliert zu untersuchen. Daher ist er ein ernstzunehmender Gegner, der ohne Zaudern zurückschlägt, wenn er so weit ist.

Gegen den Steinbock-Konkurrenten antreten

Die effektivste Art und Weise, dem Steinbock gegenüberzutreten, ist, ihm Fallen zu stellen. Da er eher seinen Verstand benutzt als seine Intuition, sollten Sie versuchen, falsche Fährten zu legen, damit er Ihre Kampagne nicht richtig einschätzt. Sobald er denkt, er weiß über Sie Bescheid, fühlt er sich so sicher, dass er oft in die falsche Richtung steuert. Er bleibt stur bei seiner Schlussfolgerung

STÄRKEN

hartnäckig
analytisch
aufmerksam

SCHWÄCHEN

schwerfällig
übermäßig logisch
uneinsichtig

AUFTRETEN

attackierend
streitlustig
ausdauernd

und weigert sich, diese abzuändern oder zu berichtigen, was Ihnen wiederum Zeit und Raum verschafft, weiter für Ihr Produkt zu werben, ohne auf nennenswerten Widerstand zu stoßen.

Den Steinbock-Konkurrenten ausspielen

Einen so sturen Konkurrenten auszuspielen, ist nicht einfach, denn seine Stärke ist die Vorbereitung. Beobachten Sie ihn gut, finden Sie heraus, in welche Richtung er arbeitet, und bringen Sie ihn mit ausgeklügelten Strategien aus dem Gleichgewicht. Es kann sein, dass er auf Zeit spielt, wodurch Ihnen eine harte Geduldsprobe bevorsteht. Vergessen Sie nicht, dass der Steinbock langfristig plant, und versuchen Sie, ihn mit schnell wechselnden, klug eingesetzten Entscheidungen zu beherrschen. Solche Manöver findet er nämlich rätselhaft und kann ihnen nur schwer etwas entgegensetzen. Solange er nicht versteht, was Sie machen, können Sie nur gewinnen.

Den Steinbock-Konkurrenten persönlich beeindrucken

Achten Sie darauf, dass er völlig aus dem Tritt kommt, indem Sie nichts von dem tun, was er erwartet. Wenn Sie wissen, was er über Ihre Firma denkt, können Sie ihn mit Ihrem Wissen beeindrucken. Während er Sie und Ihren geheimnisvollen Erfolg fasziniert beobachtet und dafür irgendeine logische Erklärung sucht, können Sie ihn aber noch weiter verwirren. Wählen Sie schrille Outfits, ziehen Sie unlogische Schlussfolgerungen, lachen Sie nervös oder an unpassenden Stellen. Wie eine Schlange können Sie ihn hypnotisieren und für Verwirrung sorgen, was ihn wiederum Konzentration kostet und dazu führt, dass er sich unwohl fühlt.

Den Steinbock-Konkurrenten über- oder unterbieten

Lassen Sie sich bei einer Preisschlacht nicht in die Karten gucken und lassen Sie den Steinbock nie Ihre wahren Absichten erfahren. Schauen Sie sich seine Pläne genau an, irgendwo werden sich bestimmt ein paar kleine Fehler in seiner Argumentation finden, die Sie nutzen können, um ihn zu entwaffnen und die Oberhand zu gewinnen. Eine weitere effektive Strategie ist, sich einen Kunden oder eine Immobilie zu sichern, der oder die für Sie keinen unmittelbaren Vorteil bedeutet. Der Steinbock wird sich den Kopf zerbrechen, warum Sie genau diese Entscheidung getroffen haben, und vergeudet dabei wertvolle Zeit und Energie.

PR-Krieg gegen den Steinbock-Konkurrenten

Gute Public Relations gehören nicht zu den Stärken des Steinbocks. Er macht viel zu oft den Fehler, sich auf diesem Gebiet falsch einzuschätzen und Geld sparen zu wollen, indem er sich entscheidet, die PR-Kampagne selbst zu gestalten, statt eine Agentur zu beauftragen. Wenn Sie dann ein beträchtliches Budget für die PR einplanen (und vielleicht genau den Profi engagieren, den Ihr Konkurrent hätte wählen sollen), müssten Sie den Kampf eigentlich gut überstehen. Dem Steinbock fehlt häufig ein gewisses Verständnis für die menschliche Natur. Das trennt ihn von seinen Kunden.

Der Steinbock-Konkurrent und die persönliche Beziehung

Da es dem Steinbock an Sensibilität fehlt und er immer eingleisig fährt, ist er leicht zu durchschauen. Gehen Sie psychologisch geschickt vor und zielen Sie auf seine Schwachstellen im persönlichen Bereich, können Sie ihn erfolgreich außer Gefecht setzen. Recherchieren Sie ein wenig über sein Privatleben, decken Sie typische Gewohnheiten und immer gleiche Strategien auf, damit Sie ganz genau wissen, wie er in einer bestimmten Situation reagiert. Sobald Sie sein Verhalten vorhersagen können, haben Sie in jedem möglicherweise entstehenden Konkurrenzkampf ihm gegenüber einen großen Vorteil.

STEINBOCK
22. Dezember –
20. Januar

STÄRKEN

beobachtend
geradeheraus
entgegenkommend

SCHWÄCHEN

begeisterungslos
sachlich
reserviert

AUFTRETEN

körperbetont
entgegenkommend
sinnlich

Liebe

RENDEZVOUS MIT DEM STEINBOCK

Auf körperlicher Ebene kann es beim Steinbock manchmal sehr schnell gehen. Stimmt die Chemie zwischen Ihnen, gehen Sie über Berührungen und Küsse bald hinaus. Deshalb sollten Sie den Ort Ihres Treffens gut wählen und sich genau überlegen, ob Sie ausgehen möchten oder einen intimeren Abend zu Hause vorziehen. Der Steinbock ist beim ersten Date manchmal sehr sachlich und fühlt sich nicht abgelehnt, sollte es bei diesem ersten Mal bleiben. Er nimmt die Dinge einfach so hin, wie sie laufen. Ist mehr drin, gibt er sich aufmerksam und engagiert, aber er überschlägt sich nicht.

Wie man einen Steinbock kennenlernt und anlockt

Wenn Sie schon länger ein Auge auf den Steinbock geworfen haben, ist es wichtig, ihn auf die richtige Art und Weise anzusprechen, damit aus der Sache etwas wird. Eine erfolgreiche Strategie ist dabei meist, das erste Treffen nicht wie ein Rendezvous aussehen zu lassen. Schlagen Sie ihm ein gemeinsames Arbeitsprojekt, eine Kreativsitzung oder gemeinsame Computerarbeit vor. Das reicht schon aus, um ihm näherzukommen. Im Grunde wissen Sie beide, was läuft, aber oft ist es nötig, dem Steinbock nicht gleich mit Romantik zu drohen. Achten Sie darauf, dass das Umwerben in entspannter, neutraler Umgebung stattfindet und keinesfalls intim oder geplant aussieht.

Unternehmungen bei der Verabredung mit dem Steinbock

Es bietet sich an, ihm mehrere Aktivitäten anzubieten, statt ihm einen vorgefertigten Plan aufzudrängen. Sie sollten beispielsweise sagen: »Vielleicht könnten wir ja irgendwann mal dies oder jenes machen«, mehr nicht. Geben Sie ihm ausreichend Zeit, darüber nachzudenken. Ist er bereit, wird er auf Sie zukommen, was manchmal ein paar Wochen oder auch einen Monat dauern kann. (Meldet er sich bis dahin nicht, hat er keinerlei Interesse, und man lässt ihn besser in Ruhe.) Fortschritte machen Sie mit ihm am ehesten dann, wenn Sie ihn »zufällig« irgendwo treffen und noch einmal auf Ihren Vorschlag zu sprechen kommen.

Was den Steinbock anmacht und was ihn abschreckt

Der Steinbock hat eine sehr genaue Vorstellung davon, wann und wo er mit Ihnen gesehen werden möchte, falls Sie sich entschließen, sich zusammen in der Öffentlichkeit zu zeigen. Sobald der Ort des Geschehens feststeht, gibt man sich am besten so beiläufig wie möglich und lässt ihm ausreichend Freiraum, egal, ob man sich in der Uni, auf der Arbeit oder in der Freizeit trifft. Gut möglich, dass er Ihrem Smalltalk gern zuhört, denn der ist unverfänglich. Ihr Charme macht ihn an, vorhersehbare Vorschläge oder Avancen törnen ihn ab.

Beim Steinbock den ersten Schritt machen

Wahrscheinlich machen Sie den ersten Schritt eher gemeinsam, als dass er nur auf einen von Ihnen zurückgeht, denn der Steinbock hat einen siebten Sinn für gegenseitige sexuelle Anziehung. Ist er in der richtigen Stimmung, ist er sehr empfänglich, und wenn das Ganze auf Gegenseitigkeit beruht, verstärken sich seine Gefühle noch mehr. Der Steinbock kann recht ungehemmt sein, und dann wird es sehr schnell sehr wild. Wenn Ihnen das alles viel zu schnell geht und Sie sich zurückziehen möchten, sollten Sie eine passende Entschuldigung bei der Hand haben, um seine Gefühle nicht zu verletzen und ihn traurig oder wütend zu machen.

Den Steinbock beeindrucken

Ihn beeindruckt ruhiges, kultiviertes, aber dennoch offenes Verhalten. Er interessiert sich besonders für Ihr Aussehen, das ihm zeigt, wie Sie wirklich sind und was er Ihnen bedeutet. Er achtet auf Ihre Frisur, Ihre Kleidung, Ihre Schuhe und Ihr Parfüm, und wenn er Sie mag, steigert all dies seine Neugier so sehr, dass er mehr will. Bei Kino- oder Restaurantbesuchen sollten Sie darauf achten, nicht kleinlich zu erscheinen, aber unter keinen Umständen versuchen, ihn von vorneherein einzuladen. In der Regel möchte der Steinbock, dass Sie sich die Rechnung teilen, damit kein Abhängigkeitsverhältnis entsteht und niemand unter Zugzwang gerät.

Den Steinbock nach der Verabredung wieder loswerden

Zu Beginn der Beziehung wird man den Steinbock ziemlich leicht wieder los, doch wenn es ernster wird, wird auch die Trennung schwieriger. Es reicht nicht, ihm einfach nur kein Interesse mehr entgegenzubringen, denn das macht ihn eher an und schürt sein Verlangen, Sie zu verführen. Am besten legen Sie sich eine Entschuldigung zurecht oder lügen ihn einfach an. Sagen Sie ihm, es sei gerade alles ziemlich stressig, aber es habe Spaß gemacht mit ihm. Sobald es ruhiger sei, würden Sie sich wieder melden. Der Steinbock versteht diesen Wink mit dem Zaunpfahl und zieht sich zurück.

STÄRKEN

wählerisch
tüchtig
tiefgründig

SCHWÄCHEN

opportunistisch
snobistisch
pingelig

AUFTRETEN

ernsthaft
anspruchsvoll
direkt

Der Steinbock neigt dazu, Sex sehr sachlich, aber auch sehr natürlich zu sehen. Seine Motto ist: »Lass uns schnell ins Bett gehen, dann ist das abgehakt, kennenlernen können wir uns später immer noch.« Zwar ist er ein sehr körperbetonter Mensch, aber ihm ist auch das, was über Sex hinausgeht, wichtig, denn er will in der Regel eine ernsthafte und tiefgehende Beziehung, nichts Kurzes, Oberflächliches. Er kann sich auch so lange gedulden, bis der oder die Richtige kommt. Seine natürliche Tüchtigkeit und seine Ansprüche bewahren ihn davor, Zeit und Energie auf Menschen zu verschwenden, die es nicht wert sind.

Mit dem Steinbock diskutieren

Der Steinbock hat überhaupt nichts dagegen, gewisse Dinge auszudiskutieren. Hat er eine Beziehung, die ihm wirklich wichtig ist, scheut er weder Zeit noch Mühe, alles wieder ins Lot zu bringen. Wichtige Dinge lässt er nicht im Vagen und schneidet auch von sich aus Themen an, die besprochen werden müssen. Er gibt nicht eher Ruhe, bis sie von beiden Seiten ausdiskutiert worden sind. Allerdings möchte er entscheiden, wann und wo Sie diskutieren, und wartet lieber auf die optimale Bedingung. Das sieht zwar ein wenig nach Hinhaltetaktik aus, ist aber normalerweise nicht so gemeint.

Mit dem Steinbock streiten

Der Steinbock ist extrem dickköpfig und weicht im Streit keinen Meter zurück. Herrscht nach dem ersten Streit noch immer dicke Luft, wird weitergestritten, bis alles angesprochen und entweder geklärt oder ein Kompromiss ausgehandelt worden ist oder Trennung im Raum steht. Wenn Sie sich die Zeit nehmen, Ihre Handlungsweise oder Ihren Standpunkt gründlich zu erklären, ist er auch bereit, über Ihre Argumente nachzudenken, statt sie einfach wegzuwischen. Er erwartet allerdings dasselbe von Ihnen und spricht mit Ihnen sorgfältig und ruhig über seine Argumente, um zu testen, ob Sie ihn auch richtig verstanden haben.

Mit dem Steinbock reisen

Weil er sehr genaue Vorstellungen und eine feste Meinung hat, ist der Steinbock als Reisebegleiter nicht ganz unkompliziert. Am liebsten würde er sowieso zu Hause bleiben, es sei denn, es gibt einen wichtigen Grund für die Reise, oder Sie können ihn mit der Aussicht auf Vergnügungen in fernen Ländern locken. Sie bekommen ihn auch mit ins Boot, wenn Sie ihm die Berufs- und Bildungsmöglichkeiten, die sich aus einer Reise ergeben können, vor Augen halten. Sie sollten ihm Ihre ungeteilte Aufmerksamkeit versprechen, vor allem mit dem Ausblick auf Romantik.

Sex mit dem Steinbock

Sofern es sich um jemanden handelt, der ihm wirklich am Herzen liegt und mit dem er weitere Pläne hat, mag der Steinbock viel Sex. Er sieht Sex als wichtig für die Entwicklung einer Liebesbeziehung an und profitiert davon nicht nur in sexueller, sondern auch in emotionaler Hinsicht. Liebe und Sex sind für ihn meist ein und dasselbe, nur selten widmet er sich einem davon besonders ausgiebig und lässt das andere völlig außer Acht. Der Steinbock erwartet in Liebesdingen von Ihnen genau dasselbe Engagement und führt die Beziehung nicht lange fort, wenn er der Einzige ist, der gibt.

Der Steinbock und Zärtlichkeit

In sinnlicher wie auch sexueller Hinsicht hat der Steinbock viel zu bieten. Zärtlichkeiten zu geben und zu empfangen, ist für ihn deshalb ein wichtiger Bestandteil der Romantik in der Beziehung. Seine Art, Zuneigung auszudrücken, ist allerdings nicht immer leicht zu verstehen, was häufig dazu führt, dass er als kühl und distanziert beschrieben wird. Der Steinbock zeigt seine Gefühle viel eher mit einem Blick, in seiner Stimme oder mit einem kurzen Lächeln statt mit einem Kuss oder einer Umarmung. Deswegen schreckt er möglicherweise auch vor allzu enthusiastischen Zuneigungsbekundungen Ihrerseits zurück.

Der Steinbock und Humor

Man sagt dem Steinbock ja häufig nach, er habe absolut keinen Sinn für Humor. Das stimmt überhaupt nicht, es ist nur so, dass seine Ansicht darüber, was lustig ist, nicht von jedem verstanden wird – ebenso wie seine Art, einen Witz anzunehmen. Der Steinbock quittiert einen Witz mit einem kleinen Lächeln, häufig kommt ein Aufblitzen der Augen oder ein Schmunzeln dazu, keinesfalls lautes Lachen. Wenn er eine Geschichte erzählt oder eine geistreiche Bemerkung macht, erwartet er in Ihrem Gesicht ein Zeichen des Verstehens und kein schallendes Gelächter oder hysterisches Kichern. Sein Sinn für Humor ist eher subtil und nuancierter als bei den meisten anderen.

EHE MIT DEM STEINBOCK

Der Steinbock ist eine so dominante Persönlichkeit, dass er stets der unangefochtene Anführer der Familie sein muss. Sein Bedürfnis, alle um ihn herum zu kontrollieren, kommt nirgendwo so stark zum Ausdruck wie im Umgang mit seinem Partner. Was den Erfolg im Leben angeht, setzt der Steinbock großen Ehrgeiz und nicht selten auch große Erwartungen in seinen Ehepartner. Dieser Drang nach Erfolg bezieht sich nicht nur auf das Berufs-, sondern auch auf das Familienleben. Der Steinbock muss lernen, seine anmaßende Art unter Kontrolle zu bekommen und gleichzeitig seinem Ehepartner Luft zum Atmen lassen.

Hochzeit und Flitterwochen mit dem Steinbock

Die Hochzeit und Flitterwochen plant der Steinbock minutiös – allerdings nicht nur seine eigenen, sondern auch die von anderen. Mit Finanzen zu jonglieren und alles bezahlbar zu halten, ist die Spezialität des Steinbocks, und im Falle der Flitterwochen sorgt er dafür, dass er tatsächlich alles für sein Geld herausholt. Es ist für ihn ganz besonders wichtig, dass er so viel Spaß hat wie möglich und dass die Störungen auf ein Minimum begrenzt bleiben, aber alles auf sinnvolle, sparsame Weise. Dass Hochzeit und Flitterwochen ein uneingeschränkter Erfolg werden, ist für den Start in die Ehe mit dem Steinbock besonders wichtig.

Haushalt und Ehealltag mit dem Steinbock

Schaffen Sie sich gleich zu Anfang der Ehe eine eigene Nische, sonst laufen Sie immer nur nebenher oder stehen ganz im Schatten. Der Steinbock ist sehr dominant und will fast alles, was in der Familie läuft, unter Kontrolle haben. Erst wenn Sie ihm beweisen, dass Sie aggressiv genug sind, Ihr Territorium abzustecken und eigene Stärke zu entwickeln, respektiert der Steinbock Sie wirklich. Und erst dann sieht er auch ein, wie sinnlos es ist, in Ihrer Privatsphäre herumzufuhrwerken. Eine Bemerkung wie: »Ich hab das schon im Griff« reicht als Warnung meistens aus. Später genügt nur noch ein Blick.

Der Steinbock und Geld

Oft ist es am besten, die Finanzen der Familie dem Steinbock zu überlassen, denn er ist ein verantwortungsbewusster Verwalter. Wenn es um bestimmte Budgets geht, sollten Sie auf Ihrem Mitspracherecht bestehen. Der Steinbock gibt das Geld zwar nicht für sich aus, aber seine praktische Einstellung lässt die schönen Dinge des Lebens manchmal ein wenig zu kurz kommen. Es kann auch sein, dass Sie sich rechtfertigen müssen, wenn Sie spontane Ausgaben getätigt haben, besonders für Kleidung, Vergnügungen und Dinge, die nicht lebensnotwendig sind. Stehen Sie zu diesen Ausgaben, und sprechen Sie zur Not versteckte Drohungen aus.

Der Steinbock und Treue

Der Steinbock ist normalerweise treu. Falls er fremdgeht, besteht das Problem nicht in der Beziehung, die er zu einem anderen Menschen aufgebaut hat, sondern in seiner Unfähigkeit, emotional damit fertigzuwerden. Quälende Beichten, nervöse und depressive Gefühlsausbrüche häufen sich dann. Könnte er seine Probleme ohne diese extremen Schuldgefühle in den Griff bekommen, würde man seinen Seitensprung eher akzeptieren und vergessen können. Wenn Sie ihm die Vergebung verweigern, halten Sie eine Waffe in den Händen, mit der Sie Ihre Machtposition festigen, auch wenn Sie genau wissen, dass die Liebe in einer Beziehung wichtiger ist.

Der Steinbock und Kinder

Als Familienmensch möchte der Steinbock mindestens ein oder zwei Kinder. Leider betrachtet er die Elternschaft als etwas, das eher seinen eigenen Plänen förderlich ist als seinem Nachwuchs. Wie der Gott des Alten Testaments schafft er sich seine Kinder oft nach seinem Bilde. Als Ehepartner eines solchen Steinbocks müssen Sie für die Rechte Ihrer Kinder eintreten und diese verteidigen. Das kann jedoch häufig zu tiefen Rissen und Polarisierungen innerhalb der Familie führen, wobei der Steinbock dann meist derjenige ist, der außen vor bleibt.

Scheidung vom Steinbock

Mit einer Scheidung kommt der Steinbock nicht gut zurecht. Er hängt so sehr an Dingen, am Geld, an den Kindern und vor allem an der Geborgenheit des Familienlebens, dass ihm jegliche Trennung schwerfällt. Während Sie vielleicht Ihre neugewonnene Freiheit genießen oder froh sind, seinen dominanten Attitüden entronnen zu sein, leidet der Steinbock fürchterlich, wodurch vieles auch für Sie komplizierter wird. Eine Scheidung kann also in vielerlei Hinsicht schwierig sein, manchmal sogar schwieriger als die Ehe. Sie sollten das Ganze bis zu einem gewissen Grade freundlich, aber mit dem nötigen Pragmatismus angehen.

AFFÄRE MIT DEM STEINBOCK

Der Steinbock garantiert seinem Partner durchaus sexuelle Erfüllung. Da er sexuell orientiert ist und auch das nötige Durchhaltevermögen besitzt, sorgt der Steinbock dafür, dass die gegenseitige sexuelle Anziehung viele Monate oder sogar Jahre anhält. Er ist der Ansicht, dass das, was zwischen zwei Menschen geschieht, nur sie selbst etwas angeht, und kann deshalb Geheimnisse gut für sich behalten, so dass die bestehende Beziehung seines Partners nicht beschädigt wird. Zwar ist er aufmerksam, doch oft ist er nicht fähig, die Gefühle seines Partners mit einzubeziehen und dessen innerste Bedürfnisse zu erfüllen.

Mit dem Steinbock anbandeln

Häufig wird Ihnen der Steinbock von gemeinsamen Freunden vorgestellt; dass er Ihnen zufällig begegnet, passiert eher selten. Sie können ihm auf einer Party, einem gesellschaftlichen Ereignis oder bei einem Essen bei Freunden begegnen. Oft gibt der Steinbock bei der ersten Begegnung nicht viel von sich preis, denn er will Sie zunächst ganz genau beobachten. Es ist zwar schwer, seinen Panzer zu durchbrechen und zu erraten, was er fühlt (beispielsweise, ob er Sie mag, versteht sich), doch er scheut sich nicht, Sie innerhalb der nächsten paar Wochen auf irgendeine Art und Weise noch einmal anzusprechen.

Wohin mit dem Steinbock-Liebhaber?

Der Steinbock nimmt Sie mit zu sich nach Hause oder an einen neutralen Ort, der ihm vertraut ist. Die Herausforderung, gleich nach Ihrer ersten Begegnung oder Ihrem ersten sexuellen Kontakt mit Ihrer persönlichen Umgebung konfrontiert zu werden, ist ihm normalerweise zu groß. Es interessiert ihn auch nicht besonders, wie Sie wirklich sind und wie Sie leben, sondern gestaltet Ihre Treffen direkt, intensiv und ohne große Ablenkungen. Solange die Umgebung ruhig, ordentlich und störungsfrei ist, ist der Steinbock völlig zufrieden. Achten Sie aber darauf, Ihr Handy abzuschalten, denn sonst können Sie ihn damit beleidigen.

Sex in der Affäre mit dem Steinbock

Der Sex mit dem Steinbock kann von einem eigenartig unpersönlichen Gefühl überschattet sein. Nachdem Sie mit ihm zusammen waren, fragen Sie sich häu-

STÄRKEN

sexuell orientiert
diskret
ausdauernd

SCHWÄCHEN

unsensibel
überanspruchsvoll
egoistisch

AUFTRETEN

sachlich
wahrheitsgetreu
direkt

STEINBOCK

fig, ob er Sie als Person wirklich wahrgenommen hat. Einerseits ist er auf der körperlichen Ebene großartig, andererseits gelingt es ihm nicht, dem anderen echtes Vertrauen, Intimität und Respekt entgegenzubringen. Sie fühlen sich oft gut, häufig auch erschöpft, aber irgendwie auch leer und ein wenig verstört. Vielleicht ist es notwendig, zu einem späteren Zeitpunkt mit ihm darüber zu reden, um ihn auf den richtigen Weg zu führen.

Die Affäre mit dem Steinbock aufrechterhalten

Solange Sie den Steinbock sexuell erfreuen und befriedigen können, gibt es eigentlich keinerlei Probleme. Anders ausgedrückt heißt das: Wenn er das, was er braucht, von Ihnen irgendwann nicht mehr bekommt, meldet er sich immer seltener und lässt Sie irgendwann ganz fallen. Fortwährende Befriedigung ist also der Schlüssel, um ihn zu halten. Das gilt aber nicht nur für die Sexualität, sondern auch für andere Bereiche. Beweisen Sie ihm beispielsweise, dass es Spaß macht, mit Ihnen zusammen zu sein, und erweisen Sie sich als guter Freund oder gute Freundin, indem Sie dafür sorgen, dass er sich nicht so häufig deprimiert fühlt.

Den Steinbock-Liebhaber unterhalten

Geht der Steinbock aus, dann ins Kino, in eine Disco und dahin, wo es schick, cool oder angesagt ist. Ab und zu, manchmal mehrmals im Monat, möchte der Steinbock seine Sorgen vergessen und richtig ausgehen. Dabei legt er ein überraschend extrovertiertes Verhalten an den Tag. Wenn Sie für seine verrückten Launen Verständnis haben und seine extravaganten Touren ertragen können, ohne schockiert oder ärgerlich zu reagieren, wachsen Sie ihm immer mehr ans Herz. Das steigert sein Vertrauen zu Ihnen. Jegliche emotionale Zurückweisung und Kritik an seinem Verhalten werfen jedoch einen Schatten auf die Beziehung.

Die Affäre mit dem Steinbock beenden

Es ist nicht empfehlenswert, die Beziehung zum Steinbock abrupt abzubrechen, obwohl er durchaus imstande ist, Sie wie eine heiße Kartoffel fallenzulassen. Wenn Sie ihn einfach abschreiben und ihn höflich aus Ihrem Leben herauskomplimentieren, dürfen Sie sich auf eine geschliffene Antwort gefasst machen. Die ist dann nicht nur an Sie persönlich gerichtet, sondern wird auch gemeinsamen Freunden und geschäftlichen Kontakten zugespielt. Am besten verläuft die Trennung auf Raten, beispielsweise dadurch, dass Sie sich zunächst nicht mehr ganz so häufig sehen. Der Steinbock ist sehr stolz, und wenn dieser Stolz verletzt wird, explodiert er förmlich vor Empörung.

DER STEINBOCK-EX

Die Haltung des Steinbocks seinem Expartner gegenüber ist meist von Respekt und Verantwortungsbewusstsein geprägt. Es ist auch nicht ungewöhnlich, dass er, ohne verklärte oder leidenschaftliche Gefühle, weiterhin Anteil an Ihrem Leben nimmt. Der Steinbock reagiert nämlich auf Kritik aus der Familie und von gemeinsamen Freunden besonders empfindlich und verhält sich deshalb meist anständig. Allerdings besteht er darauf, dass auch sein Expartner ihn mit Anstand und Respekt behandelt. Wenn man ihn dagegen ignoriert oder beleidigt, kann er ziemlich unversöhnlich reagieren.

Freundschaft mit dem Steinbock-Ex

Das ist normalerweise kein Problem, allerdings sollte man sie in gewissen Grenzen halten. Diese Grenzen werden auch gerne vom Steinbock gezogen. Solange Sie sich an diese Regelungen halten, kommt es kaum zu Konflikten. Der Steinbock kann sich aber über ständige Verstöße gegen allgemeingültige Umgangsformen ziemlich aufregen, vor allem, wenn der oder die Ex unberechenbar und irrational handelt. Wenn Sie unangekündigt bei ihm vor der Tür stehen oder ihn mitten in der Nacht anrufen, schätzt er das gar nicht. Ab und an mit ihm zu telefonieren, reicht vollkommen aus.

Der Steinbock-Ex und Versöhnung

Gespräche über eine Versöhnung sollte man nicht auf die leichte Schulter nehmen, denn das Thema überhaupt anzuschneiden erweist sich schon als bedeutungsschwer. Denken Sie daran, dass er jedes Versprechen, das Sie ihm geben, jedes Gefühl, das Sie ausdrücken, vollkommen ernst nimmt. Später zu behaupten, man habe nur Spaß gemacht, ist zwecklos. Sie können nämlich davon ausgehen, dass der Steinbock einer Versöhnung erst nach weitreichenden Versprechungen zustimmt. Diese können unter anderem rechtliche Verbindlichkeiten, Neuregelungen zu Immobilien- und Vermögenswerten sowie eine Neuordnung der familiären Bindungen und Verpflichtungen umfassen.

Mit dem Steinbock-Ex über alte Probleme sprechen

Mit dem Steinbock können Sie eigentlich überhaupt nicht über alte Probleme sprechen, ohne dass er Sie beschuldigt, verurteilt oder Ihnen Schuldgefühle einredet. Bei einem solchen Streit ist er meist unbeugsam, und wenn Sie wieder Ihrer Wege gehen, fühlen Sie sich nicht besonders wohl. Jeglicher Versuch, mit ihm zu streiten, kann zu einem Wutausbruch führen, Sie sollten deshalb vorsichtig argumentieren. Es ist hilfreich, dieses Gespräch in einem Café zu führen, um ein wenig soziale Kontrolle herzustellen, statt eine gefährliche Konfrontation im Privaten zu riskieren. Begrenzen Sie das Treffen zeitlich, und laden Sie eventuell einen gemeinsamen Freund als Schiedsrichter dazu ein.

Dem Steinbock-Ex seine Zuneigung zeigen

Jegliche Zuneigungsbekundungen sollten Sie tunlichst vermeiden oder streng unter Kontrolle halten. Der Steinbock betrachtet so etwas nämlich mit Misstrauen und argwöhnt, dass Sie Ränke schmieden, um ihn zu manipulieren und kontrollieren. Statt mit Zuneigung sollten Sie Ihre Gedanken über sein Befinden lieber anders ausdrücken. Beispielsweise, indem Sie bei Bedarf Hilfe anbieten,

STÄRKEN

aufmerksam
fürsorglich
wachsam

SCHWÄCHEN

übersensibel
aggressiv
unversöhnlich

AUFTRETEN

konventionell
respektvoll
verantwortungsbewusst

STEINBOCK

bereit sind, zuzuhören oder grundsätzlich alles ernst nehmen, was der Steinbock sagt. In vielen Fällen können Sie Ihre Rücksichtnahme am besten dadurch ausdrücken, dass Sie ihn einfach in Ruhe lassen, das schätzt er über alles.

Die gegenwärtige Beziehung zum Steinbock-Ex definieren

Der Steinbock hat eine ziemlich genaue Vorstellung von der gegenwärtigen Beziehung und braucht Ihre Meinung dazu eigentlich nicht. Er ist davon überzeugt, dass seine Ansicht zu diesem Thema die richtige ist, und weist Ihren Standpunkt kategorisch zurück, es sei denn, er ist dem seinen ähnlich. In allererster Linie ist er ein Realist, der Ihnen schnell erklärt, welche Ihrer Betrachtungen lediglich Wunschdenken sind. Diskussionen zu diesem Thema sollten Sie ebenfalls vermeiden, doch wenn Sie nicht widerstehen können, Ihre Sicht der Lage zu erklären, müssen Sie sich auf eine wenig freundliche Antwort gefasst machen.

Gemeinsames Sorgerecht mit dem Steinbock-Ex

Sind Kinder betroffen, kommen seine unbeugsamen Züge zum Vorschein. Der Umgang mit ihm wird dann sehr schwer, denn er besteht vermutlich darauf, das alleinige Sorgerecht übertragen zu bekommen, da Ihre Präsenz die Kinder nur weiter durcheinanderbringe. Können Sie ihn jedoch mit einem verantwortungsvollen, fürsorglichen Verhalten davon überzeugen, dass seine Annahme falsch ist, wird er sich eher für das gemeinsame Sorgerecht erwärmen. Der Steinbock neigt dazu, Sie moralisch zu verurteilen und scheut sich nicht, all Ihre Verfehlungen nicht nur im Privaten, sondern auch öffentlich und vor Gericht auszubreiten.

Freunde & Familie

DER STEINBOCK-FREUND

Selbst wenn die Freundschaft nicht allzu eng ist, nimmt der Steinbock Anteil an den Problemen seiner Freunde und ist für sie da, wenn Not am Mann ist. Gefühle investiert der Steinbock aber grundsätzlich nur in seinen Partner, einige Familienmitglieder und wenige Freunde. Sind Sie mit dem Steinbock befreundet, kann es sein, dass Sie in seinem Leben die Position »bester Freund« einnehmen. Der beste Freund eines Steinbocks zu sein, ist jedoch eine schwere Aufgabe und nicht immer schön. Positiv ist zu vermerken, dass der Steinbock seinen besten Freund stets zuvorkommend behandelt und dessen Anwesenheit der aller anderen Menschen vorzieht.

Den Steinbock-Freund um Hilfe bitten

Wenn der Steinbock Sie als seinen wahren Freund betrachtet, hilft er Ihnen ohne weiteres Nachfragen. Haben Sie seinen Rat jedoch mehrmals missachtet oder seine Hilfe ausgenutzt, weigert er sich in Zukunft, Ihnen überhaupt aus der Patsche zu helfen. Egal, wie sehr er anderweitig beschäftigt ist, wenn ein Freund wirklich in Not ist, lässt er alles andere stehen und liegen. Nutzen Sie seine Hilfsbereitschaft nicht aus, indem Sie ihn rufen, wenn es eigentlich gar nicht notwendig ist und Sie nur gern seine Aufmerksamkeit hätten. Bitten Sie ihn nur im Extremfall um Hilfe, höchstens ein- oder zweimal im Laufe der Freundschaft.

Mit dem Steinbock-Freund kommunizieren und in Kontakt bleiben

Der Steinbock ist nicht sehr kommunikativ und legt keinen großen Wert darauf, ständig zu plaudern. Er ruft Sie nur dann an, wenn er Lust dazu hat. Die Aufgabe, den Kontakt aufrechtzuerhalten, fällt vermutlich Ihnen zu, und Sie sollten daran denken, dass man einen befreundeten Steinbock schlecht auf bestimmte Verpflichtungen und Zeiten festnageln kann. Wenn er sich aber zu einem Treffen verabredet, können Sie sich absolut auf ihn verlassen, denn er versetzt keine Freunde. Er findet zwar nicht immer sofort die richtigen Worte, aber er sagt, was er denkt, und seinen Ansichten kann man meistens vertrauen.

STÄRKEN

solide
großzügig
verlässlich

SCHWÄCHEN

fordernd
grob
wertend

AUFTRETEN

fürsorglich
verantwortungsbewusst
aufmerksam

Vom Steinbock-Freund Geld borgen

Seinem besten Freund leiht der Steinbock natürlich Geld, doch er besteht darauf, dass Sie es nach einer gewissen Zeit zurückzuzahlen. Manchmal arbeitet er noch nebenbei oder knabbert seine Ersparnisse an, um Ihnen dieses Darlehen zu ermöglichen. Muss er jedoch mit ansehen, dass Sie sein Geld zum Fenster hinauswerfen (oder unlautere Geschäfte machen, es an unzuverlässige Freunde beziehungsweise Verwandte weiterverleihen), verweigert er Ihnen in Zukunft seine Großzügigkeit. Falls Sie sein Geld aber gut einsetzen und sogar Gewinne einfahren, weckt dies sein Interesse, auch künftig in Ihre Projekte zu investieren.

Den Steinbock-Freund um Rat fragen

Da der Steinbock zu sehr vielen Dingen eine feste Meinung hat, wissen Sie häufig schon bevor Sie ihn gefragt haben, was er Ihnen raten wird. Das hält Sie vielleicht davon ab, ihn überhaupt zu fragen, obwohl er Ihnen viele Dinge in einem anderen Licht darstellen kann, was mitunter sehr erhellend ist. In jedem Fall nimmt er Ihre Frage ernst und investiert viel Zeit und Hirnschmalz. Nur sehr selten ändert er seine Meinung oder gibt zu, dass er Ihre Situation falsch eingeschätzt hat. Normalerweise findet er einen anderen Grund dafür, warum sein Rat vielleicht nicht funktioniert hat.

Einen Steinbock-Freund besuchen

Auch wenn Sie beim Steinbock willkommen sind und über die Jahre recht viel Zeit bei ihm verbracht haben, bedeutet das noch lange nicht, dass Ihnen seine Tür immer offen steht oder dass er Zeit und Lust hat, Sie ständig zu sehen. Auch wenn der Steinbock mit häufigen Besuchen keine Probleme hat, kann es sein, dass er mit der Zeit genervt reagiert oder ärgerlich wird. Irgendwann, wenn es ihm wirklich zu viel wird, explodiert er dann. Ihn häufiger zu sich nach Hause einzuladen, ist auch nicht immer die beste Lösung, denn er verbringt seine Zeit eigentlich viel lieber auf eigenem Terrain.

Feste und Freizeit mit dem Steinbock-Freund

Im Allgemeinen ist der Steinbock lieber der Gebende. Bei der Planung und Organisation von Festen und Feiern leistet er verlässlich seinen Beitrag, sowohl in finanzieller Hinsicht als auch tatkräftig. Ist er jedoch selbst der Anlass für die Party, macht er einen Rückzieher. Er versucht auf die ihm eigene Weise, Ehrungen zu umgehen, weil es ihm widerstrebt, anderen etwas schuldig zu bleiben und undankbar zu erscheinen. Bei festlichen Anlässen gibt der Steinbock alles und erwartet kaum Gegenleistungen. Er zieht große Befriedigung daraus, eine Aufgabe gut erledigt zu haben, und freut sich insgeheim, dafür gelobt zu werden.

DER STEINBOCK-MITBEWOHNER

Seine Vernunft und der stete Energiefluss sollten eigentlich ausreichen, um all seine häuslichen Tätigkeiten im Plan zu halten. Natürlich kann er seine Mitbewohner mit seinem Anspruch, alles wirtschaftlich und effizient zu machen, in den Wahnsinn treiben. Muss Mühe oder Geld aufgewendet werden, sorgt der Steinbock dafür, dass möglichst wenig verschwendet wird. Gefragt zu werden, warum bei Ihnen mitten in der Nacht das Licht brennt, kann schon eigenartig genug sein. Schlägt der Steinbock dann vor, Sie sollten einen höheren Anteil an den Nebenkosten übernehmen, sind Sie vermutlich kurz vorm Platzen. Ihre Sorglosigkeit wird eben nicht von allen im Haus geschätzt.

Mit dem Steinbock-Mitbewohner finanzielle Verantwortung teilen

Zwar teilen Sie sich die allgemeinen Ausgaben, doch der Steinbock besteht meist darauf, bei Einkäufen und der Inanspruchnahme von Dienstleistungen selbst die Entscheidungen zu treffen. Er übernimmt nicht nur wie selbstverständlich das Kommando, sondern brüstet sich auch mit seinem überlegenen praktischen Denken. Leider weist er Ihnen damit häufig die Rolle des Träumers zu, der von den praktischen Dingen des Lebens keine Ahnung hat. Es ist besser, sich nicht in langwierigen Diskussionen zu ergehen, sondern ihm das Feld zu überlassen. Meist werden Sie auf Ihre finanziellen Verpflichtungen vom Steinbock auch klar und deutlich angesprochen.

Der Steinbock-Mitbewohner und das Putzen

Zwar kann der Steinbock manchmal recht schlampig sein, aber nach einer chaotischen Phase (vor allem in seinem Zimmer) erstellt er Putz- und Aufräumpläne für alle. Ihre Wohnung wirkt demnach mal schlampig, mal ordentlich. Seltsamerweise kann sich der Steinbock trotz der Prahlerei über seine praktische Veranlagung so sehr von seinen persönlichen Interessen ablenken lassen, dass er völlig aus den Augen verliert, wie es zu Hause aussieht. Es ist also gut möglich, dass Sie ein paar Extraschichten einlegen müssen, damit alles wieder ordentlich wird. Danken wird es Ihnen der Steinbock nicht, weil er es gar nicht bemerkt.

Der Steinbock-Mitbewohner und Besuch

Der Steinbock hat im Allgemeinen nicht gerne Übernachtungsbesuch, weder Ihren noch eigenen. Im Grunde ist er ein Gewohnheitstier, das gern alles so hat wie immer. Falls Sie einen Freund oder ein Familienmitglied über das Wochenende hinaus einladen, müssen Sie sich auf Ärger gefasst machen. Zunächst besteht der Steinbock darauf, dass Sie beispielsweise mehr für die Lebensmittel bezahlen. Als Nächstes macht er sich daran, den Störenfried mit ziemlich direkten Bemerkungen zum Gehen zu veranlassen. Um sich diese Peinlichkeit zu ersparen, sollten Sie solche Besuche möglichst auf ein Minimum beschränken.

STÄRKEN

effizient
sparsam
vernünftig

SCHWÄCHEN

pingelig
reizbar
neugierig

AUFTRETEN

geradeheraus
geschäftsmäßig
kontrollierend

Der Steinbock-Mitbewohner und Partys

Er ist zwar kein Partylöwe, aber für eine gelegentliche zünftige Fete hat er durchaus etwas übrig. Solche Ereignisse bieten ihm nämlich die Gelegenheit, seine extravagante und extrovertierte Seite zu zeigen, die Sie noch gar nicht an ihm kannten. Der Steinbock lässt es bei Partys richtig krachen und sorgt für den Großteil der Unterhaltung. Betrachtet er aber mit nüchternem Kopf, was ihn das alles kostet, kann es sein, dass ihm schnell die Lust vergeht, solch ein Fest bald zu wiederholen. Ihn aber zu Partys bei gemeinsamen Freunden zu begleiten, kann sehr viel Spaß machen – sofern man nicht von ihm erwartet, dass er etwas dafür bezahlt.

Der Steinbock-Mitbewohner und die Privatsphäre

Der Steinbock besteht zwar darauf, dass seine Privatsphäre gewahrt bleibt, dehnt diese Haltung jedoch nicht auf die gemeinsamen Räume aus. Auf eines aber legt er großen Wert: viel Zeit fürs Baden, Duschen und andere Körperpflege zu haben. Das Gleiche gilt für die Küche, wo er sich ebenfalls nicht hetzen oder vertreiben lässt. Häufig betreibt er die gemeinsame Nutzung von Räumlichkeiten so, als würde er Ihnen damit ein großartiges Geschenk machen, statt Ihnen nur das gleiche Recht zuzugestehen, das er für sich selbst beansprucht. Deshalb müssen Sie ihn manchmal daran erinnern, dass die Wohnung auch Ihnen gehört.

Mit dem Steinbock-Mitbewohner Probleme besprechen

Probleme gibt es zwangsläufig immer mit dem Steinbock, doch er sieht nur sehr selten ein, dass er derjenige ist, der sie verursacht hat. Es ist deshalb besser, Schwierigkeiten so zu besprechen, als gingen diese Sie beide gleichermaßen an und Sie würden beim Steinbock Unterstützung für eine objektive Lösung suchen. Beschuldigen Sie ihn niemals direkt, für irgendeine Katastrophe verantwortlich zu sein, denn er wird das nicht nur leugnen, sondern stattdessen einen ganzen Schwall von Anklagen gegen Sie erheben. Ein solcher Streit kann dann leicht aus dem Ruder laufen und für längere Zeit den häuslichen Frieden stören.

DER STEINBOCK-ELTERNTEIL

Theoretisch sollte jedem Kind das Grundrecht auf einen Steinbock-Elternteil zugestanden werden – aber nicht zwei. Der Steinbock ist seinen Kindern gegenüber im Alltag derart autoritär, beschützend und überwachend, dass die Kinder sehr leiden, wenn der andere Elternteil nicht lockerer ist und ihnen mehr erlaubt. Der Steinbock nimmt seine Rolle sehr ernst. Er achtet darauf, dass seine Kinder gut versorgt sind, und scheut sich nie, Verantwortung für sie zu übernehmen. Er ist zwar sehr liebevoll, doch manchmal setzt der Steinbock seine Liebe auch ein, um seine Kinder dazu zu zwingen, sich um seine Anerkennung zu bemühen und seinen Ansprüchen gerecht zu werden.

Der Erziehungsstil von Steinbock-Elternteilen

Der Steinbock ist oft ein strenger Erzieher. Er formuliert mit großer Sorgfalt das, was er von seinen Kindern erwartet, damit es nicht missverstanden wird, zum Beispiel: »Wenn du gut bist, kannst du alles haben. Wenn du schlecht bist, kriegst du nichts.« Das Kind findet erst später heraus, dass »gut sein« bedeutet, die Spielregeln des Steinbocks zu beachten. Nur sehr selten greift der Steinbock zu körperlichen Strafen, doch schon die Androhung ist sehr wirksam. Das ernsthafte Verhalten des Steinbocks lässt nämlich keinen Zweifel daran, dass man ihm gehorchen muss.

Steinbock-Elternteile und Zuneigung

Trotz seiner strengen Ansichten und seiner ernsten Art macht der Steinbock mit seinen Kindern auch gern Späße. Kitzeln, Balgen, Wettlaufen, Scherzen und Necken sind an der Tagesordnung. Sofern ein Kind direkte Kritik sowie offene Rebellion gegen die Regeln vermeidet, läuft alles wie geschmiert. Im Grunde hat der Steinbock das Bedürfnis, seinen Kindern seine Zuneigung zu zeigen. Er freut sich, etwas zurückzubekommen, aber es ist keine Notwendigkeit. Der Steinbock möchte von seinen erwachsenen Kindern häufig keine großen Geschenke annehmen, denn er will nicht, dass sie ihr Geld für etwas verschwenden, das er als reinen Luxus ansieht.

Steinbock-Elternteile und Geld

Der Steinbock stellt seinen Kindern meist ein bescheidenes Taschengeld zur Verfügung, das in der Regel nur das absolut Notwendigste abdeckt. Er lehrt seine Kinder, sparsam zu wirtschaften und das Geld nicht leichtsinnig aus dem Fenster zu werfen. Geld ist dem Steinbock nämlich sehr wichtig, vor allem, wenn es der Lohn für harte, engagierte Arbeit ist. Er verspottet sein Kind manchmal als unpraktischen Träumer, damit er die unangefochtene Kontrolle über dessen Hab und Gut übernehmen kann. Leider fügen sich viele Kinder, und sei es nur, um dem Ego des Steinbocks einen Gefallen zu tun.

Steinbock-Elternteile und Krisen

Zwar kann man sich im Krisenfall auf den Steinbock verlassen, doch er hasst es, widerspenstigen Kindern aus der Patsche zu helfen. Die Strafe, die er verhängt, verursacht oft schlimmeres Leid als die Krise selbst. Der Steinbock ist der Ansicht, dass seine Kinder die Schwierigkeiten, in die sie geraten, meist selbst verschulden, und er zeigt wenig Mitleid. Trotzdem empfindet er sich als verantwortungsbewusster Elternteil. Es ist unvermeidlich, dass manche Kinder allein deshalb in Schwierigkeiten geraten, weil sie sich an so viele Einschränkungen und Regeln halten müssen, dass sie ihre Individualität irgendwann richtig ausleben wollen.

Festtage und Familientreffen mit Steinbock-Elternteilen

Der Steinbock nimmt an Familientreffen zwar teil, doch an Feiertagen ist er am liebsten nur mit seinem Partner zusammen. Manchmal engagiert er sogar einen

Babysitter (die Großeltern oder jemand anderen aus der Familie), um für ein paar Tage die Bürde der elterlichen Verantwortung los zu sein. Die Ferien verbringt der Steinbock am liebsten mit seiner eigenen kleinen Familie und schließt Tanten, Onkel, Cousins und Cousinen aus. Im Urlaub ist er eigentlich nicht übermäßig knickrig, aber er lässt dennoch keine Gelegenheit aus, hier und da etwas einzusparen und unnötige Ausgaben zu vermeiden.

Für alte Steinbock-Elternteile sorgen

Ein alter Steinbock macht meist unmissverständlich klar, dass er nicht will, dass sich jemand um ihn kümmert. Er freut sich zwar über Ihr Angebot, ihm zu helfen, nimmt es aber nur im äußersten Notfall an. Auch eine Tagespflege zu engagieren oder in ein Altersheim zu ziehen, entspricht nicht seinen Vorstellungen. Der Steinbock hängt sehr an seiner Umgebung und müht sich lieber alleine ab, als dass er irgendwohin zieht, wo er sich nicht auskennt. Das Ergebnis ist häufig eine immer größer werdende Immobilität, er geht kaum noch aus dem Haus und beschränkt auch dort seine Bewegungen auf ein Minimum.

DAS STEINBOCK-GESCHWISTER

Wenn er nicht der Älteste ist, tritt der Steinbock hinter seine Geschwister zurück und fügt sich wunderbar in die Familienhierarchie ein. Als Ältester ist er der unumstrittene Chef, der seine Macht verantwortungsvoll ausübt. Als jüngeres Kind ist er manchmal wild, rebelliert aber nur selten gegen Ordnung oder Autoritäten und erweist seinen Geschwistern Respekt. Er akzeptiert ihre Hinweise, ist in Notsituationen zur Stelle und bereit, für jedes von ihnen einspringen. Er genießt das wohlige Gefühl, das ihm der enge Kontakt mit seinen Geschwistern gibt, und ist abhängig von der Sicherheit und dem Schutz, den er aus dem engen Familienverband zieht.

Rivalität und Nähe zum Steinbock-Geschwister

Der Steinbock kämpft dafür, seine Machtposition in der Familie zu erhalten, gleichzeitig aber alles, was der Familie Stabilität gibt, zu unterstützen. Er ist daher sehr streng zu den Familienmitgliedern, die rebellischer sind und eigene Wege gehen oder die Autorität der Familie untergraben. Er übernimmt häufig die Aufgabe des Wachhundes, der im Falle eines Angriffs sehr kräftig zubeißen kann. Rivalität zu seinen Geschwistern empfindet der Steinbock nicht selten, obwohl er viel lieber mit allen gut auskommt. Wird er zum Äußersten getrieben oder reißt sein Geduldsfaden, dann wird er extrem aggressiv.

Das Steinbock-Geschwister und alte Probleme

Der Steinbock ist ziemlich nachtragend, und alte Probleme bleiben ihm noch jahrelang präsent. Der Umgang mit der Vergangenheit kann ein ernsthaftes Problem für die Entwicklung des Steinbocks werden und seine Persönlichkeitsentfaltung behindern. Die Geschwister können dem Steinbock mit Verständnis und

STÄRKEN

kooperativ
fürsorglich
vielseitig

SCHWÄCHEN

abhängig
ängstlich
bedürftig

AUFTRETEN

treu ergeben
respektvoll
beschützend

Mitgefühl helfen, mit den alten Problemen umzugehen und (wenn beide Seiten genug Geduld aufbringen) die Schwierigkeiten ganz aus der Welt zu schaffen. In den meisten Fällen gibt es beim Steinbock irgendein traumatisches Erlebnis, das ihn in der Vergangenheit festhält.

Mit einem entfremdeten Steinbock-Geschwister umgehen

Der Steinbock kann auf extrem stur schalten und jahrelang jeden Versöhnungsversuch seitens der Geschwister abwehren. Einzig mit einer Kombination aus Hartnäckigkeit und monatelanger, manchmal jahrelanger Funkstille kann man irgendwann zu ihm durchdringen. Normalerweise scheitern alle Bemühungen, den Steinbock zu einem Waffenstillstand oder einer Wiederannäherung zu bewegen, kläglich. Entscheidend für den Erfolg ist das Gefühl für den richtigen Zeitpunkt. Wenn man ihn angemessen behandelt, kann es vorkommen, dass der Steinbock derjenige ist, der nach einem langen, leisen, klug eingesetzten Drängen selbst den Kontakt wieder aufnimmt.

Geldangelegenheiten und das Steinbock-Geschwister

In Erbschaftsangelegenheiten übernimmt der Steinbock meist eine dominante Rolle. Er setzt sich nicht nur für seine eigenen Interessen ein, sondern auch für die seiner Geschwister. Er beansprucht für sich normalerweise keine Vergünstigungen, sondern sieht sich einfach als Teil des Ganzen. Im Allgemeinen versucht der Steinbock nicht, sich Geld zu leihen, es sei denn, er ist durch eine finanzielle Notlage dazu gezwungen. Geld, das er sich leiht, zahlt er auf Heller und Pfennig zurück, auch wenn es eine Weile dauert.

Familienfeste und Jubiläen mit dem Steinbock-Geschwister

Der Steinbock kann sehr sentimental sein und genießt bei Familientreffen oder Feiertagen das Zusammentreffen mit seinen Lieblingsgeschwistern sowie deren Partnern und Kindern. Nur wenige Dinge freuen ihn mehr als zuzusehen, wie seine Kinder mit Nichten und Neffen spielen. Er hat ein Gespür für die Wärme und die Fröhlichkeit, die von solchen Familientreffen ausgeht, und da er sehr aufopferungsvoll ist, scheut er weder Kosten noch Mühen, um diese Ereignisse zum Erfolg zu führen. Nach dem Fest ist der Steinbock immer sehr zufrieden, hat aber mitunter wenig Lust, den Kontakt bis zum nächsten Mal weiterzupflegen.

Urlaub mit dem Steinbock-Geschwister

Er ist zwar ein Familienmensch, aber mit mehr als einem Bruder oder einer Schwester und deren Familie in den Urlaub zu fahren, ist ihm zu viel. Für den Steinbock ist der Urlaub dazu da, Abstand zu gewinnen, auch von der Familie. Sind Sie der Glückliche, mit dem der Steinbock in Urlaub fährt, können Sie sich auf eine sehr unterhaltsame Veranstaltung gefasst machen. Sobald er sich entschlossen hat, Sie mitzunehmen, macht er kaum einen Unterschied zwischen Ihren und seinen Interessen, denn er fühlt sich dafür verantwortlich, dass alle die Reise gleichermaßen genießen.

DAS STEINBOCK-KIND

Der kleine Steinbock wirkt oft älter, als er ist. Die Eltern dürfen das Verhalten dieses kleinen Erwachsenen mit Humor beobachten, aber nicht den Fehler machen, über ihn zu lachen. Er möchte respektiert werden, und wenn man ihm diesen Respekt versagt, schlägt der Steinbock mit großer Kraft zurück, egal, wie klein er noch ist. Das Steinbock-Kind ist selbstsicher, weiß genau, was es will und wie es dies bekommt. Da es die menschliche Psyche gut versteht, kommt es nicht selten vor, dass es andere emotional erpresst oder ihnen Schuldgefühle einredet.

Persönlichkeitsentwicklung beim Steinbock-Kind

Der kleine Steinbock zeigt bereits sehr früh große Reife, so dass man sich häufig wundert, wie viel Persönlichkeitsentwicklung bei ihm noch möglich ist. Die wirklichen Schwierigkeiten des Steinbocks entstehen aber erst später, im frühen Erwachsenenalter, wenn er feststellt, dass er um seine Kindheit betrogen wurde. Das Gefühl, dass sein inneres Kind durch die emotionale Frühreife ausgehungert worden ist, kann eine überwältigende Erkenntnis sein, die Trauer und Verbitterung hervorruft. In den meisten Fällen tragen seine Eltern keine Schuld, trotzdem entlädt sich der Groll ihres Nachwuchses an ihnen.

Hobbys, Interessen und Berufspläne des Steinbock-Kindes

Der Steinbock hat meist schon als Kind eine sehr klare Vorstellung davon, was er später beruflich machen möchte. Allerdings fehlt ihm seltsamerweise häufig die Fähigkeit, dies in die Tat umzusetzen, und es dauert bis weit ins Erwachsenenleben hinein, bis er in einem Beruf wirklich ankommt. Nach mehreren Fehlstarts landet der junge Steinbock häufig in einem Beruf, der mit einem jener Hobbys zu tun hat, das er so lange er denken kann ausübt. Wenn er sich dann endgültig entschieden hat und seine Vorstellungen umsetzt, bleibt er für den Rest seines Berufslebens dabei.

Erziehung des Steinbock-Kindes

Der kleine Steinbock versteht, dass Strafen manchmal notwendig sind, um wildwuchernde Energien zu bändigen. Durch dieses Verständnis ist er in der Lage, auch unangemessene Bestrafungen auszuhalten oder sogar darüber hinauszuwachsen, wenn diese über ihn selbst oder seine Geschwister verhängt wurden. Der Grund dafür ist, dass er sehr genau weiß, was gut und was schlecht ist. Wenn er also eine Grenze überschreitet, dann macht er das mit vollem Bewusstsein. Er weiß genau, dass er riskiert, dafür bezahlen zu müssen. Erziehung findet er zwar unnötig, akzeptiert aber Strafen als unvermeidliche Konsequenz seines Handelns.

Das Steinbock-Kind und Zuneigung

Das Bedürfnis des kleinen Steinbocks nach Zuneigung ist recht kompliziert. Es scheint, dass er sie weder sucht noch braucht und ohne sie rundum zufrieden ist. Er hat jedoch das seltsame Bedürfnis, Zuneigung zu geben, was sich beispielsweise in seiner Beziehung zu den jüngeren Geschwistern oder Haustieren zeigt. Sobald seine Eltern dies erkannt haben, verstehen sie, dass er selbstverständlich auch Zuneigung braucht, aber große Schwierigkeiten hat, sich dies einzugestehen. Sein Stolz und seine Selbstsicherheit sind die Ursache, dass sich für ihn sogar eine stumme Bitte nach einer Umarmung anfühlt wie das Eingeständnis von Schwäche.

Das Steinbock-Kind und seine Beziehung zu Geschwistern

Wenn der Steinbock der Älteste ist, muss er beim Umgang mit seinen Geschwistern angeleitet werden, denn allzu oft verhält er sich wie ein jüngerer Elternteil, der auch die Privilegien von Mutter oder Vater beansprucht, allerdings mit den besten Absichten und zum Wohle der jüngeren Geschwister. Diese eigensinnige Einmischung in die elterliche Autorität sollte man am besten dadurch aus dem Weg schaffen, dass man dem Steinbock unabhängig von seinem Alter oder seiner Position eine Aufgabe überträgt, bei der er sich wichtig, gebraucht und geschätzt fühlt. Solche Pflichten müssen jedoch überwacht werden, damit es nicht zu den weiter oben genannten Fehlentwicklungen kommt.

Das erwachsene Steinbock-Kind

Das Steinbock-Kind wird oft lange vor dem eigentlichen Erwachsenenalter erwachsen. Wenn der Steinbock dann über 30 ist, wird er von seinen Angehörigen häufig immer noch genauso behandelt wie schon als viel jüngerer Mensch. Mit zunehmendem Alter fühlt er sich immer wohler. Allerdings nur dann, wenn er nicht verbittert darüber ist, dass er um seine Kindheit betrogen wurde. Das Erwachsensein ist der natürliche Zustand des Steinbocks, deshalb kommt er gut damit zurecht, und es bereitet ihm keine Probleme, Verantwortung für sich und andere zu übernehmen. Es kann allerdings vorkommen, dass er seine eigenen Fähigkeiten überschätzt.

Wassermann

GEBURTSDATUM 21. JANUAR – 19. FEBRUAR

Als drittes Luftzeichen herrscht der Wassermann über unser neues Zeitalter. Der in diesem Zeichen Geborene steht unter dem Einfluss des aufrührerischen Planeten Uranus und ist ein moderner, zukunftsorientierter Mensch, der nicht nur selbst ungewöhnlich ist, sondern diese Eigenschaft auch bei anderen akzeptiert. Der Wassermann ist seinen Liebsten Freude und Verzweiflung zugleich, denn er kann unerträglich labil und kühl sein, Gefühle missachten und dauerhafte Beziehungen so erschweren. Doch seine faszinierenden Eigenschaften und sein rascher Verstand ziehen Menschen an, die in der Lage sind, über seine Eigenwilligkeiten hinwegzusehen und ihm diese zu verzeihen.

Beruf

DER WASSERMANN-CHEF

Da sich der Wassermann nicht besonders gut als Chef eignet, gibt es davon im Allgemeinen nur wenige. Die Gründe hierfür sind verschieden, einer davon ist sein sprunghaftes, impulsives Verhalten, sein Bedürfnis, allein zu entscheiden, blitzschnelle Veränderungen und sein grundsätzliches Desinteresse daran, Macht über andere auszuüben oder Dynastien zu gründen. Falls Ihr Chef nun ein Wassermann sein sollte, sind Sie zumindest vorgewarnt. Mit ihm zu arbeiten, macht häufig Spaß (wenn Sie mit ihm Schritt halten können), und er geht sehr großzügig mit seinen Mitarbeitern um. Seine Ungeduld ist legendär. Reizen oder frustrieren Sie ihn deshalb nicht durch Abwesenheit oder Langsamkeit, wenn er Sie gerade dringend braucht.

Den Wassermann-Chef um eine Gehaltserhöhung bitten

Da sich der Wassermann mit Lichtgeschwindigkeit bewegt und dazu neigt, Termine kurzfristig abzusagen, besteht Ihr Problem zunächst darin, seiner habhaft zu werden und ihn dann auf einen Termin festzunageln. Eventuell müssen Sie sich mit einem Zwei- oder Drei-Sekunden-Gespräch zufriedengeben, wenn Sie ihm auf dem Flur oder auf dem Weg in die Kantine auflauern. Es nützt auch nichts, sich auf seine Sekretärin zu verlassen, denn die ist vermutlich ebenso frustriert wie Sie und weiß ebenso wenig, wo er gerade steckt.

Dem Wassermann-Chef schlechte Nachrichten überbringen

Wenn er Sie völlig aus dem Blauen heraus herbeizitiert, damit Sie ihm Verluste oder einen Verkaufsrückgang erklären, haben Sie kaum Zeit, Ihre Gedanken zu sammeln. Falls Sie einen Wassermann-Chef haben, sollten Sie stets in der Lage sein, all Ihre Handlungen der letzten Zeit sofort erklären zu können. Sie könnten beispielsweise Ihre gesamte Arbeit sorgfältig dokumentieren, damit Sie alle wichtigen Berichte gleich zur Hand haben. Auf dem Weg in sein Büro nehmen Sie einfach den entsprechenden Ordner mit. Achten Sie darauf, dass das Material stets auf dem neuesten Stand und richtig sortiert ist.

STÄRKEN

flink
fröhlich
offen

SCHWÄCHEN

ungeduldig
sprunghaft
flüchtig

AUFTRETEN

direkt
unberechenbar
unkontrollierbar

Geschäftsreisen und Veranstaltungen für den Wassermann-Chef planen

Seine wirbelsturmartige Energie und die Tatsache, dass er Entscheidungen im Bruchteil einer Sekunde fällt, machen es schwer, Reisen und Veranstaltungen für den Wassermann zu planen. Er erwartet nämlich, dass alles geregelt läuft und er wichtige Entscheidungen umsetzen kann, ohne dass es zu terminlichen oder logistischen Schwierigkeiten kommt. Versuchen Sie Buchungen so flexibel wie möglich zu gestalten, einen Notfallplan aufzustellen, Stornierungsvereinbarungen auszuhandeln und einen Restaurantchef an der Hand zu haben, der mit allem fertig wird. Ganz besonders wichtig ist es, immer mit demselben verlässlichen und verständnisvollen Reisebüro zusammenzuarbeiten.

Entscheidungen und der Wassermann-Chef

Der Wassermann fällt seine Entscheidungen blitzschnell und erwartet, dass Sie ihm folgen können. Wenn Sie zu langsam sind, wird ihn das frustrieren, denn Warten ist gar nicht seine Stärke. Ihm selbst fällt es leicht, Entscheidungen zu treffen, für manche seiner Mitarbeiter, die ihm nicht folgen oder ihn nicht verstehen können, vielleicht zu leicht. Wenn eine seiner Entscheidungen vom Himmel gefallen ist, sind einige Mitarbeiter oft wie vom Donner gerührt und starren sich verwirrt an. Weitere Erklärungen sind aber schwierig oder kaum zu bekommen; immerhin wissen Sie jetzt ungefähr, was Sie erwartet.

Den Wassermann-Chef beeindrucken oder motivieren

Der Wassermann motiviert sich selbst und kann nicht zu etwas gedrängt werden, das er nicht will. Man kann ihn einzig damit beeindrucken, dass man seinen raschen Verstand und seine Methoden versteht und dass man seine Ideen sofort umsetzt. Falls er Sie auf dem Flur sieht oder beim Betreten beziehungsweise Verlassen des Hauses trifft, erwartet er, dass Sie ihn bis zum Aufzug begleiten oder sogar mit einsteigen und seinen knappen Anweisungen gut zuhören. Denken Sie daran, sich sobald wie möglich danach alles zu notieren, was er gesagt hat.

Dem Wassermann-Chef etwas vorschlagen oder präsentieren

Für lange Vorträge hat der Wassermann keine Zeit. Ausufernde Dokumentationen oder Präsentationen machen ihn ganz besonders ungeduldig. Halten Sie es kurz und knapp und versuchen Sie frei und ohne Zuhilfenahme audiovisueller Medien zu sprechen. Denken Sie daran, dass Sie die ungeteilte Aufmerksamkeit des Wassermanns nur wenige Minuten lang haben. Seien Sie nicht überrascht, wenn er Sie mitten in Ihrer Präsentation unterbricht oder ständig seine eigenen Gedanken, Bedenken und Forderungen einstreut. Bleiben Sie konzentriert, aber gleichzeitig leichtfüßig genug, um jederzeit die Richtung ändern oder etwas aus dem Ärmel schütteln zu können.

DER WASSERMANN-ANGESTELLTE

Die ungewöhnlicheren Züge im Charakter des Wassermanns können für seinen Chef zu einem interessanten Studienobjekt werden. Der Wassermann hat nämlich seine ganz eigene Art, Dinge zu erledigen, und es ist schwierig, ihn davon abzubringen oder ihm andere Methoden beibringen zu wollen. Hinzu kommt, dass der Wassermann grundsätzlich sehr rebellisch veranlagt ist, insofern nimmt er nicht gerne Anordnungen von oben entgegen. Meistens hat er sowieso einen besseren Ansatz zur Hand. Dennoch kann ein Wassermann Spaß und Fröhlichkeit in die Abteilung bringen, und er mag es, wenn alles ohne Schwierigkeiten seinen Gang geht.

Das Einstellungsgespräch mit dem Wassermann-Bewerber

Der künftige Wassermann-Angestellte beeindruckt durch seinen wachen Geist und die Fähigkeit, Ideen umsetzen zu können. Im Normalfall kann der Wassermann alle Informationen, die man ihm hinwirft, rasch aufnehmen und sofort beweisen, dass er sie verstanden hat. Allerdings kann es sein, dass er damit nicht einverstanden ist, und er wird in deutlichen Worten Vorschläge machen, die eher seinen Vorlieben entsprechen. Der Wassermann möchte einen Chef, der seinen Vorschlägen offen gegenübersteht und seine Bedürfnisse akzeptiert, sonst fühlt er sich nicht wohl, lässt sich nicht einstellen und unterschreibt nicht.

Dem Wassermann-Angestellten schlechte Nachrichten überbringen oder ihm kündigen

Der Wassermann ist eigentlich immer ein Extrem, ein Dazwischen gibt es nicht: Entweder er kann gut mit schlechten Nachrichten umgehen oder gar nicht. Wenn er es gut kann, stimmt er dem Chef wahrscheinlich zu, dass er in einem anderen Unternehmen besser aufgehoben wäre, und ist realistisch genug, Kritik und Vorschläge anzunehmen. Das andere Extrem reagiert ziemlich wild, wenn ihm gekündigt wird, er schlägt mit Worten um sich und scheint bereit, dies auch mit Fäusten zu tun. Sein Temperament und seine Überreaktionen sind im Unternehmen vermutlich bereits bekannt. Diesen Wassermann-Typ sollte man vorsichtig anfassen und den Schlag ein wenig mildern, eventuell mit Hilfe einer großzügigen Abfindung.

Geschäftsreisen und Veranstaltungen mit dem Wassermann-Angestellten

Der Wassermann liebt das Vergnügen und hasst Formalitäten, strenge Zeitpläne sowie andere ernsthafte Dinge, die das Reisen und den Spaß einschränken. Daher sollte sein Mitreisender ebenso fröhlich und freundlich sein und nicht etwa zu Depressionen neigen. Wenn der Wassermann allzu lebhaft ist, kann man es allerdings nur schwer den ganzen Tag mit ihm aushalten. Reisen in seiner Begleitung sollten daher recht kurz gehalten werden, und am besten warnt man ihn im Vorfeld vorsichtig, um seinen Enthusiasmus ein wenig zu zähmen, ihn jedoch nicht gänzlich auszulöschen.

STÄRKEN

interessant
lustig
individualistisch

SCHWÄCHEN

eigen
seltsam
unkontrollierbar

AUFTRETEN

unbeschwert
freundlich
anerkennend

Dem Wassermann-Angestellten Aufgaben zuteilen

Als unveränderliches Sternzeichen ist der Wassermann durchaus in der Lage, sich auf eine Aufgabe zu konzentrieren und diese mit der Zeit auch sorgsam auszuführen. Um aber wirklich großartige Ergebnisse zu erzielen (wozu er sehr wohl in der Lage ist), muss er seinem Beruf viel Begeisterung entgegenbringen. Also sollte man ihm ein gewisses Mitspracherecht bei der Auswahl der Aufgaben einräumen oder ihm zumindest die Möglichkeit geben, seine Pflichten selbst auszugestalten. Ihm einfach irgendeine liegengebliebene Arbeit zu übertragen, funktioniert nicht, denn er hat eine sehr individualistische, manchmal sogar sonderbare Art, Aufgaben anzugehen. Sein Aufgabenfeld sollte daher nicht theoretisch geplant, sondern auf diesen speziellen Wassermann zugeschnitten werden.

Den Wassermann-Mitarbeiter beeindrucken oder motivieren

Sie können ihn motivieren, indem Sie ihm Aufgaben zuteilen, die er mag. Wenn er beispielsweise gern mit anderen zusammenarbeitet, sollte er Teil einer Gruppe sein, wenn er lieber alleine arbeitet, gewähren Sie ihm einen Einzelplatz. Der Wassermann ist von einem Arbeitgeber beeindruckt, der seine ungewöhnliche Art versteht und seinen Wünschen und Bedürfnissen entgegenkommt. Wenn Sie aber seine Kommentare oder Fragen bagatellisieren oder andeuten, dass er zu abgedreht oder launisch ist, um vertrauenswürdig zu sein, bringt das den Wassermann auf die Palme – selbst wenn es objektiv richtig ist.

Den Wassermann-Angestellten führen oder kritisieren

In bestimmten Situationen ist der Wassermann einfach nicht zu kontrollieren. Da er leicht wütend wird und sich aufregt, fällt es ihm schwer, angeleitet oder kritisiert zu werden, wenn er falsch angesprochen wird. Ein kluger Chef, der seinen Wassermann-Angestellten gut führen möchte, nimmt sich die Zeit, ihn richtig kennenzulernen, geht ihn nicht zu hart an und überhäuft ihn nicht mit zu vielen unumstößlichen Regeln. Es macht den Wassermann rasend, wenn er ständig beschuldigt wird oder wenn man ihm immer wieder über die Schulter sieht.

DER WASSERMANN-KOLLEGE

Der Wassermann erkennt seine Kollegen an und nimmt (obwohl er lieber für sich ist) auch an Gruppenaktivitäten teil, wenn man ihn bittet. Er mag es leichtherzig, scherzt deshalb gerne herum, gibt witzige Antworten oder macht Kommentare, die seine Sprachfertigkeit beweisen. Der Schwung, den der Wassermann mitbringt, wird von allen geschätzt, denn er hebt die Laune und die Moral. Man kann sich darauf verlassen, dass der Wassermann seinen Teil der Arbeit macht, aber er reißt sich nicht darum, mit Überstunden mehr zu verdienen, denn seine Freizeit bedeutet ihm viel.

Den Wassermann-Kollegen um Rat fragen

Der Wassermann kann eine Situation mit kühler Distanz betrachten und ein objektives Urteil abgeben. Zwar ist es nicht einfach, ihn auf einen bestimmten Termin festzulegen, aber wenn man ihn im richtigen Moment abpasst, ist er zu einem Gespräch bereit. Deswegen lohnt es sich, kurz in sein Büro zu schauen oder ihn anzurufen, um zu erfahren, ob er gerade Zeit hat. Normalerweise müssen Sie das nur ein paarmal machen, bis Sie Erfolg haben. Stellen Sie eine kurze, prägnante Frage, seine Antwort darauf wird ebenso knapp und hilfreich ausfallen. Lassen Sie die extremsten von seinen Vorschlägen einfach außer Acht, und halten Sie sich an die gemäßigteren.

Den Wassermann-Kollegen um Hilfe bitten

Der Wassermann ist davon überzeugt, dass die Götter dem helfen, der sich selbst zu helfen weiß. Wenn er keinen Schritt tut, um Ihnen zu helfen, geschieht das aus Prinzip, denn er möchte Ihre eigene Moral und Ihre persönliche Initiative nicht unterlaufen. Wenn er aber sieht, dass Sie sich bemüht haben und mit Ihrer Weisheit am Ende sind, kann er sich als erstaunlich hilfsbereit erweisen. Allgemein ist der Wassermann eher bereit, bei persönlichen Problemen zu helfen als bei beruflichen. Häufig nimmt er großen Anteil, wenn es anderen schlechtgeht, denn er ist von Natur aus Idealist. In beruflicher Hinsicht achtet er sehr darauf, wie viel Zeit er opfert, und erwartet dafür angemessene Belohnung.

Geschäftsreisen und Veranstaltungen mit dem Wassermann-Kollegen

Wenn der Wassermann nicht gerade ein Freund oder ein enger Kollege von Ihnen ist, werden Sie erstaunt sein, wie viele Schrullen und Eigenheiten Ihr Reisegefährte an den Tag legt. Er sorgt sich um vieles und zeigt dies in Form einer Nervosität, die Sie selbst ganz unruhig machen kann. Wenn er sich wieder beruhigt hat, können Sie seine Gesellschaft genießen. Er liebt alle Arten von Liveaufführungen, einschließlich Musik oder Tanzen in einem Club. Ausgedehnte Mahlzeiten interessieren ihn weniger, meist isst er irgendwo im Vorbeigehen und schaut kurz in verschiedene Veranstaltungen hinein, um nichts zu verpassen.

Die Zusammenarbeit mit dem Wassermann-Kollegen

Der Wassermann reagiert nicht gut, wenn er gezwungen wird, mit anderen zusammenzuarbeiten. Wenn er jedoch vom Ziel der Gruppenanstrengung überzeugt ist, stellt er seine Energie und sein Talent freigiebig zur Verfügung. Im Allgemeinen fällt ihm die Zusammenarbeit mit andern nicht leicht, denn er hat seine ganz eigene Vorstellung davon, wie etwas gemacht werden muss, und fühlt sich nicht wohl, wenn er täglich an Gruppengesprächen teilnehmen muss. Man kriegt ihn besser dazu, mit anderen zu kooperieren, wenn man ihm einen einzelnen Kollegen, am besten einen, den er gut kennt und mag, an die Seite stellt und dieses Duo dann als eigene Einheit in eine größere Gruppe eingliedert.

STÄRKEN

witzig
aufheiternd
unterhaltsam

SCHWÄCHEN

oberflächlich
distanziert
unverbindlich

AUFTRETEN

humorvoll
ironisch
lebhaft

Den Wassermann-Kollegen beeindrucken oder motivieren

Der Wassermann kann motiviert werden an Projekten teilzunehmen, die ihm langfristig mehr Freizeit und weniger konzentrierte harte Arbeit in Aussicht stellen. Ihm mehr Geld oder höheres Ansehen zu versprechen, hat keinen großen Effekt, denn er weiß genau, dass er dafür sehr viel mehr Zeit und Energie investieren muss. Klares, logisches Denken beeindruckt ihn viel mehr als vage Zielsetzungen und verschwommene, überoptimistische Pläne. Er ist zwar ein Idealist, aber er hat auch einen starken Hang zum Wissenschaftlichen und Pragmatischen, so dass er bei Zahlen und Fakten einen empirischen Ansatz verlangt.

Den Wassermann-Kollegen überzeugen oder kritisieren

Für konstruktive Kritik ist der Wassermann offen, und wenn Sie ihn richtig ansprechen, hört er sich auch bereitwillig Vorschläge dazu an, wie er mit weniger Aufwand zum gleichen Ergebnis kommt. Der Wassermann hat eine rasche Auffassungsgabe und eignet sich neue Methoden oder Techniken schnell an, oft schon nachdem man es ihm nur einmal gezeigt hat. Wenn er sich mit Ihren Überzeugungsversuchen gar nicht anfreunden kann, spielt er auch schon mal den Advocatus Diaboli und treibt Sie dazu, ihm immer mehr zu erzählen und noch mehr zu erklären. Wenn Sie ihn aber überzeugt haben, folgt er Ihren Plänen gern und kann sich sogar dafür begeistern.

DER WASSERMANN-KUNDE

Seltsamerweise weiß der Wassermann nicht immer ganz genau, was er eigentlich will. Es hängt viel davon ab, worauf Sie spezialisiert sind und was Sie ihm anbieten können, denn bevor er eine Wahl trifft, wartet er so lange, bis Sie ihm alles erzählt haben. Da er bei jedem Problem oder Bedarf mehrere Herangehensweisen in Betracht zieht, bespricht der Wassermann diese Angelegenheit gern ausführlich mit Ihnen und bittet mitunter um ein zweites oder drittes Treffen. In dieser Zeit kann sich Ihr Verhältnis etwas vertiefen, so dass er besser weiß, mit wem er es zu tun hat und ob er Sie mit seinem Auftrag betrauen kann.

Den Wassermann-Kunden beeindrucken

Am meisten können Sie ihn mit einer großen Produktpalette und anderen Wahlmöglichkeiten beeindrucken. Ebenso macht es großen Eindruck auf ihn, wenn Sie bereit sind, Zeit für ihn zu opfern und mit ihm an einem gemeinsamen Konzept zu arbeiten. Da Sie ihm für diese ersten Treffen vermutlich nichts berechnen, freut er sich, umsonst in den Genuss Ihres Fachwissens zu kommen. Planen Sie für das erste Treffen ein bis zwei Stunden ein, damit sich keiner von Ihnen gehetzt fühlt. Der Wassermann liebt Witz und Humor, halten Sie also eine amüsante Geschichte oder ein paar Scherze für ihn parat. Vor allem für pikanten Klatsch über seine Konkurrenten hat er immer ein offenes Ohr.

STÄRKEN

aufmerksam
anerkennend
mitfühlend

SCHWÄCHEN

vage
unkonzentriert
unsicher

AUFTRETEN

entgegenkommend
kooperativ
vertrauensvoll

Dem Wassermann-Kunden etwas verkaufen

Ihre Offenheit, Innovationen und die Bereitschaft, seine Probleme anzuhören, sind für den Wassermann oft schon genug, um ihn zum Kauf zu bewegen. Auch Ihre Expertise und Ihre bisherigen Erfolge werden ihn beeindrucken. Sie sollten deshalb eine Auflistung Ihrer bisherigen Geschäftsabschlüsse zur Hand haben. Denken Sie auch daran, dass er seinen Kollegen etwas über Sie erzählen wird, und das sollte er doch mit einem gewissen Stolz darüber tun, Sie kennengelernt und Ihr Interesse geweckt zu haben. Da er selbst Leistungsträger ist, zeigt er offen seine Bewunderung für Ihre Leistung: Ihre Präsentation, Ihre Erfolge und Ihre Garantien.

Der Wassermann-Kunde und Ihr Äußeres

Der Wassermann interessiert sich sehr für aktuelle Trends und die neueste Mode. Wählen Sie also ein Outfit, das durch seinen Schnitt, das Material oder die Farbe ins Auge fällt. Der Wassermann wird nicht nur Ihren Stil interessant finden, sondern auch zu schätzen wissen, dass Sie sich für diese Gelegenheit in Schale geworfen haben. Er wird sich auch nicht von Ihnen herausgefordert oder gar unterlegen fühlen, denn in der Regel ist er mit seinem Aussehen zufrieden und vergleicht sich nicht mit anderen. Sie dürfen auch gern ein wenig salopper auftreten, aber auf keinen Fall förmlich oder konservativ.

Das Interesse des Wassermann-Kunden wachhalten

Achten Sie bei Ihren Treffen darauf, ihn ständig mit neuen Informationen zu bombardieren, damit er sich nicht langweilt. Ebenso sollten Sie auf seine vielen Fragen und Kommentare immer sofort eingehen, um zu demonstrieren, dass Sie voll bei der Sache sind. Ob Sie sein Interesse lange wachhalten können, hängt davon ab, wie viel Energie Sie auf ihn verwenden möchten. Es ist jedoch unerlässlich, ihn stets über Ihre Fortschritte auf dem Laufenden zu halten und ihm Kopien der PR-Kampagnen, die Sie für ihn entwickelt haben, zuzuschicken. Stellen Sie sicher, dass der Wassermann landauf, landab Ihr Loblied singt und damit neue Kunden für Sie anlockt.

Dem Wassermann-Kunden schlechte Nachrichten überbringen

Da er allen neuen Vorgehensweisen gegenüber aufgeschlossen ist, kann eine schlechte Nachricht auf ihn einfach wie eine Strategieänderung wirken. Wenn Sie ein einziges Mal Pech haben, heißt das also nicht, dass sich der Wassermann gleich abwendet. Er genießt es zu analysieren, was schiefgegangen ist, und mit Ihnen zusammen eine ganz neue Kampagne zu planen, die größeren Erfolg verspricht. Das Gleiche gilt auch für kleinere Rückschläge, denn der Wassermann ist in der Lage, das große Ganze zu sehen und auf eine Veränderung zu warten. Allerdings hat seine Geduld ganz klare Grenzen: Er erwartet messbare Erfolge binnen weniger Wochen oder Monate.

Den Wassermann-Kunden unterhalten

Der Wassermann amüsiert sich gerne, und wenn Sie deshalb ein Essen in einem schicken Restaurant ansetzen, sich auf einen Drink in einer angesagten Bar mit ihm treffen oder für eine neue Veranstaltung Sitzplätze in der ersten Reihe buchen, kann dies Ihrem Vorhaben sehr dienlich sein. Der Wassermann erwartet gar nicht, mit Ihnen Freundschaft zu schließen, obwohl er sich mit Ihnen wohlfühlen möchte. Da er normalerweise eher kühl und distanziert ist, zeigt er bei gemeinsamen Vergnügungen eher objektives Amüsement als emotionales Mitfiebern. Sie dürfen erwarten, dass er sich revanchiert, was ein Zeichen dafür ist, dass alles gut läuft.

DER WASSERMANN-GESCHÄFTSPARTNER

STÄRKEN

lebhaft
mitreißend
individualistisch

SCHWÄCHEN

unberechenbar
impulsiv
sprunghaft

AUFTRETEN

freundlich
vielseitig
energiegeladen

Der Wassermann bringt Schwung und Leben ins Geschäft. Allerdings muss man ihn gut im Auge behalten, denn er hat unglaublich viel Energie, die ihn sprunghaft macht, somit kann er leicht außer Kontrolle geraten. Er ist unberechenbar und geht seinen eigenen Weg, ohne sich mit Ihnen vorher abzusprechen oder Ihren Rat zu befolgen. Ihn an der kurzen Leine zu halten, ist unmöglich. Deshalb ist es das Nächstbeste, wöchentliche Besprechungen abzuhalten, die ihn darüber informieren, was Sie erwarten, und Ihnen eine leise Vorahnung seiner Pläne gewähren. Während solcher Besprechungen sollten sowohl allgemeine wie auch Detailfragen diskutiert werden.

Einen Wassermann zum Geschäftspartner machen

Bevor Sie einen Vertrag unterzeichnen, sollten Sie die neue Firma und die Rolle des Wassermanns darin ausführlich diskutieren, um ihn besser unter Kontrolle halten zu können. Jede Klausel, die er so interpretieren könnte, dass er sich damit Ihrer Überprüfung oder Beurteilung weiter entziehen kann, sollte genauestens überarbeitet werden. Der Wassermann fügt sich Ihren Wünschen beim Aufsetzen des Vertrags normalerweise, denn er ist der Ansicht, dass er später ohnehin machen kann, was er möchte. Es ist dann Ihre Aufgabe, ihn an das zu erinnern, was er unterschrieben hat.

Aufgabenverteilung mit dem Wassermann-Geschäftspartner

Man kann sich mit dem Wassermann im Allgemeinen gut darauf einigen, alle Aufgaben gerecht und fair zu verteilen. Das Problem besteht eher darin, ihn zum Einhalten dieser Vereinbarungen zu bewegen. Seine sprunghafte und unberechenbare Energie kann da zu Schwierigkeiten führen, denn häufig lässt er die ihm zugeteilten Aufgaben liegen und widmet sich lieber neuen Dingen. Das führt dazu, dass Ihnen die unschöne Rolle des Sklaventreibers zufällt, der ihm allen Spaß nimmt. Es ist immer eine undankbare Aufgabe, der Begeisterung des Wassermanns einen Dämpfer zu verpassen, aber definitiv notwendig, um der Firma das Überleben zu sichern. Versuchen Sie, möglichst einfühlsam und verständnisvoll, aber fest aufzutreten.

Geschäftsreisen und Veranstaltungen
mit dem Wassermann-Geschäftspartner

Der Wassermann ist ein wunderbarer Reisegefährte, denn er ist stets aufmerksam und immer bereit, etwas zu genießen. Mit seiner witzigen und schlagfertigen Art hält er Sie stundenlang bei Laune. Probleme entstehen dann, wenn seine Stimmung durch unerwartete Rückschläge gedämpft wird, denn es ist schwierig, ihn aus einer aufkommenden Niedergeschlagenheit zu befreien. Abgesehen davon kann es passieren, dass Sie seiner überschäumenden Laune überdrüssig werden und hoffen, dass er ein wenig zur Ruhe kommt. Sie werden außerdem überlegen müssen, wie Sie zwischendurch auch mal eigene Wege gehen können, ohne ihn zu verprellen.

Den Wassermann-Geschäftspartner lenken und führen

Da der Wassermann grundsätzlich unkontrollierbar ist, sollten Sie das Führen gleich ganz vergessen. Lenken kann man ihn allerdings, indem man ein paar psychologische Tricks anwendet. Am besten folgen Sie einem zuvor festgelegten Plan oder fahren einen bewährten Kurs, statt immer auf seine impulsiven Handlungsweisen zu reagieren, denn das treibt Sie irgendwann in den Wahnsinn. Seien Sie stets bereit, ihn zu trösten und zu beruhigen, und vermeiden Sie alle Themen, die ihn aufregen könnten. Der Wassermann kann Situationen sehr kühl abschätzen, appellieren Sie deshalb lieber an seinen Verstand und seine rationale Seite.

Auf lange Sicht mit dem Wassermann-Geschäftspartner
auskommen

Bemühen Sie sich, wie ein Freund oder Kumpel aufzutreten, nicht wie sein Chef. Er möchte sich mit Ihnen wohlfühlen und tut das auch so lange, wie Sie nicht ständig hinter ihm her sind und nörgeln. Machen Sie ihm Ihre Bedenken einmal klar, statt ihn ewig damit zu nerven. Der Wassermann ist dann am glücklichsten, wenn alles gut läuft und er das Gefühl hat, dass Sie ihn mögen und seine Bemühungen schätzen. Machen Sie es nach Möglichkeit nicht zu kompliziert, denn wenn Sie sich allzu ernst oder mürrisch geben, hat das langfristig auch Auswirkungen auf ihn. Dann wird es noch schwieriger, mit ihm umzugehen.

Die Trennung vom Wassermann-Geschäftspartner

Eine plötzliche Trennung gehört sicherlich zu den Dingen, die der Wassermann schon einmal erlebt hat. Egal ob auf sein eigenes Betreiben hin oder das eines anderen, er ist daran gewöhnt, dass sich Wege trennen, denn er weiß ja, dass er nicht ganz einfach ist und den anderen viel Geduld abverlangt. Meist vollziehen sich solche Trennungen abrupt, aber es gibt keinen Grund dafür, sich dabei schlecht zu fühlen – jedenfalls nicht für ihn. Sie dagegen könnten sich aufgrund seines abrupten Handelns verletzt, wütend oder ratlos fühlen, weil Sie dachten, gerade liefe alles wunderbar. Auch hier spielt der Vertrag eine wichtige Rolle. Alle Details einer Auflösung des Partnerschaftsverhältnisses sollten darin sorgfältig geklärt sein.

DER WASSERMANN-KONKURRENT

Am besten ist es, wenn Sie seinen Leichtsinn herausfordern und ihn dann stolpern lassen. Dies erreichen Sie, indem Sie bei ihm Zweifel und Unsicherheit säen, während Sie selbst erprobte Wege gehen und sich ruhig und konstant verhalten. Schreiten Sie einfach immer weiter vor und stoßen Sie dabei Löcher in die Verteidigung Ihres Konkurrenten, dann können Sie zuschauen, wie er überreagiert. Ein Konkurrent wie dieser kann ein mächtiger Gegner sein, denn er zögert keinen Moment, Ihnen alles in den Weg zu werfen, was er hat. Es geht also darum, seine Schüsse abzuwehren oder umzulenken und eventuell einen Bumerang-Effekt zu erzielen.

Gegen den Wassermann-Konkurrenten antreten

Eine Möglichkeit, den Wassermann außer Gefecht zu setzen, ist, ihn erst dazu zu verleiten, alles auf eine Karte zu setzen und ihn dann in die Falle tappen zu lassen. Sobald er diese Taktik aber durchschaut hat, fällt er kein zweites Mal darauf herein. Aber auch das können Sie sich zunutze machen, denn psychologische Tricks sind immer eine gute Taktik. Der Wassermann reagiert nämlich viel zu hastig und nimmt sich normalerweise nicht genug Zeit zum Überlegen. Es ist außerdem unwahrscheinlich, dass er den großen Gegenangriff geplant hat, denn er setzt auf den eigenen – ersten – Blitzangriff.

Den Wassermann-Konkurrenten ausspielen

Es ist schwierig, den Wassermann auszuspielen, denn er lässt sich nicht in die Karten gucken. Da er nicht besonders logisch vorgeht und eher intuitiv oder gefühlsgesteuert handelt, ist er kaum berechenbar. Ihr eigener Plan sollte aber wohlüberlegt sein und sorgfältig ausgeführt werden, auch wenn der Wassermann zurückschlägt. Allein Ihr Stehvermögen könnte den Kampf bereits für Sie entscheiden. Das bedeutet aber, dass Sie auch seine Pläne kennen müssen, selbst wenn Sie nicht direkt darauf reagieren. Sie sollten stets in den Startlöchern stehen, um seine Blitzangriffe abwehren zu können.

Den Wassermann-Konkurrenten persönlich beeindrucken

Ihre Fähigkeit, sich stets etwas Neues einfallen zu lassen, beeindruckt den Wassermann. Konservativere Ansätze dagegen, die sich auf Erprobtes verlassen, interessieren ihn weniger, er reagiert darauf entweder gar nicht oder nur mit Ungeduld. Falls Sie sich nicht im Streit treffen und Sie ihn wirklich beeindrucken wollen, sollten Sie auf Augenhöhe mit ihm stehen und wirklich originelle, inspirierende Ideen austauschen, freilich ohne Ihre wichtigsten Pläne zu verraten. In einem solchen Austausch ist er häufig sehr kampfbereit und immer darauf aus, Sie mit scharfer Kritik und seinem raschen Verstand auszustechen.

Den Wassermann-Konkurrenten über- oder unterbieten

Wenn der Wassermann genau vor Augen hat, was er will, dann holt er es sich und lässt dabei keine Zweifel an seinen Absichten aufkommen. Wenn er also über ausreichende Mittel verfügt, überbietet er seine Konkurrenten einfach. Sie tun daher gut daran, seine Kraft- wie auch seine Geldreserven in mehreren kleineren Preiskämpfen zu erschöpfen, damit Sie beim folgenden Großwettbewerb die Nase vorn haben. Das Unterbieten der Preise des Wassermanns bei bevorzugten Verträgen sollte von überzeugenden Argumenten begleitet werden, die zeigen, dass Sie die Waren tatsächlich liefern können, z. B. anhand einer langjährigen und glaubhaften Erfolgsbilanz. Daten und Fakten zur Hand zu haben, ist überhaupt die beste Methode, den Wassermann auszustechen, denn er neigt dazu, Versprechungen zu machen, die er wahrscheinlich nicht halten kann.

PR-Krieg gegen den Wassermann-Konkurrenten

Den Medienkrieg geht der Wassermann meisterhaft an. Er hat einen sechsten Sinn dafür, was in Anbetracht der aktuellen Marktsituation und allgemeinen Stimmung funktioniert und was nicht. Er ist technisch versiert und fühlt sich in der PR-Welt ganz zu Hause. Seine Werbung, sein Marketing, seine Werbetexte und seine visuellen Präsentationen sind wirklich großartig. Sie sollten gar nicht erst versuchen, ihn in einem direkten Wettkampf auszustechen, sondern darauf hinarbeiten, dass er seine Reserven in schillernden Kampagnen erschöpft, während Sie selbst sich darauf konzentrieren, die Qualität und Langzeitwirkung Ihrer eigenen Produkte und Dienstleistungen zu steigern.

Der Wassermann-Konkurrent und die persönliche Beziehung

Der Wassermann ist ein reservierter Typ, der sich nicht gern mit persönlichen Themen beschäftigt, vor allem, wenn Gefühle eine Rolle spielen. Die Weigerung, eine persönliche Haltung einzunehmen, und seine Schutzlosigkeit gegenüber Ihren psychologischen Strategien sind seine Achillesferse. Trotzdem kann der Wassermann in beruflichen Angelegenheiten extrem verführerisch wirken, nicht aufgrund echter Gefühle, sondern aufgrund seines ureigenen Charmes und seiner Überzeugungsfähigkeit. Sie können ihn mit ein paar eingestreuten spitzen Bemerkungen verwirren und ausschalten, wenn Sie zunächst vorgeben, auf seine Masche hereinzufallen.

WASSERMANN

21. Januar –
19. Februar

STÄRKEN

spontan
natürlich
unterhaltsam

SCHWÄCHEN

kapriziös
oberflächlich
unzuverlässig

AUFTRETEN

lebhaft
munter
eigen

Liebe

RENDEZVOUS MIT DEM WASSERMANN

Der Wassermann ist meistens lebhaft und lebenslustig. Er mag keinen Ärger oder Komplikationen, denn diese bunte Persönlichkeit möchte einfach Spaß haben. Die Möglichkeit, Sie besser kennenzulernen, und eine eventuell tiefergehende Beziehung liegt viel weiter hinten auf dem Weg. Um beim ersten Treffen mit dem Wassermann Schritt halten zu können, sollten Sie eine gewisse Auswahl an Restaurants, Bars, Clubs oder Konzerten bereithalten. Seien Sie nicht überrascht, wenn er sich bereits ein paar Minuten vor Ihrem Treffen entschieden hat, was er an dem Abend tun möchte. Machen Sie deshalb keine festen Pläne, bevor Sie sich angehört haben, was er dazu sagt.

Wie man einen Wassermann kennenlernt und anlockt

Der Wassermann bewegt sich sehr schnell, geistig wie körperlich, und es ist schwer, mit ihm Schritt zu halten. Am besten nutzen Sie gleich die ersten paar Sekunden aus, in denen Sie seine Aufmerksamkeit oder seinen Blick auf sich gelenkt haben, denn er neigt dazu, rasch wieder in der Menge zu verschwinden. Seien Sie auch nicht überrascht, wenn er sich, gerade wenn Sie ihn ansprechen wollen, umdreht und sich jemand anderem zuwendet. Wenn dieses flüchtige Wesen Sie nicht sofort höchst attraktiv findet, ist es nur sehr schwer festzuhalten, vor allem beim ersten Zusammentreffen.

Unternehmungen bei der Verabredung mit dem Wassermann

Wenn Sie nicht etwas ganz Ungewöhnliches aus dem Hut zaubern, ist das erste Treffen auch gleich das letzte. Herkömmliches langweilt ihn. Er erwartet etwas Besonderes, am liebsten etwas, das ganz auf seine Bedürfnisse zugeschnitten ist. Hören Sie genau zu, was er sagt, und entscheiden Sie entsprechend, wenn Sie die erste Viertelstunde mit ihm überstehen möchten. Unternehmungen, die mit Medien, Musik oder Tanzen zu tun haben, sind gewöhnlich eine sichere Option. Ein ruhiges Essen bei Kerzenschein entspricht gar nicht seinem Tempo, denn Ihre romantische Absicht ist viel zu offensichtlich, und die Zeit, die er Ihnen reglos gegenübersitzen müsste, wäre ebenfalls viel zu lang.

Was den Wassermann anmacht und was ihn abschreckt

Wenn Sie irgendwelche Annahmen über ihn machen oder offensichtlich routiniert vorgehen, tört ihn das völlig ab, denn es offenbart ihm Ihre Unflexibilität und Ihre Unfähigkeit, auf seine Individualität einzugehen. Wenn Sie aber schnell wie der Wind die Führung übernehmen und ihn wirklich vom Hocker reißen, ist er sehr beeindruckt und erstaunt. Vermeiden Sie Pfennigfuchserei. Loben Sie sich also nicht dafür, dass Sie beim Essen oder den Eintrittskarten so preiswert davongekommen sind. Respektieren Sie seine Privatsphäre, aber wirken Sie auf die nächste gemeinsame Vergnügung so lebendig und ausgelassen hin wie möglich.

Beim Wassermann den ersten Schritt machen

Ein Wassermann, der sich für Sie interessiert, flirtet ziemlich viel und ist für Ihre Avancen offen, aber sobald Sie den ersten Schritt tun, bewegen Sie sich auf einem sehr schmalen Grat. Falls er überhaupt kein Interesse daran hat, bekommen Sie wohl nie wieder eine zweite Chance, denn einen voreiligen Angriff verzeiht er Ihnen kaum. Deswegen ist es besser, wenn Sie sich zurückhalten und ihm den ersten Schritt überlassen oder zumindest darauf warten, dass er Ihnen ganz eindeutig grünes Licht gibt.

Den Wassermann beeindrucken

Die ungewöhnlicheren Aspekte Ihrer Persönlichkeit und Ihres Verhaltens beeindrucken ihn, und wenn er Sie wirklich witzig findet, ist das ein großer Schritt in die richtige Richtung. Der Wassermann interessiert sich so gut wie nie für schwierige, unglückliche oder niedergeschlagene Menschen. Obwohl es vielleicht zu nichts führt, wenn Sie immer leicht und fröhlich wirken, so trägt es doch dazu bei, dass er Sie nicht gleich zu Beginn wieder fallenlässt. Wenn er sich nicht amüsiert oder unbeeindruckt ist, merken Sie das sofort, denn er verbirgt seine wahren Gefühle nicht.

Den Wassermann nach der Verabredung wieder loswerden

Normalerweise reichen ein paar böse Blicke oder giftige Bemerkungen völlig aus, damit der Wassermann auf dem Absatz kehrtmacht. Wenn Sie also echtes Interesse an ihm haben, sollten Sie alle negativen Signale vermeiden, die er als Abfuhr missverstehen könnte. Lächeln, Lachen und vor allem unkomplizierte Gespräche sind empfohlen. Wenn Sie sich nicht verstehen, ist es wahrscheinlich, dass der Wassermann Sie abblitzen lässt, bevor Sie überhaupt die Gelegenheit hatten, sich für oder gegen ihn zu entscheiden. Ziehen Sie ihn nicht mit seinen kleinen Eigenheiten und Marotten auf!

BEZIEHUNG MIT DEM WASSERMANN

Der Wassermann ist bis zu einem gewissen Grade treu, und zwar bis jemand Interessanteres des Weges kommt. Wenn es Ihnen also gelingt, das Interesse des Wassermanns wachzuhalten und Sie seine zahllosen und teils sonderbaren Bedürfnisse befriedigen können, besteht die Chance auf eine längere Beziehung. Sie müssen zwangsläufig nachsichtig sein, wenn er fremdgeht, und über Affären lachen können. Ihre eigene Selbstsicherheit trägt entscheidend dazu bei, den umherschweifenden Wassermann zu fesseln. Zweifellos kann man mit ihm unendlich viel Spaß haben, aber er ist so schwer zu bändigen wie ein Sack Flöhe.

Mit dem Wassermann diskutieren

Über bestimmte Themen kann man sprechen, andere sind absolut tabu. Wenn es beispielsweise um das Verhalten des Wassermanns geht, sollte man sich hüten, seinen Widerstand herauszufordern, denn das führt unweigerlich zum Krach. Wenn Sie ihn immer wieder auf sein sprunghaftes und unberechenbares Verhalten ansprechen und jedes Mal versuchen, sich zu versöhnen, ist das im Grunde ein Fass ohne Boden. Merken Sie sich, was er angestellt hat, aber machen Sie es nicht zum Thema, sondern arbeiten Sie still hinter den Kulissen, ohne seinen Widerwillen zu erregen. Das funktioniert meist am besten.

Mit dem Wassermann streiten

Der Wassermann geht schnell an die Decke. Er ist leicht erregt und verärgert, und seine Reaktionen sind heftig und prompt. Nach einem oder zwei Zusammenstößen kommen Sie sicherlich zu dem Schluss, echten Streit künftig auf ein Minimum zu beschränken. Das Problem mit dem Wassermann ist aber, dass aus einer Diskussion in Windeseile ein ernsthafter Streit wird, und wenn Sie sich darauf einlassen, haben Sie am Ende beide Federn gelassen (sofern Sie den Streit überhaupt richtig beenden). Deshalb sollten Sie jeden Streit tunlichst vermeiden. Sinnvoller ist es, dem Wassermann eine kleine Warnung oder einen Kommentar auf einen Zettel zu schreiben und diesen dann auf den Küchentisch zu legen, alternativ können Sie natürlich auch eine Mail oder SMS schicken.

Mit dem Wassermann reisen

Wenn er in der richtigen Stimmung ist, akzeptiert der Wassermann alles, was man ihm hinwirft. Wenn nicht, kann man es ihm gar nicht recht machen. Wenn Sie mit ihm verreisen, sollten Sie flexibel und immer bereit sein, sich seinen stets ändernden Vorlieben und Ansprüchen anzupassen. Das Schlimmste wäre für ihn, wenn Sie sich auf einen bestimmten Wunsch festlegen, bei dem er mitmachen muss. Vor allem sollten Sie keinerlei Spekulationen darüber anstellen, was er aufgrund früherer Erfahrungen mögen oder hassen könnte, denn der Wassermann ist immer für eine Überraschung gut.

Sex mit dem Wassermann

Der Wassermann liebt den Sex mit Ihnen, aber leider auch den mit anderen. Der beste Rat, den ich Ihnen geben kann, ist: Genießen Sie das, was Sie haben, und schenken Sie dem, was er in Ihrer Abwesenheit macht, nicht allzu viel Aufmerksamkeit. Wenn sich der Wassermann bei Ihnen frei und nicht verurteilt fühlt,

bleibt er garantiert länger. Wenn er aber eine Schlinge um den Hals spürt oder
wittert, dass der Hafen der Ehe lauert, ist er von einem Moment zum nächsten
verschwunden.

Der Wassermann und Zärtlichkeit

Der Wassermann zieht oberflächliche Zuneigungsbekundungen vor. Sobald Sie
sich auf seine kühle und reservierte Art eingestellt haben, verstehen Sie auch die
wahre Bedeutung eines kurzen Lächelns oder einer kleinen Berührung an der
Hand. Wundern Sie sich nicht, wenn dies mit einem ironischen Lachen, Lächeln
oder sogar einem spöttischen »Ach, armer Schatz!« einhergeht. Meist zeigt der
Wassermann seine Gefühle und seine Zuneigung mit einem Augenzwinkern,
gefolgt von einer spöttischen oder sarkastischen Bemerkung. Denken Sie daran,
dass das für gewöhnlich nicht böse gemeint ist.

Der Wassermann und Humor

Er hat einen schnellen Witz, und ebenso schnell werden Sie zu dessen Opfer.
Wenn er sich ständig über Sie lustig macht, kann das sehr irritierend und anstrengend sein und Sie irgendwann sehr unglücklich machen. Deswegen sollten
Sie diesem Verhalten von vornherein Grenzen setzen, damit sein Spott nicht
aus dem Ruder läuft. Eine Alternative wäre, ein gemeinsames Objekt des Spotts
zu finden. Versuchen Sie aber nicht, den Spieß umzudrehen und sich über ihn
lustig zu machen, denn da hat der Humor des Wassermanns recht schnell seine
Grenzen erreicht.

EHE MIT DEM WASSERMANN

Der Wassermann widmet sich seiner Familie mit Hingabe. Wenn er sich einmal
für die Ehe entscheidet, engagiert er sich voll und ganz. Der entscheidende Fak-
tor für seine Treue ist, dass er von seinen Kindern und seinem Ehepartner wirklich gebraucht wird. Zwar verbringt der Wassermann viel Zeit außer Haus, vor
allem, wenn er beruflich eingespannt ist, doch genießt er das Familienleben sehr,
vor allem die Ferien und Feiertage. Der Wassermann macht jedes noch so banale
Alltagsereignis zu etwas Besonderem, und seine gute Laune färbt auf alle ab.

Hochzeit und Flitterwochen mit dem Wassermann

Der Wassermann interessiert sich nicht sehr für extravagante oder aufgeblase-
ne Veranstaltungen, und die eigene Hochzeit ist keine Ausnahme. Aber auch
wenn er mit einer einfachen Zeremonie zufrieden wäre, akzeptiert er es, wenn
Sie mehr Prunk möchten, und macht kostspielige Feste ohne Vorbehalte mit.
Die Flitterwochen geht er ohne große Erwartungen an und nimmt alles, wie
es kommt. Auf diese Weise vermeidet er von vornherein Enttäuschungen und
Reinfälle. Sie können davon ausgehen, dass er sein Bestes gibt, damit Hochzeit
und Flitterwochen besonders schön werden, aber wundern Sie sich nicht, wenn
er fragt: »Und, wie war ich?«

STÄRKEN

unterhaltsam
treu
engagiert

SCHWÄCHEN

beschäftigt
unter Druck
egoistisch

AUFTRETEN

positiv
sprühend
interessant

WASSERMANN

Haushalt und Ehealltag mit dem Wassermann

Es fällt ihm schwer, sich an die Banalitäten des Alltags zu gewöhnen, selbst wenn er Leben in die Bude bringt. Er langweilt sich schnell, und die Anstrengung, stets aufmerksam und unterhaltsam sein zu müssen, ermüdet ihn mit der Zeit. Achten Sie darauf, selbst ausreichend zu seiner Unterhaltung beizutragen, damit Sie seine Aufmerksamkeit nicht verlieren. Gestehen Sie ihm auch den nötigen Freiraum außerhalb des Zuhauses zu und fragen Sie nie genau, wo er gewesen ist und was er gemacht hat. Wenn er möchte, dass Sie es wissen, sagt er es Ihnen. Teilen ist für den Wassermann etwas ganz Natürliches.

Der Wassermann und Geld

Der Wassermann braucht grundsätzlich das Gefühl, sein Geld so ausgeben zu können, wie er es möchte. In Familien, wo das Geld gut eingeteilt werden muss, kann das zu großen Schwierigkeiten führen. Wenn Ihr gemeinsames Konto in den Miesen oder die Kreditkarte bis zum Maximum ausgereizt ist, steht der Wassermann vor dem Problem, Ihnen größere Ausgaben eingestehen zu müssen. Völlig separate Konten sollten Sie aber auch vermeiden, weil Sie sonst gar keine Möglichkeit mehr haben, seinen Ausgaben Grenzen zu setzen. Der Wassermann hat übrigens eine Schwäche für schicke Autos, Haushalts- und andere technische Geräte.

Der Wassermann und Treue

Wenn Sie eine Affäre mit ihm haben, ist er notorisch untreu, aber in der Ehe ist der Wassermann im Allgemeinen treu. Er ist sehr stolz auf seine Familie und voll-auf damit beschäftigt, ihr Wachstum zu fördern und zu unterstützen. Zwangs-läufig aber steht jeder Wassermann ein- oder zweimal in seiner Ehe vor einer großen Versuchung, entweder wenn jemand höchst Attraktives vorbeikommt oder Schmerz und Leid in der Ehe für ihn zu viel werden. An dieser Untreue leidet er selbst sehr und kann auch nur schlecht damit umgehen. Ermutigen Sie ihn, darüber zu sprechen, und üben Sie Nachsicht, wenn Sie ihn nicht verlieren wollen.

Der Wassermann und Kinder

Wassermänner sind wunderbare Eltern. Die Kindlichkeit des Wassermanns führt dazu, dass er sich selbst an manchen Dingen ebenso erfreut wie seine Kinder, das kann (muss aber nicht) Sport sein (aktiv oder als Zuschauer), Spiele, Rätsel, Kunst, Ausflüge und alle Arten von Zusammenkünften. Sich mit seinem Kind zusammen in den Sandkasten zu setzen, ist ganz typisch für den Wassermann, der überhaupt keine Scheu hat, sein inneres Kind vor allen Leuten zu zeigen. Allerdings kann der Wassermann in tiefe Depressionen verfallen, wenn die Ehe unfruchtbar bleibt oder der Partner keine Kinder will.

Scheidung vom Wassermann

Vor allem, wenn Kinder da sind, leidet der Wassermann an einer zerbrochenen Ehe und einer nicht funktionierenden Familie mehr als an anderen Schwierigkeiten im Leben. Er nimmt vieles hin, aber eine Trennung wird er womöglich verweigern. Nach einer Trennung leidet er jahrelang, was auch das Leben seines Expartners und seiner Kinder beeinträchtigt. Wenn es irgendwie geht, sollte man es also vermeiden, sich vom Wassermann scheiden zu lassen, und selbst wenn er der Schuldige ist, sollten Sie ihm eine zweite Chance geben oder sogar eine dritte. Sobald er erkennt, was für ihn auf dem Spiel steht, wird er sein Bestes tun, um in Zukunft Ihre Erwartungen zu erfüllen.

AFFÄRE MIT DEM WASSERMANN

Wenn Sie mit dem Wassermann eine Affäre haben, müssen Sie der Tatsache ins Auge sehen, dass Sie weder der Erste noch der Letzte sind. Es ist sogar recht wahrscheinlich, dass Sie auch zum gegenwärtigen Zeitpunkt nicht der Einzige sind. Was die Liebe angeht, so ist der Wassermann der Ansicht, er habe für alle genug und müsse niemanden vernachlässigen, der ihm wirklich am Herzen liegt. Daher ist die Menge an Liebe, die für den Einzelnen bleibt, zwar relativ klein, die Qualität allerdings mag hoch sein, zumindest zeitweise. Wer in einer Beziehung Tiefe und Ernsthaftigkeit sucht, ist mit dem, was der Wassermann zu bieten hat, vermutlich nicht zufrieden, sondern findet es zu oberflächlich (wenngleich aufregend) und flüchtig.

Mit dem Wassermann anbandeln
Den Wassermann kann man immer und überall treffen. Er ist nicht sehr wählerisch und nimmt, was kommt und was er kriegen kann. Ihn per E-Mail oder Handy zu erreichen, ist kein Problem, denn er schaut regelmäßig in seine Postkästen und meldet sich meist innerhalb der nächsten 24 Stunden. Für Spontanaktionen Ihrerseits hat er eine besondere Schwäche, denn das Unerwartete und das Abenteuer ziehen ihn magisch an. Sie werden sich auch an plötzliche Mitteilungen gewöhnen müssen, die Sie zu einem bestimmten Zeitpunkt an einen bestimmten Ort bestellen (manchmal innerhalb der nächsten Viertelstunde!). Eine Stunde im Voraus Bescheid zu sagen, betrachtet er normalerweise als vollkommen ausreichend.

Wohin mit der Wassermann-Liebhaber?
Die Wahl des Ortes spielt für den Wassermann keine große Rolle. Manchmal dient ihm das Risiko, entdeckt zu werden, auch als Aphrodisiakum, so dass er einen heikleren Ort sogar vorzieht. Wenn Sie eine Affäre mit dem Wassermann eingehen, müssen Sie in Kauf nehmen, dass Regeln gebrochen werden und Aufruhr entstehen kann. Ein so spontaner Mensch lässt sich einfach nicht kontrollieren, was oft zu sehr bizarrem Verhalten führt. Er aber findet, dass die Erregung das Risiko wert ist, und geht davon aus, dass Sie das ganz genauso sehen.

STÄRKEN

aufregend
kreativ
nicht fordernd

SCHWÄCHEN

flüchtig
oberflächlich
zerstreut

AUFTRETEN

großzügig
aktiv
qualitätsbewusst

Sex in der Affäre mit dem Wassermann

Der Wassermann hat einen natürlichen Instinkt für Abwechslung, aber vermutlich hat er auch den einen oder anderen Blick ins *Kamasutra*, in Henry Millers Werke oder *Die Geschichte der O* geworfen. Was Sex angeht, so langweilt sich der Wassermann schnell, deshalb sollten Sie, wenn Sie Objekt seines Interesses bleiben wollen, rasch einschlägige Literatur zu Rate ziehen oder seinen wildesten Ideen nachkommen. Mit zugeknöpften, konservativen oder prüden Ansichten schrecken Sie ihn garantiert ab. In bestimmten Fällen allerdings kann dies den unverschämten Wassermann zu neuen, äußerst schockierenden Verhaltensweisen anregen, die durchaus erfreulich und stimulierend sein können.

Die Affäre mit dem Wassermann aufrechterhalten

Diesen flüchtigen Charakter lange festzuhalten ist unmöglich, deshalb hat sich der Wassermann auf Kurzzeitbeziehungen spezialisiert. Falls Sie ihn länger an sich binden wollen, müssen Sie ein Zauberer sein, um erstens sein Interesse zu erhalten und zweitens seine suchenden Augen in Schach zu halten. So wie Scheherazade, die in *Tausend und eine Nacht* eine unendliche Geschichte gewoben hat, müssen auch Sie tatsächlich bezaubernd sein, dann werden Sie die Angelegenheit irgendwann vielleicht mit dem Bund der Ehe besiegeln. Je mehr Sie sich aber darum bemühen ihn festzuhalten, desto mehr wird er Ihnen wie Sand durch die Finger rinnen.

Den Wassermann-Liebhaber unterhalten

Der Wassermann lässt sich sehr gern privat unterhalten, fühlt sich aber noch viel wohler, wenn er selbst für die Unterhaltung sorgen kann. Wertschätzung und Anerkennung saugt er förmlich auf, und er lässt sich von Ihnen gerne sein Ego streicheln und seine Unsicherheit beschwichtigen, indem Sie ihm sagen, wie großartig er beim Sex ist. Falls Sie etwas Erholung von seinen fieberhaften Übergriffen brauchen, könnten Sie ihm vorschlagen auszugehen, denn für spontane Ortswechsel ist er meist zu haben. Der Wassermann zeigt sich gern mit seiner Begleitung in der Öffentlichkeit und liebt es, im Zentrum von Kontroversen zu stehen.

Die Affäre mit dem Wassermann beenden

Hier gibt es normalerweise kein Problem, denn der Wassermann hat sich vielleicht schon von Ihnen getrennt, ohne dass Sie es gemerkt haben, oder er hat nie wirklich zu Ihrer Beziehung gestanden. Es passiert nur höchst selten, dass der Wassermann Besitzansprüche anmeldet und Sie zwingen will, bei ihm zu bleiben. Für den Wassermann ist die Welt nämlich voller neuer interessanter Dinge, die vielleicht schon hinter der nächsten Ecke auf ihn warten. Es ist nicht so sehr seine Selbstsicherheit, die ihn antreibt (denn oft genug ist er gar nicht so überzeugt von seinem Liebestalent), als ein gewisses Gottvertrauen, dass ihm immer dann eine neue Beziehung geschenkt wird, wenn er diese gerade braucht.

DER WASSERMANN-EX

Wundern Sie sich nicht, wenn der Wassermann-Ex sich nicht mehr für Sie interessiert. Vermutlich ist er mit jemand neuem zusammen, was Ihnen entweder große Erleichterung oder großen Schmerz bereitet. Schon kurz nach der Trennung erkennen Sie ihn vielleicht gar nicht mehr wieder, denn er ist völlig verändert und erkennt auch Sie kaum noch. Der Wassermann neigt dann dazu, Sie zu behandeln, als hätten Sie für ihn nie existiert, was jede weitere Art von Beziehung zu ihm schwierig oder sogar unmöglich macht. In den meisten Fällen ist es ein für alle Mal vorbei, und Sie dürfen nicht mehr viel von ihm erwarten.

Freundschaft mit dem Wassermann-Ex
Der Wassermann hat normalerweise gar kein Interesse daran, nach der Trennung noch mit Ihnen befreundet zu sein, aber es ist möglich, in Kontakt zu bleiben, sofern dieser sporadisch und rein oberflächlich ist. Mehr als dass Sie sich pro forma über bestimmte praktische Dinge einigen, können Sie jedoch nicht erwarten. Vor allem sollten Sie, um nicht enttäuscht zu werden, keine Zeichen von Zuneigung seinerseits erwarten. Falls er dennoch Interesse an Ihnen zeigt, ist es gut möglich, dass es sich um einen Schachzug handelt, mit dem er sich etwas von Ihnen erkaufen will. Sie sollten sich weigern, mitzuspielen.

Der Wassermann-Ex und Versöhnung
In den seltenen Fällen, in denen ein Wassermann ernsthaft daran interessiert ist, sich wieder zu versöhnen, ist es gut möglich, dass er für immer bleiben will. Er ist aber auch in der Lage, eine mögliche Versöhnung nur vorzutäuschen, um Sie zu kontrollieren und für seine Zwecke zu benutzen. Bleiben Sie in solchen Gesprächen locker und bestehen Sie darauf, dass er seine Absichten garantiert, eventuell sogar in schriftlicher, rechtlich bindender Form. Wenn Sie sich versöhnen möchten, er aber nicht, liegt viel Schmerz und Leid vor Ihnen.

Mit dem Wassermann-Ex über alte Probleme sprechen
Der Wassermann möchte in den meisten Fällen überhaupt nicht über Vergangenes reden und über alte Probleme schon gar nicht. Es mag sogar vorkommen, dass er sich gar nicht erinnert und die meisten Dinge schlicht abstreitet. Wenn Sie ihn mit Fotos oder Briefen konfrontieren, die seine Hingabe an Sie oder die Familie beweisen, weigert er sich meist hinzusehen, und behauptet, Sie versuchten, seine Gefühle zu manipulieren. (»Welche Gefühle?«, fragen Sie da zu Recht.) Manchmal weigert er sich auch, mit Ihnen über die Vergangenheit zu sprechen, weil sein derzeitiger Partner das nicht will und er die Beziehung nicht aufs Spiel setzen möchte.

Dem Wassermann-Ex seine Zuneigung zeigen
Dies kommt normalerweise nicht in Frage. Wenn der Wassermann-Ex zärtlich wird, dann nur, weil er etwas will – körperlich oder finanziell. Zeigt er Zuneigung, hat das möglicherweise einen sexuellen Unterton, was alte Gefühle aufrühren

STÄRKEN

unabhängig
kontrolliert
objektiv

SCHWÄCHEN

kalt
distanziert
unbeteiligt

AUFTRETEN

sachlich
emotionslos
desinteressiert

WASSERMANN

und ziemlich schnell im Bett enden kann. Auch wenn es vielleicht so aussieht, als ob Ihre Liebe neu entflammen könnte, wird sich bald zeigen, dass es ein einmaliger Vorfall war, und das sollte es auch bleiben, egal wie schön es war.

Die gegenwärtige Beziehung zum Wassermann-Ex definieren

Welche Beziehung? Hier reichen wenige Worte, und man muss auch die Phantasie nicht bemühen. Der Wassermann definiert die gegenwärtige Beziehung, indem er sie auf die absolut unvermeidbaren Themen wie Kinder, Steuern und Eigentum beschränkt. Jeder Versuch, darüber hinauszugehen, wird am mangelnden Interesse oder sogar an der Feindseligkeit des Wassermanns scheitern. Sie können ihm Ihre eigenen Vorstellungen darüber schriftlich mitteilen, sollten aber nicht mit einer Antwort rechnen.

Gemeinsames Sorgerecht mit dem Wassermann-Ex

In diesem Punkt können Sie nachhaltig mit dem Wassermann rechnen. Da er seine Kinder liebt und an ihrem Leben teilhaben möchte, wird er gewisse Kompromisse eingehen, Sie treffen und Organisatorisches besprechen. Die Kinder möchten häufig ebenso viel Zeit bei ihm wie bei Ihnen verbringen, denn er ist lustig und verwöhnt sie. Dabei kann es passieren, dass Sie irgendwann in die undankbare Rolle des Spielverderbers gedrängt werden.

Freunde & Familie

DER WASSERMANN-FREUND

Freundschaften sind dem Wassermann meist ungeheuer wichtig. Sie haben für ihn aber mehr idealistische, globale und universelle Bedeutung als eine rein persönliche. Deshalb haben seine Freundschaften meist eine abstrakte und objektive Qualität, eher kühl als leidenschaftlich. Täglicher oder auch nur wöchentlicher Kontakt ist dem Wassermann zu viel, er meldet sich entweder von unterwegs oder wenn eines seiner neuesten Hobbys gerade ein bisschen in den Hintergrund tritt. Betrachten Sie ihn nicht als Stützpfeiler Ihres Lebens, sondern als interessantes Extra, sehr unterhaltsam, aber auch ein bisschen speziell.

Einen Wassermann-Freund um Hilfe bitten

Stellen Sie dem schnellen Wassermann am besten nur eine oder zwei kurze Fragen, die er ebenso schnell beantworten kann. Wenn Sie Hilfe beim Umzug, bei der Planung und Organisation von Veranstaltungen, beim Einkauf von schwierig zu beschaffenden Dingen o. ä. brauchen, sollten Sie sich an jemand anderen wenden. Hilfe kann der Wassermann seiner Ansicht nach nur in seiner Freizeit leisten, und davon hat er, wenn überhaupt, nur sehr wenig. Hinzu kommt das Problem seiner schlechten Erreichbarkeit, am besten hinterlassen Sie eine Nachricht, oder Sie schicken ihm, Tage oder besser Wochen im Voraus, eine Mail.

Mit dem Wassermann-Freund kommunizieren und in Kontakt bleiben

Er ist zwar allgemein recht mitteilsam, aber er kommt lieber auf Sie zu als umgekehrt. Nicht nur ist er schwer zu erreichen, sondern er zieht es vor, dann Kontakt aufzunehmen, wenn es ihm gerade passt. Häufig erwischt er Sie bei einer wichtigen Beschäftigung, und wenn Sie auf seine spontanen Vorschläge nicht eingehen, wird es in Zukunft vielleicht noch etwas schwieriger, ihn zu erreichen. Der Wassermann muss erstens das Gefühl haben, dass Sie ihn wirklich dringend brauchen, und zweitens muss Ihr Anruf genau im richtigen Moment kommen.

STÄRKEN

idealistisch
vielseitig
spontan

SCHWÄCHEN

seltsam
unzuverlässig
unsicher

AUFTRETEN

abstrakt
objektiv
kühl

Vom Wassermann-Freund Geld borgen

Verlassen Sie sich bei ihm nicht auf ein Darlehen, selbst wenn er es versprochen hat. Es könnte nämlich sein, dass er es, kurz bevor es Ihnen geben wollte, für etwas anderes ausgegeben hat. Er ist so spontan, dass man nicht damit rechnen kann, dass er regelmäßigen finanziellen Verpflichtungen nachkommt. Wenn Sie ihn für das Objekt Ihrer Investition interessieren können, betrachtet er es womöglich als seine eigene und bietet Ihnen eventuell einen höheren Betrag an.

Den Wassermann-Freund um Rat fragen

Der Wassermann gehört nicht zu denen, die ausschweifende Ratschläge erteilen. Normalerweise braucht er nicht viel Zeit, sich alles durch den Kopf gehen zu lassen, und sagt Ihnen in wenigen Worten, was er tun würde. Bei sachlichen Themen ist er meist sehr scharfsinnig, aber wenn es um psychologische Beobachtungen, Gefühle und die dunklere Seite des Lebens geht, zeigt er kein besonderes Talent. Manchmal weigert er sich kategorisch, über deprimierende oder ungesunde Themen zu diskutieren, und zwar aus Prinzip und aus Abneigung. Am besten beschränken Sie Ihre Bitte um Rat also auf technische Fragen.

Einen Wassermann-Freund besuchen

Den Wassermann zu besuchen, ist schwierig, denn er ist häufig nicht zu Hause. Wenn er da, aber beschäftigt ist, macht er manchmal einfach die Tür nicht auf. Seine volle Konzentration auf die aktuelle Tätigkeit, die sich allerdings von einer Minute zur nächsten wieder ändern kann, kann auch verabredete Besuche platzen lassen. Seien Sie daher gewarnt und schrauben Sie Ihre Erwartungen nicht zu hoch. Vielleicht ist es besser, wenn er zu Ihnen kommt, und lassen Sie ihm die Wahl des Zeitpunkts innerhalb einer gewissen Spanne.

Feste und Freizeit mit dem Wassermann-Freund

Der lebenslustige Wassermann feiert gern und geht auch gerne aus. Da sich sein Zeitplan aber ständig ändert, funktioniert es am besten spontan. Auf diese Weise können Sie bei allen möglichen Unternehmungen eine Menge Spaß zusammen haben. Sie werden feststellen, dass die Ausdauer des Wassermanns beim Amüsement kaum Grenzen kennt. Probleme entstehen erst dann, wenn Sie versuchen, auf die Bremse zu treten und das Ganze zu beenden.

DER WASSERMANN-MITBEWOHNER

Der Wassermann kommt und geht wie ein Wirbelwind, er bleibt nicht lange an einem Ort, geschweige denn in einer bestimmten Haltung. Da es schwer bis unmöglich ist, mit ihm Schritt zu halten, sollten Sie einfach Ihr Ding machen und ihn möglichst ignorieren. Er versucht gar nicht, Sie absichtlich zu ärgern oder Ihnen irgendwo dazwischenzufunken, daher funktioniert es am besten, wenn Sie einander tolerieren. Seine Distanziertheit schließt eine engere Beziehung von vornherein aus. Überladen Sie ihn nicht mit Haushaltspflichten. Er stimmt allen

Verpflichtungen nur zu, damit Sie ihn in Ruhe lassen und er alles schnell wieder vergessen kann.

Mit dem Wassermann-Mitbewohner finanzielle Verantwortung teilen

Leider ist der Wassermann in Gelddingen häufig ein hoffnungsloser Fall. Er gibt es so schnell aus, dass er zwangsläufig noch vor Monatsende pleite ist, und es wird ihm schnell zur Gewohnheit, bei Ihnen in der Kreide zu stehen. Wenn er aber gerade flüssig ist, wirft er mit Geld nur so um sich. Im Allgemeinen kann man sich bei Zahlungen nicht auf den Wassermann verlassen, es sei denn, man nagelt ihn fest und riskiert einen Wutausbruch mit anschließendem Türenknallen.

Der Wassermann-Mitbewohner und das Putzen

Fangen Sie gar nicht erst an, hinter ihm herzuräumen, es ist sinnlos, ermüdend und macht Sie nur unzufrieden. Am besten lassen Sie ihn in seinem eigenen Chaos versinken und halten Ihr Zimmer dagegen blitzblank. Das größte Problem besteht darin, die gemeinsam genutzten Räume wie Küche, Bad und Wohnzimmer sauber zu halten. Da werden Sie wohl die Hauptarbeit leisten müssen, aber wenn es allzu unordentlich wird, müssen Sie ihn sich vorknöpfen, damit er sich sofort an die Arbeit macht, und Sie sollten keinerlei Ausreden und Versprechungen für die Zukunft annehmen.

Der Wassermann-Mitbewohner und Besuch

Der Wassermann ist Übernachtungsbesuch gegenüber meist erstaunlich tolerant und freundlich. Das gilt sogar für Besuch, der zu unmöglichen Zeiten hereinschneit und länger bleibt als geplant. Der lebenslustige Wassermann verpasst kaum eine Gelegenheit, sich gemeinsam mit anderen zu amüsieren. Falls Ihr Besuch sehr konservativ oder verklemmt sein sollte, kann es für ihn recht schockierend sein, den Trubel und Blödsinn, den Ihr eigenartiger Mitbewohner veranstaltet, mitzuerleben. Ein Zusammenstoß solch konträrer Persönlichkeiten kann den Besuch abrupt beenden.

Der Wassermann-Mitbewohner und Partys

Partys sind eine gute Möglichkeit, den Wassermann zum Aufräumen zu bewegen, und zwar vor und nach dem Fest. Der Wassermann liebt Feste und investiert viel Zeit und Mühe, damit sich alle gut amüsieren. Ihn selbst unter Kontrolle zu halten, kann allerdings schwierig sein, denn er feiert buchstäblich bis zum Umfallen und verschwindet dann einfach von der Bildfläche. Manchmal muss er auch in sein Zimmer getragen und auf dem Bett abgelegt werden. Er gehört nicht zu denen, die Grenzen setzen, nicht einmal bei den wildesten Partys.

Der Wassermann-Mitbewohner und die Privatsphäre

Der Wassermann respektiert Ihre Privatsphäre nicht sehr, denn er betrachtet sich und Sie, wenn es ums Wohnen geht, eher als Teile eines Ganzen. Auch wenn sie sein Zimmer betreten, ist er sehr tolerant, obwohl er oft eine harte Grenze

STÄRKEN

tolerant
anerkennend
offen

SCHWÄCHEN

ausweichend
vergesslich
unbeteiligt

AUFTRETEN

distanziert
kapriziös
individualistisch

WASSERMANN

zieht, wenn er beruflich oder privat sehr beschäftigt ist. Er teilt sein Essen, sein Zimmer und auch (wenn er welches hat) sein Geld gern. Seine Tür ist öfter offen als geschlossen, deshalb dürfen Sie gerne mal hereinschauen, ohne anklopfen zu müssen.

Mit dem Wassermann-Mitbewohner Probleme besprechen

Spontan kann man mit dem Wassermann sehr offen Probleme diskutieren, aber vereinbarte Besprechungen lässt er häufig platzen. Sie müssen immer damit rechnen, dass er Forderungen von Ihnen völlig ignoriert, auch und gerade wenn er sehr schnell zugestimmt hat. Es ist sehr schwer, Verbindlichkeit von ihm zu verlangen, denn er versteht Ihre Wünsche zwar, kann sie aber praktisch nicht umsetzen. Auch dass er ein Teil des Problems sein könnte, das gerade diskutiert wird, entgeht ihm völlig. Stattdessen kritisiert er andere oder schiebt es auf die ungünstigen Umstände.

STÄRKEN

ermutigend
interessiert
befreiend

SCHWÄCHEN

intolerant
ängstlich
egoistisch

AUFTRETEN

aktiv
begeistert
praktisch

DER WASSERMANN-ELTERNTEIL

Der Wassermann ist häufig ein solcher Freigeist, dass er sich gegen Ehe und Kinder entscheidet. Entscheidet er sich dafür, behält er meist seine Unabhängigkeit und scheucht seine Kinder aus dem Nest, sobald sie erwachsen sind. Er ist weder besonders beherrschend noch besitzergreifend und freut sich, wenn seine Kinder eigene Ansichten entwickeln. Wenn sich die Kinder aber in Gefahr begeben, setzt er ihrer Freiheit Grenzen. Der Wassermann interessiert sich für die Freizeitaktivitäten der Kinder mindestens ebenso sehr wie für ihr schulisches Fortkommen. Er hält sie an, Sport zu treiben, sich sozial zu engagieren, Freundschaften zu pflegen und kreativ zu sein.

Der Erziehungsstil von Wassermann-Elternteilen

Der Wassermann möchte seine Kinder eigentlich gar nicht maßregeln, es sei denn, es geht um ihre Sicherheit. Wenn ein Kind gegen die Regeln verstößt und mit der Gefahr spielt, wird der Wassermann sehr streng und erteilt ihm eventuell auch Hausarrest. Ansonsten bringt er seinen Kindern bei, dass man zu seinem Verhalten stehen muss, und gesteht ihnen gewisse Freiheiten zu, solange sie für ihr eigenes Handeln Verantwortung übernehmen. Wenn er ihnen also erlaubt, unter der Woche auszugehen, liegt es in ihrer eigenen Verantwortung, morgens rechtzeitig aufzustehen und die Hausaufgaben erledigt zu haben. Der Wassermann hasst es zu nörgeln.

Wassermann-Elternteile und Zuneigung

Der Wassermann zeigt seinen Kindern seine Zärtlichkeit ohne großes Getue, Umarmungen und Küsschen gehören jeden Tag dazu. Allerdings geht die Zuneigung nicht sehr tief, oft ist der Wassermann kühl oder erkennt die wahren emotionalen Bedürfnisse seiner Kinder nicht. Da er ohnehin etwas exzentrisch ist, ist auch die Art, seinen Kindern Zuneigung zu zeigen, manchmal seltsam, sei es, dass er sie neckt oder gar verspottet. Viele Kinder registrieren das gar nicht als Zärtlichkeit, und selbst wenn sie es tun, so verstehen es ihre Freunde ganz bestimmt nicht.

Wassermann-Elternteile und Geld

Der Wassermann kann sehr großzügig sein. Er gibt seinen Kindern normalerweise reichlich Taschengeld und freut sich, wenn sie dies für lustige (aber harmlose) Freizeitbeschäftigungen ausgeben. Auch wenn von den Kindern größere Wünsche geäußert werden, ist er großzügig, das einzige Problem besteht nur leider oft darin, dass das dafür nötige Geld bereits für das neueste Hobby des Wassermanns draufgegangen ist. Meistens ist er aber so vernünftig, dass er die Familie nicht wegen irgendeines Wunschobjekts seiner Kinder in ernste Geldschwierigkeiten bringt.

Wassermann-Elternteile und Krisen

Aufgrund seiner Nervosität neigt der Wassermann zur Überreaktion, wenn seine Kinder in Gefahr sind – oder er meint, sie seien es. Es ist typisch für den Wassermann, immer das Schlimmste zu befürchten und voreilig zur Rettung zu eilen, was die Gefahr oft eher verschlimmert, als sie zu bannen. Wenn der Wassermann sein Kind in Panik warnt, wird es möglicherweise von der eigentlichen Gefahr abgelenkt, zum Beispiel einem Auto. Der Wassermann muss lernen, der Wachsamkeit seiner Kinder zu vertrauen.

Festtage und Familientreffen mit Wassermann-Elternteilen

Der Wassermann ist von Familientreffen nicht besonders begeistert, weil es eine Verpflichtung für ihn ist, aber er verreist gern mit seinen Kindern und nimmt auch gerne deren Freunde mit. Der Wassermann hasst Veranstaltungen, die immer gleich ablaufen, und jedes Jahr dasselbe Familientreffen findet er einfach langweilig. Beim Wassermann führt Langeweile zu Verärgerung, diese zu Groll, und der schließlich zur völligen Verweigerung, sich zu beteiligen. Im Urlaub hingegen kann er sich ganz seinen spontanen Impulsen und seiner Lust auf Abenteuer hingeben.

Für alte Wassermann-Elternteile sorgen

Der alte Wassermann besteht normalerweise darauf, weiterhin alleine zu leben, und lehnt jede Hilfe seiner Kinder dickköpfig ab, ob diese nun finanzieller oder physischer Natur ist. Er neigt zunehmend zum Geiz und kommt mit sehr wenig aus, selbst wenn das nicht notwendig wäre. Die meisten seiner Altersgenossen könnten so nicht überleben, noch würden sie es als wünschenswert betrachten. Da er außerdem immer seltsamer wird, sorgen sich seine Kinder sehr und vermuten mitunter sogar eine Form der Demenz. Behalten Sie den alten Wassermann im Auge, aber schränken Sie seine ungewöhnliche Lebensweise nicht ein.

STÄRKEN

inspirierend
phantasievoll
erfinderisch

SCHWÄCHEN

störend
schockierend
beängstigend

AUFTRETEN

abrupt
spontan
lässig

DAS WASSERMANN-GESCHWISTER

Der Wassermann macht mit seinem Witz und seiner Lebensfreude das Leben seiner Geschwister zwangsläufig lustiger und bunter. Er ist immer für Spaß gut, aber er verleiht der Familie auch im Stillen etwas Entspanntes und Lässiges. Seine Stimmung kann blitzartig von zurückhaltend auf frenetisch umschlagen, womit er Schockwellen durch die Geschwister jagt. Mit den Jahren gewöhnen sich alle daran und reagieren weniger heftig auf ihn. Seine Fähigkeit, Pläne zu schmieden und ungewöhnliche Ideen zu entwickeln (seine große Stärke), wird von den anderen Geschwistern sehr geschätzt, und wenn es gerade mal langweilig ist, fragt man ihn nach einer Idee.

Rivalität und Nähe zum Wassermann-Geschwister

In der Regel rivalisiert der Wassermann nicht sehr stark mit seinen Geschwistern, obwohl er sonst recht aggressiv sein kann. Er würde sich gern sehr gut mit seinen Geschwistern verstehen, doch das ist nicht immer möglich, denn er hat ein paar Charakterzüge, die andere irritieren. Er kann aber auch sehr gewinnend sein, weshalb man ihm seine Grenzüberschreitungen immer wieder vergibt. Statt zu rivalisieren, macht der Wassermann lieber sein eigenes Ding, sein Ehrgeiz beschränkt sich meist auf das Streben nach Perfektion.

Das Wassermann-Geschwister und alte Probleme

Der Wassermann ist nicht nur vergesslich, er kann auch alte Probleme vergeben und vergessen. Seine Vergesslichkeit ist aber häufig nur Ausdruck seiner Neigung, fast ausschließlich in der Gegenwart zu leben und in die Zukunft zu schauen. Diese Haltung wird aber nicht von jedem geteilt, vor allem nicht, wenn sich eines der Geschwister ungerecht behandelt fühlt. In diesem Fall bringen seine Vergesslichkeit und sein achselzuckendes Hinnehmen der Situation den andern nur noch mehr auf die Palme. Der Wassermann muss ein Gespür dafür entwickeln, welche Bedeutung alte Probleme für andere Menschen haben können.

Mit einem entfremdeten Wassermann-Geschwister umgehen

Weil er sich wünscht, dass alles funktioniert und dass er sich mit seinen Geschwistern gut steht, ist der Wassermann normalerweise zu einer Versöhnung bereit. Es ist gut möglich, dass er ausgestoßen wurde und sich der Familie gar nicht freiwillig entfremdet hat. Daher liegt die Entscheidung, den Wassermann wieder in die Familie aufzunehmen und eine Versöhnung herbeizuführen, bei den anderen Familienmitgliedern. Meistens willigt der Wassermann ein, zurückzukehren und sogar gewisse Bedingungen zu erfüllen, aber oft versteht er nie ganz, warum er überhaupt ausgestoßen wurde.

Geldangelegenheiten und das Wassermann-Geschwister

Geld gehört im Allgemeinen nicht zu den wichtigsten Dingen für den Wassermann, deshalb hat er auch keine Probleme, welches zu verleihen. Wenn er in einem Testament übergangen wird, leidet er nicht besonders darunter, es sei denn es handelt sich um einen Elternteil oder ein anderes Familienmitglied, dem er sehr nahestand. Am glücklichsten ist er, wenn alle Geschwister gleich viel bekommen, denn er hasst es, über Geld zu streiten, und weigert sich, sich an solchen Streitereien zu beteiligen, auch wenn er dadurch finanzielle Nachteile erleidet. Er ist idealistischer als andere und bleibt seinen Grundsätzen in Geldfragen treu.

Familienfeste und Jubiläen mit dem Wassermann-Geschwister

Der Wassermann ist vollkommen zufrieden damit, bei Festen, Feiertagen und Familientreffen eine untergeordnete Rolle zu spielen. Er reagiert unmittelbar auf die gute Laune aller Familienmitglieder und sucht bei solchen Veranstaltungen weder das Rampenlicht noch eine Machtposition. Es zahlt sich aus, ihn zufriedenzustellen und Streit zu vermeiden, denn das erspart allen den Ärger und einen möglichen Ausbruch des Wassermanns. Die Anwesenheit eines fröhlichen, strahlenden Wassermanns bereichert jede Familienfeier. Achten Sie darauf, dass er bei allen Sketchen, Geschichten, Spielen oder sportlichen Aktivitäten beteiligt ist, damit seine überschäumende Energie genutzt wird.

Urlaub mit dem Wassermann-Geschwister

Es ist für den Wassermann eine harte Strafe, wenn er an einer Unternehmung im Urlaub nicht teilnehmen darf. Er muss unbedingt überall dabei sein, sonst müssen Sie bei der Rückkehr mit Schmollen und Tränen rechnen. Er bevorzugt aufregende, abenteuerliche Unternehmungen und schreckt vor keiner Gefahr zurück, sondern wird dadurch eher noch angespornt. Die anderen Geschwister sollten deshalb auf ihn achten, denn ein plötzlicher Unfall oder eine Krankheit können die schönen Ferien schnell beenden. Man muss den Wassermann hin und wieder an seine Grenzen erinnern, selbst wenn er dagegen protestiert.

DAS WASSERMANN-KIND

Der kleine Wassermann kann seinen Eltern zwar Probleme bereiten, doch er reagiert durch seine fröhliche Art sofort auf deren Aufmerksamkeit, Verständnis und Akzeptanz. Schwierigkeiten ergeben sich normalerweise durch seine ungewöhnliche Handlungsweise und dadurch, dass er sich weigert, anders bzw. so zu handeln, wie Sie es wollen. Wenn er seine Schuhe unbequem findet, läuft er eben barfuß durch den Schnee, und wenn er Speisen, die gut für ihn sind, nicht mag, würdigt er sie einfach keines Blickes. Versuche, ihn zu bändigen, werden, solange er noch klein ist, in der Regel mit Jammern, Sich-Winden, Weinen und Schreien quittiert.

Persönlichkeitsentwicklung beim Wassermann-Kind

Man sollte den kleinen Wassermann seine verschiedenen kindlichen Entwicklungsstadien auf seine Weise durchleben lassen. Wenn Sie sich ihm zu einem kritischen Zeitpunkt in den Weg stellen, kann es passieren, dass er dort steckenbleibt, was ihm als Jugendlichem und im Erwachsenenleben große psychologi-

STÄRKEN

fröhlich
dankbar
reaktionsschnell

SCHWÄCHEN

reizbar
rebellisch
unkontrollierbar

AUFTRETEN

anspruchsvoll
eigenartig
individualistisch

sche Probleme bereiten kann. Denken Sie daran, dass der kleine Wassermann anders ist als andere Kinder und dass seine sehr eigene Herangehensweise stets akzeptiert und geschätzt werden muss. Er muss deshalb anders behandelt werden, vor allem wenn große Schwierigkeiten vermieden werden sollen. Wenn man die kindliche Entwicklung mit einem Baum vergleicht, so sollte man die Zweige des Wassermanns möglichst wenig beschneiden oder kappen.

Hobbys, Interessen und Berufspläne des Wassermann-Kindes

Der kleine Wassermann sollte aus einer großen Palette von Möglichkeiten wählen können, nicht nur weil seine überschäumende Energie kanalisiert werden muss, sondern auch weil er sich nur für wenig von dem wirklich interessiert, was ihm angeboten wird. Wenn man sich seine liebsten Freizeitbeschäftigungen ansieht, kann man daraus meist schon Schlüsse auf einen möglichen Beruf ziehen. Versuchen Sie nie, den kleinen Wassermann vorzeitig in irgendeine Form zu pressen oder ihn zu zwingen, einen bestimmten Weg einzuschlagen, der Ihnen gefällt. Sein rebellischer Charakter schlägt irgendwann zurück, und er wendet sich ab, was Ihnen dann sehr viel mehr Enttäuschung und größeres Unglück bescheren wird, als einfach seine Wahl zu akzeptieren, egal wie schwer Ihnen das auch fallen mag.

Erziehung des Wassermann-Kindes

Der kleine Wassermann ist schwer oder eigentlich gar nicht zu erziehen. Da seine Reaktionen auf derartige Versuche heftig ausfallen und zu ernsthaften Konflikten ausarten können, sollte man ihn, so weit es geht, in Ruhe lassen. Der beste Weg, seine überschäumende Energie zu bändigen, besteht meist in der Einrichtung fester Grundregeln sowie Verständnis und einem freundlichen, liebevollen Auftreten. Wenn Sie so dumm sind, ihn körperlich zu strafen, sollten Sie sich nicht wundern, wenn er zurückschlägt, denn er kann einfach keine Art von Misshandlung ertragen. Er tritt übrigens auch für jedes andere Lebewesen in seiner Nähe ein, das unfair behandelt wird.

Das Wassermann-Kind und Zuneigung

Der kleine Wassermann braucht mehr Umarmungen als die meisten anderen. Solange er klein ist, tragen Kuscheln, sanftes Sprechen, liebevolle Blicke und tröstendes Streicheln viel dazu bei, sein aufgeregtes Wesen zu beruhigen. Der Wassermann braucht Zuneigung und gibt als junger Erwachsener viel davon an seine verständnisvollen Eltern, die ihn unterstützt haben, zurück. Da der Wassermann so lebhaft und hektisch ist, glauben viele Eltern fälschlicherweise, er brauche nicht viel Ermunterung und Zuneigung, aber es wäre ein Fehler, sie ihm vorzuenthalten. Man sollte dem Wassermann ein kleines Haustier schenken, das er versorgen kann, damit er lernt, sanft und fürsorglich statt wild und unkontrolliert zu handeln.

Das Wassermann-Kind und seine Beziehung zu Geschwistern

Der kleine Wassermann braucht besonders verständnisvolle Eltern, die seine Beziehung zu den Geschwistern beobachten, denn nur zu oft gerät er mit Menschen in Konflikt, die überhaupt kein Verständnis für sein ungewöhnliches und oft auch störendes Verhalten haben. Es stellt seine Eltern vor die große Herausforderung, in einer Familie mit einem besonders hitzigen Wassermann-Kind die Harmonie zu wahren. Wenn er sich aber andererseits wirklich akzeptiert fühlt und mit der Art und Weise, wie er behandelt wird, zufrieden ist, sorgt der Wassermann kaum absichtlich für Ärger oder versucht den Familienfrieden zu stören, nur um Aufmerksamkeit zu erlangen.

Das erwachsene Wassermann-Kind

Seltsamerweise kann gerade das anstrengendste Wassermann-Kind als Erwachsener zum Paradebeispiel der Gelassenheit werden. Wenn es in Kindheit und Jugend genug Dampf ablassen konnte, wird es häufig ein erstaunlich harmonischer Erwachsener, der all die Kooperationswilligkeit und das Verständnis mitbringt, die ihm als Kind fehlten. Auf diese Weise kann der Wassermann als Erwachsener zur Stütze der Familie werden, die er als Kind terrorisiert hat. Menschen, die ihn eine Zeit lang nicht gesehen haben, sind oft erstaunt, wie sehr er sich verändert hat.

Fische

GEBURTSDATUM 20. FEBRUAR – 20. MÄRZ

Der Fisch ist ein veränderliches Wasserzeichen, das vom Planeten Neptun regiert wird. Die Menschen dieses Sternzeichens empfinden tief, werten Emotionen höher als die meisten anderen Menschen und verlangen in ernsthaften Beziehungen großes Engagement. Der Fisch ist extrem sensibel und leicht verletzbar, vor allem, wenn er Ablehnung erfährt. Seine Spiritualität und sein Glauben an eine höhere Macht sind stark, ebenso wie sein Engagement in der Kunst, meistens Musik. Er ist ein sinnlicher Mensch, weiß aber auch, dass es im Leben Dinge gibt, die man weder sehen noch fühlen kann.

Beruf

DER FISCHE-CHEF

Aus irgendeinem unerfindlichen Grund heißt es, der Fisch könne nicht mit Geld umgehen. Die Geschichte und Beispiele aus dem eigenen Freundeskreis beweisen jedoch, dass das Geld auf den Fisch förmlich zuschwimmt. Auch die Annahme, dass der Fische-Chef als tiefenentspanntes, entscheidungsschwaches Wesen immer nur kurz aus dem Meer auftaucht, ist falsch. Tatsächlich ist der Fische-Geborene häufig ein ganz hervorragender Vorgesetzter, manchmal sogar Begründer einer Dynastie. Geldverdienen ist für den Fische-Chef etwas ganz Natürliches, und er vertritt die Interessen seines Unternehmens und seiner Angestellten so gut, dass alle Beteiligten davon profitieren.

Den Fische-Chef um eine Gehaltserhöhung bitten
Der Fisch möchte sein Geld gut angelegt wissen. Wenn er also feststellt, dass Sie eine tadellose Erfolgsbilanz vorweisen können, will er Sie dafür auch belohnen und gleichzeitig motivieren, noch bessere Leistungen für das Unternehmen zu erbringen. Tragen Sie Ihre Bitte nach mehr Geld direkt vor und erklären Sie, warum Sie dies für gerechtfertigt halten. Versprechungen für die Zukunft nimmt der Fisch mit Vorbehalt an, aber er gibt Ihnen die Gelegenheit, diese wahrzumachen, indem er Sie befördert.

Dem Fische-Chef schlechte Nachrichten überbringen
Der Fisch ist immer dafür, jemandem eine zweite oder sogar dritte Chance zu gewähren, selbst auf die Gefahr hin, dass auch dies nicht funktioniert. Eine schlechte Nachricht ist deshalb nur der Auftakt zu Veränderungen in der Unternehmensorganisation und mehrmaligem Umdenken vor einem zweiten Versuch. Am besten überlässt man es dem Fisch selbst, den neuen Plan zu entwickeln, denn gerade in Krisen denkt und entscheidet er gut und schnell. Tatsächlich funktioniert er häufig dann am besten, wenn er mit dem Rücken zur Wand steht. Schmerz, Leid und Unglück sind ihm nicht unbekannt. Er weiß, wie man trotz herber Rückschläge weitermacht.

STÄRKEN

wohlhabend
flexibel
mitfühlend

SCHWÄCHEN

manipulierbar
übersensibel
überbehütend

AUFTRETEN

entspannt
anpassungsfähig
einflussreich

Geschäftsreisen und Veranstaltungen
für den Fische-Chef planen

Der Fisch achtet sehr auf Qualität, und der eine oder andere strebt vermutlich deshalb eine Machtposition an, um die Vergünstigungen, die der Job mit sich bringt, voll auskosten zu können. Normalerweise braucht er ein großes Budget für Reisen, Unterkunft und Essen, um seinem exklusiven Geschmack zu frönen. Der Fisch liebt Stil und Komfort und fühlt sich daher im Luxus hochklassiger Restaurants und Hotels zu Hause. Vor großen Ausgaben scheut er auch deswegen nicht zurück, weil er meint, dass er damit potente Kunden und Konkurrenten beeindrucken kann. Der Fisch trägt gern feine Kleidung, schöne Schuhe liebt er ganz besonders.

Entscheidungen und der Fische-Chef

Er gilt als entscheidungsschwach und hat dadurch den großen Vorteil, flexibel handeln zu können. In Wirklichkeit ist er überhaupt nicht entscheidungsschwach, sondern möchte nur ausreichend Zeit haben, um alle Eventualitäten zu bedenken, bevor er eine Entscheidung trifft. Da er ein sehr gutes Gespür für den jeweils richtigen Zeitpunkt besitzt, gelingt ihm fast alles. Sobald er eine Entscheidung getroffen hat, ist er bereit, seine Ideen sofort umzusetzen und seine Projekte zu verwirklichen.

Den Fische-Chef beeindrucken oder motivieren

Am ehesten beeindrucken Sie ihn, indem Sie ihm zeigen, wie gut Sie im Team funktionieren. Wenn sich das Team wirklich für sein Projekt engagiert, ist auch der Fisch motiviert, auf der höchsten professionellen Ebene zu arbeiten. Wenn der Fisch von Schreibtisch zu Schreibtisch wandert und seinen Mitarbeitern über die Schulter schaut, fragt er zunächst oft nach Dingen, die mit der Arbeit scheinbar gar nichts zu tun haben. Antworten Sie ihm in einem ebenso entspannten und informellen Ton.

Dem Fische-Chef etwas vorschlagen oder präsentieren

Der Fisch will überzeugt werden. Er möchte genau wissen, warum er glauben soll, was Sie sagen, und er betritt einen Konferenzraum stets, um sich die Bestätigung für Ihre Vorschläge zu holen. Es ist nicht nötig, Ihre Präsentation technisch aufwändig zu gestalten, aber der Fisch ist ästhetisch anspruchsvoll und schätzt elegante, angenehme Präsentationen, während ihn schlampige abstoßen. Seine Zustimmung oder Anerkennung zeigt er eher mit einem einfachen Nicken als mit blumigem Lob.

DER FISCHE-ANGESTELLTE

Man schätzt den Fisch aufgrund seiner großen Anpassungsfähigkeit. Da er in fast jeder Situation einspringen kann, wird er gern als verlässlicher Lückenfüller benutzt. Er ist meist selbstlos und opfert seine eigenen Interessen dem Gemeinwohl. Dieses Verhalten kann aber dazu führen, dass sein Selbstwertgefühl leidet und er schließlich verbittert wird. Wenn der Fisch für seine Arbeit angemessen bezahlt wird und man ihm die Möglichkeit gibt, langsam auf der Karriereleiter aufzusteigen, dürfte es keine Probleme geben.

Das Einstellungsgespräch mit dem Fische-Bewerber

Der erfolgreiche Bewerber hat seine Flexibilität zu bieten und verweist auf seinen Lebenslauf und sein großes Spektrum an Fähigkeiten. Der Fische-Bewerber ist grundsätzlich bescheiden und wird so gut wie nie die Werbetrommel für sich selbst rühren, aber im Stillen ist er selbstbewusst. Er weiß, wie er aussieht und was gerade in Mode ist, und daher auch, wie man einen guten Eindruck hinterlässt. Wenn er genug über die neue Position weiß, wird er die Frage nach seiner Eignung immer sehr ehrlich beantworten. Wenn das Bewerbungsgespräch gut läuft, ist er meistens sogar bereit, sofort anzufangen, wenn nötig.

Dem Fische-Angestellten schlechte Nachricht überbringen oder kündigen

Der Fisch ist in der Lage, mit schlechten Nachrichten umzugehen, mitunter hat er sie bereits geahnt. Im Allgemeinen versucht er gar nicht, seine Verantwortung für das Geschehene abzustreiten, sondern lädt eher mehr Schuld auf sich als nötig, um andere zu schützen. In gravierenden Fällen kündigt er lieber selbst, bevor das Fallbeil auf ihn niedersaust. Der Fisch ist ein Realist, der erkennt, wann etwas nicht mehr funktioniert und wann man besser getrennte Wege geht.

Geschäftsreisen und Veranstaltungen mit dem Fische-Angestellten

Der Fisch reist gern, wenn es nicht zu häufig ist. Auf diesen Reisen ist er eher reserviert und freut sich über die Annehmlichkeiten, die man ihm bereitet. Bei der Unterhaltung stellt er keine großen Ansprüche, aber er hat eine Schwäche für gutes Essen und verbringt lieber einen ruhigen Abend mit Ihnen in einem Gourmetrestaurant. Der Fisch hilft auch gern dabei, im Vorfeld Pläne und Reservierungen zu machen, vor allem in Städten, die er bereits kennt. Er hat ein paar Lieblingsorte und nimmt seine Mitreisenden gerne mit, um ihnen Dinge zu zeigen, die sie sonst vielleicht nicht finden würden.

Dem Fische-Angestellten Aufgaben zuteilen

Hier zeigt sich die wahre Stärke des Fischs. Er hört genau auf Anweisungen und widmet sich seiner Arbeit mit Hingabe, dazu ist er so flexibel, dass er ganz unterschiedliche Aufgaben übernehmen kann. Der Fisch fügt sich gut in ein bestehendes Team ein und übernimmt seine neue Rolle ohne Zögern. Allerdings ist er sehr empfindlich und spricht auf raue Behandlung gar nicht gut an. Trotzdem tut er immer sein Möglichstes und gibt auch nicht nach, wenn er unfair behandelt wird, obwohl er nur sehr ungern kämpft.

STÄRKEN

flexibel
anpassungsfähig
selbstlos

SCHWÄCHEN

aufopfernd
bescheiden
verbittert

AUFTRETEN

hingebungsvoll
fleißig
teamorientiert

Den Fische-Angestellten beeindrucken oder motivieren

Der Fisch ist von denjenigen Vorgesetzten und Kollegen beeindruckt, die ihre Arbeit zurückhaltend und überlegt tun. Aber auch Fachkenntnisse in technischen Bereichen machen ihm Eindruck, und er bestaunt die wundersamen Kollegen, die einschlägige Kenntnis der jeweiligen Materie haben. Mit einem solchen Menschen zusammenzuarbeiten, kann sehr inspirierend auf ihn wirken und ihn zu Bestleistungen anspornen. Er träumt davon, auch so eine Person zu werden, und wächst häufig in eine solche Rolle hinein.

Den Fische-Angestellten führen oder kritisieren

Der Fisch hat keine Angst vor Kritik, sondern schätzt sie, solange sie von jemandem kommt, den er respektiert und der sie offen und ehrlich äußert. Da er konstruktive Kommentare und Anweisungen als wichtigen Teil seiner beruflichen Weiterbildung betrachtet, bedankt er sich ehrlich für solche Ratschläge. Der Fisch kann sehr gut geführt und gesteuert werden, denn er ist auch mit einer untergeordneten Rolle zufrieden, kann sein Ego im Zaum halten und deshalb sehr effektiv das abarbeiten, was getan werden muss.

DER FISCHE-KOLLEGE

Der Fisch arbeitet gern in einem entspannten Umfeld, wo alle offen und locker miteinander umgehen. Da er ungeheuer empfindsam ist, ist der Fisch sehr anfällig für negative Gefühle, die von anderen ausgehen. Aus diesem Grund ist er dann am glücklichsten, wenn es die anderen auch sind. Auch guter Wille ist für den Fisch wichtig, denn solange dieser vorhanden ist, läuft alles glatt. Der Fisch ist nicht besonders ehrgeizig, sondern erledigt lieber einfach nur seine Arbeit und gibt nach Möglichkeit alles pünktlich ab.

Den Fische-Kollegen um Rat fragen

Der Fisch ist von Natur aus mitfühlend und hat immer ein offenes Ohr für die Nöte seiner Kollegen. Weil er so einfühlsam ist, erkennt er oft die wahren Hintergründe bestimmter Probleme sowie die damit verbundenen tatsächlichen Motive und Wünsche. Er ist zudem in der Lage, seine Erkenntnisse auf eine Art und Weise vorzubringen, die niemand verärgert oder schockiert. Da es dem Fisch jedoch schwerfällt, sich vom Schmerz anderer abzugrenzen, sollten Sie vorsichtig sein und ihm nicht zu viel aufhalsen.

Den Fische-Kollegen um Hilfe bitten

Obwohl er Verständnis für Sie hat, traut sich der Fisch manchmal selbst nicht genug zu, um Ihnen tatsächlich zu helfen. Selbst wenn er das Gefühl hat, helfen zu können, hält er sich manchmal zurück, weil er entweder möglichst unsichtbar bleiben will oder sich zuerst um seine eigenen Probleme kümmern möchte. Wenn er aber seine eigene Arbeit rechtzeitig schafft, kommt er danach sofort zu Ihnen. Er hilft also eher langfristig als spontan in einer Notlage.

STÄRKEN

gutmütig
empfindsam
mitfühlend

SCHWÄCHEN

verletzlich
schnell verärgert
aufsässig

AUFTRETEN

entspannt
dankbar
zurückhaltend

BERUF

Geschäftsreisen und Veranstaltungen mit dem Fische-Kollegen

Die offene Art des Fischs macht ihn zu einem idealen Partner für Reisen und Unterhaltung. Er ist ein dankbarer Mensch, der sich über die Aufmerksamkeit, die Sie ihm erweisen, genauso freut wie über die Mühe, die Sie sich für ihn machen. Erwarten Sie aber nicht, dass er sich aktiv an der Reise- und Terminplanung beteiligt. An seine notorische Unpünktlichkeit müssen Sie sich ebenfalls gewöhnen. Abgesehen davon braucht er morgens lange, bis er wirklich wach ist, nach der zweiten Tasse Kaffee oder dem zweiten Orangensaft ist er aber normalerweise ansprechbar.

Die Zusammenarbeit mit dem Fische-Kollegen

Der Fisch ist zwar zur Zusammenarbeit bereit, aus persönlichen Gründen aber manchmal nicht dazu in der Lage. Sein Problem mit Gruppenarbeit hat häufig mit seiner Befangenheit und seinem Mangel an Selbstbewusstsein zu tun. Auch in privateren Situationen fällt es ihm schwer, sich zu öffnen, und er neigt zu Schüchternheit und Verschlossenheit. Auch wenn er die besten Vorsätze hat, offen und hilfsbereit zu sein, steht ihm bisweilen seine eigene Persönlichkeit bei der Durchführung im Wege. Am besten zwingen Sie ihn nicht, sondern warten, bis er sich für ein Projekt freiwillig meldet.

Den Fische-Kollegen beeindrucken oder motivieren

Der Fisch ist von den Menschen am meisten beeindruckt, die ihn fair behandeln und für seine Launen und komplexen Gefühle Verständnis aufbringen. Nur wenige Kollegen wissen, wie man richtig mit ihm umgeht, deshalb fühlt sich der Fisch häufig ausgeschlossen, manchmal sogar so sehr, dass er geradezu paranoide Neigungen entwickelt. Wenn er aber unter den Kollegen einen Freund hat oder jemanden, der ihn versteht und weiß, wie man ihn ansprechen muss, so motiviert ihn dies sehr. Ein Mensch, dem er vertraut, kann auch als Bindeglied zwischen dem Fisch und den anderen Kollegen fungieren.

Den Fische-Kollegen überzeugen oder kritisieren

Es ist schwierig, den Fisch gegen seinen Willen von etwas zu überzeugen. Seine Dickköpfigkeit und seine ausgeprägten Vorlieben und Abneigungen sind so stark, dass er an ein Pferd erinnert, das man zwar zur Tränke führen, aber nicht zum Trinken zwingen kann. Außerdem verträgt er direkte Kritik nicht gut. Wenn er sich nicht angenommen fühlt, zieht er sich zurück und wird still, und es ist schwer, ihn wieder hervorzulocken. Er ist nicht in der Lage, seinem Ärger oder seiner Wut Ausdruck zu verleihen. Wenn er unangemessen kritisiert worden ist, wird er daher depressiv. Wenn Sie also möchten, dass er normal funktioniert, sollten Sie sanft und verständnisvoll mit ihm umgehen.

DER FISCHE-KUNDE

Der Fisch kann gut mit Geld umgehen und wird es daher nicht für sinnlose Projekte ausgeben. Wenn er aber den Wert Ihres Produkts oder Ihrer Dienstleistung erkennt, zögert er nicht, großzügig zu investieren. Im geschäftlichen Bereich ist der Fisch sehr scharfsinnig und befragt Sie gründlich, bevor er sich entscheidet. Es ist ziemlich wahrscheinlich, dass er Sie bereits vor Ihrem ersten Treffen genau unter die Lupe genommen hat, ebenso Ihre Firma beziehungsweise Ihre Abteilung. Wundern Sie sich deshalb nicht, wenn er viel über Sie weiß.

Den Fische-Kunden beeindrucken

Der Fisch interessiert sich nicht nur für Ihre Erfolgsbilanz, sondern auch für Ihre Vision, und vor allem dafür, ob Sie in der Lage sind, mit ihm gemeinsam Projekte zu entwickeln. Am wichtigsten für ihn ist, dass er eine persönliche Bindung zu Ihnen aufbauen kann, die ihm garantiert, dass Sie seine Bedürfnisse verstehen und diese dann effektiv, aber sensibel in die Tat umsetzen, und dass Sie seine Wünsche vorausahnen. Wenn er das Gefühl hat, dass Sie auf seine Bedürfnisse eingehen, zögert er nicht, sein Geld zu investieren, und lässt Sie dann in Ruhe Ihre Arbeit tun.

Dem Fische-Kunden etwas verkaufen

Auf aggressive Gesten und schillernde Präsentationen, die ihn überzeugen sollen, reagiert der Fisch gar nicht, egal wie sehr Sie sich bemühen. Er sitzt nur still da und stellt Ihnen ein paar Fragen – der gesamte Erfolg Ihres Verkaufsgesprächs hängt also davon ab, wie Sie ihm antworten. Wenn eine solche Frage kommt, sollten Sie sich Zeit nehmen, sie gründlich zu beantworten. Andererseits sollten Sie Antworten, die kurz sein können, nicht unnötig verlängern. Der Fisch achtet darauf, wie Sie gefühlsmäßig reagieren, und auf die Logik Ihrer Antworten.

Der Fische-Kunde und Ihr Äußeres

Ihr Aussehen spielt beim Fisch eine große Rolle, ebenso wie die Qualität Ihres schriftlichen und visuellen Präsentationsmaterials. Wenn auch nur ein Teil davon schlampig wirkt, werden Ihre Ansprüche und Pläne beim Fische-Kunden nicht mehr glaubwürdig sein. Er wird sie dann umso mehr nach Ihrem Aussehen und Ihrer Präsentation als nach dem Inhalt beurteilen. Normalerweise tritt er selbst sehr gepflegt auf, und das nicht nur aus Respekt vor Ihnen, sondern auch als Ausdruck seines eigenen Wertes. Der Fisch will stolz darauf sein, mit Ihnen zusammenzuarbeiten. Enttäuschen Sie ihn nicht, wenn Sie möchten, dass er Sie respektiert.

Das Interesse des Fische-Kunden wachhalten

Wenn Sie handelseinig geworden sind, möchte er wissen, was Sie alles leisten können. Er wird Ihnen, wie gesagt, nicht ständig im Nacken sitzen, sondern Ihnen eine angemessene Zeit zugestehen, um Ergebnisse zu liefern. Im ersten Monat verlangt er noch nichts Spektakuläres, aber wenn Sie nach ein paar

Monaten keine nennenswerten Fortschritte gemacht haben, wird er nervös. Versuchen Sie, innerhalb der ersten drei oder vier Monate einen so großen Erfolg vorzuweisen, dass es ihn vom Hocker wirft, dann stehen Sie für den Rest des Jahres gut da.

Dem Fische-Kunden schlechte Nachrichten überbringen

Hier sollten Sie einen etwas indirekten Kurs fahren, denn mit der vollen, schockierenden Wahrheit konfrontiert zu werden, würde der Fische-Kunde nicht verkraften. Verteilen Sie die schlechte Nachricht über die ganze Woche, und weigern Sie sich möglichst unauffällig, alles auf einmal zu sagen. Das gibt Ihnen auch etwas Zeit, einen Teil Ihrer Verluste aufzufangen oder zumindest zu überlegen, wie Sie das anstellen könnten. Vielleicht gesteht der Fisch Ihnen zu, es weiter zu versuchen, wenn er sieht, dass Sie mit der Schadensbegrenzung schnell begonnen haben und flexibel genug sind, einen neuen, besseren Kurs einzuschlagen.

Den Fische-Kunden unterhalten

Der Fisch will sich amüsieren und erwartet, dass Sie für ihn alle Register ziehen. Das geringste Anzeichen von Geiz wird ihn anwidern, obwohl er Sie andererseits für dumm hält, wenn Sie mit Geld um sich werfen, nur um ihn zu beeindrucken. Denken Sie aber an seine Schwäche für Qualität und Luxus sowie seine Vorliebe für bekannte Marken. Er mag die guten Dinge im Leben und teilt seine Genussfreude gerne mit Ihnen. Er würde zwar ohne zu zögern selbst die Rechnung bezahlen, aber eigentlich erwartet er, dass Sie das tun und auch mit dem Trinkgeld nicht kleinlich sind.

DER FISCHE-GESCHÄFTSPARTNER

Obwohl der Fisch, zumindest seiner Meinung nach, versucht fair zu sein, sollten Sie ein Auge auf ihn haben. Seine Methoden sind subtil, fast verschlagen, was den Fisch zu einem windigen Vertreter macht, den man nicht leicht unter Kontrolle hält. Manchmal stellt er sich dumm oder macht irreführende Andeutungen, so dass Sie nicht wissen, wo Sie mit ihm stehen. Seine Motive werden Ihnen verborgen bleiben, denn er verrät wenig über sich und entzieht sich jedem Versuch, seine Psyche zu durchleuchten. Andererseits kann er ein guter Verbündeter gegen einen gemeinsamen Feind sein und seine Taktik zu Ihren gemeinsamen Gunsten anwenden.

Einen Fisch zum Geschäftspartner machen

Achten Sie darauf, dass die Partnerschaft sorgfältig geplant wird. Den Vertrag sollte ein ausgezeichneter Anwalt aufsetzen, mit dem Sie beide einverstanden sind. Ist dies nicht möglich, muss sich jeder einen eignen Rechtsbeistand besorgen. Achten Sie darauf, dass der Vertrag wirklich wasserdicht ist, denn der Fisch ist bekannt dafür, dass er sich sogar aus den festesten Vereinbarungen herauswindet. Korrigieren und streichen Sie alle Mehrdeutigkeiten. Was im Vertrag nicht formuliert wird, ist hier oft ebenso wichtig wie das, was darinsteht.

Aufgabenverteilung mit dem Fische-Geschäftspartner

Am besten legen Sie die Aufgabenverteilung schon im Vertrag fest, und halten Sie den Fisch gerade in den ersten Monaten und Jahren Ihrer Partnerschaft zur Einhaltung an, nicht nur aus Prinzip, sondern aus purer Notwendigkeit. Gestehen Sie ihm zu viel Freiraum zu, schwimmt der Fisch irgendwann in eine ganz andere Richtung, ohne dass Sie ihn aufhalten können. Im Allgemeinen möchte der Fisch die kreative Seite und die finanziellen Entscheidungen übernehmen, banale Dinge wie Instandhaltung und Vertrieb tritt er gern an Sie ab. Überlassen Sie ihm die Vision der Firma aber nicht völlig, denn er ist zwar gut auf diesem Gebiet, kann aber auch grandios danebenliegen, wenn er sich verrennt.

Geschäftsreisen und Veranstaltungen mit dem Fische-Geschäftspartner

Sie sollten die Ausgaben des Fischs genau im Auge behalten, sonst stehen Sie, ehe Sie sich's versehen, mit einer sehr langen Kreditkartenabrechnung da. Wenn er das gesamte Reisebudget der Firma erschöpft, bleibt für Sie nichts mehr übrig, es sei denn, Sie bezahlen aus eigener Tasche. Der Fisch hat am meisten Spaß, wenn Sie sich beide gut amüsieren, aber wenn Sie früh ins Bett wollen, feiert er ohne weiteres auch ohne Sie weiter, bis in den frühen Morgen. Wenn Sie ihn auf Reisen bei Laune halten wollen, sollte die Unterkunft ebenso erstklassig sein wie die Restaurants.

Den Fische-Geschäftspartner lenken und führen

Das scheint zunächst gar kein Problem zu sein – bis Sie eines Tages aufwachen und merken, was er wirklich die ganze Zeit gemacht hat. Ihn zu lenken ist tatsächlich nicht so einfach, wie es aussieht, denn selbst wenn er Ihnen in allem zustimmt, neigt er dazu, alles Versprochene sofort und ohne Skrupel wieder zu vergessen, sobald er alleine unterwegs ist. Möglicherweise ist er sich nicht einmal bewusst, dass er Ihr Vertrauen gebrochen hat, weil er vielleicht von einer neuen Idee oder Möglichkeit völlig gefangengenommen ist.

Auf lange Sicht mit dem Fische-Geschäftspartner auskommen

Wenn Sie sich einmal an die ungewöhnliche Art und die Methoden des Fischs gewöhnt haben, wird alles einfacher. Sie sollten in jedem Fall besondere Sorgfalt auf den Teil Ihres gemeinsamen Vertrages verwenden, der zur Anwendung kommt, wenn etwas schiefgeht oder einer von Ihnen aus der Firma ausscheiden will. Dies kann bei einem Fisch, der schwierig zu kontrollieren ist oder einen Hang zu Katastrophen hat, schnell relevant werden.

Die Trennung vom Fische-Geschäftspartner

Wenn vertraglich alles gut geregelt ist, können Sie der Vereinbarung wortwörtlich folgen. Lassen Sie sich nicht dazu verleiten, auf immer neue Wünsche des

Fischs einzugehen, denn das kann Sie wahnsinnig machen. Sobald Sie sich einig sind, dass sich Ihre Wege trennen, sollten Sie systematisch einen Punkt nach dem anderen abarbeiten. Beobachten Sie Ihren Partner in dieser schwierigen Phase genau, denn möglicherweise gibt er unkontrolliert Ihr gemeinsames Geld aus, oder er versucht, noch schnell sein Traumprojekt zu realisieren, ehe die Firma pleitegeht, und Sie müssen am Ende die Scherben aufsammeln.

DER FISCHE-KONKURRENT

Der Fische-Konkurrent ist ein ganz raffinierter Kandidat. Sein bester Trick ist, Sie glauben zu lassen, dass Sie ihn an der Angel haben, wenn tatsächlich er derjenige ist, der Sie einfängt. Er tut häufig so, als ob er nachgibt oder auf Ihre Strategie hereinfällt. Tatsächlich spielt er mit Ihnen, um sich selbst einen Vorteil zu verschaffen. Während Sie sich beglückwünschen oder sogar mit Ihrem Erfolg prahlen, sägt er an Ihrem Stuhl. Beachten Sie bei allem, was er tut, nicht nur das, was Sie sehen, sondern forschen Sie unter der Oberfläche, um seinen wahren Status und seine Taktiken herauszufinden.

Gegen den Fische-Konkurrenten antreten

Der Fisch ist ein Meister der Taktik. Um gegen ihn anzukommen, müssen Sie zunächst genau wissen, was er vorhat, und überlegen, wie Sie ihn aufhalten können. Da er sich hervorragend darauf versteht, Sie in die Falle zu locken, müssen Sie die Geduld haben, ihn durch Warten und Stillhalten auszutricksen. Wenn sich eine günstige Gelegenheit ergibt (und Sie das nicht nur glauben!), müssen Sie zuschlagen und seine Kampagne gnadenlos zerstören. Andernfalls macht der Fisch einfach wie gewohnt weiter und übt Rache, wenn Sie es am wenigsten erwarten.

Den Fische-Konkurrenten ausspielen

Versuchen Sie nicht, den Fisch auszuspielen, sondern zwingen Sie ihn, seine Karten auf den Tisch zu legen. Nun gibt es zwei Möglichkeiten: Er könnte sich eine Finte ausgedacht haben, die Sie so aus dem Konzept bringt, dass Sie überreagieren, oder er könnte einen ernsthaften, direkten Angriff planen, auf den Sie unmittelbar reagieren müssen. Solange Sie keinen Maulwurf oder Wanzen in seinem Unternehmen installiert haben, brauchen Sie viel Glück, um den schlauen Fisch auszutricksen, noch ehe er den ersten Zug gemacht hat. Schlagen Sie ihn mit seinen eigenen Waffen, indem Sie ihm gefälschte Pläne zuspielen, die ihn aus der Bahn werfen.

Den Fische-Konkurrenten persönlich beeindrucken

Der Fisch ist beeindruckt, wenn man auf seine vielen Tricks nicht hereinfällt. Über all jene, die dumm genug sind, ihm zu glauben, kann er nur lachen. Also beeindrucken ihn Konkurrenten, die besser aussehen, besser sprechen und überzeugender sind als er selbst. Denken Sie daran, dass der Fische-Konkurrent zu

STÄRKEN

verführerisch
verschlagen
unwiderstehlich

SCHWÄCHEN

unfair
betrügerisch
unmoralisch

AUFTRETEN

raffiniert
täuschend
verlockend

den besten Hochstaplern der Welt gehört. Falls Sie es vergessen sollten, wird er Sie daran erinnern. Wenn Sie nämlich glauben, ihn ausgetrickst zu haben, wird er Sie im Moment Ihres vermeintlichen Triumphs scharf ansehen, fest am Arm packen und sagen (oder meinen): »Nicht mit mir, Freundchen!«

Den Fische-Konkurrenten über- oder unterbieten

Die Reaktionen des Fischs sind so fließend, und er ist so wendig, dass es sehr schwer ist, ihn zu über- oder unterbieten. Er ist zudem ein ausgezeichneter Bluffer, der mit einem schwachen Blatt ganz ruhig dasitzt und Sie zwingt, all Ihr Hab und Gut einzusetzen und dann aufzugeben, weil er so übermächtig wirkt – am Ende aber doch nur ein Spielchen mit Ihnen gespielt hat. Es gehört zu seinen besonderen Stärken, Ihre Gebote in die Höhe zu treiben oder nach unten zu drücken, wenn er mit Ihnen um einen bestimmten Vertrag konkurriert. Es ist so schwer, ihn auf psychologischer Ebene zu schlagen oder zumindest zu erraten, was er vorhat, dass man es im Grunde lieber bleibenlassen sollte. Ziehen Sie Ihr Vorhaben durch, und versuchen Sie, sich nicht provozieren zu lassen.

PR-Krieg gegen den Fische-Konkurrenten

Der Fisch arbeitet meist versteckt hinter den Kulissen. Normalerweise attackiert er weder Ihre Werbung noch Ihre PR-Kampagnen direkt, sondern sabotiert sie mit raffinierten Mitteln. Statt seine Kampagne zuerst zu lancieren, wartet er darauf, dass Sie dies tun, um dann Ihre Bemühungen zu unterminieren. Er dreht Ihnen jedes Wort im Mund herum, zeigt mit dem Finger auf Ihre Schwachpunkte und Widersprüchlichkeiten, verleitet Sie dazu, noch mehr Geld auszugeben, um mit ihm gleichzuziehen, und laugt Sie systematisch aus, bis Sie nicht mehr angreifen können. Blitzartige Angriffe im richtigen Moment können ihn zumindest kurzfristig stoppen.

Der Fische-Konkurrent und die persönliche Beziehung

Der Fisch kann ein ziemliches Schlitzohr sein, der Sie geradezu hypnotisch verführt und Kontrolle über Sie gewinnt. Selbst seinen ärgsten Feind wickelt er um den Finger, und der liebt ihn dafür womöglich noch. Die beste Methode, seine manipulative Art zu kontern, besteht darin, auf derartige Versuche mit eisigem Schweigen zu reagieren und sich konsequent zu weigern, irgendetwas von dem zu glauben, was Sie sehen oder hören. Versuchen Sie auf keinen Fall, seine Spielchen mitzuspielen oder ihn auszutricksen, denn Sie haben kaum eine Chance. Sie sollten selbstverständlich höflich sein, aber unmissverständlich signalisieren, dass Sie nicht auf ihn hereinfallen.

Liebe

RENDEZVOUS MIT DEM FISCH

Der Fisch reagiert häufig unmittelbar auf Ihre Avancen, jedenfalls wenn er Sie attraktiv findet. Äußerliche Schönheit ist für ihn wichtig, aber nicht das Wichtigste, denn er fühlt sich ebenso sehr von Ihrer Persönlichkeit angezogen, vor allem von den ungewöhnlicheren Seiten. Der Fisch sucht häufig nach dem Besonderen und Außergewöhnlichen, und genau das könnten Sie sein. Da ihm Kleidung wichtig ist, kleidet er sich meist gut und erwartet von Ihnen dasselbe, auffällig oder teuer allerdings muss Ihre Kleidung nicht sein.

Wie man einen Fisch kennenlernt und anlockt

Es ist anzunehmen, dass Sie den Fisch unter seltsamen oder ungewöhnlichen Umständen kennenlernen. Normalerweise gibt er sich keine besondere Mühe, Sie zu treffen, sondern er gleitet einfach so in Ihr Leben, eher durch Zufall als mit Absicht. Allerdings kann es auch vorkommen, dass er eine kaum wahrnehmbare Falle für Sie aufgestellt hat, die zwar eine gewisse Planung erkennen lässt, aber dennoch recht beiläufig wirkt. Wenn er sich Ihnen erst einmal genähert hat, ist es unwahrscheinlich, dass er Sie wieder loslässt, ehe er bekommen hat, was er will. Das kann ein einmaliges flüchtiges Treffen, aber auch eine längere Beziehung sein.

Unternehmungen bei der Verabredung mit dem Fisch

Wenn die Gefühle stark und gegenseitig sind, hält sich der Fisch nicht zurück. Deswegen ist es angemessener, ganz privat zusammen zu sein als auszugehen. Der Fisch ist ein emotionaler Mensch, der keine Scheu hat, seinen Gefühlen romantischer und sexueller Natur Ausdruck zu verleihen. Es ist daher auch nicht überraschend (jedenfalls nicht für den Fisch), wenn Sie sich plötzlich im Bett wiederfinden. Natürlich wäre vorher oder nachher ausgehen auch noch eine Möglichkeit.

STÄRKEN

gut gekleidet
schönheitsliebend
ungewöhnlich

SCHWÄCHEN

seltsam
eigen
manipulierend

AUFTRETEN

faszinierend
verführerisch
entgegenkommend

Was den Fisch anmacht und was ihn abschreckt

Am meisten schreckt es den Fisch ab, wenn Sie ihn nicht attraktiv finden oder seine Avancen zurückweisen. Wenn er nämlich nichts von Ihnen wollte, wäre der Fisch gar nicht bei Ihnen. Er fühlt sich zu vielen verschiedenen Menschen hingezogen, aber wenn es um ein romantisches Interesse geht, ist er sehr wählerisch. Wenn Sie so sensibel sind, dass Sie seine Vorlieben und Abneigungen sofort erkennen, macht ihn das definitiv an.

Beim Fisch den ersten Schritt machen

Den ersten Schritt tun Sie vermutlich gemeinsam. Sobald ein paar stumme Signale gesendet und mit Blicken und Händen bestätigt worden sind, ergibt sich alles andere ganz natürlich und ohne Unterbrechungen, abgesehen vom Ablegen überflüssiger Kleidungsstücke. Charakteristisch für diesen sich spontan entfaltenden Prozess ist eine fließende Bewegung, die nicht eher aufhört, bis Sie beide Befriedigung gefunden haben. Falls bei Ihnen Zweifel aufkommen sollten, ob Sie so früh schon so weit hätten gehen sollen, wäre es besser gewesen, sich gar nicht erst mit dem Fisch einzulassen.

Den Fisch beeindrucken

Der Fisch ist von ehrlichen Gefühlen beeindruckt, und er hasst jede Art von Oberflächlichkeit und Verstellung. Wenn Sie unehrlich oder Ihre Gefühle nur vorgetäuscht sind, merkt der Fisch das sofort, und es wird kein zweites Mal geben. Die Unmittelbarkeit und die Tiefe seiner Empfindungen, die Sie miterleben, wenn Sie ihn auf ein romantisches Abenteuer begleiten, sind überraschend und oft auch sehr schön. Sie hingegen können den Fisch mit Furchtlosigkeit und einer gewissen Verachtung von Konventionen und gesellschaftlichen Regeln beeindrucken, denn für ihn ist alles, was aus Liebe getan wird, jenseits von Gut und Böse.

Den Fisch nach der Verabredung wieder loswerden

Da sich der Fisch für Oberflächlichkeiten und Konventionen gar nicht interessiert, reicht schon eine gewisse kritische, verkrampfte und urteilende Haltung Ihrerseits, um ihn loszuwerden. Er hat ein so feines Gespür für Ablehnung, dass er Sie eher direkt mit der Tatsache konfrontiert, dass es zwischen Ihnen ja nicht so gut läuft und er nicht vorhabe, weiter zu gehen. In jedem Fall hat Ihre Beziehung nur dann Bestand, wenn Sie sich wirklich verstehen und gleichermaßen zum anderen hingezogen fühlen. Wenn es nicht funktioniert, kann es sehr abrupt vorbei sein.

BEZIEHUNG MIT DEM FISCH

In jeder echten Liebesbeziehung gibt der Fisch sein Bestes. Selbst die profanste und normalste Art der Beziehung gewinnt mit dem Fisch neues Leben und tiefe Gefühle. Wer mit ihm zusammen ist, kann von seiner anspruchsvollen, besitzergreifenden, verführerischen, kontrollierenden und leidenschaftlichen Art ein Lied singen. Selbst der wankelmütigste und unabhängigste Mensch findet es schwierig, neben dem Fisch weitere Beziehungen aufrechtzuerhalten, und verbleibt noch lange, nachdem der Fisch Geschichte ist, in einer Art erschöpftem Schockzustand.

Mit dem Fisch diskutieren

Der Fisch hält sich mit Beschwerden nicht zurück. Eine Diskussion sieht deshalb meist so aus, dass er Ihnen erzählt, was Sie alles falsch machen. Er ist der geborene Meckerer und glaubt, es sei sein gutes Recht, seiner Unzufriedenheit vorbehaltlos Ausdruck zu verleihen. Tatsächlich ist das seine Art, mit seinen Erlebnissen umzugehen. In diesen »Diskussionen« brauchen Sie selbst gar nichts zu sagen, Sie müssen nur zuhören und auf Fragen antworten. Reden Sie bloß nicht zu viel, sie sägen sonst an Ihrem eigenen Stuhl.

Mit dem Fisch streiten

Verschwenden Sie keinen Gedanken daran, mit dem Fisch zu streiten, und schon gar nicht daran, den Streit auch zu gewinnen. Er ist extrem hartnäckig und gibt nicht eher auf, bis Sie beide völlig erschöpft sind und so schlechte Laune haben, dass es Ihnen die nächsten Tage oder Wochen vermiest. Besser ist es, Sie vermeiden echte Streitereien zugunsten kleiner, treffender Bemerkungen. Sollte der Fisch selbst mit dem Streit anfangen, können Sie sich immer noch weigern, den Kampf anzunehmen, und die Wogen glätten, bevor es zur Katastrophe kommt.

Mit dem Fisch reisen

Der Fisch mag Ausflüge, aber auch lange Reisen. Er gewöhnt sich rasch ein und fühlt sich überall zu Hause, reist aber lieber herum, als an einem Fleck zu bleiben, denn er langweilt sich schnell und sucht immer nach etwas Neuem und Aufregenden. Der Fisch bevorzugt romantische Orte, und wenn Sie diese Präferenz nicht teilen, lässt er Sie irgendwann einfach fallen. Wenn Sie seine Art zu reisen mitmachen und genießen können, werden Sie viel Freude daran haben.

Sex mit dem Fisch

Sex mit dem Fisch ist normalerweise häufig und schier endlos. Wenn er sich zu einem Menschen sexuell hingezogen fühlt, kann seine Erregung wochen-, monate- oder sogar jahrelang erhalten bleiben. Man kann ihm zwar vorwerfen, dass es sehr leicht ist ihn anzuknipsen, aber er gibt sich seinem Partner ganz und mit allen Gefühlen hin. Die Liebe hat beim Fisch einen sehr hohen Stellenwert, und wenn sie fehlt, betrachtet er Sex als nichts anderes als einen prosaischen, uninspirierten Akt.

Der Fisch und Zärtlichkeit

Der Fisch kann ungeheuer zärtlich sein, und er ist dann am glücklichsten, wenn sich Liebe, Sex und Zuneigung zu einem Element vereinen, in dem er den ganzen Tag und die ganze Nacht herumschwimmen kann. Er teilt dieses Element gern

STÄRKEN

leidenschaftlich
verführerisch
romantisch

SCHWÄCHEN

besitzergreifend
kontrollierend
ängstlich

AUFTRETEN

allumfassend
kompromisslos
engagiert

FISCHE

mit Ihnen, aber es ist nicht absolut notwendig, dass Sie ganz genauso empfinden wie er, denn er hat genug Liebe für Sie beide. Der Fisch hat tatsächlich den Hang, sich mit Menschen einzulassen, die Gefühle nicht so leicht ausdrücken können. Oft wird er daher zu einer Art Mentor auf diesem Gebiet.

Der Fisch und Humor

Er wirkt oft ernst, aber der Fisch liebt kaum etwas so sehr wie Witze erzählen, Lachen, Scherzen und amüsante Schlagabtausche mit seinem Partner. Wer diese Seite in ihm herausbringt, hat sein Herz schon gewonnen. Es ist also falsch anzunehmen, dass der Fisch gerne ein schmerzgeplagter, leidender Mensch ist, aber er akzeptiert dieses Los und fühlt sich dazu verdammt. Wenn er im Meer seiner Gefühle versinkt, können die gute Laune und der Humor seines Partners sein Rettungsanker sein, bis sich seine eigene Laune wieder aufhellt.

STÄRKEN

beschützend
fürsorglich
familienorientiert

SCHWÄCHEN

nervös
überbehütend
verschlossen

AUFTRETEN

teilnehmend
verantwortungsbewusst
hingebungsvoll

EHE MIT DEM FISCH

Der Fisch ist familienorientiert und genießt es, zu Hause zu sein. Er wird unbedingt Familie haben wollen, eine Ehe ohne Kinder erscheint ihm sinnlos. Wenn sein Partner eine Adoption ablehnt, überträgt er seine elterlichen Gefühle häufig auf Nichten, Neffen, andere Familienmitglieder oder das Kind von Freunden. Manchmal wird auch sein Haustier zum Kindersatz. Um das Wohlergehen seines Partners kann er überbesorgt sein. Er schätzt Aufmerksamkeit, doch Schutz braucht er selbst keinen.

Hochzeit und Flitterwochen mit dem Fisch

Zwar sagt man dem Fisch, und vor allem der Fische-Frau, nach, sich nicht besonders für Sex zu interessieren, für die Flitterwochen gilt das jedoch nicht. Der Fisch legt sich für seine Hochzeit finanziell mächtig ins Zeug und erwartet, dass er in der Hochzeitsnacht und den Flitterwochen dafür entsprechend belohnt wird. Im Grunde profitiert sein Partner am meisten davon, denn der Fisch liebt es zu teilen und findet im Geben und Nehmen der Liebe volle Befriedigung. Die Organisation der Hochzeit, der Einladungen, der Zeremonie und der Flitterwochen bereitet ihm viel Freude.

Haushalt und Ehealltag mit dem Fisch

Der Alltag mit dem Fisch ist nicht immer einfach. Sein größtes Problem ist sein Hang zur Depression, die nicht durch die Hochzeit, sondern sein geringes Selbstwertgefühl verursacht wird. Dies lässt ihn glauben, er sei zu nichts nütze, und behindert dadurch sein berufliches Fortkommen. In der Tat hat der Fisch oft wenig Ehrgeiz, er ist mit einem angenehmen Familienleben und einem ganz normalen Beruf vollkommen zufrieden. Selbstverständlich führt ein ungewöhnlicherer Fisch auch ein ungewöhnliches Leben, doch entscheidet der sich meist gegen das Heiraten. Wenn er doch heiratet, entflieht er der Ehe bald aus Langeweile oder dem Gefühl, zu kurz zu kommen.

Der Fisch und Geld

Der Fisch ist so verantwortungsvoll, seinen Job längere Zeit zu behalten, und ist ein verlässlicher, manchmal sogar hervorragender Verdiener. Das Haushaltsgeld und andere Budgets verwaltet er sehr effizient, trotzdem ist eines seiner größten Probleme, dass er zu viel ausgibt und die Familie damit in Schulden stürzen kann. Er schafft es aber immer wieder, aus so einer Falle herauszukommen. Sogar mit Armut und Konkurs wird er fertig. Er hält durch und überwindet die Schwierigkeiten schließlich.

Der Fisch und Treue

Der Fisch ist nur dann untreu, wenn er von seinem Partner betrogen, missbraucht oder vernachlässigt wird. Und selbst dann bleibt er häufig treu, leidet an den schmerzlichen Begegnungen mit seinem Partner und wird depressiv, gibt aber nicht auf. So mancher Fisch scheint eine masochistische Ader zu haben, so dass man den Eindruck gewinnt, er genieße das Leiden, über das er ja auch gerne spricht. Seine ständigen Klagen, die selbst in relativ guten Zeiten nicht aufhören, können seinen Partner zermürben und die Ehe belasten. Verwandte werden sich fragen, warum er überhaupt geheiratet hat.

Der Fisch und Kinder

Der Fisch widmet sich seinen Kindern normalerweise hingebungsvoll, manchmal sogar zu sehr. Seine fordernde und überbehütende Art kann die Entwicklung seiner Kinder behindern und dazu führen, dass diese als junge Erwachsene noch sehr von ihren Eltern abhängig sind. Ein Teil des Problems hat seine Ursache in der Ängstlichkeit und dem Leiden des Fischs, denn dies macht die Kinder unsicher und verursacht ihnen Schuldgefühle. Ihr Selbstbewusstsein wird geschwächt, und oft führt dies zu neurotischem Verhalten im Erwachsenenalter. Es ist daher unbedingt notwendig, dass der Fisch lernt, loszulassen und seine Kinder stattdessen ermutigt, selbst Verantwortung zu übernehmen und unabhängiger zu werden.

Scheidung vom Fisch

Der geschiedene Fisch erscheint seiner Umwelt oft als verlorene Seele, denn sobald ihm das Familienleben entzogen ist, versinkt er in Verzweiflung. Eine Ausnahme bildet derjenige Fisch, der den Mut aufbringt, sich scheiden zu lassen, nachdem er jahrelang unglücklich war. Oft genießt er dann einen wahren Freiheitsrausch. Ein gesunder Fisch heiratet oft nach ein paar Jahren wieder, meist einen ganz anderen Typ als den geschiedenen Partner, nämlich jemanden, der ihn wirklich schätzt. Ein emotional beschädigter Fisch könnte sich mit jemandem verheiraten, der dem ersten Partner erschreckend ähnlich ist, so dass der Teufelskreis aus Leiden und Misshandlung vor neuem beginnt.

STÄRKEN

großzügig
dankbar
entgegenkommend

SCHWÄCHEN

leidend
narzisstisch
selbsttäuschend

AUFTRETEN

begeistert
gequält
intensiv

Der Fisch verliebt sich ständig aufs Neue, allerdings mehr in die Liebe selbst als in einen echten Menschen. Er redet sich ein, den anderen zu lieben, aber tatsächlich frönt er nur seinen narzisstischen und idealistischen Bedürfnissen. Er durchläuft jedes Mal die gleichen Phasen von Begeisterung, dann Leidenschaft und Eifersucht, mit denen er sich und seinen Partner quält, und damit das gesamte Spektrum, das die Liebe an Freud und Leid zu bieten hat.

Mit dem Fisch anbandeln

Der Fisch reagiert sehr sensibel auf die Bedürfnisse anderer, vor allem, wenn er glaubt, das Unglück oder die Vernachlässigung des anderen heilen zu können. Er stürzt sich mit Haut und Haar und all seiner Energie in eine Beziehung, in der er sich gebraucht fühlt. Manchmal erfüllt er sich auch heimliche Phantasien, in denen er als Retter derer auftritt, denen es noch schlechter geht als ihm. Durch das Verschenken seiner Liebe fühlt er sich selbst erhöht. Am Ende sind es dann statt einem oft zwei Menschen, die in einem Meer von Gefühlen ertrinken. Echtes Selbstwertgefühl zu entwickeln, kann den Fisch davor bewahren, solch schmerzhafte Erfahrungen zu machen.

Wohin mit dem Fische-Liebhaber?

Solange absolute Privatsphäre gewahrt ist, tut es entweder Ihre Wohnung oder seine. Häufig funktioniert es in seiner besser, vor allem, wenn er Single ist und Sie Zuflucht vor einem Partner suchen, der Sie misshandelt. In seiner eigenen Wohnung fühlt sich der Fisch geschützt, manchmal gleicht sie einer Art Kokon oder Höhle, in die er sich vor der Welt zurückziehen kann. Falls Sie diesen Ort häufiger besuchen, kommt Ihnen vielleicht der Gedanke, gleich ganz einzuziehen, doch dies ist unwahrscheinlich. Wenn Sie dem Fisch erst mal ins Netz gegangen sind, kommt eine solche Menge neuer Probleme auf Sie zu, dass Ihre alte Beziehung im Vergleich gar nicht mehr so schwierig wirkt.

Sex in der Affäre mit dem Fisch

Sex mit dem Fisch kann enorm befriedigend sein, vor allem, wenn dieser einsam und Sie unglücklich genug sind. Ihrer beider Traurigkeit vereinigt sich zu ekstatischen sexuellen Hochgefühlen, die nur von gelegentlicher Einsamkeit und neuem Verlangen unterbrochen werden, das dringend gestillt werden muss. Wenn Sie dann wieder auf der Achterbahn aus Sex und Abhängigkeit sitzen, ist es schwer, wieder herunterzukommen, vor allem, wenn Sie mit dem Fisch unterwegs sind. Wenn es total verrückt wird, mischen sich noch Freunde und Verwandte ein.

Die Affäre mit dem Fisch aufrechterhalten

Die Affäre mit dem Fisch über einen längeren Zeitraum aufrechtzuerhalten, ist so unmöglich wie einen echten, glitschigen Fisch mit bloßen Händen zu fangen. Sie stellen bald fest, dass das, was ihn wirklich anmacht, Ihr Leiden ist. Die Dauer

Ihrer Affäre mit ihm steht in direktem Zusammenhang mit dem Leid, das Sie vermutlich durch jemand anderen erfahren. Mitgefühl führt zu Trost, Trost zu Verlangen, Verlangen zu Leidenschaft, und die Achterbahnfahrt geht von vorne los. Wenn Sie die Affäre mit dem Fisch fortführen, halten Sie an Ihrem eigenen Unglücklichsein fest.

Den Fische-Liebhaber unterhalten
Der Fisch hört gerne, wie wunderbar er ist, vor allem im Vergleich zu dem bösen Menschen, der Ihnen so Schlimmes antut. Der Fisch macht gerne seine Witze über denjenigen und brüstet sich damit, ihn hinters Licht zu führen, übersieht dabei allerdings, dass Ihre Beziehung auf dem gemeinsamen Hass auf diesen Dritten basiert. Bessere Freizeitbeschäftigungen wären beispielsweise, ins Restaurant oder ins Kino zu gehen oder eine Party zu besuchen, aber aus Sorge, zusammen gesehen zu werden, verstecken Sie sich meist zu Hause.

Die Affäre mit dem Fisch beenden
Da der Abschied vom Fisch meist auch bedeutet, dass Sie nun in der Lage sind, Schmerz und Leid loszulassen, stehen Sie zwar weniger leidenschaftlich, aber insgesamt stärker da. Der Fisch braucht Ihr Mitleid nicht, denn er findet gewiss rasch eine andere leidende Seele, an die er sich binden kann. Und Sie finden hoffentlich bald einen ausgeglichenen, weniger bedürftigen Menschen.

DER FISCHE-EX

Es dauert vielleicht eine Weile, aber wenn der Fisch wirklich mit Ihnen fertig ist, kommt er nicht mehr zurück und sucht auch keinen Kontakt mehr. Die Phase zwischen der eigentlichen Trennung und der endgültigen Abnabelung kann unstet und mühsam sein, denn der Fisch kann sich nur schwer entscheiden und ändert seine Meinung von einem Tag auf den nächsten. Dies kann auf Sie und Ihre Familie einen sehr destabilisierenden Einfluss haben. Im Allgemeinen ist der Fisch nicht nachtragend, und seine Unsicherheit ist echt, nicht gespielt.

Freundschaft mit dem Fische-Ex
Der Fisch hat nichts dagegen, Freundschaft zu schließen, da er Ihnen aber nach der Trennung nicht mehr traut, würde er es nur halbherzig tun. Er betrachtet alle Ansinnen und Bemerkungen diesbezüglich mit Misstrauen. Vermeiden Sie das Thema daher, und lassen Sie Taten sprechen. Gehen Sie nicht davon aus, dass der Fisch von sich aus auf Sie zukommt, denn er zieht sich normalerweise in seine eigene kleine Welt zurück und sucht keinen Kontakt. Im Allgemeinen sollten Sie sich nicht mehr erhoffen als ein Ende von Streit und Zwistigkeiten.

Der Fische-Ex und Versöhnung
Zwar ist er in vielerlei Hinsicht wässrig und vage, aber im Hinblick auf eine Versöhnung ist er absolut unnachgiebig, die Antwort lautet stets: nein. Er wird

STÄRKEN

ehrlich
natürlich
vergebend

SCHWÄCHEN

schwierig
destabilisierend
unglücklich

AUFTRETEN

vage
unsicher
scheu

erklären, dass er sehr aufgebracht und daher nicht in der Lage sei, dieses Thema zu diskutieren. Sie hätten ihm sehr wehgetan, und er habe keine Lust auf eine Neuauflage. Der Fisch braucht sehr lange, bis sich seine Gefühle so weit beruhigt haben, dass er wieder sachlich über bestimmte Themen sprechen kann, und dieses gehört dazu.

Mit dem Fische-Ex über alte Probleme sprechen

Der Fisch hängt gerne alles Ihnen an und lädt Ihnen ordentlich Schuldgefühle auf. Wenn Ihnen seine aggressive Negativität allerdings zu viel wird, sollten Sie ihn immer wieder mit der Nase darauf stoßen, bis er irgendwann erkennt, was er tut. Solche Einsicht ist sehr schwer für ihn, denn er hält Ihnen geradezu zwanghaft jedes noch so kleine Beispiel Ihres unentschuldbaren und bösartigen früheren Verhaltens vor. Alle Versuche Ihrerseits, sich für Ihre Taten zu entschuldigen, stoßen daher auf taube Ohren.

Dem Fische-Ex seine Zuneigung zeigen

Grundsätzlich reagiert der Fisch auf Zuneigung, doch im Falle eines Fische-Ex ist es anders. Er misstraut Ihren Motiven und kann Ihre Zuneigung daher nicht akzeptieren. Wenn Sie über die Jahre wieder ein gewisses Vertrauen aufgebaut haben, gesteht er Ihnen vielleicht irgendwann eine gewisse Annäherung zu. Erwarten Sie aber nicht, dass er seinerseits Zuneigung zeigt. Falls er es doch tut, ist es vermutlich aus einer unbewussten Laune heraus.

Die gegenwärtige Beziehung zum Fische-Ex definieren

Das gegenwärtige Verhältnis zum Fisch verändert sich ständig, wahrscheinlich schwankt es zwischen zwei Extremen, so dass es unmöglich zu definieren ist. Sicher ist nur die bestehende Unsicherheit. Vorhersagen oder feste Vereinbarungen sind extrem schwierig, der einzige feste Bezugspunkt sind die Scheidungsdokumente. Ihrer beider Gefühlsschwankungen tun ein Übriges, um bereits bestehende Vereinbarungen ins Wanken zu bringen.

Gemeinsames Sorgerecht mit dem Fische-Ex

Der Fisch ist seinen Kindern eng verbunden und leidet sehr unter deren Abwesenheit. Versuchen Sie eine faire Vereinbarung zu treffen, bei der beide Elternteile das Sorgerecht zu gleichen Teilen tragen. Aber auch wenn die Verteilung fair ist, müssen Sie mit Ärger rechnen, und zwar direkt proportional zum Ausmaß der Kränkung, die der Fisch zu diesem Zeitpunkt empfindet. Dennoch sind es häufig die Kinder, die die extremen Gefühlsschwankungen des Fischs einigermaßen unter Kontrolle halten.

Freunde & Familie

DER FISCHE-FREUND

Der Fisch ist für die Glücklichen, die sich zu seinen engen Freunden zählen dürfen, unerschöpflich faszinierend. Seine Empfindsamkeit und Reaktionsschnelligkeit sind ein Garant dafür, dass er Ihren Gemütszustand erkennt und Ihre Gefühle respektiert. In Notzeiten können Sie sich auf ihn wirklich verlassen. Zwar hat er nicht übermäßig viele Freunde, aber Freundschaft als solche schätzt er sehr. Wie in vielen Dingen geht ihm auch hier Qualität vor Quantität. Als liebem Freund steht Ihnen sein Haus immer offen, und wenn Sie Hilfe brauchen, ist er freigiebig und großzügig.

Einen Fische-Freund um Hilfe bitten
Normalerweise müssen Sie den Fisch gar nicht erst um Hilfe bitten, er hat Ihre Lage längst erfasst und von sich aus Hilfe angeboten. Er weiß, was es bedeutet, am Ende zu sein oder zu leiden, und er hat viel Empathie. Ihr Schmerz ist in vielerlei Hinsicht auch sein Schmerz, er fühlt mit Ihnen und hat das Bedürfnis zu helfen. Wenn der Fisch Ihnen Hilfe zusagt, dann können Sie sich auf ihn verlassen.

Mit dem Fische-Freund kommunizieren und in Kontakt bleiben
Der Fisch führt oft ein zurückgezogenes, stilles Leben. Selbst wenn er in der Öffentlichkeit steht, hütet er seine Privatsphäre. Egal ob er der öffentliche oder der zurückgezogene Typ ist, er hat nicht immer Zeit oder Lust, regelmäßig Kontakte zu pflegen. Wenn Sie sich aber bei ihm melden, reagiert er fast immer. Falls Sie zum erlauchten Kreise seiner Freunde zählen, wird er so gut wie nie nein sagen. Wundern Sie sich nicht, wenn es eine Weile dauert, bis er sich meldet: Der Fisch bewegt sich manchmal sehr langsam.

Vom Fische-Freund Geld borgen
Mit denen, die ihm nahestehen, teilt der Fisch alles, was er hat, auch sein Geld. Wenn Sie ihn um etwas bitten, gehen bei ihm daher auch keine roten Lampen an. Da der Fisch sein Geld meist mit beiden Händen ausgibt, dauert es mög-

---

STÄRKEN

freigiebig
beteiligt
·großzügig

SCHWÄCHEN

umständlich
überemotional
verschwenderisch

AUFTRETEN

interessant
wählerisch
hingebungsvoll

licherweise eine Weile, bis er genug hat, um Ihnen auszuhelfen, doch tut er es ganz bestimmt. Nur selten bittet er darum, dass Sie es ihm zurückzahlen, und er wird kaum je ein offizielles Darlehen wünschen, allerdings erwartet er, dass Sie ihm genauso helfen, wenn er in Schwierigkeiten ist. Großzügigkeit ist ein wesentlicher Charakterzug des Fischs.

Den Fische-Freund um Rat fragen

Der Fisch zögert häufig, Rat zu erteilen, denn er hat großen Respekt vor der Meinung anderer und schätzt seine Fähigkeiten diesbezüglich bescheiden ein. Wenn Sie jedoch darauf bestehen, rät er Ihnen. Denken Sie aber daran, dass seine Meinung sehr subjektiv ist, denn alles, was der Fisch sagt und denkt, ist emotional gefärbt. Statt seinen Rat wortwörtlich zu befolgen, picken Sie einfach ein paar hilfreiche Kleinigkeiten heraus. Der Fisch hat nichts gegen diese Verfahrensweise, er ist froh, wenn er Ihnen überhaupt helfen konnte.

Einen Fische-Freund besuchen

Zwar hütet er seine Privatsphäre, aber Sie müssen Ihren Besuch bei ihm nicht vorher ankündigen. Er findet es sogar schön, wenn seine besten Freunde unangemeldet vorbeikommen. Es ist eine willkommene Abwechslung von seinen Stimmungsschwankungen und hilft manchmal bei Niedergeschlagenheit und Melancholie. Er betrachtet Ihren Besuch als Kompliment, vielleicht sogar als das größte überhaupt. Auch zum Essen oder Trinken trifft er sich gerne mit Ihnen, er wird aber nur selten bei Ihnen anklopfen, denn er trifft Sie lieber draußen auf der Straße oder wenn Sie gerade Ihre Wohnung oder Ihren Arbeitsplatz verlassen.

Feste und Freizeit mit dem Fische-Freund

Ab und zu genießt der Fisch Feste und Unterhaltung als Abwechslung von seinem zurückgezogenen Leben. Mit großen Menschenmengen kommt er jedoch nicht besonders gut zurecht und bevorzugt eher einen ruhigen Abend zu Hause oder geht nur mit ein paar guten Freunden aus. Allerdings kommt es etwa einmal im Jahr vor, dass er eine richtig große, laute Party schmeißt, wo er alle Register zieht und ganz aus sich herausgeht. Seine Extravaganz beim Ausrichten solcher Feste ist legendär, denn er kocht, sorgt für Getränke und Dekoration und behandelt jeden einzelnen Freund in einer Weise, die seine wahre Zuneigung und Liebe zum Ausdruck bringt.

DER FISCHE-MITBEWOHNER

Solange gewährleistet ist, dass der Fisch seine eigene, sichere Privatsphäre hat, in die niemand eindringt, kommt man gut mit ihm klar. Wenn Sie ihn brauchen, klopfen Sie an die Tür oder rufen Sie ihn. Es gibt jedoch Zeiten, da ignoriert er solche Zeichen vollkommen und betrachtet sie als unangemessene Störung. Im Normalfall hilft der Fisch (selbst wenn er noch so abgedreht ist) aber bei den

Hausarbeiten mit und kommt seinen finanziellen Verpflichtungen nach, wenn auch oft spät.

Mit dem Fische-Mitbewohner finanzielle Verantwortung teilen

Sofern der Fisch seine Verantwortlichkeiten kennt, erfüllt er sie bestmöglich. Allerdings sollten diese klar und deutlich ausgesprochen werden, denn zuweilen hört der Fisch nur das, was er hören will. Selbst wenn er zugibt, dass er gehört hat, was Sie gesagt haben, kann er gleich wieder im Wolkenkuckucksheim unterwegs sein und hat alles Wichtige vergessen. Am besten legen Sie ihm seine finanziellen Verpflichtungen schriftlich vor und lassen ihn sogar unterschreiben.

Der Fische-Mitbewohner und das Putzen

Der Fisch zieht aus dem Putzen und Aufräumen große Befriedigung. Trotzdem schafft er manchmal ein Chaos, das man gesehen haben muss, um es zu glauben. Seine spezielle Form der Unordnung sieht so aus, dass er einfach fallen lässt, womit er gerade fertig ist. Um ihn zu finden, muss man daher nur seiner Spur folgen. Wenn Sie ihn gestellt und in die Putzkolonne eingeteilt haben, wird er sich als sehr effizient erweisen, denn er hat einen echten Blick fürs Schöne.

Der Fische-Mitbewohner und Besuch

Der Fisch hat normalerweise nur wenige gute Freunde, doch er möchte, dass diese immer willkommen sind. Das heißt, zu jeder denkbaren Uhrzeit könnte einer von ihnen zur Tür hereinkommen oder – schlimmer noch – draußen klingeln und Sie mitten in der Nacht aus dem Bett holen. Hinzu kommt, dass der Fisch gerne alles mit seinen Freunden teilt, zweifellos auch Dinge, die der WG gemeinsam oder schlicht und ergreifend Ihnen gehören. Dies könnte zu ernsthaften Schwierigkeiten führen.

Der Fische-Mitbewohner und Partys

Normalerweise versucht der Fisch, nicht zu Hause zu sein, wenn Sie eine große Party für Ihre Freunde veranstalten. Falls er doch da sein muss, verbarrikadiert er sich vermutlich in seinem Zimmer und weigert sich herauszukommen. Wenn Sie aber beschließen, zusammen eine Party zu veranstalten, macht der Fisch eifrig mit, allerdings auf recht stille Art und Weise, bis das Fest seinen Höhepunkt erreicht. Dann geht der Fisch total aus sich heraus. Wenn nicht bei einer Party zu Hause, wann dann?

Der Fische-Mitbewohner und die Privatsphäre

Da er ein so privater Mensch ist, besteht der Fisch auf Diskretion, häuslichem Frieden und Stille. Hierfür müssen Sie Ihre eigenen enthusiastischen Impulse meist unterdrücken. Lärm ist für ihn eine Form von Umweltverschmutzung, deshalb werden Sie den Regler Ihrer Musikanlage nur selten aufdrehen können. Darüber hinaus hat der Fisch ein Faible für das Badezimmer, wo er sich lange und ungestört aufhalten möchte, um sich ausgiebig dem Baden, Duschen, Waschen, Styling und anderer Körperpflege zu widmen.

STÄRKEN

hilfsbereit
häuslich
zurückgezogen

SCHWÄCHEN

verschlossen
reaktionsarm
selbstbezogen

AUFTRETEN

anpassungsfähig
geschäftstüchtig
beteiligt

FISCHE

Mit dem Fische-Mitbewohner Probleme besprechen

Der Fisch hat normalerweise mit sich selbst genug zu tun und hat kein Interesse, Haushaltsprobleme zu diskutieren, vor allem, wenn sie ihn betreffen. Meistens betrachtet er Sie und den Haushalt als ruhigen Gegenpol zu seinem inneren Chaos. Deswegen will er keine Probleme besprechen, sondern vielmehr ab und zu sein Herz ausschütten und Sie manchmal sogar um Rat und Hilfe bitten. Sie erleichtern es ihm, wenn Sie ihm sagen, wie unglücklich er aussieht, und fragen, ob er jemanden zum Reden braucht.

STÄRKEN

fürsorglich
warmherzig
liebevoll

SCHWÄCHEN

ängstlich
fordernd
besitzergreifend

AUFTRETEN

beschützend
begeistert
stolz

DER FISCHE-ELTERNTEIL

Der Fisch widmet sich seinen Kindern mit besonderer Hingabe. Es ist ihm nicht nur ein großes Bedürfnis, eigene Kinder zu haben, er investiert auch viel Energie in ihre Erziehung, bis sie junge Erwachsene sind. Der Fisch ist stolz auf seine Kinder und möchte Ihnen die besten Chancen ermöglichen. Er genießt gemeinsame Vergnügungen und plant Aktivitäten für die ganze Familie. Da er manchmal übermäßig ängstlich und klammernd auftritt, muss der Fisch seinen Kindern beweisen, dass er ihnen vertraut, etwa, indem er sie ermutigt, selbständiger zu werden. Nur dann können sie zu Individuen werden und auf eigenen Füßen stehen.

Der Erziehungsstil von Fische-Elternteilen

Im Allgemeinen findet der Fisch die meisten Disziplinarmaßnahmen geschmacklos. Auch wenn er die Notwendigkeit sieht, seine Kinder zu bestrafen, findet er es schwer oder sogar unmöglich, dies zu tun. Körperliche Strafen sind für ihn indiskutabel, denn diese stehen in krassem Gegensatz zu seiner Empathie und der Unfähigkeit, Menschen, die er liebt, Schmerz zuzufügen. Hausarrest wäre eine Möglichkeit, Teenagern Grenzen zu setzen, auch Verwarnungen kämen in Frage. Allzu oft aber lässt er seinen Kindern (leider) völlig freien Lauf.

Fische-Elternteile und Zuneigung

Der Fisch verwöhnt seine Kinder gern und überschüttet sie mit Zuneigung. Die Kinder bekommen daher viel Aufmerksamkeit, doch ein verwöhntes Kind kann später Probleme haben, die mit einer weniger nachgiebigen und belohnenden Haltung zu vermeiden gewesen wären. Der Fisch meint es gut, doch verursacht er durch seine übermäßige Großzügigkeit und Nachgiebigkeit manchmal schlimme Folgen. Die Kinder des Fischs sind deshalb nicht immer angemessen auf die harte Realität der Welt vorbereitet.

Fische-Elternteile und Geld

Der Fisch neigt dazu, seine Kinder mit Geschenken zu überhäufen, dazu gehört auch ein großzügiges Taschengeld, das sie so ausgeben dürfen, wie sie möchten. Als Ausgleich sollte er sich aber auch die Zeit nehmen, ihnen den Wert des Geldes beizubringen und ein paar Lehrstunden zum Thema Sparsamkeit erteilen. Der

Fisch sollte seine Kinder außerdem dazu anhalten, Geld selbst zu verdienen, beispielsweise durch das Erledigen anspruchsvoller Hausarbeiten. Auf diese Weise bekommen die Kinder nicht alles auf dem Silbertablett serviert.

Fische-Elternteile und Krisen

Der Fisch neigt dazu, sich Sorgen zu machen. Er merkt gar nicht, dass er die eigenen Ängste auf seine Kinder überträgt, und ruft Krisen dadurch eher hervor als sie zu verhindern. Es besteht die Gefahr, dass sich Verhaltensmuster einschleifen, die zu mangelndem Selbstbewusstsein und einem schlechtem Selbstbild der Kinder führen. In echten Krisen hat der Fisch seine Nervosität und Empfindlichkeit durchaus unter Kontrolle und handelt rasch und entschieden, um seine Lieben zu schützen. Dazu gehören auch Kinder von Freunden und Haustiere.

Festtage und Familientreffen mit Fische-Elternteilen

Der Fisch gibt großartige Feste für seine Kinder und trägt viel zum Gelingen von Familienfeiern bei. Urlaub verbringt er teils mit den Kindern, teils alleine. Wenn er mit seinem Ehepartner oder alleine unterwegs ist, findet er immer die bestmögliche Person, um seine Kinder zu hüten. Auch Nichten und Neffen nimmt er gern unter seine Fittiche und behandelt sie ebenso liebevoll wie seine eigenen Kinder. Deren Eltern vertrauen im Allgemeinen seinem Urteil.

Für alte Fische-Elternteile sorgen

Der alte Fisch ist für jede Hilfe dankbar. Da sein Leben immer mehr im Inneren abläuft und seine Bedürfnisse immer starrer und offensichtlicher werden, liegt die Verantwortung für seine Fürsorge zwangsläufig bei seinen Kindern. Das größte Bedürfnis des alten Fischs ist, zum Spazierengehen, zu gelegentlichen Veranstaltungen oder einem besonderen Restaurantbesuch mitgenommen zu werden, damit er sich nicht weggesperrt fühlt. Wenn er bei Laune gehalten wird und sich jemand täglich ein paar Stunden um ihn kümmert, kann es dem alten Fisch erstaunlich gutgehen. Das Schlimmste für ihn wäre, wenn er von seinen Kindern vergessen und vernachlässigt würde.

DAS FISCHE-GESCHWISTER

Wenn der Fisch das älteste Kind ist, entsteht eine untypische Situation. Oft wird er seine Geschwister extrem beschützen und sehr liebevoll mit ihnen sein. Er ist das absolute Gegenteil des unterdrückenden, dominanten Ältesten und zeigt eher die passiven und fürsorglichen Eigenschaften seines Sternzeichens. Allerdings fehlt den Geschwistern dadurch eine Führungsperson. Diese Rolle muss dann von einem jüngeren Geschwisterkind übernommen werden. Ein jüngeres Fische-Kind wird normalerweise sanft in den Schoß der Familie aufgenommen und verlebt eine komfortable, aber auch äußerst behütete Kindheit.

FISCHE

STÄRKEN

beschützend
fürsorglich
liebevoll

SCHWÄCHEN

passiv
führungslos
langweilig

AUFTRETEN

zurückhaltend
aufmerksam
rücksichtsvoll

Rivalität und Nähe zum Fische-Geschwister

Rivalitäten mit dem kleinen Fisch sind eher unbedeutend. Zwar ist ein passiver kleiner Fisch gelegentlich gezwungen, um Aufmerksamkeit zu kämpfen, doch in den meisten Fällen ist er mit seiner Rolle in der Familienhierarchie zufrieden und wetteifert nicht mit seinen Geschwistern. Er hat oft zu allen Geschwistern ein enges Verhältnis, doch zu einem, meist des anderen Geschlechts, ein ganz besonderes. Gerade mit diesem Kind trägt der kleine Fisch die meisten Rivalitäten aus, allerdings meist gutgelaunt.

Das Fische-Geschwister und alte Probleme

Kindheitswunden schmerzen den Fisch ganz besonders, und er kann sich nur schlecht von ihnen lösen. Es ist daher wahrscheinlich, dass er Narben und sogar offene Wunden, die nicht heilen und denen er auch nicht gestattet zu heilen, bis ins Erwachsenenalter trägt. Eine der größten Herausforderungen an den Fisch ist es, reifer zu werden, alte Verletzungen zu akzeptieren und hinter sich zu lassen, vor allem, wenn es um Worte oder Taten seiner Geschwister geht. Der Fisch braucht Harmonie in der Geschwistergruppe, deswegen leidet er sehr, wenn Geschwister sich nicht vertragen.

Mit einem entfremdeten Fische-Geschwister umgehen

Der Fisch fühlt sich ohnehin häufig übersehen, vernachlässigt und ignoriert. Er neigt außerdem dazu, in Selbstmitleid zu verfallen. Aus diesem Grund kann es sehr schwierig sein, mit einem entfremdeten Fisch, der sich ungerecht behandelt oder abgelehnt fühlt, umzugehen. Es ist eine Herausforderung, ihn in die Familie zurückholen zu wollen. Man muss dazu sehr feine Fühler ausstrecken und ehrlich und weise vorgehen. Wenn er das Gefühl hat, dass eine Entschuldigung ernst gemeint ist und der Versöhnungsversuch von Herzen kommt, wird er darauf ansprechen.

Geldangelegenheiten und das Fische-Geschwister

Der Fisch erwartet, im Testament namentlich genannt zu werden, sonst leidet er Qualen. Wichtiger als Geld oder Besitz ist dem Fisch dabei vor allem der Beweis der Wertschätzung und Liebe des Verstorbenen. Ein freundliches Wort für ihn im Testament kann schon genug sein. Geerbtes Geld gibt er meist so aus, wie der Verstorbene es gern gesehen hätte. Wenn er genug hat, verleiht er es auch gerne an seine Geschwister und verlangt, gerade bei kleineren Beträgen, normalerweise keine Rückzahlung.

Familienfeste und Jubiläen mit dem Fische-Geschwister

Bei solchen Unternehmungen übernimmt der Fisch oft eine aktive Rolle. Er ist ein nostalgischer, sentimentaler Mensch, der sich gern mit seinen Geschwistern an die gemeinsamen Kindheitstage erinnert. Ältere und neuere Fotos zu diesen Treffen mitzubringen, ist ein Hobby von ihm, und er übt damit gewissermaßen das Amt eines Familienhistorikers aus. Alben zusammenzustellen, die dann herumgereicht werden, ist für ihn die schönste Art, Gemeinschaft mit Geschwistern,

Eltern und den eigenen Kindern zu erleben. Er ist glücklich, wenn solche Tage in fröhlicher Stimmung verbracht werden.

Urlaub mit dem Fische-Geschwister
Der Fisch will immer dabei sein. Allerdings führt seine negative Sichtweise oft dazu, dass er sich ausgeschlossen fühlt, auch wenn das gar nicht stimmt. Kluge Eltern sollten ihm deshalb eine Extraportion Aufmerksamkeit schenken, damit er sich nicht zurückgesetzt fühlt. Der Erfolg oder Misserfolg einer Urlaubsreise liegt aber oft in der Hand des kleinen Fischs. Nach einer schlechten Erfahrung mit ihm möchten ihn seine Geschwister gern entweder gleich bei der Oma lassen, oder sie bemühen sich, mehr auf ihn einzugehen, damit so etwas nicht noch einmal vorkommt. Auf so eine Spezialbehandlung spricht der kleine Fisch besonders gut an.

DAS FISCHE-KIND

Der kleine Fisch kann sanft und niedlich sein, er kann aber auch sehr schwierig sein, denn seine Stimmung entspricht häufig gar nicht der seiner Umwelt. Er ist imstande, emotionale Handgranaten loszulassen und auszurasten, wenn er sich unverstanden fühlt. Sein besonderes Kennzeichen ist seine extreme Sensibilität, aber wenn er glücklich ist und sich gemocht fühlt, blüht er auf und lässt alle an seiner Freude teilhaben. Es gibt nichts Traurigeres, als ein Fische-Kind leiden zu sehen, aber wenn es Ihnen gleichzeitig das Leben schwermacht, ist es manchmal schwierig, Mitgefühl zu haben.

Persönlichkeitsentwicklung beim Fische-Kind
Wenn der kleine Fisch von verständnisvollen Eltern klug und sensibel behandelt wird, durchläuft er die verschiedenen Entwicklungsstadien mit Leichtigkeit. Wenn er sich aber frustriert und unverstanden fühlt, wird er vermutlich bei jeder Entwicklungsstufe aufs Neue gegen seine Eltern und den Rest der Welt ankämpfen. Irgendwie findet aber selbst das schwierigste Fische-Kind seinen Weg, allerdings nicht ohne Narben. Ein glücklicher kleiner Fisch reagiert auf Liebe und Zuneigung wie eine Blume auf die Sonne, aber wenn er sich ärgert, fällt es ihm schwer, dies anzunehmen, und weist beides zurück.

Hobbys, Interessen und Berufspläne des Fische-Kindes
Der kleine Fisch hat häufig eine Vielzahl von Interessen und Hobbys, allerdings beschränken sich diese meist auf die Kindheit und er entwächst ihnen. Nur selten stecken in seinen kindlichen Freizeitbeschäftigungen bereits die Wurzeln seines späteren Berufs. Meist trennt sich beim Fisch die Kindheit scharf vom Erwachsenenalter ab, es scheinen zwei verschiedene Welten zu sein, so sehr, dass man den Fisch als Erwachsenen gar nicht mehr erkennt. Für den Fisch besteht eine große Herausforderung darin, als Erwachsener das Spielen ganz neu lernen zu müssen.

STÄRKEN

fröhlich
glücklich
strahlend

SCHWÄCHEN

verzweifelnd
missverstanden
vernachlässigt

AUFTRETEN

sensibel
abwehrend
anspruchsvoll

Erziehung des Fische-Kindes

Der kleine Fisch reagiert schlecht auf strenge Strafen und Erziehungsmaßnahmen. Er gerät ins Trudeln und entwickelt möglicherweise ein Muster aus Regelverstößen, was ihm noch mehr Strafen einbringt und noch mehr leiden lässt. Aus diesem Teufelskreis kann er oft nicht ausbrechen, denn irgendwann betrachtet er dieses Muster als so normal, dass er seine Fehler ständig wiederholt. Der kleine Fisch sollte deshalb nicht bestraft werden wie andere Kinder, sondern mit viel Rücksicht auf seine besondere Empfindsamkeit.

Das Fische-Kind und Zuneigung

Der kleine Fisch braucht mehr Zuneigung als die meisten anderen. Kuscheln, In-den-Arm-nehmen, Küsschen und Lächeln sind für ihn täglich notwendig. Wenn man ihm Zuneigung vorenthält, kann ihn das tatsächlich krank machen, und zwar körperlich wie seelisch. Liebesentzug ist deshalb das grausamste, was Eltern ihrem Fische-Kind antun können. In einer solchen Situation kann ein Hund oder eine Katze lebensrettend sein, denn von seinem Tier erfährt er Zuneigung. Auch ein gleichaltriger Freund oder ein vertrautes Geschwisterkind kann vieles wettmachen, doch normalerweise braucht der kleine Fisch die Liebe direkt von seinen Eltern.

Das Fische-Kind und seine Beziehung zu Geschwistern

Für Eltern ist es schwer, das Fische-Kind nicht zu sehr zu beschützen und sich nicht zu viel um die Akzeptanz der Geschwister zu bemühen. Sobald ihm der Stempel Lieblingskind anhaftet, fördert dies bei den Geschwistern Eifersucht und Neid, was alles nur noch schlimmer macht. Die Eltern müssen lernen, den kleinen Fisch zu beschützen, ohne die Missgunst der Geschwister hervorzurufen und ohne den anderen Kindern wehzutun. Manchmal ist es besser, wenn der Fisch und seine Geschwister die Angelegenheit untereinander klären und die Eltern sich gar nicht einmischen. Wenn das Gewitter vorbei ist, haben die Kinder das Problem meistens selbst gelöst.

Das erwachsene Fische-Kind

Viele Fische lassen ihre Kindheit hinter sich und verwandeln sich in einen vollkommen anderen Menschen, wenn sie erwachsen werden. Das größte Problem für den erwachsenen Fisch besteht demnach darin, wieder Zugang zu seiner eigenen Kindheit zu bekommen, indem er sein inneres Kind wiederentdeckt. Manchmal muss er darauf warten, bis er selbst eigene Kinder hat. Erst dann kann er wieder mit dem Zauber der Kindheit in Berührung kommen und ihn außerdem objektiv verstehen, was ihm in seiner eigenen Kindheit nicht gelungen ist. Für den Fisch gilt vielleicht mehr als für andere: Der Erwachsene wächst heran, um wieder ein Kind zu werden.

Linda Goodman
Astrologie – sonnenklar
Eine astrologische Charakterkunde
Band 16796

Was die Sterne uns verraten: Dieses Buch macht deshalb so
viel Spaß, weil man die eigenen Vorzüge und die Schwächen
seiner Zeitgenossen noch nie so witzig und plausibel begrün-
det fand wie hier. So kann man Familie, Freunde und Kollegen
wie ein Psychologe durchschauen und ihre Reaktionen wie
ein Hellseher voraussehen.

Die Sterne wissen alles!

Fischer Taschenbuch Verlag

Theodora Lau
Das große Buch der chinesischen Astrologie
Was der Mond uns über unsere Männer, Frauen,
Liebsten, Kinder, Kollegen und über uns selbst verrät
Band 17375

Die chinesischen Tierzeichen folgen dem Mondjahr, denn die
Chinesen glauben, dass nicht die Sonne, sondern der Mond,
der der Erde so viel näher ist, Charakter und Schicksal des
Menschen bestimmt. Wie Ihr chinesisches Tierzeichen Ihr
Leben, Ihre Beziehungen und Ihre Zukunft beeinflusst, zeigt
Theodora Lau anschaulich in diesem Buch.

Fischer Taschenbuch Verlag